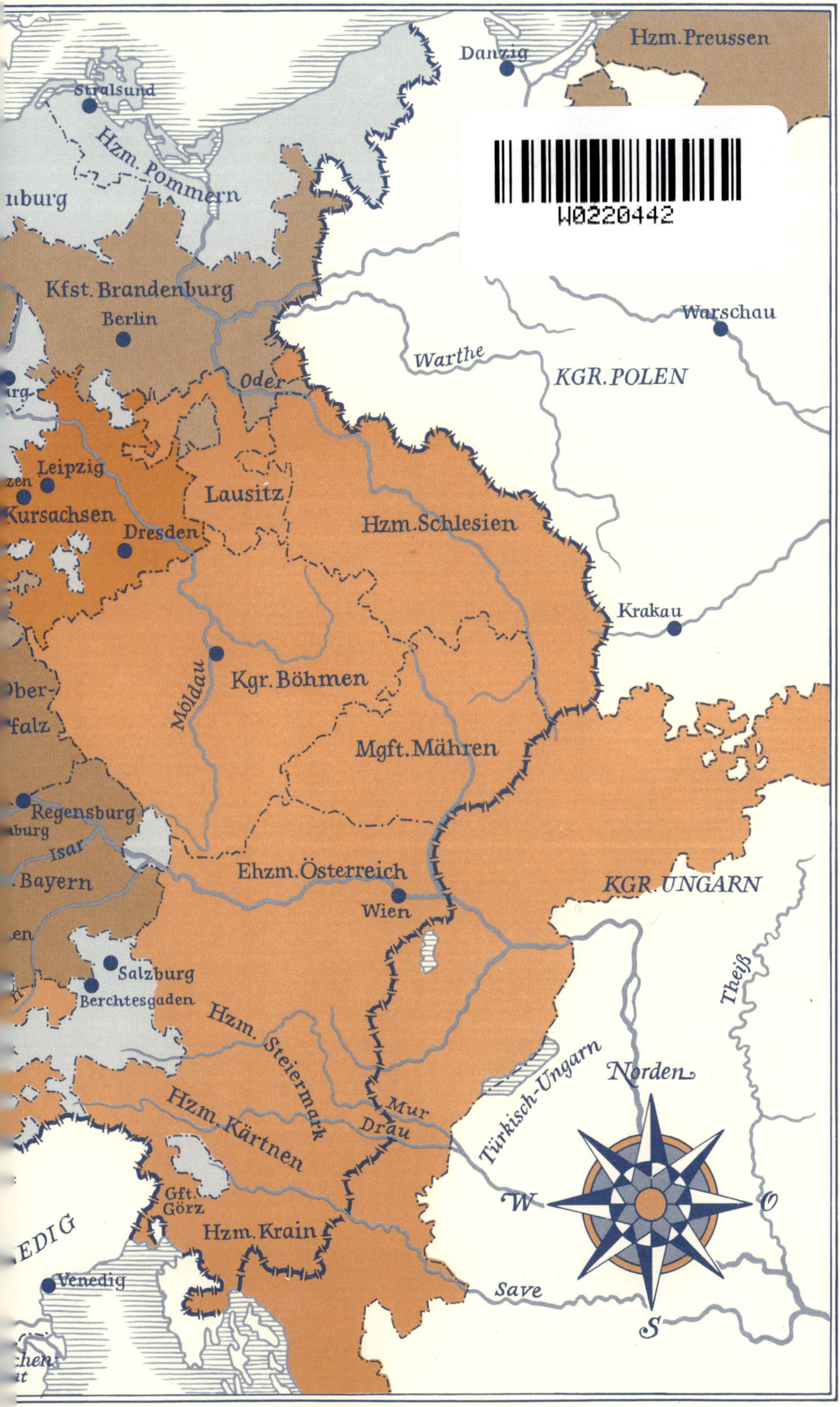

Hzm. Preussen
Danzig
Stralsund
Hzm. Pommern
Kfst. Brandenburg
Berlin
Oder
Warthe
Warschau
KGR. POLEN
Leipzig
Kursachsen
Dresden
Lausitz
Hzm. Schlesien
Krakau
Moldau
Kgr. Böhmen
Mgft. Mähren
Regensburg
Isar
Bayern
Ehzm. Österreich
Wien
KGR. UNGARN
Theiß
Salzburg
Berchtesgaden
Hzm. Steiermark
Türkisch-Ungarn
Norden
Mur
Drau
Hzm. Kärtnen
Gft. Görz
Hzm. Krain
W
O
S
Save
Venedig

Kurfürst

Maximilian I

von Bayern

Kurt Pfister

Kurfürst

Maximilian I

von Bayern

Ehrenwirth

CIP-Kurztitelaufnahme der Deutschen Bibliothek

Pfister, Kurt:
Kurfürst Maximilian I [der Erste] von Bayern / Kurt Pfister. – 2. Aufl. – München : Ehrenwirth, 1980.
Frühere Aufl. u.d.T.: Pfister, Kurt: Kurfürst Maximilian der Erste von Bayern und sein Jahrhundert.
ISBN 3-431-02253-7

Redaktionelle Bearbeitung der Neuauflage:
Dr. Gertrud Stetter

Frontispiz: Kurfürst Maximilian I. von Bayern (1573–1651) mit seinem Sohn Ferdinand Maria (1636–1679). Gemälde von Niklos Prugger.

ISBN 3-431-02253-7

Vorsatzkarte: Richard Mayer München
Druck: Friedrich Pustet Regensburg
Printed in Germany 1980a

I

Das sechzehnte Jahrhundert

Reformation und Gegenreformation

Mit dem Augsburger Religionsfrieden (1555) endet ein altes, mit dem Konzil von Trient (1545–1563) beginnt ein neues Zeitalter der europäischen Geistes- und Weltgeschichte.

Der Aufruf der Reformation, der durch die teilweise parallel laufenden geistigen Bewegungen des Humanismus und der Renaissance vertieft wurde, der in den wirtschaftlichen Umbrüchen des beginnenden Großkapitalismus, im Wandel von der Natural- zur Geldwirtschaft, von Feudalismus und ständischer Ordnung zum Beamtenstaat, in der Verlagerung des Welthandels konsonante soziologische Ausweitung erfuhr, war vierzig Jahre, nachdem er erstmals ergangen war und die abendländische Welt von Grund aus aufgewühlt hatte, verebbt. Die revolutionäre Bewegung wandelte sich zum System: aus der reformatorischen Forderung wurden die Landeskirchen, aus dem Heiligen Reich ein paritätischer Staatenbund mit monarchischer Spitze.

Der räumlichen Expansion entsprach die geistige Schwungkraft nicht mehr: nicht nur, daß zwischen Lutheranern und Calvinisten unversöhnliche Gegnerschaft herrschte; auch unter den Lutheranern gab es stärkste Meinungsverschiedenheiten über die Lehre, wie sie etwa durch den Streit zwischen Melanchthon und Flacius über die Grundprobleme der guten Werke, der Willensfreiheit und des Abendmahlsbegriffes gekennzeichnet sind.

Das bedeutsame humanistische Bildungswerk der Reformation, das vor allem von den Mittelschulen und den Universitäten Wittenberg, Rostock, Tübingen, Heidelberg und Jena ausging, hatte gewiß eine allgemeine Hebung des Bildungsstandes, die Förderung der juristischen, historischen und theologischen Forschungsmethoden zur Folge, aber gerade die wissenschaftliche Analyse der Dogmen führte zu einer weitgehenden Erstarrung, andererseits zu einer Verdünnung der Glaubenssubstanz; der auf breite Volksschichten geübte Zwang des Religionswechsels im Sinn der Anordnung des Religionsfriedens: cuius regio, eius religio, der den kleinen Mann oft innerhalb einer Generation mehrmals nötigte, Kult und Dogmen einer anderen Konfession, der katholischen, lutherischen oder calvinistischen, anzunehmen, mußte zu einer weitgehenden Anarchie der Glaubensüberzeugungen und des Kirchenlebens führen. Die reformatorische Bewegung schien, nachdem sie in einem kraftvollen Vorstoß die meisten germanischen Länder erobert hatte, nicht vital genug, um eine dauernde Intensität des Glaubenserlebnisses zu gewährleisten.

Der Versuch *Karls V.*, des letzten Kaisers der christlichen Welt, der noch einmal unternommen hatte, die Einheit des katholischen Europa im Sinn des mittelalterlichen Kaisertums zu erneuern, war äußerlich 1552 an dem Bund der protestantischen Fürsten Deutschlands mit Frankreich gescheitert – die Hilfe Frankreichs war durch die Preisgabe von Cambrai, Metz, Toul und Verdun erkauft worden. Dieser Versuch konnte auch aus inneren Gründen nicht mehr gelingen, weil einerseits die nationalstaatliche Idee und die Säkularisierung des Weltbildes zu weit vorangeschritten waren; weil andererseits in den nordischen Ländern die Gegensätze der Konfessionen sich schon allzusehr vertieft hatten.

So kam es zum *Augsburger Religionsfrieden* von 1555, der eine Art von Neutralität und Waffenstillstand zwischen den kämpfenden Parteien in Deutschland herbeiführte.

Reichsstände und Reichsritter erhielten das freie Recht des Bekenntnisses und der Bestimmung der Konfession ihrer Untertanen. Der Frieden galt allerdings nur für Anhänger des katholischen und lutherischen Glaubensbekenntnisses, nicht für die Calvinisten. Wenn fortan ein geistlicher Würdenträger zum Protestantismus übertrat, hatte er auf seine Würde und sein Land zu verzichten. Dieser *Geistliche Vorbehalt* hat die weitere Expansion der Reformation nicht gehemmt, die nunmehr ihre treibenden Impulse nicht mehr so sehr von unten, von den Volksschichten, als von oben, von den Landesfürsten, erhielt. Entgegen den Bestimmungen des Geistlichen Vorbehaltes wußten diese unter wenig stichhaltigen Vorwänden und mittels seltsamer Praktiken Bistümer, Stifte und Klöster in ihre Hand zu bekommen, die man dann, wenn es sich um wertvolle Objekte handelte, meist an die jüngeren Söhne des Hauses verlieh.

So wurden Naumburg, Meißen und Merseburg vom sächsischen Kurfürsten sequestriert; Brandenburg, Havelberg, Lebus, Magdeburg und Halberstadt vom brandenburgischen Haus; Bremen und Lübeck gerieten unter dänischen Einfluß; auf Schwerin und Ratzeburg legten die Herzöge von Mecklenburg ihre Hand; der Pfälzer Friedrich III. zog etwa vierzig Klöster und Stifte ein; ähnliches geschah in Württemberg, Baden-Durlach, Zweibrücken und anderwärts.

Karl V. hatte seinem Bruder, König *Ferdinand I.*, die Vollmacht zum Abschluß des Religionsfriedens gegeben, mit dem er selbst nichts zu tun haben wollte. Er verwahrte sich gegen alles, »wodurch unsere wahre alte christliche und katholische Religion beleidigt, verletzt, geschwächt oder beschwert würde«. 1556 dankte Karl ab und zog sich in das Kloster San Jeronimo de Yuste zurück, wo er am 21. September 1558 starb.

Philipp II., der Sohn, erhielt Spanien und den spanischen Besitz in Italien, den Niederlanden und der Neuen Welt; Ferdinand I. die Kaiserkrone und die österreichischen Erblande. Das katholische Regiment westdeutscher Territorien wie Trier und Aachen, in denen eine protestantische Minderheit sich durchzusetzen versuchte, hatte an den spanischen Niederlanden, wo Philipp II. mit Predigt und Waffengewalt den Katholizismus aufrechterhielt, eine starke Stütze.

Die räumliche Ausbreitung des reformatorischen Gedankens war so bedeutend, daß in den Jahren 1559 und 1560 venezianische Gesandtenberichte versichern konnten, daß neun Zehntel Deutschlands protestantisch gesinnt seien. Nord- und Mitteldeutschland, große Teile des Westens und Ostens waren reformiert, ebenso die meisten Reichsstädte und viele fürstliche Stände.

Die Spitze des Reiches, der Kaiser, war katholisch, wenngleich gerade Ferdinands Sohn, *Maximilian II.*, starke Neigungen zum Protestantismus zeigte. Aber auch in den österreichischen Erblanden, in Ober- und Niederösterreich, in Steiermark, Kärnten und Krain, besaß die lutherische Konfession ebenso wie in Böhmen und Ungarn unter den Ständen des Adels und der Städte, aber auch in der breiten Masse des bäuerlichen Volkes viele Anhänger, wenn nicht die Mehrheit. Als sicherer katholischer Besitz konnten nur Bayern, die Gebiete der geistlichen Kurfürsten und der Bischöfe sowie eine Minderheit der Fürstlichen Stände und Reichsstädte gelten. Im Kurfürstenkolleg und im Reichshofrat, den obersten Regierungs- und Gerichtsbehörden des Reiches, saß allerdings eine katholische Mehrheit.

Innerhalb der protestantischen Länder wurde durch straffe »Polizei- und Kirchenordnungen« für Sitte und Disziplin gesorgt. Die Streitigkeiten über die Lehre, insbesondere über die Fragen der Transsubstantiation und Willensfreiheit, verschärften sich freilich und führten zu heftigen Auseinandersetzungen. Auch kam es durch den offenen Übertritt des Pfalzgrafen Friedrich III. zum Calvinismus 1564 zu einer verhängnisvollen Spaltung innerhalb des deutschen Protestantismus.

Bezeichnenderweise dachten schon in den sechziger Jahren beide Konfessionen an die Schaffung von Bünden, um gegebenenfalls ihre Positionen mit Waffengewalt zu schützen: Pläne, die sich damals noch nicht durchsetzten und erst Jahrzehnte später, in Union und Liga, sich verwirklichten.

Ohne Zweifel mußte dem zeitgenössischen Betrachter die Situation der katholischen Kirche Deutschlands in der Mitte des 16. Jahrhunderts sehr viel hoffnungsloser als die des Protestantismus erscheinen. Nicht nur war der Katholizismus in die Defensive auf engem Raum zurückgedrängt und hatte dauernd neue Verluste zu verzeichnen; was viel bedrohlicher war: Lehre und Sitte waren in beispiellosem Verfall, aus dem keine Rettung mehr möglich schien.

Der Bayer *Johann Eck* schrieb im Jahre 1540: »Das Konkubinat hat sich fast allgemein verbreitet und Geistliche trauen sich häufig ihren Konkubinen an, als wären sie eheliche Weiber. Die kirchlichen Fasten- und Abstinenzgebote werden von sehr vielen Geistlichen, welche heimlich mit der Häresie befleckt sind, nicht mehr gehalten; vom Breviergebet ist bei diesen keine Rede mehr; in den einfachsten Glaubensartikeln sind sie, weil die kirchlichen Schulen in schmählichen Verfall geraten, häufig so unwissend, daß man staunen muß.« *Petrus Canisius*, der erste deutsche Jesuit, schrieb um die gleiche Zeit: »Wir übertreffen die Juden an Wucher, die Türken an Völlerei und Trunksucht, die Heiden an Geiz und Schlechtigkeit, die Tiere an Unzucht und Ausschweifung. Unsere Kirchen sind nicht Bethäuser, sondern Schwätz-, Kauf- und Tanzhäuser.«

Der fortschreitende Prozeß der Säkularisierung des Glaubens, dessen Anfänge schon ins späte Mittelalter zurückreichen, hatte durch Luthers Auftreten nur eine vorübergehende Unterbrechung erfahren. Zu stark wirkten die auf Ratio und antike Lebensideale drängenden Kräfte des Humanismus und der Renaissance.

Doch nunmehr ging von der alten Kirche eine Welle der religiösen Erneuerung aus. Das Konzil von Trient und der Jesuitenorden sind die Träger dieser Bewegung.

Die dogmatische Fixierung aller strittigen Lehren und die Reform der Kirchenzucht hat das *Konzil von Trient* so weitgehend gelöst, daß die hier geformte Struktur der Römischen Kirche die damalige schwere Krise überwand. Die dogmatischen Feststellungen des Konzils fanden ihren wichtigsten Niederschlag im tridentinischen Glaubensbekenntnis, das die wesentlichen Glaubenssätze zusammenfaßte; vor allem aber in dem neuerlichen Bekenntnis zu der seitens der Reformatoren am stärksten umstrittenen Lehre der Transsubstantiation: »Wenn jemand leugnet, daß in dem heiligsten Sakrament des Altares der Leib und das Blut zugleich mit der Seele und Gottheit unseres Herrn Jesu Christi und folglich der ganze Christus wahrhaft, wirklich und wesentlich enthalten sei, sondern sagt, er sei in demselben nur wie in einem Zeichen oder in einem Bilde oder der Kraft nach: der sei im Bann.« Daß an den alten Lehren der Kirche, die von der Reformation besonders bestritten wurden, den sieben Sakramenten, der Werkheiligung, der Freiheit des Willens und der Bedeutung der Tradition – »der seit Jesus Christus bis auf unsere Zeit überkommenen Überlieferung« –, neben der Heiligen Schrift festgehalten wurde, versteht sich von selbst. Auch Heiligenverehrung und Ablaß wurden ausdrücklich gebilligt.

Dem auf allen Linien mächtig vorandrängenden Katholizismus hatte die Reformation nur die systematische Zusammenfassung ihrer Glaubenssätze entgegenzustellen, die auf Initiative des sächsischen Kurfürsten im Geist eines strengen Luthertums entschieden wurde. Das im Mai 1577 abgeschlossene, im Juni 1580 veröffentlichte *Konkordienbuch*, das von der Mehrzahl der protestantischen Landeskirchen angenommen wurde, wandte sich mit eindeutiger Schärfe gegen die Lehren Calvins, aber auch gegen die von Luther abweichenden Doktrinen Melanchthons. Das dogmatische Gebäude, das so entstand, war gewiß ein heilsamer und notwendiger Wall gegenüber einer weiteren Aufspaltung des reformatorischen Lehrgutes. Aber es bedeutete auch eine Schwächung der gesamtreformatorischen Aktivität: der Gegensatz zu den Calvinisten, deren Lager nunmehr durch den Zustrom vieler Anhänger Melanchthons vermehrt wurde, vertiefte sich.

Der *Kölner Bischofsstreit* war die große Probe auf die Lebenskraft der gegenreformatorischen Bewegung; daß es Erzbischof *Gebhard Truchseß von Waldburg* nicht mehr gelang, sein Erzbistum in ein weltliches Fürstentum zu verwandeln – trotz der Unterstützung einzelner protestantischer Fürsten mußte er vor der vereinigten Macht des Domkapitels und der kölnischen Stände des kaiserlichen, bayerischen und niederländisch-spanischen Aufgebotes 1584 in die nördlichen Niederlande flüchten –, war der erste große Triumph der neu erstarkten

Kirche. Das Gelingen der Pläne Gebhards hätte auch weittragende politische Folgen gehabt, da in diesem Fall die Katholiken die Mehrheit im Kurfürstenkollegium verloren hätten.

Das Beispiel Kölns blieb nicht ohne Folgen. Allenthalben in den Bistümern des deutschen Westens und Südens, in Paderborn, Minden und Osnabrück, in Würzburg, Bamberg, Wien und Salzburg, drang die gegenreformatorische Welle machtvoll vor. Der Münchener Hof wurde ihr Mittelpunkt.

Gesellschaft Jesu

Es war nicht zuletzt dem Einfluß der *Jesuiten* zuzuschreiben, daß auf dem Konzil die Idee der Vollgewalt des Papstes, dem auch das Recht verblieb, die Dekrete der Konzilsväter auszulegen und in strittigen Glaubensfragen eine Entscheidung zu treffen, sich durchsetzte. Diese Gewalt des Papstes solle sich auf die gesamte Regierung und Verwaltung der Kirche erstrecken.

Neben den Fragen der Lehre wurde die kirchliche Zucht energisch in Angriff genommen. Es ergingen Dekrete gegen Simonie und Ämterhäufung. Laienkelch und Priesterehe – für die sich auch eine österreichische und bayerische Delegation eingesetzt hatten – wurden verworfen.

Es ist die denkwürdige Leistung des Jesuitenordens, der in vorderster Linie für diese Aufgabe wirkte, daß die Reformen des Tridentiner Konzils nicht toter Buchstabe blieben, sondern sich in tätiges Leben umsetzten. Ausbreitung und Wirksamkeit der Gegenreformation gerade in Deutschland sind mit der Wirksamkeit der Societas Jesu unlöslich verknüpft.

Der Baske *Ignatius von Loyola* (1491–1556) hat nach Jahren eines weltlichen Lebens als Soldat und höfischer Kavalier, nach vielen Wander- und Wallfahrten, die ihn u. a. nach Jerusalem, Italien und Frankreich führten, nach intensiver seelsorgerischer und karitativer Tätigkeit, 1539 den Jesuitenorden gegründet, dessen Satzungen 1540 durch Paul III. bestätigt wurden.

Die entscheidende Wende erfuhr der Offizier Loyola, als er, dem bei der Belagerung der Zitadelle von Pamplona durch die Franzosen (1521) ein Bein zerschmettert worden war, auf einem langen Krankenlager sich mit geistlichen Büchern und Problemen auseinandersetzte. Eine anschließende Wallfahrt nach dem Montserrat, ein längerer Aufenthalt im Dominikanerkloster Manresa vollendeten die seelische Konversion. Auf dem Montserrat vertauschte Ignatius die Uniform des Offiziers mit »Christi Waffenrock«; in Manresa entstand schon die erste Fassung der »Exerzitien«.

Die Aufgabe des Ordens richtete sich nicht so sehr auf beschauliche Betrachtung und weltverleugnende Askese, als auf apostolische Mission im Dienste Christi und seines Stellvertreters auf Erden. Predigt und Seelsorge, Reform des Klerus und der Erziehung, innere und äußere Mission erscheinen als wichtigste praktische Aufgaben des Ordens, dessen Organisation auf internationaler Grundlage und zentraler Verwaltung beruht.

Die Seelenführung durch Unterricht und Beichte bot die wichtigsten Ansatzpunkte; und es war klar, daß in einer Zeit der nahezu unbeschränkten Fürstengewalt das Hauptaugenmerk darauf gerichtet sein mußte, gerade die Könige und Fürsten für die Ziele des Ordens zu gewinnen. Dessen Anliegen war vor allem die systematische Ausgestaltung jener Studienhäuser, in denen Unterricht und Erziehung als Einheit begriffen wurden, die dem humanistischen Gymnasialtyp eines Melanchthon und Johann Sturm eine neue, auf die Ausbildung der geistigen und moralischen Anlagen zielende Pädagogik entgegenstellten, die man dynamisch nennen könnte: ein System, das Gemüt, Verstand und Phantasie der Jugend gleichmäßig zu erfassen gewillt war. Der Schulung des Verstandes diente die Gesamtheit des scholastischen und humanistischen Wissens; Gemüt und Phantasie wurden gleichermaßen durch die Übungen des Glaubenslebens, die in der gottesdienstlichen Feier, in geistlichen Übungen und Marianischen Sodalitäten eine besondere Prägung erfuhren, aber auch durch Musik und Theaterspiel geformt.

Der weitgehende Einfluß und die qualitative Höhe der jesuitischen Bildungsanstalten werden nicht zuletzt durch den Umstand bestätigt, daß schon in den neunziger Jahren des 16. Jahrhunderts zahlreiche protestantische Eltern ihre Kinder dem Unterricht des Ordens anvertrauten. »Wie viele von den Unsrigen«, klagte damals ein evangelischer Prediger, »sind so gelehrt und wohl unterrichtet wie die Jesuiten? Wie viele sind so eifrig und geschickt im Unterricht der Jugend wie diese Sendlinge des römischen Antichrist?«

Der Orden nahm einen schnellen Siegeszug durch die deutschen und österreichischen Länder. 1551 wurde das erste Jesuitenkolleg in Wien gegründet, es folgten Niederlassungen in Prag, Innsbruck, Ingolstadt (1556), München (1560) und Dillingen (1563). Auch am Rhein, zumal im Gebiet der geistlichen Kurfürstentümer, in Köln, Trier und Mainz, erfolgten fast gleichzeitig Niederlassungen. Bald waren die Jesuiten im Westen wie im Süden Deutschlands im Unterrichtswesen wie in der Seelsorge an die vorderste Stelle gerückt. Nächst den Exerzitien waren die Marianischen Sodalitäten, Vereine zur Pflege des religiösen Lebens, in deren Mittelpunkt Andacht und Verehrung der jungfräulichen Gottesmutter stand, ein wesentliches Instrument ihrer auf Erneuerung von Glauben und Sitten gerichteten Tätigkeit.

In Rom entstand unter dem Einfluß der Jesuiten das Collegium Germanicum, das deutsche Kleriker im Geist einer strengen römischen Katholizität ausbildete. Diese Geistlichen hatten bald eine Reihe maßgebender Stellen in den Universitäten, Bischofssitzen und Domkapiteln Deutschlands und Österreichs besetzt: um das Jahr 1600 saßen auf den Bischofsstühlen von Würzburg, Augsburg, Passau, Breslau, Salzburg, Olmütz und Triest ehemalige Zöglinge des Collegium Germanicum.

Habsburger

Am 25. Juli 1564 starb Ferdinand I., der Ungarn und Böhmen für Habsburg gewonnen, der durch Schaffung des Hofrates, der Hofkammer und des Hofkriegsrates eine Verwaltungsreform mit zentralistischen Tendenzen für die österreichischen Länder angebahnt, der trotz seines persönlichen unbedingten Festhaltens an der alten Kirche sich für einen friedlichen Ausgleich mit den Bekennern der Augsburger Konfession bemüht und die Bestimmungen des Religionsfriedens von 1555 loyal durchgeführt hatte.

Sein Sohn und Nachfolger *Maximilian II.* hatte seit frühen Jahren lebhafte Sympathie für den Protestantismus gezeigt. Er hielt auch als Kaiser, obschon er äußerlich beim katholischen Bekenntnis verharrte, an dieser Neigung fest, so daß die Anhänger der Augsburger Konfession zeitweise nicht ohne Grund glauben konnten, sie könnten den Kaiser eindeutig für sich gewinnen. Öftere Appelle, die in der Religionsfrage sowohl von Rom wie von Spanien und Bayern aus an ihn ergingen, blieben ohne tiefgehende Resonanz. »Ich bitte Eure Majestät bei Gott – denn höher kann ich nicht bitten –, sie wolle doch einmal die Augen ihres Gemütes auftun und sich gegen uns Katholische also erklären, daß wir nach langem herzlichen Begehren einmal mit gutem Grund wissen mögen, was wir doch an Eurer Majestät in causa religionis haben«, schrieb einmal der Herzog von Bayern an Maximilian. Aber zu solchen eindeutigen Erklärungen und Entscheidungen war der Kaiser nicht zu bewegen. Er glaubte nicht nur an eine schließliche Verständigung der Konfessionen im Sinn des Augsburger Religionsfriedens, sondern hielt auch einen dogmatischen Ausgleich zwischen dem katholischen und protestantischen Bekenntnis für möglich.

Dem Adel, allerdings nicht den Städten, Ober- und Niederösterreichs wurde, über die Verpflichtungen des Religionsfriedens weit hinausgehend, Religionsfreiheit gewährt. Solches Entgegenkommen hatte freilich weitreichende Folgen: auf drei Landtagen (1564–66) erhoben die Stände Niederösterreichs die Forderung auf Abschaffung der katholischen Religion in ihren Ländern. Der Kaiser solle alles, was »der wahren Religion im Wege sei, abstellen und also eine einzige, reine, beständige Religion im Lande anrichten«.

Es ist nicht abzusehen, wie sich Maximilian, wäre er nicht vergleichsweise früh gestorben, schließlich entschieden hätte. »Wenn eine Empörung erfolgte«, erklärte er dem päpstlichen Nuntius im September 1568, »wer würde dann Ordnung schaffen und mich verteidigen? Habe ich Streitkräfte wie die Spanier oder andere, um sie den Ständen entgegenzuwerfen? Ich habe sechs Söhne und keine andere Erbschaft für sie als diese paar Erblande. Wenn die zugrunde gerichtet würden, wovon sollten sie leben?«

Gegenüber Maximilians protestantenfreundlicher Haltung blieben freilich katholische Kräfte in Rom, Spanien und Bayern nicht untätig. Auch entfaltete in den verschiedenen habsburgischen Ländern die gegenreformatorische Bewegung, die im Sinn der tridentinischen Beschlüsse wirkte, eine wachsend tätige Initiative. In Tirol, wo Erzherzog Ferdinand, Maximilians Bruder, regierte, wurde die kirchliche Restauration ohne besondere Schwierigkeiten durchgeführt, zumal hier die Reformation nur vereinzelt hatte Fuß fassen können. Neben den Jesuiten wirkten Franziskaner und Kapuziner mit regem Eifer.

Bedeutend stärkeren Widerständen begegnete die Gegenreformation in Steiermark, obschon Maximilians jüngster Bruder, Erzherzog Karl, und seine Gattin Marie, die Tochter Herzog Albrechts V. von Bayern, streng katholisch gesinnt waren – die Erzherzogin hat gegenüber reformatorischen Vorstößen einmal bekannt: »Ich will lieber alle meine

Kinder in ein Butten auff den Rücken nehmen und heim in Bayern wandern, als solches geschehen lassen« – und tätig im Sinn des alten Glaubens wirkten. Die Stände nötigten Erzherzog Karl 1572 die Grazer Religions-Pazifikation ab, die dem Herren- und Ritterstand, ihren Angehörigen und Untertanen Gewissens- und Kultusfreiheit zusicherte. Neben der von Erzherzogin Marie begünstigten Jesuitenschule in Graz errichtete die Landschaft hier, in Klagenfurt und Laibach protestantische Schulen, die in Verbindung mit den reformierten Universitäten des Reiches standen.

Mit besonderem Nachdruck widmeten sich der Erzherzog und seine Gattin der streng religiösen Erziehung ihres Sohnes Ferdinand, des späteren Kaisers Ferdinand II., der neben Maximilian von Bayern die eigentliche »Säule« der Gegenreformation werden sollte.

Wenn Kaiser Maximilian keine eindeutige Entscheidung für den Protestantismus traf, wurde diese Haltung nicht nur durch die streng katholische Einstellung seiner Brüder und des Bayernherzogs, sondern mehr noch durch die unbeugsame Katholizität Philipps II. von Spanien bestimmt. Philipp richtete an den lauen Vetter immer wieder Mahnungen, er möge eine aktive Religionspolitik verfolgen; er setzte durch, daß Maximilians Sohn Rudolf, der spätere Kaiser Rudolf II., am Madrider Hof erzogen wurde.

Maximilian hoffte, durch die Verehelichung seiner Tochter Anna mit Philipp II. sowie seiner jüngeren Söhne mit Töchtern des Vetters den Erbanfall Spaniens an die österreichische Linie vorzubereiten; zumal Philipp II. nach dem Tod von Don Carlos zunächst keinen männlichen Thronerben hatte. Dies und die Rücksicht auf die gewaltige, nicht zuletzt auf den überseeischen Besitzungen ruhende Macht Spaniens hielt den Kaiser von einer eindeutigen Stellungnahme in der Religionsfrage ab und veranlaßte ihn immer wieder zu einem vorsichtigen Lavieren zwischen den Religionsparteien.

Auch im *niederländischen Konflikt* Philipps II. vermied Maximilian eine klare Stellungnahme.

In den spanischen Niederlanden, wo seit den vierziger und fünfziger Jahren die Calvinisten zumal in den Kreisen der Handwerker und kleinen Kaufleute immer mehr an Boden gewannen, war es seit 1559 im Zusammenhang mit gegenreformatorischen Maßnahmen zu heftigen Auseinandersetzungen gekommen. Die reformatorischen Kreise knüpften Beziehungen zu den französischen Hugenotten und protestantischen Reichsständen an. Nach der Abberufung Granvellas, des

Bitte kreuzen Sie die
Gebiete an, die Sie
besonders interessieren:

- ☐ Roman
- ☐ Biographie
- ☐ Humor
- ☐ Bavarica

- ☐ Gesundheit
- ☐ Küche
- ☐ Bienenzucht

- ☐ Erziehungswissenschaft
- ☐ Unterrichtspraxis
- ☐ Elternhilfen
- ☐ Schulbücher

Name

Straße, Postleitzahl, Wohnort

Beruf

Diese Karte entnahm ich dem Buch:

Anschriften von Bekannten, die sich vermutlich auch für Ihre Prospekte interessieren:

Lieber Leser,

der Themenkatalog unserer Verlagsarbeit ist weitgefächert und reicht vom literarisch anspruchsvollen Roman bis zur heiter-geistreichen Unterhaltung, von der aufschlußreichen Biographie bis zu den Bavarica, vom praktischen Ratgeber für die Gesundheit bis zum Fachbuch für den Imker, vom erziehungswissenschaftlichen Handbuch bis zur Unterrichtspraxis, von der Hilfe für Eltern bis zum Schulbuch. Wir berichten Ihnen gern regelmäßig über unsere neuen Bücher, wenn Sie uns diese Karte ausgefüllt zurückschicken. Bestellungen richten Sie bitte an Ihre Buchhandlung, die Ihnen unsere Bücher auch jederzeit gern zur Ansicht vorlegen wird.

Bitte als
Postkarte
frankieren

Ehrenwirth Verlag
Postfach 860348

8000 München 86

Beraters der Statthalterin *Margarete von Parma*, die Philipp auf Anraten der niederländischen Mitglieder des Staatsrates, *Wilhelms von Oranien, Graf Egmonts* und *Hoornes*, 1563 vollzogen hatte, erwies sich, daß Margarete nicht stark genug war, die politischen und religionspolitischen Schwierigkeiten zu meistern: die ihr zur Verfügung stehenden militärischen Machtmittel waren zu gering und teilweise unzuverlässig; von ihren niederländischen Beratern konnte allenfalls Egmont als loyal gelten, während Oranien schon 1561 Philipp seiner katholischen Gesinnung und Ergebenheit versicherte und gleichzeitig den Kurfürsten von Sachsen wissen ließ, er sei Protestant und ein Gegner der spanischen Herrschaft – den öffentlichen Übertritt vollzog er allerdings erst im Sommer 1566.

1565 kam es zu gemeinsamen Schritten der Stände bei der Statthalterin: Religionsfreiheit und die Einberufung der Generalstände wurden gefordert. Als aber im Sommer des folgenden Jahres allenthalben Pöbelaufstände ausbrachen, als es in Mecheln, Antwerpen, Gent, Tournai, Valenciennes zu barbarischen Bilderstürmen kam, sonderten sich die katholischen Stände und Adligen nachdrücklich von der bis dahin gemeinsamen Front ab.

Eine Distanzierung der maßgebenden protestantischen Stände von den Greueltaten erfolgte nicht. Oranien forderte vielmehr zu offenem Aufstand auf und suchte – allerdings ohne Erfolg – in Deutschland und Frankreich Verbündete gegen das zu erwartende militärische Eingreifen Philipps II.

Endlich raffte sich die Statthalterin zu energischen Maßnahmen auf: einzelne Haufen der Aufständischen wurden zerschlagen, in die aufrührerischen Städte Garnisonen gelegt. Oranien weigerte sich, den geforderten Treueid auf den König zu schwören, und floh im April 1567 in seine Besitzungen in Deutschland, die Grafschaft Nassau, um von hier einen neuen Aufstand in den Niederlanden vorzubereiten. Er stellte Werbungen an und sammelte bald ein Heer von 20–25000 Mann.

Für Philipp II. bedeutete der Aufstand in den Niederlanden einen Angriff gegen die königliche Majestät und, was ihm mehr galt, gegen den katholischen Glauben. Der Herzog von Alba rückte im August 1567 mit 10 000 Mann zu Fuß und 1700 Reitern, durchweg spanischen Kerntruppen, in die Niederlande ein. Margarete von Parma trat zurück. Egmont und Hoorne wurden wegen Hochverrats hingerichtet, wobei mindestens Egmonts Verschulden nur bedingt als erwiesen gelten kann. Zahlreiche andere Exekutionen erfolgten, und die Ausschreitungen der Soldateska lasteten schwer auf dem Land.

Nach den Anschauungen jener Zeit war Philipp berechtigt, die Herrschaft und den Glauben in dem von ihm beherrschten Land aufrechtzuerhalten und die Aufrührer mit allen Mitteln zu strafen und zum Gehorsam zu zwingen. Wie viele Greueltaten geschahen in diesen Jahrzehnten unter der Regierung der jungfräulichen Elisabeth und ihrer Nachfolger gegenüber den englischen, schottischen und irischen Katholiken; und bald sollte von beiden Konfessionen verübter Frevel und Mord sich über ganz Mitteleuropa so gewaltig ausbreiten, daß die in den Niederlanden durchgeführten Maßnahmen noch harmlos und gnädig erscheinen.

Oranien suchte Hilfe bei den protestantischen Reichsständen; er war auch bemüht, durch ihre Vermittlung den Kaiser zum Einschreiten gegen Philipp zu bewegen; was staatsrechtlich insofern zu vertreten war, als die Niederlande ja immer noch formell zum Reich gehörten. Die reformationsfreundliche Haltung Maximilians schien einen solchen Schritt nahezulegen. Ein Religionskrieg, erklärte jedoch der Kaiser, schade der Religion, verwüste das Land und breche, nach zeitweiligen Siegen einer katholischen Regierung, angesichts der internationalen Beziehungen der Parteien, die in diesem Fall durch Frankreich, die Niederlande und Deutschland hindurchgingen, immer von neuem aus.

In den Niederlanden, äußerte Maximilian schon im November 1566 gegenüber dem venezianischen Gesandten, sei das rechte Heilmittel die Freigabe der protestantischen Religion; die Niederländer verlangten weiter nichts, als nach ihrem Gewissen leben zu können, wie man es in Deutschland und Frankreich tue; der König von Spanien werde mit seinen Gewaltmaßnahmen nichts weiter erreichen, als daß er sein Geld verschwende, das Land zugrunde richte und schließlich das Messer gegen die eigene Kehle wende. Manche Argumente sprechen dafür, daß Maximilian damit rechnete, selbst Einfluß in den Niederlanden zu gewinnen, falls man ihm von seiten Spaniens wie der Aufständischen eine Art von schiedsrichterlichem Amt einräume. Dies war freilich nicht die Meinung Philipps. Er lehnte die Vermittlung des Kaisers ab und forderte ihn seinerseits auf, in seinen Ländern für stärkeren Schutz der katholischen Religion Sorge zu tragen.

Da Maximilian gerade damals die Eheschließung seiner Tochter mit dem spanischen König betrieb, da ihn auch erneute Auseinandersetzungen mit der Türkei, mit Siebenbürgen und Ungarn hinreichend beschäftigten, verzichtete er, um Philipp nicht zu verstimmen, zunächst auf eine weitere Initiative zugunsten der niederländischen Protestanten. Einzig die Kurpfalz unterstützte zeitweise die Aufständischen.

Der Abschluß der *Utrechter Union* im Januar 1579, die Holland, Seeland, Utrecht, Geldern und Groningen umfaßte, bedeutete die Trennung der nördlichen von den südlichen Provinzen: während diese bei Spanien verblieben, organisierten sich jene zu einer ständischen Republik. Die Hoheitsrechte in dieser Republik wurden von den *Generalstaaten*, den Abgeordneten der sieben souveränen Provinzen, den »Hochmögenden Herren«, ausgeübt, während der Statthalter die militärische Gewalt innehatte. Natürlich führte dieser Dualismus zu zahlreichen Konflikten.

Auf den ersten Statthalter Wilhelm von Oranien, der 1584 ermordet wurde, folgte sein Sohn Moritz von Nassau, Prinz von Oranien; auf diesen 1625 sein jüngerer Halbbruder, Prinz Friedrich Heinrich von Oranien.

Nach jahrzehntelangen Kämpfen war 1609 ein zwölfjähriger Waffenstillstand zwischen den nördlichen und südlichen Provinzen abgeschlossen worden. Mehr als den spanischen Niederlanden kam dieser Frieden Holland zugute, dessen Handel und Industrie sich mächtig entfalteten und das seine Flotte wie seine ostindischen Kolonien planvoll ausbaute.

In den spanischen Niederlanden war 1595 Erzherzog *Albrecht*, der Sohn Maximilians II., der mit Isabella, der Lieblingstochter des spanischen Königs vermählt war, zum Generalstatthalter ernannt worden. In Brüssel sollte eine dritte habsburgische Dynastie mit souveränen Rechten begründet werden; nur im Fall der Kinderlosigkeit sollte das Land wieder an Spanien zurückfallen. Die Herrschaft Albrechts und Isabellas wirkte sich im ganzen segensreich aus. Spinola nahm Ostende und vertrieb die Holländer aus ganz Flandern. Antwerpen, ein Mittelpunkt des Welthandels, blieb freilich von der holländischen Flotte blockiert. Die Ehe Albrechts und Isabellas war kinderlos. Nach dem Tod des Gatten (1626) führte die Infantin die Regierung allein weiter.

Am 13. Oktober 1576 war Kaiser Maximilian II. verschieden. Ihm folgte *Rudolf II.*, sein sehr viel anders gearteter Sohn.

Nirgends offenbart sich der Wandel des Jahrhunderts, jene Wende des Welt- und Menschenbildes, die wir in die gegensätzlichen Begriffe Renaissance und Barock zu fassen gewohnt sind, stärker und eindeutiger als im künstlerischen Raum.

Das Werk des Jünglings und Mannes *Michelangelo* war ein Bekenntnis zu heidnisch antikischen Lebensidealen gewesen. Aber dann geschieht, in den Sonetten, im Fresko des Jüngsten Gerichtes, in den Zeichnungen des gegeißelten und gekreuzigten Christus, in der Pietà Rondanini die Umkehr, der jähe Bruch mit der Vergangenheit. An die Stelle harmonischer Vollkommenheit und des Bekenntnisses zum Dasein tritt die Hingabe an das Mysterium von Christi Opfertod, von Erlösung und Jenseits.

In Venedig sind *Tizian* und *Tintoretto* den gleichen Weg gegangen; und der auf Kreta 1541 geborene *El Greco*, der in der Werkstatt Tizians und Tintorettos gearbeitet hat, der in Rom ergriffen vor den Werken Michelangelos stand, hat im Spanien Philipps II. jene von mystischem Spiritualismus und metaphysischem Geist erfüllten Tafeln geschaffen, in denen ein Wehen apokalyptischer Winde und visionärer Flammen fühlbar wird. Das Dogma der Unbefleckten Empfängnis Mariä, das im Mittelpunkt der Devotio spiritualis der Gegenreformation und des Jesuitenordens stand, hat in ihm einen ergriffenen Künder gefunden, der das Geheimnis als Vision und glühendes Wunder begriff.

Solchem Aufruf antwortet in den nordischen Ländern die Gestalt des *Peter Paul Rubens* (1577–1640), dessen Werk und Persönlichkeit denkwürdiger Ausdruck der gegenreformatorischen Welt des Nordens wird. Wie seltsam spiegeln sich schon die Wandlungen des neuen Jahrhunderts in seinem Schicksal: die calvinischen Eltern flüchten im Oktober 1568 vor der Gewaltherrschaft Albas aus Antwerpen nach Köln. Im benachbarten Siegen weilt Wilhelm von Oranien bei seinem Bruder Johann von Nassau, um den Aufstand der Niederlande zu organisieren. Es entwickelt sich ein Liebesverhältnis zwischen dem Advokaten Jan Rubens und Anna, der Gattin Oraniens. Jan wird eingekerkert und schließlich im Mai 1573 wieder entlassen, darf freilich das nassauische Land zunächst nicht verlassen. Frau Marie Rubens nimmt den ungetreuen Gatten wieder liebevoll auf.

Am 28. Juni 1577 wird Peter Paul in Siegen geboren. Im folgenden

Jahr übersiedelt die Familie wieder nach Köln und tritt zum Katholizismus über. Im März 1587 stirbt Jan Rubens, 1588 kehrt Frau Marie mit ihren vier Kindern nach Antwerpen zurück.

Schnell vollzieht sich der künstlerische und gesellschaftliche Aufschwung des Künstlers Rubens. Zwischen 1600 und 1608 weilte er in Italien und empfing hier, in Auseinandersetzung mit den Werken der Maler des Frühbarock, seine letzte handwerkliche und geistige Schulung. Nach der Rückkehr wurde er Hofmaler der Erzherzog-Statthalter Albrecht und Isabella. Die von den Bilderstürmern verwüsteten und dann der Gegenreformation geöffneten spanischen Niederlande boten dem Künstler reiche Arbeitsmöglichkeiten. Die Kirchen Antwerpens und anderer Städte wurden mit Altarblättern Rubens' geschmückt; zahlreiche Aufträge kamen aus anderen katholischen Ländern: aus Frankreich, Spanien, Pfalz-Neuburg und Bayern. Das Antwerpener Atelier Rubens' wurde eine große Werkstatt; der Meister, der die Bestellungen nicht mehr alle eigenhändig ausführen konnte, beschäftigte zahlreiche Gehilfen.

Die flammenden Rhythmen der Tafeln des großen Flamen, die von strotzender Lebensfülle wie von leidenschaftlicher Glaubensinbrunst erfüllt sind, sind der großartige Ausdruck jenes in der Gegenreformation neu erweckten katholischen Dualismus, der das Sinnliche und Mystische, das Dionysische und Ekstatische als Einheit begreift und, von den Wundern der diesseitigen Welt wie vom Mysterium des Jenseits gleichermaßen ergriffen, die Strophen eines brausenden Hymnus dichtet. Darin liegt die am meisten sinnfällige Legitimation der gegenreformatorischen Bewegung, daß sie nicht nur Heilige wie Ignatius von Loyola und Petrus Canisius, Staatsmänner wie Philipp II., Ferdinand II. und Maximilian von Bayern, sondern auch Künstler wie El Greco, Rubens, Calderon und die großen Meister des italienischen, spanischen und süddeutschen Barock erweckt hat.

Während Tizian, Tintoretto, El Greco, Rubens und den anderen Künstlern der katholischen Gegenreformation die Altäre der Kirchen zur Verfügung standen, konnte angesichts der Bilderfeindlichkeit der Reformation, die sich im calvinistischen Lager vor allem in den Niederlanden wie in Böhmen zu den Untaten der Bilderstürmer steigerte, die neue Lehre im Bereich der bildenden Kunst keine vorwärtsdrängenden Impulse geben.

Das Werk des großen *Rembrandt* kann man für den Kirchenglauben der Reformatoren nicht in Anspruch nehmen: es hat sich in frühen und mittleren Jahren fast ausschließlich in der Atmosphäre des bürgerlichen Holland entfaltet; und die religiösen Visionen des alten Meisters, denen die Umwelt weder Beachtung noch Anerkennung zollte, sind, wie die mystischen Betrachtungen eines Valentin Weigel und Jakob Böhme, jenseits der gültigen Kirchenmeinung entstandene Aussprachen des einzelnen und Vereinsamten mit seinem Gott.

Während Schuldrama und Meistersang der Reformation längst erstarrt sind und das Drama Shakespeares auf dem Kontinent erst in sehr viel späterer Zeit wirksam zu werden beginnt, entfalten sich die Fronleichnamsspiele Calderons, das in christlicher Sinndeutung geprägte »Befreite Jerusalem« Torquato Tassos und das Jesuitendrama, das in einem schaubaren Symbol die Einheit von Diesseits und Jenseits Gestalt werden läßt.

Gerade im Jesuitendrama, das auch einer der wichtigsten Quellströme der Oper ist, offenbart sich die neue, gärende Welt des Barock, ihre die statische Ruhe der Renaissance aufwühlende Dynamik. Die Mysterienspiele des späten Mittelalters, das humanistische Schultheater der Reformation, die nach Plautus und Terenz bearbeiteten Komödien, die Fastnachtsspiele des Hans Sachs werden nun durch eine neue Formengestalt der Bühne abgelöst, die die lehrhafte Rhetorik, den Individualismus, die skeptische Ratio der Renaissance durch ein kosmisch-dualistisches Weltgefühl ersetzt und breiteste Wirkung in allen Volksschichten erzielt; gedankliche Substanz und szenische Gestalt strebten zur Synthese von Schein und Sein, Theater und Leben, Diesseits und Jenseits, Verstand und Willen.

Der Schwabe *Jakob Bidermann* (1578–1639), der lange Jahre in München und Ingolstadt wirkte, ist der größte Meister des Jesuitendramas. Den Konflikt von faustischem Drang und Sittengesetz beantwortet er mit der Forderung nach Askese und Abkehr von der Welt; ihrem Pomp und Glanz setzt er die Mahnung der Vanitas Vanitatum entgegen. Wie am Ende dieses Zeitalters bei Andreas Gryphius, dem Odendichter, der Schrecken und Trübsal des Großen Krieges erfahren hat, so ist schon hier, in den Dramen Bidermanns, der Tod das tragende Leitmotiv. Seine Mahnung, die das Totentanz-Motiv des herbstlichen Mittelalters wieder aufgreift, wird am erschütterndsten im berühmtesten Werk des Dichters, in »Cenodoxus, Doktor von Paris« vernehmlich:

»Mein Macht bezwingt die ganze Welt,
vor mir erschrickt so mancher Held;
groß' Herren, Fürsten, Potentaten
vergehn durch mich gleichwie die Schatten.

All's, was man meint, das mächtig sei,
der Baum, der Felsen, das Gebäu,
das Eisen und der Stahl so hart,
was schwacher und was starker Art,

was in der Luft, was in dem Meer,
und was die Erde bringt hierher,
entsetzet sich ob meinem Pfeil,
den ich abschieß' in schneller Eil'.

Bist weder du, noch die, noch der,
noch irgend jemand sicher mehr;
der Pfeil ist allenthalben Gift,
verschont kein'n, und alle trifft:

oft Kinder, oft auch Jüngling schön,
die Alten allzeit mit mir gehn.«

In der Einheit von Wort, Tanz, Musik und szenischem Schaugepränge verwirklicht das Jesuitendrama erstmals seit der Antike wieder die Bühne als Gesamtkunstwerk.

2

Die Ahnen

Man wird die Gestalt Maximilians in ihrer Größe und Eigenart gerecht nur würdigen können, wenn man sich einige wesentliche Züge der Herrscher vergegenwärtigt, die seine Ahnen gewesen sind, aber auch einen Umriß der politischen und geistigen Struktur des Landes, das unter seiner Regierung zur europäischen Großmacht wurde.

Erst zu Beginn des 16. Jahrhunderts, in den Jahren 1507 und 1508, war durch Herzog *Albrecht IV. den Weisen* die Grundlage für diese Entwicklung geschaffen worden. Im Landshuter Erbfolgekrieg (1503–1507) gingen zwar Pfalz-Neuburg und das Unterinntal verloren, aber Ober- und Niederbayern, seit anderthalb Jahrhunderten getrennt, wurden wieder, und diesmal endgültig, miteinander verbunden, und in der Primogeniturordnung, die am 8. Juli 1506 auf »Rat und Zutun der Landschaft« zustande kam, wurde das denkwürdige Ereignis festgelegt. Die bayerischen Fürstentümer, hieß es da, sollten fortan und auf ewige Zeit nur *ein* Herzogtum sein und genannt werden, keine Teilung solle mehr geschehen; und in diesem Herzogtum solle nur *einer* regierender Herzog, Landesfürst und Herr sein. Die Herzogsgewalt solle sich in männlicher Linie nach dem Recht der Erstgeburt vererben.

Wilhelm IV.

Unter der Regierung *Wilhelms IV.* (1508–1550) vollzieht sich das die europäische Welt von Grund aus umwälzende Geschehen der Reformation; und es bahnt sich die alle geistige und politische Entwicklung auf Generationen folgenschwer bestimmende Tatsache an, daß Bayern als einziges Land der europäischen Mitte der Reformation nahezu bedingungs- und ausnahmelos widerstanden hat.

Da sogar die österreichischen Erblande in diesen Jahrzehnten weitgehend von reformatorischen Strömungen überflutet wurden, da Frankreich teilweise und England in seiner überwiegenden Mehrheit vom alten Glauben sich loslösten, da die Schweiz, die Niederlande und die meisten großen deutschen Fürstentümer der neuen Lehre zuneigten, ist Bayern in der Tat das Bollwerk gewesen, das alle Angriffe der Reformation abwies: die Zelle, in der sich die vom Konzil von Trient ausgehende gegenreformatorische Idee entfaltete, die Grundlage des machtvollen Vordringens des alten Glaubens. »Ohne Bayern«, konnte der Staatskanzler Granvella zu Karl V. sagen, »wäre die katholische Kirche in Deutschland untergegangen.«

Diese denkwürdige Situation wirft Fragen und Probleme auf, die für Maximilians Gestalt und Regierung schicksalbestimmend geworden sind. Wenn Bayern dem alten Glauben treu blieb, lag das letzthin in der zäh beharrenden Denkart und im Gefühlsleben dieses Volksstammes begründet, der seit je aller Neuerung mit skeptischem Mißtrauen begegnete und an den Traditionen der Väter festhielt; aber doch auch – in einer Zeit, die den Grundsatz »cuius regio, eius religio« verkündete – in sehr bedeutendem Ausmaß in der Tatsache, daß der Herzog und seine Umgebung sich mit Entschiedenheit gegen Luthers Lehre wandten.

Wenn auch der Sieg des Katholizismus in Bayern erst unter seinen Nachfolgern entschieden wurde, ist doch festzustellen, daß ohne Wilhelms zähes Beharren damals ganz Deutschland reformatorisch geworden wäre. In einem Mandat, das im März 1522 erging, nahm er gegen die religiösen und politischen Umwälzungen, die man nicht ohne Grund aus der reformatorischen Bewegung keimen sah, klar Stellung. Weitere Religionsmandate erließ er in den Jahre 1524 und 1531, nicht zuletzt auch in der Überzeugung, daß »aus der lutherischen Sekt und Büberei« früher oder später schwere soziale Unruhen hervorgehen müßten. Man beschränkte sich vorläufig auf Zensurvorschriften und Maßnahmen zur Hebung der Moral des Klerus; Landesverweisungen wurden nur in einzelnen Fällen durchgeführt. Ein Ergebnis dieser Einsicht und dieser Maßnahmen ist denn auch gewesen, daß Bayern von den schweren Erschütterungen des Bauernkrieges, der 1525 allenthalben in den süd- und mitteldeutschen Ländern eine tiefgreifende politische und wirtschaftliche Krisis auslöste, verschont blieb.

Der bedeutendste Gegner Luthers, der Mann, der in Bayern in jenem Jahrzehnt am stärksten für die Erhaltung des Katholizismus gewirkt hat, ist der Ingolstädter Professor *Johann Mayer von Eck* (1486–1543) gewesen. Er wohnte 1530 dem Augsburger Reichstag, 1541 den Religionsgesprächen in Worms und Regensburg bei. Auf seinen Einfluß ist es vor allem zurückzuführen, daß die Ingolstädter Universität das eigentliche Bollwerk des katholischen Glaubens in Deutschland wurde, der wichtigste Gegenpol zu Wittenberg.

In Ingolstadt studierten in den folgenden Jahrzehnten die Söhne des herzoglichen Hauses, des Adels und Bürgertums, die dann als Staatsmänner, Beamte und Geistliche des Landes wirkten. Die Universität Ingolstadt war nächst und mit dem Jesuitenorden – schon 1542 und 1549 wurden mehrere Jesuiten, unter ihnen Petrus Canisius, von Ignatius nach Ingolstadt entsandt; wenig später beherrschte der Orden die Universität – die kraftvollste Stütze der Gegenreformation in den deutsch sprechenden Ländern.

Wilhelm IV. ist von den Zeitgenossen um deswillen, weil er beim katholischen Glauben verharrte, der Beiname »Der Standhafte« gegeben worden. Er hat die in der Folgezeit so bedeutsam sich auswirkende enge Verbindung Bayerns mit Rom wie mit den Habsburgern tatkräftig gefördert. Dank der guten Beziehungen zur Kurie wurde den Wittelsbachern der fünfte Teil sämtlicher Einkünfte aus den in Bayern gelegenen Abteien und ein bemerkenswerter Einfluß auf die kirchliche Gerichtsbarkeit zugebilligt; auch wurden den nachgeborenen Söhnen der Dynastie Anwartschaften auf bayerische und rheinisch-westfälische Bistümer zugesichert! Daß in Köln seit 1583 durch fast zwei Jahrhunderte bayerische Prinzen als Erzbischöfe residierten, ist für die Machtstellung des Hauses Wittelsbach und gerade auch für die Regierung Maximilians von nicht hoch genug einzuschätzender Bedeutung gewesen.

Herzog Wilhelm hat auch in der entscheidenden Stunde des *Schmalkaldischen Krieges*, als die Frage akut wurde, ob der Protestantismus in Deutschland eine Vormachtstellung gewinnen würde, sich für Karl V. entschieden; und damit, wie drei Generationen später sein Urenkel Maximilian, den Sieg der Reformation in Deutschland verhindert. In der Tat hatte der Herzog schon auf dem Regensburger Reichstag 1546 ein geheimes und mündliches Abkommen mit Karl V. abgeschlossen, das eine getarnte Neutralität vorsah. Das Bündnis wurde durch die Ehe des Thronerben Albrecht mit Anna von Österreich bekräftigt.

Albrecht V.

Weit entschiedener noch prägt sich in der Gestalt des Nachfolgers, *Herzog Albrecht V.* des Großmütigen (1550–1579) das neue geistige und politische Gesicht Bayerns.

Durch den Vertrag von Passau (1552) und den Augsburger Religionsfrieden (1555) war zwar eine gewisse Entspannung der kirchenpolitischen Situation in Deutschland eingetreten; und in den ersten Jahren der Regierung Albrechts waren Anzeichen einer weitgehenden Duldsamkeit gegenüber den Protestanten und reformationsfreundlichen Kreisen nicht zu verkennen. Auch verhandelte Albrecht mit dem Konzil von Trient und der römischen Kurie über die Zulassung der Priesterehe und des Laienkelches. Durch eine »Deklaration« vom März 1556 wurde von der Regierung die Reichung des Abendmahls unter zwei Gestalten erlaubt. Gegenüber dem Einspruch des päpstlichen Nuntius berief sich der Herzog auf die Gefahr des Abfalls von Tausenden, falls der Laienkelch verboten werde. »Die Gemüter der Menschen seien zuweilen so beschaffen, daß durch Nachgiebigkeit mehr ausgerichtet werde als durch allzugroße Strenge, zumal in Dingen, über die der Kirche freie Entscheidung zustehe.«

Im Volk und bei den Ständen, zumal im Adel, zeigten sich in der Tat reformatorische Neigungen: die Grafen von Ortenburg und Haag, neben ihnen vierzig bis fünfzig Adlige bekannten sich zum Protestantismus und drohten mit offenem Aufruhr, falls sich der Herzog in der Frage der Religion nicht entgegenkommender zeige.

Albrecht wies wiederholt auf seine Nachgiebigkeit in der Frage des Laienkelches hin, betonte aber gegenüber dem 1563 versammelten Landtag, »daß er im alten wahren katholischen Glauben beständig zu bleiben und denselben in seinen Landen nach allem Vermögen zu erhalten gedenke; auch dawider weder die augsburgische noch andere Konfessionen sich ausbreiten lassen werde; gemäß dem Religionsfrieden sei er nicht schuldig, eine andere Religion als seine eigene in seinem Fürstentum zu dulden; er erwarte ernstlich, daß ihm hierin der gebührende Gehorsam geleistet werde«.

Im April 1567 jedoch, zu einem Zeitpunkt, da Rom bereit war, in der Frage des Laienkelches Zugeständnisse zu machen, entschloß sich Albrecht zu einer durchaus intransigenten Haltung gegenüber allen reformatorischen Strömungen. Damit wurde die schon von Wilhelm IV. eingeleitete Kirchenpolitik, auf der dann Wilhelm V. und Maximilian ihr gegenreformatorisches Gebäude errichten konnten, endgültig stabilisiert.

Nächst der eigenen tiefverwurzelten religiösen Überzeugung und der Furcht vor Verschwörungen einer Anzahl evangelisch gesinnter Adliger ist diese Haltung vermutlich durch Einblicke in die Situation, die sich in Österreich entwickelt hatte, bestimmt worden; aber auch das entschiedene und tätige Einwirken des Kanzlers Simon Eck, des jüngeren Stiefbruders und Schülers des streitbaren Theologen, ist nicht ohne Einfluß auf Herzog Albrecht geblieben. Im Zusammenhang mit der böhmischen Krise von 1618–1620 wurde offenbar, daß der religiöse Umschwung auch eine politische Revolution in sich barg; daß die protestantische Bevölkerung der österreichischen Erblande in ihrer überwiegenden Mehrheit zu einem gewaltsamen Sturz der Dynastie Habsburg entschlossen war.

Gewiß waren für Herzog Albrecht, als er sich zu einer intransigenten Religionspolitik entschloß, solche Entwicklungen noch kaum erkennbar. Aber ihre Ansätze und Keime konnten einem hellsichtigen Beobachter nicht verborgen sein.

Simon Thaddäus Eck, seit 1558 Ratskanzler und Kabinettssekretär Albrechts, war einer der Männer, die diese Situation klar erkannten. »In München hat's ein scharfes Eck, – dran stürzt man Gottes Wort hinweg«, schmähten die Gegner des Mannes.

In einer Konferenz, die im April 1568 stattfand und der religiösen Lage galt, die schließlich den Entschluß Albrechts bestimmte, in Fragen der Lehre und des kirchlichen Ritus keinerlei Zugeständnisse mehr zu machen, hat Eck erklärt: Die seinerzeitige Bewilligung des Laienkelches habe zu Sektiererei und Ketzereien geführt. Es gelte, um das Volk im alten Glauben zu erhalten, Reformen durchzuführen, und zwar durch Besetzung der Pfarreien mit besseren Priestern, Errichtung von Schulen, Abhaltung von Missionen, Einsatz guter Priester, besonders aus dem Jesuitenorden, an gefährdeten Orten.

Aus den Beratungen der Konferenz entwickelte sich die neue Kirchenpolitik des Herzogs. Die Beschlüsse des Konzils von Trient wurden streng durchgeführt; häufige Kirchenvisitationen wirkten im Sinn der Hebung von Disziplin und Moral des Klerus; der Laienkelch wurde mehr und mehr eingeschränkt; Beamte, die der Augsburger Konfession angehörten, wurden entlassen und zahlreiche Protestanten ausgewiesen. »Viel Häuser seien feil und stünden wertlos«, klagt 1570 der Münchener Stadtrat, »und es seien über 100 000 Gulden jährlich

26 Herzog Wilhelm V., Maximilians Vater, auf einer goldenen Porträtmedaille aus dem Jahr 1587 in goldenem Gehänge mit reicher farbiger Emailverzierung, Perlen und Rubinen. Dieser sogenannte »Gnadenpfennig« wurde an verdiente Persönlichkeiten verliehen und an einer Kette getragen.

Oben: Fünfdukatenstück aus dem Jahr 1640 zur Erinnerung an die Neubefestigung der Stadt München nach dem Abzug der Schweden: Der geharnischte Kurfürst mit Schwert, Kommandostab, Reichsapfel und Wappen mit Ordenskette des Goldenen Vlieses. Auf der Rückseite Stadtansicht mit Befestigungsanlage, Schutzmantelmadonna und Psalmenumschrift. *Unten links:* Undatierter goldener Gnadenpfennig aus den letzten Lebensjahren Maximilians. *Rechts:* Goldene Medaille aus dem Jahr 1659 auf den Sohn und Nachfolger Maximilians, Kurfürst Ferdinand Maria.

durch den Abgang der Steuerzahler dem Stadtfiskus abhanden gekommen«.

Die Jesuiten erlangten zunehmend wachsenden Einfluß auf die Universität Ingolstadt; sie errichteten hier, in München und Dillingen Kolleghäuser. Seit 1568 wurde der Eid auf das tridentinische Glaubensbekenntnis von Beamten und Universitätslehrern gefordert – damals verließ Philipp Apian, der bedeutende Kartograph, die Universität Ingolstadt, weil er, der Protestant, den Eid nicht schwören wollte.

1569 wurde ein strenges Büchermandat, das auf den Bestimmungen des römischen Index beruhte, und im gleichen Jahr eine Schulordnung erlassen, die auf streng religiöse Jugenderziehung ausgerichtet war. Der Katechismus des Petrus Canisius wurde allgemein eingeführt, und die Schullehrer erhielten strenge Weisungen: »Sie sollen wissen, daß es bei unserer heiligen Religion mehr um demütige Einfalt als um freche, spitzfindige Wissenschaft zu tuen sei.« 1571 wurde ein geistliches Ratskollegium, das auf die Reinerhaltung des Glaubens hinwirken sollte, eingerichtet, im selben Jahr die Reichung des Laienkelches endgültig und allerorten verboten.

Mit diesen Maßnahmen, an deren Durchführung die Jesuiten maßgebenden Anteil hatten, war der Sieg der Gegenreformation in Bayern entschieden, das System einer ausschließlichen Katholizität begründet. Aus dem reformierten Sachsen wurden die Gebeine des hl. Benno nach München überführt; seither galt Benno als Schutzheiliger gegen Hunger und Pest.

Zugleich und im Zusammenhang mit dieser prokatholischen Haltung begann sich Bayerns Machtstellung als Faktor der internationalen Politik zu heben: der römischen Kurie galt das Herzogtum ohnedies als stärkstes Bollwerk des Glaubens im Norden; aber auch die Beziehungen zu Österreich, Frankreich und dem Spanien Philipps II. wurden aktiviert. Albrecht stand in regem brieflichen Austausch mit Philipp II., dessen niederländische Politik er nachdrücklich billigte. Der ihr innerhalb der Reichsstände erwachsenden Opposition trat er entschieden entgegen.

Trotz seines guten Einvernehmens mit dem Schwager, Kaiser Maximilian II., mißbilligte er dessen reformationsfreundliche Haltung. Aber jenseits dieses Vorbehaltes hielt er an der prohabsburgischen Politik fest. Ihr sinnfälliger Ausdruck war die Vermählung von Albrechts Tochter Maria mit Erzherzog Karl von Steiermark, dem jüngsten Bruder Maximilians II. Aus dieser Ehe entstammte Ferdinand, der spätere Kaiser.

Die Religion war Albrecht Herzenssache, der Schutz des Katholizismus freilich auch ein politisches Anliegen. Aber man darf sich den Herzog keineswegs als frömmelnden Asketen vorstellen: Peter Candid, Michael Ostendorfer, Hans Mielich, Barthel Beham und Christoph Schwarz waren seine Hofmaler; und das Porträt, das Mielich von Albrecht geschaffen hat, verleugnet jene Züge nicht, die auf die Erscheinung des weltkundigen Kavaliers, aber auch auf jene andere Eigenschaft hinweisen, die dann in dem Enkel in so großartiger Fülle gereift ist: eine ungemeine Neigung zu den Werken der Kunst und Wissenschaft. Nicht ohne Grund hat Albrecht von den Zeitgenossen den Beinamen »Der Großmütige« erhalten, und ein Nachruf konnte von ihm sagen: »Ist ein gottesfürchtiger, stattlicher und sehr vernünftiger Herr gewesen, der gelehrte und kunstreiche Leute sehr lieb hatte und Bayern zieren wollte von Innen und von Außen.«

Damals setzte sich in München die deutsche Renaissance machtvoll durch. Der Georgssaal der Neufeste und der wuchtig stämmige Münzhof, im Erdgeschoß als Marstall, in den oberen Geschossen als Kunstkammer errichtet – diese beiden Werke von dem einheimischen Baumeister Egkl geschaffen –, das Antiquarium und das Dachauer Schloß sind charakteristische Denkmäler der neuen Baugesinnung. Münzhof und Antiquarium bargen die reichen Kunstsammlungen des Herzogs, dem als erstem der Ruhm gebührt, aus München ein internationales Kunstzentrum geschaffen zu haben.

Am Hof Albrechts wirkten zahlreiche niederländische und italienische Künstler; italienischer Stil und italienische Mode setzten sich auch im Umkreis des Hofes mehr und mehr durch. Clovius, der Freund Tizians, schmückte Albrechts Gebetbuch mit Miniaturen. Noch heute sind fünf Bände der Kunstkorrespondenz erhalten, die der Herzog mit Agenten in Italien, in den Niederlanden und in Spanien führte.

Albrechts Sammlungen umfaßten kostbare Werke der antiken Bildnerei, Gemälde, Bücher, Handschriften, Edelsteine und Münzen, Reliquien, Kelche, Monstranzen, Uhren, mechanische Spielwerke, Waffen, Kupferstiche und mancherlei Kuriositäten. In der historisch sachlichen Methodik, die die Ordnung der Sammlungen des Herzogs bestimmte, werden schon die Grundlagen des modernen Museums sichtbar. Unter den Bildern, die er erwarb, befanden sich Meisterwerke von Giorgione, Tizian, Michelangelo, Andrea del Sarto und Tintoretto. Die Bibliothek des Augsburger Humanisten Johann Jakob Fugger, die Albrecht 1571 erwarb, wurde zusammen mit den kurz zuvor gekauften Beständen der Büchereien Hartmann Schedels und Johann Albrecht Widmannstetters der Grundstock der Münchener Hof- und Staatsbibliothek. *Aventins* umfassendes bayerisches Geschichtswerk wurde auf seine Veranlassung veröffentlicht.

Albrechts besondere Neigung galt der Goldschmiedekunst, die damals in München zu besonderer Blüte gedieh, und der Musik. Seine Hofkapelle umfaßte 49 Sänger und Instrumentalisten. »Wie von Jungfrauen nicht gut Seide zu kaufen ist, so kann man von Euch nicht wohl gute Sänger bekommen«, schreibt Erzherzog Ferdinand einmal scherzhaft an Albrecht. *Orlando di Lasso* (1532–1594), der große Meister der niederländischen Polyphonie und, nächst Palestrina, der größte Tonsetzer des Jahrhunderts, wurde von Albrecht 1556 nach München berufen und hat hier bis zu seinem Tod als Kapellmeister der Hofmusik gewirkt.

Albrecht war ein leidenschaftlicher Jäger und ergötzte sich gern an festlichen Schauspielen, prunkvollen Bällen und glänzenden Lustfahrten auf dem Starnberger See. Das prunkvollste Fest, das in München je gefeiert worden ist, ging im Februar 1568 anläßlich der Vermählung seines Sohnes Wilhelm mit der lothringischen Prinzessin Renata vor sich.

Renata, die fünf Jahre älter war als Wilhelm, schenkte dem Gatten zehn Kinder, von denen freilich nur sechs in ein reiferes Lebensalter eintraten: nächst Maximilian, der am 17. April 1573 geboren wurde, Maria Anna (geb. 1574), die spätere Gattin Kaiser Ferdinands II.; Ferdinand (geb. 1577), der seinem Oheim Ernst auf den erzbischöflichen Stuhl von Köln folgte; Albrecht (geb. 1583), später Landgraf von Leuchtenberg; Magdalena (geb. 1587), die spätere Gattin des Pfalzgrafen von Neuburg. Die Zeitgenossen rühmen die Frömmigkeit, die Sanftmut und Wohltätigkeit der Herzogin: sie habe fast ihr gesamtes Einkommen Almosen und wohltätigen Stiftungen zugewendet. Sie teilte später freudig den Entschluß des Gatten, auf die Herrschaft zu verzichten und den Rest des Lebens einzig dem Dienste Gottes zu widmen.

Wohl haben die Zeitgenossen Herzog Albrecht den »Vater der Musen, den Prächtigen, den Goldbrunnen, durch den alle Gebäude der Wissenschaft und Künste überströmend befruchtet würden«, genannt; aber der Aufwand, den prunkvolle Feste, Bau- und Sammelleidenschaft forderten, verursachte eine hohe Schuldenlast und allgemeine Lebensteuerung. Als Albrecht erst 52 Jahr alt, am 24. Oktober 1579 starb, hinterließ er seinem Lande eine große Schuldenlast, aber auch Kunstsammlungen von unschätzbarem Wert. Ohne einen Krieg zu führen, hatte er die politische und wirtschaftliche Stellung Bayerns bedeutsam erweitert und gekräftigt.

Wilhelm V.

Wilhelm V. (1579–1598) hat die Kirchenpolitik des Vaters mit verstärktem Nachdruck fortgeführt; er hat auch mit kaum schwächerer Anteilnahme an den Kunstbestrebungen Albrechts festgehalten. Aber sein melancholisches Naturell steht in einigem Gegensatz zu der weltfreudigen Vitalität des Vaters; er verbrachte täglich vier Stunden im Gebet, empfing wöchentlich die Sakramente, sammelte eifrig Reliquien und unternahm häufige Wallfahrten, zumal nach Tuntenhausen und Altötting. Wenn Wilhelm 1598 zugunsten des Sohnes auf die Herrschaft verzichtete, geschah das nicht nur, um den Schwierigkeiten aus dem Wege zu gehen, die sich infolge der wachsenden Schuldenlast häuften und einen Staatsbankerott befürchten ließen; sondern mehr noch, um in klösterlicher Zurückgezogenheit in Gebeten und Werken der christlichen Caritas dem Heil seiner Seele zu dienen.

Um die weltlichen Dinge hat sich der Herzog dann nur noch gekümmert, wenn der Sohn seinen Rat erbat. Erst 1626, im 78. Lebensjahr, ist er verschieden. Es war ihm noch vergönnt, den europäischen Aufstieg Maximilians und des Hauses Wittelsbach zu erleben.

Das Herzogtum Bayern ist unter diesem Fürsten, der ein Zögling der Jesuiten und zeitlebens ihr entschiedener Gönner und Förderer gewesen ist, zum unerschütterlichen Bollwerk der Gegenreformation in Mitteleuropa geworden. Dieses Ergebnis wurde durch umfassende organisatorische Maßnahmen, aber auch durch grundlegende innere Reformen erzielt. Es ging hier nicht nur um die Bekämpfung der lutherischen Lehre und um eine straffe kirchenpolitische Organisation, sondern vor allem um eine Neubelebung der Glaubens- und Sittenlehre im Sinn der dogmatischen und disziplinären Forderungen des Konzils von Trient.

Mittelschulen und Universitäten wurden im Geist der jesuitischen Pädagogik von Grund aus reformiert und so ein kirchentreuer Nachwuchs in den Kreisen des Adels, der Geistlichkeit und des Beamtentums herangebildet. Protestantische Adlige wurden aus dem Landtag ausgeschlossen; wer aus dem niederen Volk der neuen Lehre anhing, wurde des Landes verwiesen. Die Zensur wurde verschärft, und häufige Visitationen wirkten auf die moralische Hebung des Klerus hin.

Der Staat erhielt durch das Entgegenkommen der römischen Kurie zahlreiche wichtige Kirchenhoheitsrechte. In einem 1583 mit dem Erzbischof von Salzburg, den Bischöfen von Regensburg, Freising und Passau abgeschlossenen Konkordat wurde der weltlichen Obrigkeit Einfluß auf geistliche Gerichtsbarkeit, Besteuerungsrecht und Vermögensverwaltung sowie auf die Prälatenwahlen eingeräumt.

Geistliche Schauspiele und Feste dienten der Erbauung breitester Volkskreise. Damals erhielt auch die Münchener Fronleichnamsprozession ihr feierliches Gepräge. Aus Prozession und frommem Spiel entwickelte sich oft genug fröhlicher Mummenschanz; wie denn immer und überall im bayerischen Land Kirche und Wirtshaus gute Nachbarschaft hielten.

Es wäre eine irrige Meinung, würde man sich das Leben am Hof, in der Stadt München und im bayerischen Land in diesen Jahrzehnten einer religiösen und kirchlichen Erneuerung als trübselig, muckerisch oder düster asketisch vorstellen. In den Ausgabenrechnungen des Hofes findet man immer wieder Eintragungen, die bezeugen, daß der Herzog stets einen offenen Sinn für Kurzweil und Possenspiel hatte: »Wastian Zechen, dem Kammerdiener, für einen narreten, sehr kunstreichen Spiegel, der schlagen und wecken tut, auch deutsche und welsche Uhr zeigt, 38 Gulden« (1580): oder »Item den Seilergesellen, welche den Liendl in der Fastnacht in der Neuen Veste geschützt und allerlei narretes Spiel und Hüpfen vollbracht, 1 Gulden« (1592); oder: »Item einem Buffon oder narreten Kurzweiler für sein Narrentreiben, 15 Gulden« (1594).

Die Schilderung, die der bekannte bayerische Geschichtsschreiber Aventin (1477–1534), der als lutherisch Gesinnter den Verhältnissen einigermaßen kritisch gegenüberstand, von Land und Leuten entwirft, ist aufschlußreich genug: »Das bayerische Volk ist geistlich, schlecht und gerecht, geht gern wallfahrten, legt sich mehr auf den Ackerbau und die Viehzucht denn auf den Krieg, trinkt gern und macht viele Kinder, reist nicht gern in fremde Länder, und ist daher unfreundlicher und eigensinniger als Solche, die viel hinauskommen, achtet auch nicht die Kaufmannschaft ... Der gemeine Mann, der auf dem Lande sitzt, treibt Ackerbau und Viehzucht, hat keinen Zugang zum Landtag; doch ist er im übrigen frei und kann freieigene Güter besitzen; er leistet seinem Herrn, der sonst keine Gewalt über ihn hat, jährlich Geldzinsen und Arbeitsleistung, tut im übrigen, was er will: sitzt Tag und Nacht, besonders in festlichen Zeiten, beim Wein, schreit, singt, tanzt und spielt, auch kann er Waffen tragen, Schweinsspieße und lange Messer ...«

Im Erzstift Köln war 1577 Graf Gebhard von Truchseß gewählt worden, der wenige Jahre später zum Calvinismus übertrat, sich mit Agnes von Mansfeld verehelichte und dabei auf sein Kurfürstentum nicht zu verzichten gedachte. Erzbischof und Kapitel warfen Truppen gegeneinander, im Jahre 1583 entschied das Kapitel, Kurfürst Gebhard sei durch seinen Abfall vom katholischen Glauben und seine Heirat des Erzstiftes und der Kur verlustig geworden. Prinz *Ernst,* der junge Bruder Herzog Wilhelms, damals bereits Bischof von Freising, Hildesheim und Lüttich, war mit Zustimmung der Kurie für Köln ausersehen. Man konnte auf die Unterstützung des Kaisers und der katholischen Stände rechnen, während die evangelischen Stände, mit Ausnahme Sachsens, unter der Führung von Kurpfalz und Brandenburg auf Gebhards Seite standen. Am 2. Juni wurde Ernst einstimmig zum Erzbischof erwählt.

Es kam zu heftigen Kämpfen zwischen den Truppen des abgesetzten Erzbischofs und seines Nachfolgers – dieser wurde naturgemäß von Herzog Wilhelm tatkräftig unterstützt. Gebhard erhielt Hilfe von einer Reihe evangelischer Stände; und so ist die Kölner Affäre auch symptomatisch für die in den Auseinandersetzungen beider Religionsparteien zutage tretende wachsende Verschärfung. Die Bildung zweier Bünde, die wenig später mit der Gründung von Union und Liga verwirklicht wurde, ist damals schon angebahnt worden. Erzbischof Gebhard bemühte sich, im Zusammenwirken mit dem calvinistischen Pfalzgrafen einen Bund der evangelischen Stände zusammenzubringen. Kaiser Rudolf gab Herzog Wilhelm von dieser »ungebührlichen, hochgefährlichen Beratschlagung« Kenntnis; es müsse, antwortete der Herzog, zwischen den katholischen Kurfürsten, Fürsten und Ständen ein neues Defensivbündnis abgeschlossen werden, da sonst die Katholischen unversehens überfallen würden.

Indessen gediehen diese Pläne damals nicht weiter, da man am kaiserlichen Hof eine Verschärfung der Situation durch die Gründung eines katholischen Bundes erwartete und zudem den wachsenden Einfluß Bayerns fürchtete. Auch Wolf von Raitenau, der neugewählte Salzburger Erzbischof, ein entschiedener Gegner der bayerischen Machtpolitik, widersetzte sich solchen Absichten. So konnten die Kölner Auseinandersetzungen lokalisiert werden. Im Juni 1584 waren die Kämpfe zugunsten Prinz Ernsts abgeschlossen; und im August wurde der neue Erzbischof feierlich in den Kurverein aufgenommen.

Wenn das Erzstift Köln von nun an bis ins 18. Jahrhundert eine Art bayerische Sekundogenitur blieb, so bedeutete das nicht nur, daß ein wichtiges Territorium des westlichen Deutschland dem Katholizismus verbunden blieb; auch der machtpolitische Zuwachs für Bayern war, wie schon früher erwähnt wurde, unverkennbar: gerade für den Kurfürsten Maximilian bedeutete der Umstand, daß in Köln sein Bruder residierte, eine ungemein ergiebige politische und wirtschaftliche Stütze.

Das Land

Das damalige Bayern (Ober- und Niederbayern sowie einige Gebiete östlich des Inn und westlich des Lech, seit 1180 erblich im Hause Wittelsbach) hatte einen Flächeninhalt von rund 500 Quadratmeilen und zählte etwa 1 500 000 Einwohner. Es umfaßte 104 Stifte und Klöster, 34 Städte, 93 Märkte, »so gutenteils mit Mauern umfangen und viele darunter den Städten zu vergleichen«, 1400 Hofmarken (Güter, deren Besitzer die niedere Gerichtsbarkeit ausübten), 4700 Dörfer, 4130 Einöden, 120 816 Feuerstellen. Man zählte 593 Grafen, Freiherrn und Ritter.

Dem Landesherrn oblag die gesetzgebende Gewalt und Ämterbezeichnung, die Gerichts-, Polizei-, Militär- und Finanzhoheit, das Jagdregal und (in beschränktem Umfang) die Kirchenhoheit. Die Wirksamkeit des Reichsregiments hatte vorwiegend kontrollierenden Charakter. Sie beanspruchte das Reichskontingent und die Entrichtung der Reichsabgabe. Die Bündnisse der Landesherren durften sich nicht gegen Kaiser und Reich richten. Auf dem Reichstag ebenso wie im Fürstenrat besaß der Herzog Sitz und Stimme.

Die landesherrliche Gewalt war durch die Landschaft (Landstände) begrenzt. Die Landschaft, die aus dem Prälatenstand, dem Ritter- und Adelsstand sowie den Städten bestand, hatte wichtige, aber nicht genau umschriebene Befugnisse: das Recht der Steuerbewilligung und der Kontrolle über die Verwendung der Steuern, Mitwirkung bei der Gesetzgebung, Einflußnahme auf die auswärtige Politik, Überwachung der Landesverteidigung. Diese Rechte wurden auf Landtagen ausgeübt, die vom Herzog einberufen wurden. Daneben war ein Ausschuß tätig, dem 68 Mitglieder – 32 Adlige, je 16 Kleriker und Vertreter der Städte – angehörten.

Doch ist festzustellen, daß schon unter Wilhelm V., und erst recht unter Maximilian I., die landesherrliche Gewalt zunehmend den Einfluß der Stände zurückdrängte. Die Entwicklung zum Absolutismus ist eine gesamtkontinentale Erscheinung, während in England, zumal seit dem zweiten Drittel des 17. Jahrhunderts, allerdings unter heftigen Kämpfen und Erschütterungen, das Unterhaus sich mehr und mehr gegenüber der königlichen Prärogative durchsetzte.

3

Der junge Maximilian

Die Kindheit Maximilians, der am 17. April 1573 in der Münchener Residenz geboren wurde, verläuft im engsten Kreis der Familie, umhegt und umsorgt von mütterlicher Liebe.

Der Siebenjährige erhält den ersten Unterricht von dem frommen, gelehrten Böhmen Wenzeslaus Petraeus, der vordem in Wien und Prag tätig gewesen war und sich mit viel Hingabe und Güte seinem jungen Zögling widmete. Im folgenden Jahr 1581 wird ihm ein Hofmeister Wilhelm von Schlüderer, zugeteilt, der ihn besonders auch in der lateinischen Sprache unterwies. Die Schulhefte, die artige Proben seiner Fortschritte zeigen, werden heute noch in der Münchener Staatsbibliothek aufbewahrt.*

Im Februar 1581 entwarf Herzog Wilhelm eingehende Weisungen für Petraeus und Schlüderer**, die dann die Erziehung der beiden Brüder Maximilian und Philipp maßgebend bestimmt haben. Gottesfurcht und Gebet sollen nach diesen Weisungen die Grundlagen der Erziehung sein. Täglicher Besuch der Messe, öftere Gebete während des Tages, häufiger Empfang der Sakramente, gelegentliche Wallfahrten werden angeordnet. Die Demut sei eine den Fürsten besonders ziemende Tugend. Die Söhne sollten sich darüber klar sein, daß sie vor Gott und der Welt nur dann bestehen können, wenn sie sich zuvor selbst gedemütigt haben. In diesem Sinn sollten sie zur Güte, Sanftmut und Freundlichkeit gegen jedermann, insbesondere gegen Priester, alte und ehrbare Leute angehalten werden. Kindheit und Jugend ständen am besten auf der Grundlage der Gottesfurcht, des Gehorsams gegen die Eltern, der Demut und Zucht, der Wahrheit und Nüchternheit.

Präzeptor und Hofmeister sollten den Zöglingen aber auch ein bescheidenes und freundliches Benehmen bei Tisch und in den Erholungsstunden beibringen. An körperlichen Übungen werden Ball- und Kegelspiel, Tafelschießen, gelegentliche Spaziergänge und Reiten empfohlen. Karten- und Würfelspiel ist verboten, dagegen »zur Kurzweil« Fischen und Schachspiel erlaubt.

Die Tagesordnung entwickelte sich wie folgt: Aufstehen um 6 oder 1/2 7 Uhr, dann Waschen, Anziehen, Morgengebet. Von 7–8 Uhr Studium der Grammatik. »Um acht Uhr ist es Zeit, ein Morgen-Süppchen zu nehmen, darauf eine Messe zu hören und dabei Andacht zu üben.« Nach der Messe geht das Studium bis zum Mittagessen weiter. »Das Essen soll mit Gebet angefangen werden, mit Bescheidenheit und Zucht eingenommen werden.« Während des Essens wird »aus katholischen guten Büchern zur Erbauung und Besserung« vorgelesen. »Wer sich mit Worten oder sonst im geringsten unbescheiden und ärgerniserregend zeigt, insbesondere durch übermäßiges Trinken, soll nicht mehr an die Tafel Unserer Söhne kommen.« Die Stunden nach dem Essen dienen der Erholung. Ab 2 Uhr sind wieder Studien, aber auch Beschäftigung mit der Musik angesetzt. Um 8 Uhr ist Schlafenszeit.

Bei der Lektüre ist darauf zu sehen, »daß weder jetzt noch künftig irgend ein Autor zu Unserer Söhne Kenntnis komme, der in Religion und Sitten im geringsten verdächtig ist. Denn weil Wir sie nach allem Vermögen auf unsere alte katholische Religion hinzuweisen gedenken, möchten Wir auch ungern leiden, daß unzüchtige oder andere als katholische Bücher ihnen unter die Augen kommen.« Von antiken Autoren seien Cicero, Sallust, Livius, Vergil, Terenz, Horaz und andere »heidnische Schwätzer und Fabelhansen« nur mit Vorsicht zu lesen.

Mit Lehre und Beispiel sei den jungen Leuten vorzuhalten, was heute oder morgen ihr Beruf sein werde: nämlich daß Fürst und Obrigkeit von Gott eingesetzt seien, um den wahren Dienst Gottes und die wahre unverfälschte Religion zu schützen, die Untertanen nach Recht und Billigkeit zu regieren, Frieden und Ruhe aufrechtzuerhalten, jedermann zu helfen und zu raten, »da Fürst und Obrigkeit an Gottes Statt auf Erden eingesetzt sind, damit jedermann bei ihnen Trost und Zuflucht finde«.

Immer wieder wird in der Instruktion die Sorge um die katholische Religion allen übrigen Fragen vorangestellt: »Da außer der heiligen katholischen apostolischen römischen Religion keine Seligkeit oder Heil, keine Taufe nach wahrem Sakramente, sondern wie außerhalb der Kirche nur Sintflut, Tod und Verderben, so auch hier in geistlichen und weltlichen Dingen unchristliche Zerrüttung herrscht, so sollen sie Unsere Söhne, so lieb ihnen Gott und Unsere väterliche Gnade und Huld ist und sie ewige und zeitliche Strafe vermeiden wollen, sich all dessen enthalten, was dieser durch rechtmäßige Nachfolge auf Uns vererbten Religion zuwider und entgegen ist.«

Dieser väterliche Erziehungsplan findet seine Ergänzung in der kritischen Denkschrift eines Ungenannten*, vermutlich des Altöttinger

Propstes Minuccius a Minucci, die bei der Ausbildung Maximilians vielfache Berücksichtigung fand. »Fürsten«, heißt es hier, »die bestimmt sind, einst Völker zu beherrschen, sollen mehr durch mündlichen Unterricht als durch Bücher unterrichtet werden.« Denn es fehle ihnen nie an gelehrten Männern, deren Kenntnisse ihnen zur Verfügung stünden; auch sei eine systematische Ausbildung in allen Wissenschaften für den Gelehrten, aber nicht für den Fürsten unentbehrlich. »Nach meiner Meinung scheinen in Maximilians Studien, außer der Religion, für die schon hinlänglich gesorgt ist, vor allem drei Unterrichtsgegenstände die meiste Aufmerksamkeit zu verdienen: die Rechtswissenschaft, die Kenntnis von den Kräften und Hilfsquellen des Landes, das er einst regieren soll und einige Erfahrung im Kriegswesen.«

Es ist nicht nötig, daß er ein großer und gelehrter Fürst werde. Für ihn genügt es, zu wissen, daß Gerechtigkeitsliebe die schönste Tugend des Regenten sei; da die Fürsten ihre Gewalt von Gott nur erhalten haben, um die ihnen anvertrauten Völker vor Unrecht zu schützen; daß das ganze Fundament der Gerechtigkeit darin besteht, jedermann, mag er groß oder klein, arm oder reich, mächtig oder schwach sein, sein ihm gebührendes Recht zu verschaffen.«

Um einen Einblick in die Kräfte seines Landes zu erhalten, müsse der Prinz zunächst seine Untertanen richtig kennenlernen. Auch über die notwendigen Einnahmen und Ausgaben des Staatswesens müsse er unterrichtet werden. Man solle ihn über die Beziehungen der Dynastie zu fremden Mächten informieren. Insbesondere müsse er seine Nachbarn kennenlernen: er soll wissen, welche seinem Haus gewogen sind, mit welchen alte oder neue Feindseligkeiten obwalten; ob und warum es ratsam wäre, mit solchen Gegnern zu brechen oder Freundschaft vorzutäuschen. Im Kriegswesen müsse der Prinz mindestens über die Verteidigungsmittel, über Festungen und Miliz Bescheid wissen.

Im Oktober 1587 bezog Maximilian die Universität Ingolstadt, wo er nicht ganz vier Jahre verblieb. Johann Baptist Fickler, ein ausgezeichneter Jurist, unterwies ihn hier in den allgemeinen Grundsätzen der Rechtswissenschaft, in den römischen Institutionen und im Bayerischen Landrecht, las mit ihm auch Cicero, Tacitus und Xenophon. In den fremden Sprachen, vor allem im Französischen und Italienischen, wurde der Erbprinz von dem Italiener Leoncelli unterrichtet, in der Kriegswissenschaft von dem Ingenieur Carlo Detti. Rhetorik und Dialektik, Ethik und Mathematik hörte er in den öffentlichen

Vorlesungen der Jesuiten. In einem Brief an Herzog Wilhelm vom 9. September 1589 stellt Fickler, dem höfische Devotion durchaus fernlag, den Fortschritten seines Zöglings das beste Zeugnis aus: er bedürfe keines Ansporns im Studium; sein Betragen sei ernsthaft und gesetzt; man könne keine Untugend und keine verborgenen Fehler an ihm entdecken.

Die Neigung zur Kunst, die Maximilian schon in den vorangegangenen Jahren durch eifriges Orgelspiel, Zeichnen, durch an der Drehbank mit Geschmack gefertigte Arbeiten aus Elfenbein und Ebenholz bewährte und die sich dann im Lauf der Jahre zu einer außerordentlichen Kunstkennerschaft entwickelte, äußert sich auch in dieser Zeit, wenn man liest, daß die beiden jüngeren Brüder Philipp und Ferdinand im Januar 1589 an die Mutter schreiben: »Der Maximilian hat uns sein Studierstübel gezeigt, welches uns gar wohl gefällt und geputzt ist mit Statuen und schönen Bildern.«

Gelegentliche Reisen führten den jungen Prinzen an den pfalzneuburgischen Hof, nach Eichstätt und Biburg. Mit einigem Tadel vermerkt der Vater die allzu große Neigung des Sohnes zur Jagd.

Zu Anfang des Jahres 1590 bezog Maximilians Vetter, Erzherzog Ferdinand von Steiermark, ebenfalls die Ingolstädter Universität. Trotz des Altersunterschiedes – Ferdinand war fünf Jahre jünger als Maximilian – entwickelte sich bald ein festes und herzliches Einvernehmen zwischen den beiden Prinzen: eine Freundschaft, die später dazu beigetragen hat, daß das Gleichgewicht der mitteleuropäischen Welt in dem kommenden halben Jahrhundert trotz schwerster politischer und militärischer Krisen im wesentlichen erhalten blieb.

Im April 1591 kehrte Maximilian nach München zurück. Die beiden folgenden Jahre waren der Einführung in die Verwaltungsgeschäfte gewidmet. Der Prinz nahm regelmäßig an den Sitzungen des Hofrates, der Hofkammer und des Geheimen Rates teil, setzte aber zugleich seine Studien noch fort, wobei ihm Fickler Vorlesungen über Geschichte und Bayerisches Landrecht hielt. Schon damals hat sich der junge Prinz offenbar sehr gründliche Kenntnisse der Verwaltungspraxis erworben.

Im Februar 1593 reiste Maximilian im Auftrag des Vaters nach Prag, um Rudolf II. seine Aufwartung zu machen. Der menschenscheue Herrscher empfing ihn mit ausgesuchter Liebenswürdigkeit. Insbesondere die Sammlungen des Kaisers erregten das Interesse des Erbprinzen.

Wenige Wochen später, am 15. März trat Maximilian die große Italienreise an, die dem Kavalier jener Zeit als Abschluß des gesellschaftlichen und bildungsmäßigen Schliffes galt. Das Gefolge bestand aus über 50 Personen. Am 10. April traf der Wittelsbacher in Rom ein. Er wurde vom Papst und den Kardinälen mit Auszeichnung empfangen. Auch bei Claudius Äquaviva, dem General des Jesuitenordens, weilte er wiederholt als Gast. Im Hause Aldobrandinis, des Neffen des Papstes, lernte er Torquato Tasso kennen, der ihm in einem Sonett huldigte.

Auf Grund eingehender Gespräche mit dem Papst wurde durch Urteilsspruch der Rota Romana erreicht, daß das Stift Berchtesgaden für immer von der Oberaufsicht des Erzbischofs von Salzburg befreit sein sollte. Diese Entscheidung hat neben anderen Konfliktstoffen einige Jahre später die kriegerische Auseinandersetzung mit Wolf Dietrich von Raitenau ausgelöst.

Am 11. Mai reiste Maximilian, der auch einen kurzen Ausflug nach Neapel unternommen hatte, von Rom ab. Die Rückreise ging über Loretto, Rimini und Mailand, über den Gotthard und die Schweiz nach Lothringen. In Nancy weilte der Erbprinz vom 16. bis 26. Juni zum Besuch der Verwandten und um Brautschau zu halten. Am 4. Juli traf er wieder in München ein.

4

Der Aufstieg Maximilians

Der Staatsmann

Nach der Rückkehr von der italienischen Reise hat sich Maximilian mit Eifer und Energie den Aufgaben der Staats- und Verwaltungspolitik zugewandt.

Der Zwanzigjährige war im Besitz der Bildungsmittel seiner Zeit: er sprach fließend lateinisch, französisch und italienisch. Am Hof wie im Alltag wurde nahezu ausschließlich die deutsche Sprache verwendet; und wie wir aus ungezählten schriftlichen Zeugnissen wissen, war die Diktion des Herzogs klar, bildhaft und entbehrte keineswegs einen urwüchsigen Humor.

Jene Eigenschaften, die seine späteren Lebensjahre kennzeichnen, waren offenbar schon damals vollkommen ausgeprägt: Selbstzucht und Tatkraft, Entschlußfähigkeit und eine nie ermattende Arbeitslust, durchdringender Verstand und eine realpolitische Betrachtung der gegebenen Situation. Sein Arbeitstag begann morgens um vier Uhr und dauerte bis in die späte Nacht. Die Staatsgeschäfte wurden nur unterbrochen durch Gebete und Kirchenbesuche, durch kurze Mahlzeiten, durch gelegentliche Jagdausflüge, durch intensive Auseinandersetzung mit Werken der schönen Künste.

Ein Brief, den Herzog Wilhelm im Februar 1595 an den Sohn schreibt, läßt erkennen, wie lebhaft sich der junge Fürst für wirtschaftliche und finanzielle Fragen interessierte: »Ich meine, Du solltest Dir diese Sachen, die, wie ich leicht ermessen kann, hauptsächlich den Zustand unseres Kammerwesens betreffen, nicht so sehr zu Herzen nehmen. Wenn es auch so schlimm wäre, wie es den Anschein hat, so ist doch mit Gemütsverstimmungen nichts geholfen; denn darunter würde auch Deine Gesundheit leiden. Ich hoffe aber, daß diese Schwierigkeiten mit Gottes Hilfe noch behoben werden können.«

Die eminente Arbeitsleistung und die Last der Verantwortung, die auf den Schultern des Herzogs ruhte, haben seine Züge, die hart und streng, manchmal grämlich erscheinen, früh altern lassen. Maximilian war mittelgroß und korpulent; Besuchern fielen seine hohe Stirn und der durchdringende Blick der blauen Augen auf.

Probleme und Krisen der innen- und außenpolitischen Lage wurden auf dem Landtag, der am 9. November 1593 in Landshut eröffnet wurde, und beim Regensburger Reichstag vom Mai 1594 in vollem Umfang sichtbar. In Landshut und Regensburg ist die Gestalt des Staatsmannes Maximilian zum erstenmal bedeutsam in der Öffentlichkeit hervorgetreten.

Dreimal hatten die Stände bereits die Schuldenlast Wilhelms in Höhe von insgesamt 3,2 Millionen Gulden übernommen. Der Herzog verfügte über jährliche Einkünfte in Höhe von etwa 300000 Gulden, wovon freilich die Hofhaltung und sämtliche Staatsausgaben, aber auch die Aufwendungen für religiöse und karitative Zwecke sowie die sehr umfangreichen Bauunternehmungen zu bezahlen waren. So kann es nicht verwundern, wenn in den abgelaufenen fünf Jahren wiederum Schulden in Höhe von eineinhalb Millionen Gulden angewachsen waren. Nicht nur die zahlreichen Aufgaben der Staatsverwaltung scheinen dieses Defizit verursacht zu haben, sondern auch in weitem Ausmaß Unregelmäßigkeiten der Haushaltsgebarung. Der Herzog klagt öfters über »Verschwendungen und Betrügereien«, und in einem Gutachten seines Kammerpräsidenten Christoph Neuburger vom 27. April 1592 wird festgestellt, »daß es nicht Geld oder Gut oder Arbeit sei«, woran es fehle, sondern »allein die rechte Ordnung«.

Die Stände beantworteten die Forderungen der Regierung mit einer Schilderung der allgemeinen Notlage des Landes, die ohne Zweifel einigermaßen übertrieben ist, aber doch aufschlußreiche Einblicke eröffnet. Aller Wohlstand sei durch die bisherigen Steuern und Auflagen erschöpft. Die Untertanen hätten seit 1577 zwölfmal den zwanzigsten Teil ihres Vermögens erlegen müssen. Der Bauer sei vollkommen verarmt. Gewerbe und Handwerk in Städten und Märkten lägen so sehr darnieder, daß der Bürger, wie sehr er sich umtue, kaum mehr sein Existenzminimum habe. Sie selbst, die Stände, seien so schwer belastet, daß sie nicht wüßten, wie Rat zu schaffen sei. Wollte man nun dem Land noch weitere Steuern auflegen, so seien Aufstände zu befürchten; es verstoße auch gegen Gottes Willen, dem dergleichen Bedrückung der Armen mißfalle.

Herzog Wilhelm ließ auf die Klage antworten, er selbst wünsche nichts sehnlicher, als daß der kleine Mann und die Stände nach Möglichkeit geschont würden. Aber gerade um das Land vor Verderben und Untergang zu retten, müsse man auf Mittel und Wege sinnen, wie die Schulden und Zinsen, die meist ins Ausland zu bezahlen seien, verringert werden könnten. Man müsse die Steuersumme im voraus für einige Jahre festlegen und den Ertrag zu steigern versuchen. Getränke und einige andere Dinge könnten noch höher belastet werden. Die Gewerbe müßten gefördert, die Bauern von vagabundierenden Landsknechten und Bettlern befreit werden.

Demgegenüber erneuerten die Stände ihre Klagen: In diesen schlechten Zeiten seien Landwirtschaft, Gewerbe und Handwerk außerordentlich zurückgegangen, die Kaufkraft des Geldes gesunken, so daß weitere Steuererhöhungen nicht zu verantworten seien. Sie könnten auch nicht finden, daß die Steuern auf Wein und andere Getränke, die ohnedies drückend genug seien, noch erhöht werden könnten; es zeige vielmehr die menschliche Vernunft und tägliche Erfahrung, daß, je mehr dergleichen Bürden wie neue Zölle, Steuern, Umlagen erhöht würden, desto weniger sie einbrächten. Eine Erhöhung der Zölle auf Exportwaren verspräche geringe Erträge; denn es könne außer Salz, Getreide, Vieh und Schmalz aus Bayern nichts ausgeführt werden. Wenn man freilich erwäge, welche Beträge für seidene Waren, Tuch, Gewürz, Wein, was an Kapital- und Zinsbeträgen ins Ausland ginge, könne man sich über die Verarmung des Landes nicht wundern. Nur von einer Verringerung der Ausgaben lasse sich eine Besserung dieser Zustände erhoffen.

Schließlich trat eine Kommission von Regierungsvertretern und Mitgliedern der Landschaft zusammen, in der die finanziellen Fragen erörtert und die Forderungen ausgehandelt wurden. Die Stände erklärten sich nach langen Debatten bereit, die angelaufenen Schulden zu übernehmen, falls der Herzog eine bestimmte Zusicherung abgebe, der Landschaft so lange keine neuen Lasten zuzumuten, bis diese Schulden abbezahlt seien. Diese Zusicherung wurde gegeben – freilich nicht lange gehalten; auch verzichtete Herzog Wilhelm auf eine Abgabe, die er seit 1588 von allem Getreide, das ins Ausland ausgeführt wurde, erhoben hatte.

Nachdem diese finanziellen Fragen erledigt waren, legte Maximilian dem Landtag eine Denkschrift über die Türkengefahr und die gegen sie zu ergreifenden Mittel vor. Da die Gefahr eines Türkenkrieges an sich gewiß dauernd latent, aber weder zu diesem Zeitpunkt – trotz der Unterstützung gelegentlicher ungarischer und siebenbürgischer Erhebungen durch die Pforte – noch später während der Regierung Maxi-

42 Herzog Wilhelm V., »der Fromme« (1548–1626), von 1579–1597 Herzog von Bayern, und seine Gemahlin Renate von Lothringen (1544–1602), die Eltern Maximilians I. Gemälde von Niklas Prugger.

milians für Bayern akut wurde, steht dahin, ob diese Initiative auf idealistische Motive des jungen Fürsten, auf seine instinktive Gegnerschaft gegenüber dem Feind der Christenheit, zurückzuführen ist; oder aber, ob er von vorneherein willens war, die bewilligten Mittel im Kampf gegen andere, nähere Gegner einzusetzen. Er beabsichtige, heißt es in der Denkschrift Maximilians, mit 500 Berittenen an dem zu erwartenden Krieg gegen die Türken teilzunehmen. Dazu brauche man aber auch Geld; und er hoffe, daß die Landschaft das Ihre tue, wenn er »wegen Erhaltung und Wohlstand des Vaterlandes im Fall der Not Leib und Leben zu wagen willig und bereit sei«. Die Stände bewilligten in der Tat ohne weitere Debatten als Beihilfe für einen etwaigen Türkenkrieg 30 000 Gulden.

Noch während der Tagung von Landshut forderte Herzog Wilhelm die Stände auf, für den Fall der Erbfolge seinem Sohn zu huldigen. Der Landtag war hierzu bereit, falls Maximilian die Rechte, Privilegien und Freiheiten der Stände vorher bestätigen werde. Dies geschah mit folgender Erklärung:

»Von Gottes Gnaden Wir Maximilian, Pfalzgraf bei Rhein, Herzog in Ober- und Niederbayern usw. bekennen mit Autorität, Wissen und Willen des durchlauchtigsten Fürsten, Herrn Wilhelm, Pfalzgrafen bei Rhein, Herzog in Ober- und Niederbayern, Unseres gnädigst geliebten Herrn Vaters und tuen männiglich kund mit diesem offenen Briefe. Als die Würdigen und Ehrsamen in Gott Wohlgeborenen, Edlen, Ehrenhaften, Fürsichtigen und Weisen, Unsere liebe, getreue gemeine Landschaft aus allen Ständen, Prälaten, Grafen, Freiherrn, Ritter, vom Adel, Knecht und derselben Zugewandten, auch Städte und Märkte im Ober- und Niederland zu Bayern, Uns, als ihrem nächst Zukünftigen rechten natürlichen Erbherrn und einzigen regierenden Landesfürsten jetzt gegen diesen Unseren Bestätigungsbrief Erbhuldigung getan haben; darum Wir denn aus Fürstlicher angeborener Güte und Milde, auch um der getreuen, untertänigen und willigen Dienste willen, die sie Unserem gnädigsten lieben Herrn Vater, auch anderen Unseren Vorfahren, Fürsten und Herzogen in Bayern mehrfach in allem Gehorsam gutwillig und unverdrossen getan haben, auch fürder Uns, Unseren Erben und Nachkommen auf vielen Wegen tun mögen und sollen, mit zeitigem Rat und guter Vorbetrachtung, den Vorbemeldeten, allen und jeden dieser Herzogtümer, Prälaten und Geistlichkeit, auch Grafen, Freiherrn, Herren und Rittern, dazu den Städten und Märkten, ihren Bürgern, Bauern, Armen und Reichen, geistlichen und weltlichen

Elfenbeinarbeiten gehörten von Jugend auf zu den liebsten Erholungen Maximilians I.

Standes, alle und jede ihrer Handvesten, Privilegien, Freiheiten, Gnadenbriefe, Gerechtigkeiten, unwidersprochenes löbliches altes Herkommen und gute Gewohnheit konfirmiert, erneuert und bestätigt haben ... Wäre aber, dass jemand in den genannten Landen von Uns oder Unseren Amtleuten im Widerspruch hierzu beschwert würde: so sollen der und die Uns daran erinnern und sich beschweren, selbst oder durch Unsere Räte; dann wollen Wir ihnen das nach Unserer Räte Erkenntnis ... ohne Verzug und Gefahr abtun und abschaffen ...«

Am 11. Januar 1594 erfolgte die feierliche Erbhuldigung. Altem Brauch gemäß legten Prälaten und Geistliche ihre Gelübde in die Hand des anwesenden ältesten Geistlichen; während die weltlichen Stände, als sie schworen, Maximilian die Hand reichten. Die Eidesformel hatte den folgenden Wortlaut:

»Wir Alle, Prälaten, Grafen, Freiherrn, Ritter, Adlige, Knechte und Zugewandte, hier gegenwärtig, auch alle Städte und Märkte, geloben insgeheim und besonders bei unserer wahren Treue an Eides Statt, daß wir dem durchlauchtigsten hochgeborenen Fürsten und Herrn, Herrn Maximilian, Pfalzgrafen bei Rhein, Herzog in Ober- und Niederbayern usw. als nächst künftigen, einzig regierenden, unserem rechten natürlichen Erbherrn und Landesfürsten, untertänig, gehorsam, getreu und gewärtig sein, Seiner Fürstlichen Durchlaucht Nutzen fördern und Schaden wenden, auch in allen Sachen, was getreue Landsleute und Untertanen ihrem rechten Erbherrn und Landesfürsten – doch unbeschadet unserer Freiheiten – zu tun schuldig sind, getreulich tun sollen und wollen. Alle Arglist und Gefährde hierin ausgeschlossen.«

Ein Te Deum beschloß den feierlichen Akt.

Im Mai 1594 nahm Maximilian am Reichstag zu Regensburg teil. Ein Gefolge von 500 Personen begleitete ihn: es war der Wille des Vaters, daß der Sohn das Land glanzvoll repräsentieren solle; und obschon der Erbprinz an den Sitzungen des Fürstenrates selbst nicht teilnahm, um Rangstreitigkeiten mit dem Pfalzgrafen von Neuburg zu vermeiden, war der Einfluß des jungen Fürsten bei allen Verhandlungen des Reichstags unverkennbar; besonders bezeichnend war es, daß alle katholischen Stände sich zu internen Beratungen in seiner Wohnung in St. Emmeram versammelten.

Nachdem Streitigkeiten um die Stimmrechte des säkularisierten Stiftes Magdeburg und um die Türkenhilfe einigermaßen bereinigt worden waren, kam es zu den üblichen Auseinandersetzungen über die Konfessionsfragen, wobei Kursachsen und Pfalz-Neuburg infolge ihrer tiefen Abneigung gegen den Calvinismus mehr auf der Seite des Kaisers als auf der der Kurpfalz standen.

Der Kaiser und die katholischen Stände, hieß es in der Beschwerdeschrift der Evangelischen, verletzten dauernd den Religionsfrieden. Kammergericht und Reichshofrat seien fast ausschließlich von Katholiken besetzt und die Rechtsprechung daher einseitig. Demgegenüber wandten sich die katholischen Stände gegen das Vordringen der Calvinisten, die im Augsburger Religionsfrieden nicht einbegriffen seien, gegen die heftigen Kanzel-Polemiken evangelischer Geistlicher, gegen die Rechtlosigkeit und schlechte Behandlung katholischer Bürger in reformierten Städten – Regensburg und Donauwörth, Ulm und Nördlingen wurden hier besonders angeführt – und gegen sonstige Beeinträchtigungen der katholischen Rechte.

Aber auch im katholischen Lager gab es heftige Auseinandersetzungen. So berichtet Maximilian unterm 18. Juni 1594 an den Vater über bei Kaiser Rudolf gegen Bayern angezettelte Intrigen Wolf Dietrichs, des Salzburger Erzbischofs, der vor allem das Gerücht verbreite, der junge Maximilian trachte nach der Kaiserkrone:

»Der von Salzburg hat uns ein feines Händele zugerichtet . . . Es seien nämlich Seiner Majestät für gewiß berichtet worden von verschiedenen Orten, besonders aber von Salzburg, daß die bayerischen Abgesandten in allem Seiner Majestät zuwider sich im Rat vernehmen lassen.« In einer Unterredung mit dem Kaiser habe er, Maximilian, diesem auseinandergesetzt, daß es sich um Verleumdungen handle; was Rudolf, wenn auch mit einigem Vorbehalt, zur Kenntnis genommen habe. »Dabei ist es nun für diesmal verblieben. Während ich aber bei Seiner Majestät bin und mit ihr rede, kommt der Poppel, des Kaisers Oberster Kämmerer, und sagt gegen Etliche im Vorzimmer, ›Tausend Sapperment, ist das Jesuiter-Geschmeis wieder da! Daß sie dieser und jener schände! Sie trachten dem frommen Kaiser und dem Hause Österreich nach der Krone und wollens in ihr Haus bringen. Es wird sie aber der Teufel besch-, und werden ihnen die Possen nicht gut ausgehen. Man sieht wohl, wie sie des Kaisers und des Hauses Österreich achten, da sie sich an andere Stände, auch andere Fürsten hängen und sich mit ihnen verheiraten. Die losen jesuitischen Buben verderben dem Kaiser den ganzen Reichstag usw.‹ Nun meinen die Räte, man solle es in Ansehung Poppels, der bei dem Kaiser wohl daran und dessen Augapfel ist, hingehen lassen; um so mehr, da die Lage jetzt sehr schwierig ist, und es auch nicht auf Eure Durchlaucht oder mich, sondern auf die Räte mag verstanden worden sein. Mir aber kommt es ganz anders vor. Poppel hin, Poppel her! es sind grobe Zotten. Ich hätte gemeint, man solle es nicht ungeahndet lassen, aber nicht im Augenblick, sondern wenn sich etwa eine andere Gelegenheit bietet . . .«

Seit diesen Regensburger Tagen datiert die heftige Aversion Maximilians gegen Wolf Dietrich von Raitenau, die ein Vierteljahrhundert später dem Salzburger Erzbischof Amt und Freiheit kostete.

Mag eifersüchtiges Mißtrauen gegen den Wittelsbacher oder ein anderer Grund den Kaiser bestimmt haben; er ließ es jedenfalls auf dem Reichstag zu einer Erörterung der Religionsfrage nicht kommen, die erst auf dem nächsten Deputationstag verhandelt werden sollte.

Der Mensch

Schon während des Reichstages in Regensburg war eine bayerische Gesandtschaft an den Hof von Nancy abgegangen, die für Maximilian um die Hand seiner Kusine, der Prinzessin Elisabeth von Lothringen, werben sollte. Man erinnert sich, daß der Prinz auf seiner Rückreise von Rom im Sommer 1593 in der lothringischen Hauptstadt geweilt hatte.

Am 14. August 1594 wurde der Ehevertrag in Nancy unterzeichnet. Es heißt darin, daß diese Verbindung zu Ehren Gottes, zur Wahrung, Zunahme und Verbreitung der durch die gegenwärtigen Wirren so vielfach bedrängten heiligen katholischen Religion sich auswirken solle. Prinzessin Elisabeth erhielt eine Mitgift von 100 000 Goldkronen, mußte aber auf alle Erbansprüche in Lothringen verzichten.

Am 6. Februar 1595 wurde die Hochzeit in Nancy mit großer Pracht gefeiert. Die Ehe, die kinderlos blieb, entwickelte sich bis zum Tode Elisabeths in vollkommener und ungetrübter Harmonie. Die Zeitgenossen rühmen der Prinzessin nach, sie sei fromm, sanftmütig, klug und sparsam, leutselig und wohltätig. Mehrmals, wenn der Herzog auf Reisen abwesend war, übertrug er der Gattin die Regentschaft.

Es liegt freilich in der verschlossenen Gemütsart Maximilians begründet, daß wir weder von der Ehe noch von der Gattin eine über allgemeine und farblose Konvention hinausgehende Vorstellung gewinnen. Einzig ein Brief, den Herzog Wilhelm am 15. Februar 1596 aus Dachau an den Sohn schrieb, eröffnet einige Einblicke in eine mehr intime Situation; wobei es freilich dahinstehen mag, inwieweit diese Eröffnungen aus der damals schon sehr weltabgewandten und asketischen Gesinnung des alten Herzogs zu verstehen sind. »Wenn Du mir auch gestern nicht gesagt, wie Du Dich befindest«, heißt es hier, »merke ich doch, daß Du nicht so wohlauf bist, wie Du vorgibst. Dies sehe ich nicht gerne; und obschon ich nicht weiß, wie die Dinge stehen, so kommt mir doch vor, es möchten, falls Du so übel disponiert bist, wie ich es selbst wahrgenommen, vielleicht zwei Ursachen daran Schuld sein: einmal Melancholie und Kummer, und dann Unordnung im Essen und Trinken und anderen Exzessen, es sei bei Tag oder bei Nacht. Ich habe deshalb den Dr. Meermann zu Dir hineingeschickt, um zu sehen, was Dir fehlt. Verhehle ihm nichts, was er wissen muß. Das übrige aber vertraue mir ...«

Kummer und Melancholie, meint der Vater weiter, seien auf den schlechten Zustand der Staatsgeschäfte zurückzuführen, und fährt fort: »Was die Unordnung im Essen und Trinken betrifft, habe ich selbst solches wahrgenommen, und daß Du viele Sachen in Gedanken und vielleicht aus Vorsatz issest, die gewiß für Deinen schwachen Magen Gift sind. Denn ich habe es selbst an mir erfahren und muß noch daran büßen. Man bemerkt es anfangs nicht; erst später kommt die Wirkung. Ebenso ist es mit den vielerlei Getränken und mit ihrem unzeitigen Genuß. All das kann sich der Mensch leicht abgewöhnen. An Deiner Stelle würde ich sogar, wie ich und meine Gemahlin das getan haben, eher verbieten, daß mir etwas vorgesetzt würde, das ich ohne Schaden nicht essen und trinken kann. Mehr will ich nicht sagen. Intelligenti pauca.

Geht aber sonst etwas anderes vor, circa actus et excessus nocturnos, oder daß etwa Dein Leiden sich auch noch rührt, so magst Du solches sehr in Zucht nehmen. Ich wollte an Deiner Stelle in all dem dem Rat Dr. Meermanns folgen. Er ist treu, klug und diskret; man müßte ihm aber folgen. Denn wenn es überhand nehmen sollte, wäre die Sache nicht ohne Gefahr. Bedenke, wie wichtig es ist, daß Männer in diesen Zeiten da sind; bedenke, was Dir Gott für Talente gegeben, was Du Ihm, mir, Dir selbst, Deiner Gemahlin, der Erbfolge und dem Vaterland schuldig bist und Gutes tun kannst, wenn Du gesund bist. Aus väterlichen Gefühlen und nicht ohne Grund schreibe ich Dir dieses. Ich weiß, wozu ich Dir gegenüber verpflichtet bin. Deine Sache wird es sein, zu folgen und Dir selbst zu helfen ...«

So psychologisch wichtige Fragen dieser in der ganzen Atmosphäre

Maximilians seltsam anmutende Brief aufwirft, wir können sie nicht beantworten, da keine Unterlage vorhanden ist, die einen Hinweis in dieser oder jener Richtung gestattete.

Der Regent

Schon bald nach dem Landshuter Landtag, bei dem Herzog Wilhelm den Ständen hatte versichern müssen, daß er nunmehr alle weiteren Schulden vermeiden wolle, hatten sich, entgegen dieser Zusage, neue ungedeckte Lasten angehäuft. Aber es waren in erster Linie gewiß nicht solche Verlegenheiten, die den Entschluß des Herzogs bestimmten, den Sohn zur Regierung mit heranzuziehen; vielmehr zunehmende Unlust an den Händeln der Welt, eine wachsende Neigung zu einem der geistlichen Betrachtung und den frommen Werken der Nächstenliebe gewidmeten Leben. In diesem Sinn erging Ende 1594 die Weisung Wilhelms, daß »Räte und Regierung, Beamte und alle Unsere Offiziere und Diener – jedoch unbeschadet ihrer Pflicht, womit sie Uns als regierendem Fürsten verbunden . . . diesem Unseren Sohn als ihrem künftigen natürlichen regierenden Landesfürsten von nun an nicht weniger als Uns selbst in allem gehorsam und gewärtig sein sollen; indem Wir diesem Unserem Sohn befehlen, die Regierung zu übernehmen und alles nach bestem Wissen und Gewissen anzuordnen: auf daß er ohne jede Rücksicht, wie wenn es die eigene Angelegenheit wäre, handle und befehle; wenn Wir auch nicht gewillt sind, solange die Dinge richtig laufen, ihm darin Eintrag zu tun; es läge denn so, daß Unserem Sohn das Werk zu schwer würde und Wir solches merkten.«

Seit 1. Januar 1595 wirkte Maximilian als *Mitregent* des Vaters.

Im Juni 1597 trat eine Kommission zusammen, um die schwierige Finanzlage des Staates und Mittel zu ihrer Sanierung zu beraten. Der Landschaft, hieß es in dem Gutachten der Kommission, könne man kaum weitere Lasten zumuten, da sie noch mit der Abtragung der alten Schulden Wilhelms beschäftigt sei. Die Doppelregierung Wilhelms und seines Sohnes wirke sich aus staats- wie aus finanzpolitischen Gründen nicht gut aus.

Auch wurden dem Herzog eine genaue Rechnungslegung und äußerste Sparsamkeit in den Kosten der Hofhaltung empfohlen. »Statt acht Trompetern, wie sie im neuen Hofstaat vorkommen, dürften drei, oder um eine Serenata machen zu können, sechs hinreichen. Diese könnten auch bei der Tafel aufwarten oder dergleichen Hofdienste versehen. Mit vier Kämmerern, zwei Mundschenken, zwei Vorschneidern und sechs Truchsessen wäre der Hof ausreichend versehen; ebenso auch mit zwei Leibärzten. Gar viele Personen, die im Hofstaat angestellt seien, könne man ohne besonderen Nachteil entbehren; besonders so viele Künstler, die mit hohen Besoldungen versehen seien, z. B. Friedrich Sustris mit 600, Emanuel Sadeler mit 320, Hans Werl mit 150 Gulden usw. Die Beschreibung der bayerischen Geschichte, für die Markus Welser jährlich 300 Gulden beziehe, könne ebenfalls eingestellt werden.«

Man sieht, daß die Kommission, die auch sonst noch mancherlei zu beanstanden und eine Reihe Verbesserungsvorschläge vorzubringen hatte, sich mit besonderem Nachdruck gegen die Ausgaben des Herzogs auf kulturellem Gebiet wendet. Es spricht für Wilhelm, daß er sich in einer Mitteilung an die Kommission mit verständigen Worten gerade für das Geschichtswerk Markus Welsers einsetzt: »Was die bayerische Historie betrifft, so ist vor allen Dingen zu erwägen, ob sie mehr zu Unserem Ruhm und Aufnahm als zur Verkleinerung und anderen Inkonvenienzen dienen und nützen werde. Und da liegt halt alles an dem, der sie macht, und wie er affektioniert sei. Das alles werden die Räte zu bedenken wissen, und auf den Fall, daß es für Uns ausschlagen sollte, vermeine ich, daß die 300 Gulden, die jährlich darauf gehen, wohl angelegt sein werden.«

Im übrigen ist die Stellungnahme des Herzogs zu dem Gutachten der Räte auf einen melancholischen und resignierenden Ton gestimmt. Ohne Zweifel war Wilhelm zu dem Zeitpunkt, da er diese Erklärung niederschrieb, schon zum endgültigen Thronverzicht entschlossen. »Ich hab wohl verstanden«, heißt es in seiner Mitteilung, »was in Ansehung eines neuen guten Regiments Euer Gutachten ist, und ist mir der Übelstand, in den alles geraten, leider nur gar zu sehr bewußt, und, soviel ich Ursache dazu gegeben hab, noch viel leider und hoch angelegen. Ich begehre auch sehr, daß solches remediert werden möge; wobei ich dem, so viel nur immer möglich und nach Gelegenheit meines jetzigen Wesens wird sein können, das Meinige zu tun erbietig, wenn ich besonders verspüren werde, daß auch Andere, die es billig tun sollen und neben mir angeht, gleichfalls das Ihrige dabei werden tuen wollen.«

In den weiteren Ausführungen nimmt Herzog Wilhelm auch zur Frage seines Thronverzichtes Stellung: »Jetzt und bei dieser Gelegenheit will ich nicht unterlassen, mich meinerseits zu erklären, daß ich nämlich gänzlich und endlich entschlossen bin, meinem älteren Sohn Land und Leute, wie auch die gesamte Regierung vorbehaltslos zu resignieren und abzutreten. Ich hätte das längst schon dahin dirigiert, wenn man mich nicht mit anderen Sachen stets okkupiert und molestiert hätte.« Im übrigen empfiehlt Herzog Wilhelm den Räten, mit seinem Sohn im einzelnen über die Neuordnung des Hofstaates zu verhandeln.

Wenig später wurden die entscheidenden Verhandlungen abgeschlossen. Am 15. Oktober 1597 wurden das Übergabe-Instrument sowie Maximilians Gegenverschreibung, die dem Vater jährliche Einkünfte in Höhe von 60 000 Gulden zusicherte, und Wilhelms Testament unterzeichnet; alle diese Dokumente wurden auch von den jüngeren Söhnen des Herzogs unterzeichnet und mit feierlichem Eidschwur bekräftigt. Die grundsätzliche Einwilligung des Kaisers zu diesen Verfügungen war schon vorher eingeholt worden.

Das Testament Wilhelms enthält die dringendsten Mahnungen an seinen Sohn, die katholische Religion aufrechtzuerhalten, die geistliche Gerichtsbarkeit, die Kirchengüter und den Klerus zu schützen, für strenge Kirchenzucht zu sorgen, die katholischen Einwohner vor anderen in Friedens- und Kriegsangelegenheiten von Jugend an zu verwenden, die Anstellung von Ausländern aber soviel als möglich zu vermeiden: alles Ratschläge, die Maximilian sorgfältig beobachtet und wirksam durchgeführt hat.

Nachdem am 23. Dezember die kaiserliche Belehnung für den neuen Regenten eingetroffen war, wurde am 4. Februar 1598 vor dem Ständeausschuß das feierliche Manifest verkündet: daß Herzog Wilhelm die Regierung niedergelegt und Herzog Maximilian von nun an allein regierender Landesfürst sei. Alle Vasallen und Untertanen wurden von ihren Eiden und Pflichten, womit sie bisher dem Herzog Wilhelm verbunden waren, entlassen und mit ihnen an Herzog Maximilian gewiesen. »Lasset uns den Herrn anflehen«, heißt es in dem Brief, in dem Maximilian dem ihm von Rom her wohlbekannten Kardinal Aldobrandini, dem Nepoten Klemens' VIII., den Regierungswechsel mitteilte, »auf daß er dem Beginn Unserer Herrschaft einen besonderen Segen verleihe.«

Im Sinne dieser frommen Bitte lag es, daß der Fürst seine Regierung mit einer Wallfahrt zur heiligen Jungfrau in Altötting begann, wohin ihn seine Gattin begleitete. Der Jungfrau opferte er seinen Dienst für alle Lebenszeit; und er hat dieses Gelübde nie vergessen.

Kurz vor seinem Tod ließ der Kurfürst sich ein für Altötting gestiftetes goldenes Kästchen bringen, legte einen Zettel hinein und sandte es, wieder vom Goldschmied verlötet, zurück. Als die Gattin nach Maximilians Tod das Kästchen öffnen ließ, fand sie darin ein Blatt, worauf die mit dem Blut des Kurfürsten geschriebenen Worte standen: »In Mancipium tuum me tibi dedico consecroque, Virgo Maria, hoc teste cruore atque chirographo. Maximilianus peccatorum coryphaeus.«

5

Der neue Staat

In den Monita paterna, die Maximilian um 1639 für seinen Sohn Ferdinand Maria aufzeichnen ließ, stehen die denkwürdigen Worte: »Nach Gott und der Liebe des Volkes sind ein tüchtiges Kriegsheer, stets vorhandene Geldmittel und gute Festungen eines Fürstentums vorzügliche Stützen.«

Daß die Sanierung der Wirtschaft und der Finanzen, des Gewerbes und Handwerks, der Landwirtschaft und des Handels die Grundlage einer erneuerten Staatsorganisation sein müsse, war Maximilian klar; daß Hand in Hand damit eine neue Struktur der Verwaltung und des Beamtentums sowie die Sorge für eine unbestechliche Rechtspflege wirksam werden müsse, verstand sich von selbst. Erst wenn Verwaltung und Wirtschaft wieder reibungslos arbeiteten, konnte man an die Reorganisation des Heerwesens denken, das dem Herzog übrigens zunächst nur als Verteidigungsinstrument galt.

Finanzen

Auf einem autoritären Staatsbeamtentum, auf den Satzungen des Römischen Rechtes und dem Wirtschaftssystem des Merkantilismus ruhten die Grundlagen des neuen Staates, der vom Lebensgefühl des Barock und von Grundsätzen des Absolutismus getragen war. Im Bayern Maximilians hat der Merkantilismus sehr früh seine Ausbildung erfahren, den dann das Jahrhundert zwischen Ludwig XIV. und Josef II. in voller Ausprägung zeigt.

Zunächst erfolgten in Hofhaltung und Staatsverwaltung keine großen Veränderungen, weder Entlassungen noch Gehaltskürzungen. Es wurde nur in allen Zweigen der Verwaltung genaue Rechnungslegung gefordert, Vergehen mit höheren Geldstrafen als bisher belegt. Allen Behörden wurde Sparsamkeit eingeschärft, die Arbeitskraft der Beamten voll beansprucht. »Wir werden über die Maßen mit dem Laborieren überhäuft«, klagt der Rat Jocher, »sonderlich bei einem fleißigen Herrn, der sich bei Tag und Nacht keine Ruhe gönnt, sondern sich und andere aufreibt.« Vom Blickpunkt des Herzogs stellte sich die gleiche Sache so dar: »Um zu wohlbestallten Finanzen zu kommen, gebraucht man treue und verständige, fleißige, eingezogene und erfahrene Räte, deren nützlichen Ratschlägen man folgen muß.«

Das Besondere der bayerischen Verwaltung und Staatsorganisation, wodurch sie unter Maximilian an die Spitze aller deutschen Staaten rückte, war der straffe Aufbau eines modernen Beamtenstaates. Der Wandel vom Feudal- zum Beamtenstaat, der die Wende vom Mittelalter zur Neuzeit kennzeichnet, ist von Maximilian folgerichtig und beispielhaft vollzogen worden. So ist es bezeichnend, daß der Herzog für die Finanzverwaltung eine Zentralstaatskasse einrichtete, die alle Staatseinnahmen und -ausgaben auswies.

Erste und vordringlichste Aufgabe des neuen Herrschers war es, mit der Schuldenwirtschaft ein Ende zu machen, die in den abgelaufenen hundert Jahren mehr als einmal Bayern dem Staatsbankrott nahegebracht hatte. »Ich sehe halt«, schreibt der Sohn bald nach Übernahme der Regierung an den Vater, »daß sowohl bei Geistlichen wie bei Weltlichen nur der respektiert wird, der viel Land oder viel Geld hat; und weil wir davon keines haben, so werden wir sowohl bei Welschen wie bei anderen nimmermehr Autorität haben, bis wir uns in Geldsachen besser aufschwingen und daran wird gewiß alles gelegen sein . . .; und wenn wir da wohl stehen, so werden wir den geldgierigen Welschen wenig, sondern sie uns nachlaufen.«

Die in diesem Sinn durchgeführte Finanzreform Maximilians zielte auf größtmögliche Sparsamkeit, auch in der persönlichen Hofhaltung – wobei übrigens die Notwendigkeiten der fürstlichen Repräsentation keineswegs vernachlässigt wurden, die Ausgaben für den Hofstaat betrugen 1615 134 000 Gulden gegenüber 80–90 000 zur Zeit Wilhelms V. –, auf strenge Rechnungskontrolle, auf die Steigerung der Zölle und Gerichtsbußen, auf bessere Verwaltung des Weißbier- und Salzmonopols.

Viele Jahre später hat sich Maximilian in einem Brief an Königin Margareta von Spanien über die Grundsätze seiner Finanzpolitik ausgesprochen. Margareta hatte ihn gebeten, er möge ihrem Gatten vertraulich die Mittel angeben, dank derer er die Staatsfinanzen in so gute Ordnung gebracht habe. »Mir hat merklich geholfen der steife Vorsatz«, heißt es in des Kurfürsten Antwort, »alles Überflüssige abzustellen; ferner, daß ich selbst zu meinen Sachen gesehen, die Rechnungen selbst gelesen und die gefundenen Mängel geahndet, Berichte eingeholt, auch an Mitteln zur Erhöhung der Einnahmen selbst nachgedacht habe; in dieser Angelegenheit ist das Sprichwort wahr, daß das Auge des Herrn das Pferd mästet. Es wird das meiste an Ihrer Majestät Resolution selbst gelegen sein, daß Sie gedenken, daß die rechte Reputation nicht im Spendieren, sondern im Wohlspendieren und Gespürigkeit besteht; denn vieles Kleine macht Großes. Ich habe den Brauch, daß alle Monate jeder Pfennig, so bei meinem Zoll- oder Finanzamt eingeht, mir ordentlich verzeichnet muß zugestellt werden. Da kann sich nicht leicht eine Verlogenheit oder Untreue verbergen.«

Daß die finanzpolitischen Maßnahmen Maximilians in weiten Schichten der Bevölkerung Beachtung und Verständnis fanden, kann man einem Brief der Frau des kaiserlichen Kammerdieners Philipp Land entnehmen, die am 2. November 1606 aus München schreibt: »Ich glaube, daß es in der ganzen Welt keinen so wirtschaftlichen, häuslichen Fürsten gibt wie den regierenden Herrn. Aus allem seinen Weizen und seiner Gerste läßt er Bier brauen zum Verkauf. Seinen Herren gibt er als Kostgeld Hirschen, bis zu sechs Pfund Wildschwein, das Pfund zu drei Kreuzer. Auch verkauft er das Salz. Seine Rechnungen sieht er allmonatlich durch, alle Quatember zahlt er aus; er ist keinem Menschen etwas schuldig, sondern spart viel Geld zusammen. Seine Herren gehen zu Fuß mit einem Diener; sie sind sehr sparsam.«

Wirtschaft

Natürlich reichten solche organisatorischen Maßnahmen nicht aus, um eine durchgreifende Sanierung des Staatshaushaltes zu erreichen; an sie war nur zu denken, wenn es gelang, den gesamten Wirtschaftsorganismus zu beleben und seine Erträge zu steigern. Dies geschah mittels des merkantilistischen Wirtschaftssystems, das, wie erwähnt, in der zweiten Hälfte des 17. Jahrhunderts die beherrschende Wirtschaftsform Europas wurde, von Maximilian aber als erstem deutschen Fürsten bewußt und systematisch durchgeführt wurde. Auf eine knappe Formel gebracht hieß dies: Erzielung einer möglichst aktiven Handelsbilanz durch Steigerung des Exportes und Einschränkung der Importe.

Im Sinn solcher Einsicht lag die mit Einfuhrverboten ausländischer Tuche verbundene Förderung des einheimischen Tuch- und Lodengewerbes, die Gründung einer Gobelin- und Samtmanufaktur (1603), die Auflockerung des Zunftwesens, die Hebung des Bergbaus, Maßnahmen zum Schutz der Bauern gegen übermäßigen Steuerdruck der Grundherren, staatliche Oberaufsicht über die Waldwirtschaft, Einrichtung von Musterwirtschaften zur Hebung der Landeskulturen.

Aufschlußreich ist ein Brief Maximilians, in dem es heißt, er habe mit Bedauern und Befremden vernommen, wie sehr fast durchgehend das Gewerbe und die Nahrung des kleinen Mannes ins Abnehmen geraten sei, indem man sogar von den inländischen Gewerben und Hantierungen wie Tüchern, Loden, Leinwand, Stickereien, Lederwerk, welche ehevor zu des Landes und der Untertanen stattlichem und ersprießlichem Nutzen gewesen, so abgekommen sei, daß die im Lande erzielte Wolle, Flachs, Garn und anderes unverarbeitet und roh außer Landes geführt würden; wodurch dem Ausland der Nutzen und die Nahrung überlassen werde und dem Land dagegen fast nichts als Mangel an Nahrung verbleibe.

Die Folgen dieser systematisch aufbauenden Wirtschafts- und Finanzpolitik zeigten sich bald. Bereits 1612 war nicht nur die Schuldenlast in Höhe von 1,6 Millionen Gulden gedeckt, die Maximilian als Erbschaft Herzog Wilhelms übernommen hatte; der Staat besaß vielmehr bereits bare Aktiva in Höhe von 891 000 Gulden. Über diesen Schatz sollte nach einer damals niedergelegten testamentarischen Anordnung des Herzogs im Fall seines Todes nur sein Nachfolger gemeinsam mit der Landschaft verfügen; er durfte nur aus Anlaß »eines feindlichen Angriffs oder zur Verteidigung der katholischen Religion« eingesetzt werden.

Eine Übersicht des Staatsetats während der 50jährigen Regierung Maximilians ergibt die folgenden Ziffern: die Gesamteinnahmen betrugen 164, die ordentlichen Ausgaben 64 Millionen Gulden. Von den übrigbleibenden 100 Millionen wurden 38 für die Liga, 61,5 für sonstige Kriegszwecke verwendet. Die Staatseinnahmen, soweit sie in Form von Vermögenssteuern – 1/30 des Vermögens – von Bürger und Bauer erhoben wurden, betrugen damals (1612) 900 000 Gulden, wobei sich als dauernde Reserve ein Betrag von 155 000 Gulden ergab. Während der ganzen Zeit des Großen Krieges verfügte Bayern stets über ausreichende finanzielle Überschüsse. Das Wirtschafts- und Finanzsystem funktionierte so gut, daß schon im Jahre 1650 die Staatseinnahmen wieder 1 633 000 Gulden betrugen, obschon Bayern 1646 und 1648 schwer gebrandschatzt wurde und 1649 eine Mißernte zu verzeichnen war.

In Kriegszeiten wurden auch Adel und Geistlichkeit mit »Dezimationen« zur Lastentragung herangezogen. Der Steuerdruck war um so empfindlicher, als auch besondere Zuschläge auf Wein, Getreide, Vieh, Salz und Weißbier erfolgten. Trotz aller dieser Bemühungen ging natürlich die Kriegsfinanzierung nicht reibungslos vor sich: 1621–1623 wurden minderwertige Münzen geprägt, die dann 1623 zu 25 Prozent des Nominalwertes wieder eingezogen wurden.

Verwaltung

Die unterste Stufe der bayerischen Verwaltungsorganisation bildeten die 85 *Landgerichte*, in denen ein Landrichter Recht und Polizei, ein Pfleger die Verwaltung handhabte.

Über ihnen standen die *Rentämter* (Regierungen): in München und Burghausen für Oberbayern, in Landshut und Straubing für Niederbayern. In diesen Regierungen amteten ein Rentmeister für Geldangelegenheiten, ein Vizedom für die Malefizgerichtsbarkeit, ein Kastner für die Getreideeinkünfte, ein Kanzler sowie einige, teils adlige, teils juristisch vorgebildete Räte.

Als obere Instanz fungierten *Hofkammer* und *Hofrat*. Der Hofkammer oblagen die staatswirtschaftlichen Aufgaben: Einziehung, Auszahlung, Verrechnung von Einnahmen und Ausgaben; dem Hofrat unterstanden Gesetzgebung, Rechtspflege und Polizeiwesen.

Neben Hofkammer und Hofrat gab es noch den *Geistlichen Rat* und den *Kriegsrat* für die besonderen Aufgaben dieser Bereiche. Dem *Geheimen Rat*, dem der Obersthofmeister, der Oberstkanzler und einige Räte angehörten, oblag die oberste Leitung und Aufsicht über alle Gebiete der Verwaltung, aber auch die Beratung in Fragen der auswärtigen Politik. Die Verbindung mit den auswärtigen Staaten wurde durch *Agenten* aufrechterhalten, deren Aufgabe sich allerdings auf die Einholung allgemeiner Informationen und auf die Durchführung bestimmter Missionen beschränkte. Solche Agenten unterhielt Bayern in Rom, Madrid, Wien und Prag. Mit wichtigen Angelegenheiten wurden besondere Gesandtschaften betraut.

Der *Hofstaat* Maximilians, der neben den schon erwähnten Beamten den Oberststallmeister, Jägermeister, Küchenmeister, Leibärzte, Hofkapläne, Musiker, Maler, Trabanten und die Bediensteten umfaßte, zählte immerhin 600–700 Personen.

Die persönliche Einflußnahme des Herzogs erstreckte sich auf alle

Fragen der inneren und auswärtigen Politik. Er verlangte von seinen Räten, die teils mündlichen Vortrag zu halten, teils schriftliche Berichte vorzulegen hatten, »Taten, nicht gelehrtes Geschwätz«. Wie wir aus vielen Tausenden noch erhaltenen Aktenstücken, die handschriftliche Randbemerkungen Maximilians aufweisen, wissen, wurde kaum ein wichtiges Schriftstück ausgefertigt, das von dem Fürsten nicht persönlich geprüft worden war; und zwar erstreckte sich diese Prüfung bis auf die Einzelheiten der stilistischen Diktion. »Ich wollt nur wissen, wer der Schreibmeister, so täglich was Neues aufbringt«, heißt es einmal; oder: »Ich verstehe diese Worte nit.«

Dabei fehlt es diesen Glossen nicht an schlagkräftiger und derber Kritik: »Es ist zum Erbarmen, daß so wenig Hirn in so dicken Köpfen«; oder: »Man muß nit zweimal schreiben, was zu rechter Zeit auf einmal geschehen kann«; oder: »Es ist ein Spott und zum Erbarmen, daß bei dem Kriegsrat und der Kanzlei so gar kein Geheimb ist. Wollets ihnen vorhalten und bedeuten, daß, wenn ich einen wieder ertappe, ich einmal einen Kriegsprozeß vornehmen und mit Würfeln spielen lassen werde, wer den Strick bezahlen soll.«

Andererseits erbat sich Maximilian in allen wichtigen Fragen eingehende Gutachten seiner Räte und ließ sich, wenn ihre Argumente ihn überzeugten, in seinen Entschlüssen oft genug von ihnen bestimmen. Unter diesen Räten nahmen Hans Georg von Herwarth, Joachim von Donnersberg, Johann Gailkircher, Wilhelm Jocher, Bartholomäus Richel und Graf Kurz von Senftenau eine besonders einflußreiche Stellung ein.

So konnten dem Hof Maximilians »treffliche Ordnung in allen Sachen, schleunige Zahlung, ein nüchtern stilles und friedliches Leben« nachgerühmt werden. Ein Besucher schreibt: »Überflüssigem Essen und Trinken, Spielen, zu vielem Jagen und anderen Vanitäten fragen Ihre Durchlaucht nit nach, halten ein gutes Regiment, überlesen die Supplicationes und andere Schriften zum Unterschreiben selbst, korrigieren selbst, dekretieren oft selbst.« Über die Angehörigen des Hofstaates sagt (1606) der Niederländer Fyens, einer der Leibärzte des Herzogs: »Sie alle sind mäßig, sittenstreng und rechtschaffen; jedes Laster ist an diesem Hof verbannt; trunksüchtige, leichtsinnige und träge Menschen haßt und verachtet der Fürst: alles ist auf Tugend, Mäßigkeit und Frömmigkeit gerichtet.«

Schon im März 1598, bald nach seinem Regierungsantritt, hatte Maximilian einige vordringliche Reformen im Rechtswesen durchgeführt. Sie konnten nicht ausreichen; denn seit der letzten Fassung des bayerischen Landrechtes unter Wilhelm IV. (1516) hatten sich, wie der Herzog darlegte, »Zeiten und Läufe dergestalt verändert, die menschliche Boshaftigkeit und Hadersucht täglich so sehr überhand genommen und die Machtlosigkeit der zu den Gerichten und Rechten bestellten Personen einen so hohen Grad erreicht«, daß eine gründliche Erneuerung des gesamten Rechtswesens notwendig geworden war. Denn immer war es Maximilians Herzensanliegen, das er viele Jahre später noch seinem Sohn nahelegte, »die liebe justitiam, ohne welche kein Reich oder Land lange bestehen kann, dem rechten geraden Weg nach zu administrieren«.

Eine Kommission, die aus Mitgliedern der Landschaft und herzoglichen Räten bestand, arbeitete unter der Leitung der Hofkanzler Gailkircher und Jocher das neue Gesetzbuch aus, zahlreiche Gutachten wurden erstattet, und als Ergebnis einer langjährigen und gründlichen Arbeit erschien schließlich 1616 das umfassende gesetzgeberische Werk unter dem Titel *»Landrecht, Polizei-, Gerichts-, Malifiz- und andere Ordnungen der Fürstentümer Ober- und Niederbayern«.*

Der *Codex Maximilianeus* umfaßt Straf-, Zivil- und Polizeirecht, Straf- und Zivilprozeßrecht, Forst- und Jagdrecht. Es ist nicht zu verkennen, daß im Sinn der Zeitströmungen und angesichts der Tatsache, daß viele Juristen ihre Schulung an den italienischen Universitäten erfahren hatten, die Grundsätze des Römischen Rechts sich hier weitgehend durchsetzten. Daneben aber behaupten sich auch einheimische Rechtsvorstellungen in bedeutendem Ausmaß.

Die Kodifikation, die natürlich die systematische Durchgliederung moderner Rechtssatzungen nicht kennt, stellt, zusammen mit zahlreichen ergänzenden Mandaten und Dekreten, eine für die damalige Zeit beispielhafte und 150 Jahre geltende Rechtsordnung auf, die fast alle Gebiete des öffentlichen und privaten Lebens, der Wirtschaft, der geistigen und sozialen Bezirke umfaßt. Die Rechtseinheit Bayerns war damit abgeschlossen.

Von der Vielseitigkeit des Rechtsbuches erhält man eine Vorstellung, wenn man erfährt, daß hier u. a. auch die Ausfuhr von Getreide, Vieh und Schmalz geregelt, den Gestüten ein besonderes Augenmerk zugewandt und eine gewisse Handelsfreiheit zugestanden wird: »Unsere Meinung ist nicht, daß Jemandem neben seinem Handwerk andere oder mehrere Hantierungen verwehrt sein sollen; sondern es mag ein jeder so viele Gewerbe und Hantierungen nebeneinander treiben, mit wie vielen er seinen Nutzen und Frommen zu schaffen sich getraut.«

Die Zunftverfassung wird, trotz eines ablehnenden Gutachtens des Hofrates, aufrechterhalten, Auswüchse und Mißbräuche allerdings unterbunden. Eingehende Vorschriften regeln die Überwachung des Handels und des Lebensmittelumsatzes sowie das Gesindewesen. Ausländische Bettler sollen ausgewiesen, inländischen Armen muß aber eine besondere Fürsorge zugewandt werden. Es werden aber auch Ehe- und Erbrecht sowie die Privilegien des Adels und der Stände geregelt.

Die Malefizprozeßordnung bringt zahlreiche Milderungen gegenüber der Carolina, dem Strafrechtskodex Karls V., behält aber den Grundsatz der Abschreckungstheorie, also die Tortur, bei. Gegen Trunkenheit und Spiel, übertriebenen Luxus in Mode und Gastereien werden strenge Strafen festgesetzt. Besonders eindringliche Vorschriften und strenge Strafen gelten der Hebung der Sitten, weil »das hochverbotene Laster der Leichtfertigkeit und unehelichen Schwängerungen, besonders auf dem Lande unter dem ledigen Bauerngesinde und anderen gemeinen Leuten, aber auch das hochsträfliche Laster des Ehebruchs sowohl bei alten und jungen Leuten beiderlei Geschlechts allzuviel eingerissen und überhandgenommen« habe.

Eine gute Erziehung könne solche Laster besser bekämpfen als Strafen; und so galt Maximilians Fürsorge auch dem Neuaufbau des *Erziehungswesens.* Zahlreiche neue Volksschulen wurden gegründet, die humanistischen Mittelschulen im Sinn des Lehrplans der Jesuiten neu organisiert; besonderer Wert wurde auf die Anstellung von »ehrbaren, gelehrten und fleißigen Schulmeistern« gelegt, »die die Kinder vom Anfang an und bis sie zu mehreren Künsten geschickt worden, zu unterrichten und in ehrbarer guter Zucht zu halten wissen«.

Auch das *Gesundheitswesen* sowie die Tätigkeit von Ärzten und Apotheken wurde in eingehenden polizeilichen Vorschriften geregelt. Gegen Seuchen und ansteckende Krankheiten wurden umfassende sanitäre Maßnahmen vorgesehen.

Die Landbevölkerung scheint damals, im Gegensatz zu den dringlichen und sicher weit übertriebenen Klagen der Landschaft, in beträchtlichem Wohlstand gelebt zu haben. Das wird durch die Verordnungen gegen Kleiderluxus und üppige Gastereien der bäuerlichen Bevölkerung, aber auch durch Edikte, die sich gegen übermäßigen Wein- und Biergenuß wenden, bezeugt. »Du sollst«, heißt es in einer polizeilichen Anweisung an die Gastwirte, »ernstlich darauf achten, daß die Abgabe des Bieres nicht zu Verschwendung und überflüssigen Zechereien dient, daß vielmehr nur den Durchreisenden, auch kranken und geistlichen Personen nur das Notwendige, auf eine Person etwa eine Maß, abgegeben werde.«

Neben *Getreideanbau* und *Viehzucht* gilt der *Forstwirtschaft* das besondere Augenmerk der Regierung. Das Abholzen wird durch eigene Vorschriften geregelt. Die Flößerei bedarf einer eigenen Erlaubnis, da, wie es in der Forstordnung heißt, sich viele Bauern, Tagwerker und Häusler nur »der Bauchfülle und des Geschlecks wegen« damit beschäftigen. Besonders nachdrücklich wurde der *Bergbau* durch administrative und praktische Anordnungen gefördert.

Schließlich ergingen immer wieder Anordnungen gegen einen Mißbrauch der Omnipotenz der Bürokratie. Der Beamte solle, heißt es in einer dieser Anweisungen, »die Bürger und Anderen, die ihm etwas vorzubringen oder zu berichten haben, gutwillig vor sich lassen und mit mehr Bescheidenheit und Geduld, als bisher geschehen, anhören; nicht gleich mit wütender Furie gegen sie losfahren, sondern sie als Menschen und Seiner Fürstlichen Durchlaucht Untertanen behandeln, sich auch nicht gleich von einer Partei beeinflussen lassen, sondern beide Teile mit ihrem Anliegen hören.«

Kriegswesen

Zahlreiche Dekrete Maximilians beschäftigen sich mit der Frage der militärischen Organisation. Neben dem Kriegsrat amtete ein *Kriegsdirektorium*, an dessen Spitze 1610 Tilly berufen wurde.

Manche Anordnungen des Herzogs scheinen den Schluß nahezulegen, daß er, wenigstens zeitweise, an einen Ersatz des Söldnerheeres durch die Einführung einer allgemeinen oder teilweisen Wehrpflicht der Landeskinder dachte; wobei er sich auf die in alten Landgesetzen festgelegte Dienstpflicht der Vasallen und ihrer Angehörigen berufen konnte. Im Jahre 1600 ließ er eine allgemeine Landmusterung vornehmen und aus der waffenfähigen und dienstpflichtigen Bevölkerung den 30. und 10. Mann ausheben. Diese *Landwehr* wurde militärisch ausgebildet, wobei gegenüber Einwendungen der Stände auf die Türkengefahr verwiesen wurde. Kein Geselle oder Bauernbursche durfte heiraten, bevor er nicht eine gewisse militärische Schulung durchgemacht hatte.

Der Artillerie und dem Befestigungswesen, den Transportfragen und der Ansammlung von Proviantvorräten galt das besondere Augenmerk des Herzogs. Man kann nicht sagen, daß dieses »Landesdefensionswerk« sich im Ernstfall, im Verlauf des Großen Krieges nämlich, besonders bewährt habe. Gegenüber den ausgebildeten Söldnerheeren konnte die Landwehr, die bei einem – nie durchgeführten – lückenlosen Aufruf 45 000 Mann gestellt hätte, sich ohnedies nicht behaupten; aber auch bei der Verteidigung der Heimat, als der Krieg nach Bayern getragen wurde, hat sie nicht viel genützt.

Landstände

Eine gewisse Einschränkung der herzoglichen Gewalt bedeutete die Institution der Landstände (auch »Landschaft« genannt), insgesamt 380 Vertreter der Geistlichkeit, des Adels und der Städte, denen vor allem ein Beschwerde- und Petitionsrecht, die Mitwirkung an der Gesetzgebung und das Steuerbewilligungsrecht zustanden.

Unter Maximilians Vorgängern hatte die Landschaft oft einen bedeutsamen Einfluß auf die Regierungsgeschäfte ausgeübt. Wie gering dieser unter dem von Maximilian ausgebildeten System der autoritären Bürokratie, der Vorstufe des Absolutismus, war, geht daraus hervor, daß der Herzog die Stände nur zweimal (1605 und 1612) zu Tagungen einberief und im übrigen nur mit ihrem sechzehnköpfigen Steuerausschuß verhandelte. Mit einer ärgerlichen Handbewegung wischte Maximilian die ihm 1633 vorgebrachten Beschwerden dieses Ausschusses wegen allzu hohen Steuerdrucks hinweg: »Daß ihr euch nur mit Aufführung dergleichen Lamentationen, Beschwerden, Landschäden, Unsterblichkeit des Krieges, Auflegung vielfältiger Imposten und Bürden aufhalten und daneben kein Mittel oder Rat, wie solchem Allem zu remedieren, an die Hand geben, sondern tacite gleichsam dahin deuten tut, als wenn Wir entweder die Schuld oder Mittel, solchem abzuhelfen, hätten: das kommt Uns an euch reichlich fremd und unverhofft vor.«

In der für die Gattin bestimmten »Information und Erinnerung« gedenkt der Kurfürst mit einiger Geringschätzung der Landschaft: man solle sie möglichst selten zusammenrufen. »Wir haben sie in die Schranken der Billigkeit, gebührenden Respektes und Gehorsams gebracht und darin erhalten, welches als ein ausgezeichnetes Regierungsgeheimnis vor allem wohl zu beachten ist.«

Die erste Einberufung der Landschaft konnte als Prüfstein der neuen Staatsorganisation und Regierungspolitik gelten. Nicht ohne Grund wartete Maximilian mehr als sieben Jahre, ehe er die Stände zusammentreten ließ, und brachte damit zum Ausdruck, daß er nicht beabsichtige, seine Autorität um das Linsengericht der Übernahme der Staatsschulden durch die Landschaft zu verkaufen.

Die Landschaft wurde zum 21. November 1605 nach München einberufen. In einer Eröffnungsrede wies Maximilian auf die Gefahren der inneren und äußeren Lage hin. Konfessioneller Zwiespalt und die Spannungen zwischen Fürsten und Ständen führten Deutschland ins Verderben. Deshalb habe er im Reich die katholischen Fürsten zu festem Zusammenhalten gemahnt und auch fremde Mächte zu gewinnen gesucht. Das alte Feuer sei noch nicht erloschen, sondern glimme unter der Asche fort und könne sehr leicht dort, wo man es am wenigsten erwarte, aufflammen und zu einem großen schädlichen Brande werden. Bündnisse hätten jedoch nur Wert, wenn Geld und militärische Machtmittel im Hintergrund stünden. Die größte Gefahr rücke vom Südosten heran, wo die Türken bereits die Grenzen Steiermarks überschritten und bis zu den Mauern Wiens vorgedrungen seien. Von dort bis zum Inn seien nur wenige Tagesmärsche. Auch für andere Ausgaben müsse Deckung geschaffen werden, damit der Staatshaushalt in Ordnung bleibe. Den Ständen werde eine genaue Vorlage über Einnahmen und Ausgaben überreicht werden.

Wenn es schon bei einem früheren Anlaß zweifelhaft erscheinen konnte, ob die Türkengefahr nicht etwa nur als Vorwand für die Rüstungen Maximilians gedient hat, wird man diesen Einwand im damaligen Zeitpunkt neuerdings und mit noch mehr Berechtigung erheben können. Die innerdeutschen Konflikte und Spannungen erschienen dem Herzog gewiß bedrohlicher als die Möglichkeit einer türkischen Invasion.

Auf der Tagesordnung standen im Sinn dieser Eröffnungsrede die Fragen der Landesverteidigung und die Finanzlage. Zum zweiten Punkt legte die Regierung eine eingehende Darstellung ihrer bisherigen Maßnahmen und Erfolge vor.

Trotz zahlreicher schwer lastender Ausgaben habe der Herzog »mit eingezogener Hand genau und sparsam gehaust und sich selbst in vielen Dingen eingeschränkt, nur um so schwere Aufgaben, ohne neue Schulden zu machen, lösen zu können. So hätten es denn auch Seine Fürstl. Durchlaucht so weit und in solche Ordnung gebracht, daß außer den ansehnlichen jährlichen Deputaten und übrigen sehr starken Ausgaben noch die Kurrentgläubiger gestillt und die Diener und das Hofgesinde ihrer von vielen Jahren, noch vor Seiner Fürstl. Durchlaucht Regierung herrührenden anstehenden Besoldungen befriedigt werden konnten.« Auch das Landesdefensionswerk sei nicht nur begonnen, sondern schon weitgehend durchgeführt worden.

In all dem wolle der Herzog fortfahren. Aber er erwarte auch von den Ständen, daß sie »durch ihr hülflich Beispringen Seiner Durchlaucht mehr Herz und Eifer erwecken werden«. Er ersuche daher um eine »jährliche Verbesserung des Kammerguts« von 100 000 auf 150 000 Gulden und wolle dafür den Salzsteuerzuschlag aufheben. Die Stände sollten außerdem den Rest der von der Regierung Herzog Wilhelms überkommenen Schulden übernehmen.

In der Erörterung des zweiten Punktes erkannten die Stände die sparsame und sorgfältige Wirtschafts- und Finanzpolitik Maximilians rückhaltlos an, erinnerten aber den Herzog an das Versprechen seines Vaters, keine neuen Forderungen zu stellen, ehe die alten Schulden gänzlich abgedeckt seien. Mit unwilligen Worten wandte sich Maximilian gegen diese kaum verhüllte Ablehnung seiner Forderungen. Er schlug die Bildung eines Ausschusses vor, der die Vorlagen der Regierung prüfen solle. Bei fortdauernder Ablehnung sollten die Stände sich darüber klar sein, daß der Herzog »diejenigen Mittel in die Hand nehmen werde, wodurch er sich bei Land und Leuten im fürstlichen Stand erhalten möge«.

Es kam zu eingehenden Ausschußberatungen, in denen Maximilian die meisten seiner Forderungen durchsetzte: die Stände erklärten sich bereit, zwei Drittel eines für die Türkenhilfe aufzustellenden Fonds zu übernehmen; auch die 150 000 Gulden, die für die »Kammergutsbesserung« bestimmt waren, wurden bewilligt; schließlich erklärte die Landschaft sich auch bereit, von der von Maximilian übernommenen Schuldenlast eine Million Gulden zu decken.

Während des Landtages wurden, wie üblich, auch eine Reihe Klagen vorgebracht, die vorwiegend Mängel der Rechtspflege betrafen. Nicht ohne Grund konnte sich Maximilian darauf berufen, daß er »bisher allen möglichen Fleiß gebraucht, die heilsame Justiz Jedermann zu administrieren, und wo was Unrechtes, Ungleiches oder Strafmäßiges empor gegangen, solches abzustellen«. Wo trotzdem Unrecht geschehen sei, wurde Nachprüfung zugesagt. Man klagte auch über Wildschäden, »die den armen Bauersmann unerträglich beschweren«, über die Ausfuhrsperre für Getreide und Vieh, den schlechten Zustand der Landstraßen. Die Geistlichen beschwerten sich über Eingriffe in ihre Gerichtsbarkeit, die Städte und Märkte über die unlautere Konkurrenz herumziehender Kaufleute und Hausierer. Bezüglich zahlreicher Einzelfälle versprach Maximilian, für Abhilfe der Beschwerden zu sorgen, in anderen verwies er auf das kommende Gesetzbuch.

Im ganzen erwiesen sich die Verhandlungen, im Gegensatz zu der mühsamen Kompromißtaktik früherer Landtage, als ein voller Erfolg der Politik Maximilians. Trotzdem hat der Herrscher während seiner jahrzehntelangen Regierungszeit nur noch ein einziges Mal (1612) die Landschaft einberufen und sich im übrigen darauf beschränkt, seine Forderungen von den Mitgliedern des Ständigen Ausschusses bewilligen zu lassen.

Das Jahrhundert des europäischen Absolutismus, der in Maximilian einen frühen und freilich gemäßigten Repräsentanten hat, kündigt sich in dieser Haltung unzweideutig an.

6

Der Friedensfürst

Maximilians Wahlspruch, den er für den Neubau seiner Residenz aufzeichnete, lautet: Edle Gesinnung verschmäht den Rauch des Ruhmes, dem der Ehrgeiz nachjagt (Gloriae fumum spernit magnanitas, ambitio quaerit).

Religion

Als erste Pflicht des Fürsten bezeichnet er in der Unterweisung an seinen Sohn, »die Ehre Gottes, die heilige katholische Religion und das Heil der Seelen seiner von Gott ihm anbefohlenen Untertanen, für die er am Jüngsten Tag Rechenschaft zu geben hat, nach allem seinem Verstand und Vermögen zu befördern«. Daraus ergibt sich für Maximilian eine polemische, ja bisweilen ungerechte Frontstellung gegenüber Luther. »Nie hat es unter den Katholiken einen Papst, Mönch, Geistlichen oder Weltlichen gegeben, der in Leichtfertigkeit, Hoffart und vielen anderen Lastern mit Luther zu vergleichen wäre«, heißt es in einem Brief des Herzogs an den Neuburger Pfalzgrafen Philipp Ludwig; und in spätern Jahren hat er einmal bekannt, daß er lieber nochmals dreißig Jahre Krieg führen wolle, als den Sieg des Protestantismus zu erleben. Wobei man feststellen muß, daß der Begriff der konfessionellen Toleranz jenem Jahrhundert nahezu unbekannt gewesen ist.

Bei all dem erkannte Maximilian die Gültigkeit des Augsburger Religionsfriedens an, wandte sich aber wider die seither eingetretene Machterweiterung der Protestanten, die im Widerspruch zu den Bestimmungen von Augsburg zahlreiche Stifte und Klöster sich angeeignet hätten; wandte sich auch gegen den vom Augsburger Religionsfrieden nicht anerkannten Calvinismus. Dabei konnte er sich auf die so folgerichtige und unermüdliche Tätigkeit der Vorfahren berufen: »Hätten Unsere in Gott ruhenden Eltern nit mit solchem Eifer und Ernst ob der Religion und Priesterschaft gehalten – durch die geistliche Obrigkeit wären dieselben wegen ihrer Connivenz und Kaltsinnigkeit nit erhalten worden.«

Immerhin hat der Herzog in den ersten zehn Jahren seiner Regierung die Mahnung des Vaters beherzigt, der beste Krieg sei keiner, und sich in allen innerdeutschen und internationalen Konflikten eine bemerkenswerte Zurückhaltung auferlegt.

Der politische Briefwechsel und diplomatische Verkehr mit anderen Fürstenhöfen, der unter Wilhelm V. einen so außerordentlichen Umfang erreicht hatte, daß die Räte in einem 1594 erstatteten Gutachten in dem großen Kurier- und Botendienst »fast die vornehmste Ursache der Schuldenlast« sahen, wurde von Maximilian weitgehend eingeschränkt. Die Weisungen an seine zu den Augsburger Reichstagen von 1598, 1603 und 1608 entsandten Delegierten beschränkten sich fast ausschließlich auf die Türkengefahr und die ihr entgegenzustellenden Mittel; und dies, obschon seine Räte ihm immer wieder von der krisenhaften Situation, die diese Reichstage belastete, berichteten und er sich über diese Situation nie im unklaren war.

Die religiöse und sittliche Erneuerung von Klerus und Volk im Sinne der Reformbeschlüsse des Konzils von Trient war ein Hauptanliegen Maximilians.

Ketzerische Schriften unterlagen einer strengen Zensur. 1614 wurde unter Leitung der Jesuiten »Das goldene Almosen«, eine Art Verlagsgenossenschaft zur Verbreitung religiöser Schriften, die mit großem Erfolg arbeitete, gegründet. 1629 wurde das Fest der Unbefleckten Empfängnis eingeführt, 1640 den Gläubigen das Gebet des Rosenkranzes empfohlen. Die Einhaltung der kirchlichen Fastengebote und des sonntäglichen Gottesdienstbesuches wurde streng überwacht.

Protestantische Adlige wurden im Zuge der damals bei allen Konfessionen üblichen Religionspolitik zum Glaubensübertritt oder zur Auswanderung genötigt. Jeder Beamte und jeder, der das Bürgerrecht erwerben wollte, mußte das tridentinische Glaubensbekenntnis ablegen; der Verkehr mit nichtkatholischen Orten wurde nach Möglichkeit eingeschränkt.

Die kirchliche Gesinnung von Lehrern und Schülern wurde genau überprüft, insbesondere in den Volks- und Landschulen: »Um die reine katholische Religion zu erhalten, muß vor allem dafür gesorgt werden, daß die liebe unschuldige Jugend nicht vergiftet werde.« Mittel- und Hochschulen befanden sich ohnedies in der Hand der Jesuiten, die neue Kolleghäuser in Landshut, Mindelheim, Burghausen, Straubing und Amberg gründeten.

Jesuiten waren auch die Beichtväter Maximilians. Natürlich war ihr

66 Elisabeth von Lothringen (1574–1635), seit 1595 Gattin Maximilians I., starb kinderlos. Gemälde von Engelhard de Pee.

Einfluß voran in kirchen- und kulturpolitischen Fragen ein weitgehender; aber es wäre eine törichte Vorstellung, anzunehmen, sie hätten dem Herzog Weisungen erteilen wollen oder er habe von ihnen solche entgegengenommen; wie überhaupt Maximilian, der gewiß ein treuer Sohn Roms gewesen ist, die Rechte des Staates gegenüber der Kirche, insbesondere in Fragen der Gerichtsbarkeit, der Vermögensaufsicht und der Ämterpräsentation, durchaus zu wahren wußte: ›Praxis Bavariae‹ nannte man in Rom, wo man Bayern gegenüber sehr willfährig war, diese Haltung des Herzogs.

Neben den Jesuiten begünstigte Maximilian übrigens auch die Kapuziner und Karmeliter.

Auch der Mißbrauch wahrer Gläubigkeit, Aberglaube und Hexenwahn, war dem Herzog nicht fremd. Die Tatsache, daß seine erste Gattin kinderlos blieb, schrieb er einem bösen Zauber zu; und in den ersten Jahrzehnten seiner Regierung hat es an Hexenverfolgungen in Bayern nicht gefehlt. Seit 1631 haben sie nachgelassen, was in erster Linie auf die literarische Opposition der Jesuiten Adam Tanner und Friedrich von Spee zurückzuführen war.

Sitte

Dem Ziel der sittlichen Erneuerung des Volkes galt – neben den Bestimmungen des Landrechtes – ein am 13. März 1598 erlassenes Religions- und Sittenmandat, galten Verordnungen gegen Kleiderluxus und ein umfangreiches Mandat gegen die Unsittlichkeit (1634).

So heißt es in den zur Bekämpfung der Unsittlichkeit erlassenen Bestimmungen: »Damit denn auch vielberührts, Gott den Allmächtigen zu gerechtem schweren Zorn reizende Laster der Unlauterkeit und unehelichen Schwängerungen um so mehr ausgerottet, und das ledige Bauerngesinde, wie auch andere gemeine Leute von denselben abgehalten werden mögen; so wollen Wir ebenfalls, daß die Bestrafungen, womit dergleichen Verbrecher, männlichen und weiblichen Geschlechts, bisher belegt wurden, hinfür baß geschärft, und in denselben nachfolgender Unterschied gehalten werde: daß nämlich die delinquirende ledige Mannsperson für den ersten Übertrettungsfall neben der gewöhnlichen, bisher üblich gewesenen Geldstrafe acht oder vierzehn Tage, nach Beschaffenheit der Umstände und des Verbrechens, in die Springer oder Eisen, die Weibspersonen aber, neben ebenmäßiger

Steinzimmer und Reiche Kapelle der Münchner Residenz, vor der Zerstörung aufgenommen.

Geldstrafe, auf vier oder fünf Tage in die Geigen geschlagen, und darin bei ihrer Arbeit zu Hause gelassen werden.« – »Im zweyten Übertrettungsfalle soll der Knecht mit doppelter Geldstrafe angesehen, und noch dazu aus dem Gericht oder der Hofmark ausgeschafft, die Weibspersonen aber, zu Verhütung anderer schwerer Ungelegenheiten, gleichfalls mit der Geld- und Geigenstrafe zweyfach belegt; soferne aber eine oder andere Geschlechtsperson in ofterwähntem Laster der Leichtfertigkeit das drittemal verbrechend befunden würde, die Mannsperson des Rentamts, die Verbrecherin aber des Gerichts oder der Hofmark, und im vierten Übertrettungsfall aus allen Fürstlichen Landen verwiesen werden . . .«

Gegen übermäßigen Aufwand mit Kleidern und Schmuck richtet sich ein anderes eingehendes, unter kulturgeschichtlichen wie unter wirtschaftspolitischen Gesichtspunkten gleich interessantes Mandat, von dem hier nur wenige Ausschnitte wiedergegeben werden sollen.

»Unter dieser Ordnung sollen auch alle Herrendiener, Handwerksgesellen, Lehrknechte oder Buben, und andere Ehehalten von Manns- und Weibspersonen verstanden sein, und sich folgender Ordnung gemäß verhalten. Fürderhin nämlich sollen ihnen sämmtlich die inländische und andere Tücher, von welchen die Elle nicht höher als auf dritthalb Gulden zu stehen kömmt, dann Wurschet, Viergrad, Grobgrün, Areser, gemeiner, in München gemachter Keller, und dergleichen schlechte Zeuge, in vor diesem gebräuchiger Tracht und Form gemacht, die inländische gestrickte, desgleichen die Pariser, Mantuaner wollene oder leinene Strümpfe, die Hosenbänder von gemeinem Zendl, oder von Arres, den Weibern die Wammes und Mäntel abgestäppt, die Röcke nur mit geringem glattschwarzen oder gefärbten Bubensammet, zwei Finger breit, mit von Arresgarn oder Seide gemachten einer oder zween Schnüren oder Borten, die aber nicht über eines schmalen Fingers breit sein dürfen, verbrämt, die Gekröse zugleich in mittlerer Länge, aufs längste eines halben Drittels einer Elle lang, dazu von inländischer Leinwand ohne Spitzen, gemeine im Lande gemachte Hüte, wovon einer einen Gulden kostet, doch ohne silberne oder seidene köstliche Hutschnüre, kein Pelzfutter von Kröpfen, Lämmern, Seidenhaasen, Iltis und Füchsen, von Tuch, Zeug oder sonst pelzene, vor Jahren gebräuchige Egglhauben, die Manns- und Weiberschuhe von geschmiertem Leder, gerecht und schlecht, ein oder zween Ringe, doch ohne Edelgestein, und im Werthe nicht höher, als zehn oder zwölf Gulden, mit Silber beschlagene Gürteln, ebenfalls nicht höher am

Werthe als zehn oder zwölf Gulden, dergleichen Messerscheiden und kardowonische Beutel mit acht Knöpfen und vier Schübern, doch daß daran nichts vergoldet sei, ihren Töchtern die Perlenwiden mit Bescheidenheit, ungefähr von sechs Gulden am Werthe, zugelassen und zu tragen bewilliget sein. Jedoch sollen deren vom Adel, Ritter und Herrenstand Hofjungfrauen und Dienerinnen, welche auf ihre Herrschaft zu warten insonderheit bestellt sind, in obangeregter Ordnung nicht verstanden, noch dazu verbunden, sondern ihre Kleidung, so lange sie in dergleichen Diensten stehen, zu gehöriger Diskretion und Bescheidenheit ihrer Herrschaften, die doch hierin gebührende Mäßigung zu beobachten haben, heimgestellt sein . . .« –

»Nachdem von den Geschlechtern (den Patriziern) in den vier Hauptstädten, die Wir für Geschlechter halten und erkennen, in den Kleidern und andern Leibeszierden, besonders von den Weibspersonen, merklich und solcher Gestalt die Gebühr überschritten worden, daß manchmal unter ihnen, und den Höhern oder Standespersonen gar kein Unterschied wahrgenommen wird, und daß sie sich dessen, was nur dem höhern Stande gebührt und zugelassen ist, unterfangen; so wollen Wir hierin solchen Mißbrauch abgeschafft haben . . .«

»Die Doktoren und Lizentiaten, die Unsere Räte sind, sie mögen zu München oder bei den Regierungen angestellt seyn, wie auch die Professoren der Universität zu Ingolstadt, sammt ihren Hausfrauen und Kindern, mögen sich ihren Privilegien gemäß mit Ketten, Ringen und andern dergleichen denen vom Adel, die andern Doktoren und Lizentiaten aber, welche nicht Räte oder Professoren, sondern Advokaten, Pflegsverwalter, Stadtschreiber und in dergleichen niedern Diensten und Ämtern sind, den Geschlechtern (Patriziern) gleich halten. Doch müssen die Doktoren ihren Titel auf bewährten Universitäten bekommen und sich ihrem Stande gemäß erzeigen.«

»Letztlich versehen Wir Uns gegen die Grafen und Freyherren, und wollen, daß sie, ihre Frauen und Kinder sich mit ihren Kleidungen, Geschmucken, Kleinodien, auch andern ihren Leibeszierden solchergestalt und dermaßen regulieren, daß sie ihren wohlhergebrachten Stand und Vorzug vor dem Adel und andern solchen Standespersonen gleichwohl gebührendermaßen erhalten, doch aber, und insbesondere das Frauenzimmer, allen unnöthigen Überfluß und die bisher vielfältig gebrauchte, auch hieroben angedeutete seltsame ausländische unförmliche Trachten in Kleidungen von selbst und ohne Vorschreibung anderer Ordnungen abschneiden, viel weniger dem, was Chur- und Fürstenpersonen, ihrer hohen Würde wegen, vor andern zu tragen vorbehalten ist, nachfolgen oder gebrauchen, sondern aller geziemenden Gebühr und Eingezogenheit sich befleißen . . .«

»Damit nun der Zweck dieser Unsrer wohlmeinenden Intention und Ordnung gebührendermaßen und um so eher erlangt, dieser überflüssigen Hoffahrt, und den darauf entspringenden Inkonvenienzen bei Zeiten vorgekommen, die Übertretter zu gebührender Strafe und Gehorsam durch allerhand Exekutionsmittel angehalten, auch Alles zum fruchtbarlichen Effekt gebracht werde; so ordnen Wir an, daß sowohl hohen als niedern Standes Manns- oder Weibspersonen, welche sich dieser Ordnung widersetzen, dieselbe überschreiten und die verbotenen Kleider oder Zierden von Neuem machen, oder die alten nach geschehener Puplikation tragen, und sich derselben nicht enthalten werden, sollen im ersten Übertrettungsfalle den dritten Theil, im zweiten den halben Theil, und im dritten Falle, nach Ermäßigung einer jeden Ortsobrigkeit, entweder mit völliger wirklicher Einziehung desjenigen, worin wider die hierobgesetzte Ordnung gehandelt wurde, oder mit andern noch ernstlichern exemplarischen Strafen, als z. B. mit öffentlicher Abnehmung solcher Kleider und Zierden angesehen werden; inmaßen Wir denn auf solches Alles gewisse Ausspäher zu bestellen, und ob diesem Allem mit obgelegenem Eifer und Ernste halten zu lassen gewillet sind. Auch soll jedesmal von den gefallenen Strafen dem Ansager der vierte Theil, der andere vierte Theil den armen Leuten, und die übrigen zwei Theile der Obrigkeit, oder aber, wo kein Ansager vorhanden, dessen Theil gleichfalls den armen Leuten verfallen und wirklich zugestellt werden . . .«

Kunst

Wie seine Ahnen ist Maximilian ein großer Sammler und Kunstfreund gewesen. Wir besitzen einige Berichte des Augsburger Patriziers und Kunstsammlers *Philipp Hainhofer** über Besuche, die er dem Münchener Hof in den Jahren 1611, 1612, 1613, 1614 sowie 1636 abgestattet hat. Sie sind besonders aufschlußreich, weil Hainhofer, der übrigens der Augsburger Konfession angehörte, ein ausgezeichneter Kunstkenner gewesen ist; sie sind auch um deswillen glaubwürdig, weil sie nicht für die Öffentlichkeit bestimmt waren, höfische Rücksichten also wegfielen.

»Nach diesem haben wir von der Malerei, von alten und neuen Meistern geredet, da Ihre Durchlaucht die alten den neuen Meistern in der Kunst vorziehen. Alsdann sind wir auf türkische Teppiche gekommen. Ihre Durchlaucht haben mir zugeredet, ich sollte sehen, ob ich welche auftreiben könnte, daß zwei oder drei Teppiche ein ganzes Zimmer auf der Erde bedeckten und sie einander in der Farbe und Compartiment gleich wären. Haben hernach von Ihrer Fürstl. Gnaden in Pommern und der großen Herzogin Werken oder Schreibtische geredet, und weil da Ihre Durchlaucht vernommen, daß ich etliche mit mir drüben hätte und daß ich sie im Alten Hof dem Herrn Herzog wollte sehen lassen, sagten sie, ich will euch da bei meinen Zimmern eins geben und ihr sollt den Schlüssel dazu behalten, will euch bei meinem Herrn Vater schon entschuldigen.

Nach der Mahlzeit schickte die Herzogin zu mir, läßt mich fragen, ob sie die Sachen nicht auch sehen dürfte. Als ich ihr Ja entboten, kommt sie alsbald allein zu mir, bleibt eine Stund lang bei mir, peruminiert alle Sachen ... Sie ist eine gar wackere, verständige Fürstin, welche auf ihren Herrn Acht hat. Wenn sie merkt, daß ihr Herr melancholisch ist, so bringt sie immer über der Tafel mit dem Budin, ihrem Fürschneider, etwas vor, daß ihr Herr lachen muß und die Gedanken einigermaßen aus dem Sinn schlagen.

Nach der Mahlzeit haben Ihre Durchlaucht in Seiner Antecamera eine Musik gehalten, dazu er mich auch berufen, hernach hab ich ihn in das Ballhaus begleitet.

Ihrer Durchlaucht Recreation sind seine Tapezereien, Malerei, Drechslerei, und jetzt führen sie einen starken Bau aus, brechen von allen Gebäuden gegen die Stadtmauer gar viel hinweg, und es wird wohl ein stattliches Anwesen werden. (Bezieht sich auf die Residenz.) Bin auch Vor- und Nachmittag zum Maler Candido, zum Raphael Sadler, Kupferstecher, zum Hans Ruth, Drechsler, und zum Peter Herzen, Kistler, gegangen.«

Maximilians besondere Neigung galt den Werken der Goldschmiedekunst und Elfenbeinschnitzerei: die kostbare Reiterstatue St. Georgs als Drachentöter hat er vollenden lassen; und das »Drehwerk« gehörte nach Hainhofers Zeugnis zu den liebsten Erholungen des Fürsten.

Viele der besten deutschen Künstler seiner Zeit wie Christoph Angermayer, Peter Candid, Hans Krumper, Reiffenstuel, Sandrart hat er beschäftigt; den Chorherren des Antoniterklosters Isenheim bot er einen hohen Preis für den Altar des Grünewald; und galt auch sein Sammelinteresse mehr den alten Meistern, so hat er doch dem größten Maler seiner Zeit, Rubens, große Schätzung entgegengebracht: er ließ dem Meister Aufträge übermitteln, erwarb u. a. die »Löwenjagd« (Pinakothek); Rubens seinerseits sprach ihm durch die Widmung des Kupferstichs nach seiner »Anbetung der Könige« öffentlichen Dank und Verehrung aus.

Die zahlreichen Bildwerke, die damals entstanden, bringen gegenüber der Spätrenaissance der Münchener Kunstatmosphäre unter Wilhelm V. den Geist des Frühbarock zum Ausdruck.

Peter Candid und *Hans Krumper* sind die bedeutendsten Meister dieses neuen Stils, der sich vor allem in Brunnenanlagen, Bildnissen und Grabdenkmälern dokumentierte. Die von *Hubert Gerhard* geschaffene, von Hans Krumper überarbeitete Bavaria des Hofgartens, Krumpers Bronzefiguren der Prudentia, Justitia, Fortitudo und Temperentia am Kaiserhof- und Kapellenhoftor, Krumpers Patrona Bavariae in der Nische der Residenzfassade und seine Büste Maximilians, die Mariensäule des Münchener Marienplatzes, 1638 nicht als Siegesdenkmal, sondern als Votivgeschenk errichtet, vor allem aber das Mausoleum für Ludwig den Bayern sind bedeutende Denkmäler der Münchener Erzgießereikunst. In Weilheim, Augsburg, Regensburg, Freising, Dachau und Beuerberg finden sich die Ausstrahlungen der fürstlichen Zentrale und Initiative, deren breite Auswirkungen dann freilich durch die Not des 30jährigen Krieges gehemmt wurden.

Die Kunst ist ein wahres Herzensbedürfnis Maximilians gewesen. Liebe und Verständnis für die bildenden Künste hat, wie Hainhofer schreibt, dieser Fürst von seinen Ahnen »gleichsam vererbt und hereditarie an sich gebracht«.

Im Mittelpunkt des reichen Kunstschaffens, das sich dank der Initiative Maximilians in München entfaltete, steht naturgemäß der Neubau der Residenz, die von den Zeitgenossen als achtes Wunder der Welt gerühmt wurde. Als Gustav Adolf in München weilte, bedauerte er, dieses Schloß nicht auf Walzen nach Stockholm führen zu können. Die Residenz kann als repräsentativer Ausdruck des Weltgefühls und der Staatsgesinnung Maximilians gelten: seiner konservativ beharrenden Wesensart, seiner beherrschten Vitalität, der es gelang, Bayern und dem Hause Wittelsbach in kluger Abwägung der europäischen Gesamtlage eine gesicherte Vorrangstellung zu schaffen. Dank seiner politischen und militärischen Machtstellung wurde damals Bayern nicht nur der schicksalbestimmende Faktor Deutschlands, sondern es stand auch an der Spitze einer großen, die ganze Welt in Für und Wider bewegenden Sache: es wurde Retter und Schirmherr der alten Kirche, deren Wirkungskreis in Nord- und Mitteleuropa dem Untergang nahe schien.

In zwei großen Perioden, deren erste von 1598–1611, deren zweite von 1611–1619 sich erstreckt, erstand das großartige Werk, das am Vorabend des Krieges im wesentlichen vollendet war. Zunächst wurden die Baupläne Wilhelms V. um den Grotten- und Kapellenhof herum fortgeführt und abgeschlossen. Dann entstand, in der zweiten Bauperiode, der Komplex um den Kaiserhof mit den bemalten Fassaden, den mächtigen Portalen, der prachtvollen Treppe und der reichen Innendekoration.

Alte und neue Teile waren durch Laufgänge verbunden. Der Charakter der Residenz als einer von Generation zu Generation sich erweiternden Schloßanlage wurde so nicht geleugnet, und trotzdem blieb der Eindruck der Neubauten als Manifestation des großgestimmten Machtwillens, der noch durch die feierliche Teppichfolge, die dunkle, goldglitzernde Pracht des Dekors der Portale und Marmorverkleidungen und der aus Ebenholz gefertigten Möbel, das spanische Schwarz der höfischen Kleidung und die blitzenden Harnische der Wachen gesteigert wurde. Wie eine Generation zuvor der Escorial, so war für einige Jahrzehnte die Münchener Residenz der triumphale Mittelpunkt der katholischen Welt.

Mit der Residenz erschöpfte sich die Bautätigkeit Maximilians keineswegs. Er ließ Chor und Innenraum der Münchener Peterskirche erneuern; die Augustinerkirche erhielt ihre festfrohe Stuckdekoration; vor dem Chor der Frauenkirche, die, von Maximilian gestiftet, Peter Candids Himmelfahrt Mariä als Hauptaltarbild empfing, ließ er 1604 die Triumphpforte des Bennobogens errichten; gegen Ende seiner Regierung ließ er durch den Konstanzer Hans Asper die Studienkirche erbauen.

Einigermaßen verändert war die Situation, als Hainhofer fünfundzwanzig Jahre später, im Juni 1636, während der Wirren des Krieges nach München kam. Aber es ist immerhin bezeichnend, daß auch inmitten dieser Zeitläufte die Sorge des Kurfürsten den von ihm so geliebten Bildern Dürers gilt. »Ich habe Ihrer Kurfürstl. Durchlaucht Kammerdiener, Kunstkämmerer und Guardarobba, den Herrn Johann Verdun, angetroffen, der mir gesagt hat, daß Ihre Durchlaucht die schönsten Gemälde, besonders eine gute Anzahl von *Albrecht Dürers*

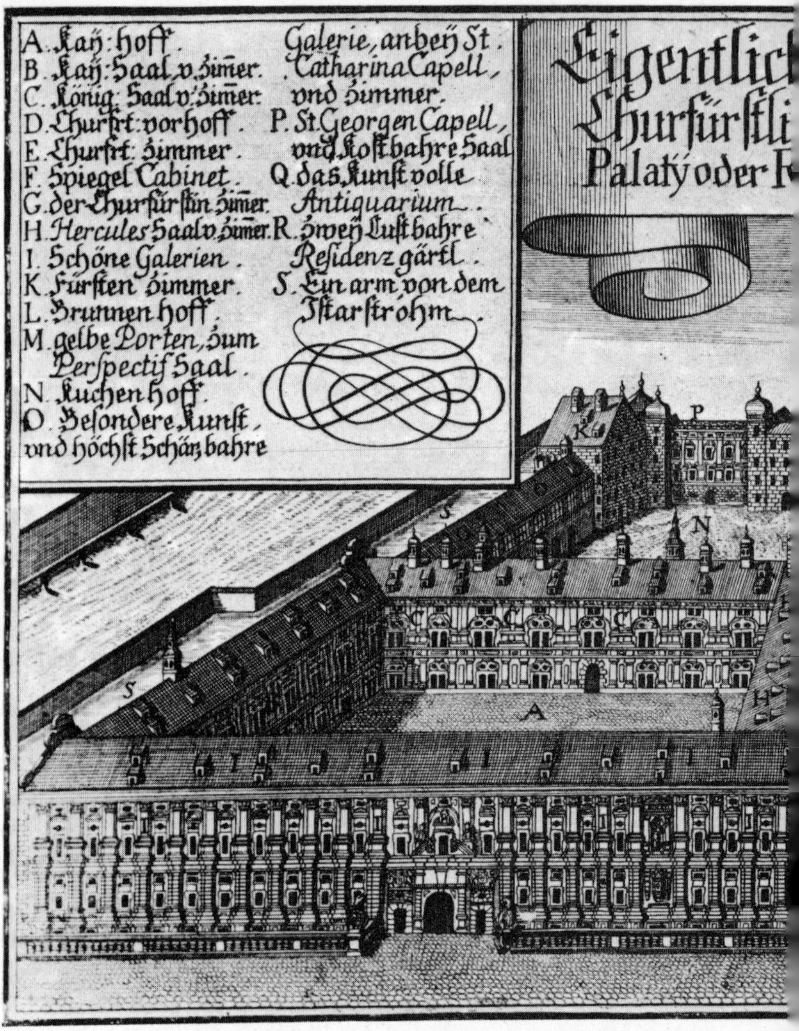

Eigentlic
Churfürstli
Palatÿ oder R
A. Kaÿ: hoff.
B. Kaÿ: Saal v. zimer.
C. König: Saal v. zimer.
D. Churfrt: vorhoff.
E. Churfrt: zimmer.
F. Spiegel Cabinet.
G. der Churfürstin zimer.
H. Hercules Saal v. zimer.
I. Schöne Galerien.
K. Fürsten zimmer.
L. Brunnen hoff.
M. gelbe Porten, zum Perspectif Saal.
N. Kuchen hoff.
O. Besondere Kunst, und höchst Schäzbahre Galerie, anbeÿ St. Catharina Capell, und zimmer.
P. St. Georgen Capell, und Kostbahre Saal
Q. das Kunst volle Antiquarium.
R. zweÿ Lust bahre Residenz gärtl.
S. Ein arm von dem Isarstrohm.

Zur schönsten Residenz Europas baute Kurfürst Maximilian I. die »Neuveste« aus. Stich von Michael Wening.

Hand, die sie in vorigen Kriegsinvasionen gerettet, jetzt wieder in die Galerie – damit Ihre Kurfürstl. Durchlaucht sie aus dero Schlafkammer sehen könnten – neben anderen köstlichsten und künstlichsten Sachen, die in der Kunstkammer gestanden, setzen lassen.«

Immer wieder erfahren wir, daß die tiefste Neigung des Kurfürsten den Bildern Albrecht Dürers gegolten hat. Er erwarb u. a. die Beweinung Christi, den Paumgartner-Altar, den Heller-Altar, die Randzeichnungen zum Gebetbuch Maximilians und schließlich, nach langen Verhandlungen, 1628 die »Vier Apostel«. Es kann nicht überraschen, daß Maximilian gerade dieses Werk so sehr geliebt hat, das die Summe der weltanschaulichen und malerischen Ideen Dürers zieht, das das ethische und schöpferische Vermächtnis des Meisters ist. In den Beischriften, die der Maler unter das Werk setzen ließ, heißt es: »Alle weltliche Regenten in diesen gefährlichen Zeiten nehmen billig acht, daß sie nit für das göttlich Wort menschliche Verführung annehmen. Denn Gott will nichts zu seinem Wort getan noch von dannen genommen haben.«

Literatur

1634 fanden erstmals als Gelöbnis für die Pest von 1633 die *Oberammergauer Passionsspiele* statt. In geistlichen Volksdramen, Fastnachts- und Passionsspielen wurde vielfach die Tradition des 16. Jahrhunderts fortgeführt. Der Jesuit *Jakob Balde* (1604–1668), von Geburt Elsässer, der in Bayern, in Ingolstadt und München, eine Wahlheimat gefunden hatte, feierte Maximilian und Tilly in schwungvollen Versen. Seine didaktisch und allegorisch gestimmten Oden wußten den Jammer des Krieges und die Sehnsucht nach Frieden bewegend zu beschwören.

Besonders aber war es das *Schuldrama der Jesuiten*, das das Mysterienspiel des späten Mittelalters und das humanistische Schuldrama ablöste, das im Zusammenwirken von Poesie, Musik, Tanz und Dekoration eine Art von Gesamtkunstwerk schuf und, wie wir aus vielen Zeugnissen wissen, eine mächtige Wirkung auf die Menschen ausübte. Loyolas Lehre von der Notwendigkeit der Synthese zwischen Diesseits und Jenseits, von der Notwendigkeit der Durchdringung der weltlichen Kultur durch religiöse Werte, vom großen Zusammenhang der natürlichen und übernatürlichen Dinge in Gott hat sich hier wie in den gleichzeitigen Kirchenbauten manifestiert: diese große Synthese hat in schaubarem Symbol Gestalt gewonnen. Auch hier zeigt sich die Wende zum Barock: die statische Ruhe der Renaissancezeit gerät in gärende Bewegung; das Auge richtet sich in die Höhe und in die Tiefe, auf das, was hinter der Oberfläche ist.

Das Drama von Theophilus, erstmals 1582 in München aufgeführt, vergegenwärtigt den Zwiespalt zwischen christlicher Demut und kirchlicher Hierarchie, Willensfreiheit und Gnade, Gott und Teufel. Hier wie in *Jakob Bidermanns* Drama »Cenodoxus«, das 1602 in Augsburg uraufgeführt wurde und am Beispiel des berühmten Arztes von Paris ein gottentfremdetes Ruhmstreben analysiert, werden offensichtlich Analogien zum Faustthema sichtbar: 1587 war erstmals das Volksbuch der Historie von Dr. Fausten erschienen.

Man hat Bidermann den Shakespeare des Jesuitendramas genannt. Seine neun uns erhaltenen Dramen enthalten viel Reflexion und barocke Allegorie, sein dualistisches Weltgefühl strebt zum Ideal der Weltflucht. Bidermann, ein geborener Schwabe, hat an den Gymnasien von Augsburg, München und Dillingen als Lehrer gewirkt.

Die geistigen Interessen Maximilians galten auch den Wissenschaften seiner Zeit. Johann Georg Herwart von Hohenburg, der Kanzler des Fürsten, der sich mit Religionsgeschichte, Mythologie und Mathematik beschäftigte, der auch einen regen Briefwechsel mit Kepler unterhielt, konnte in dem Ernst und in der Vielseitigkeit des wissenschaftlichen Strebens von den Zeitgenossen mit Francis Bacon verglichen werden. Der Astronom Christoph Scheiner (gest. 1650), ein Jesuit, der in Dillingen und Ingolstadt lehrte, hat wertvolle Arbeiten über Optik veröffentlicht und gleichzeitig mit Galilei die Sonnenflekken entdeckt.

Der Bestand der Hofbibliothek Wilhelms V. wurde um ein Drittel vermehrt, und wir besitzen noch eine mit eigenhändigen Randbemerkungen Maximilians versehene Bibliotheksordnung.* Der Augsburger Stadtpfleger *Markus Welser* war mit einem Jahresgehalt von 300 Gulden angestellt, um eine Gesamtdarstellung der bayrischen Geschichte zu verfassen, von der freilich nur die ersten sechs, bis zum Vertrag von Verdun führenden Bände erschienen sind. Bezeichnend für den neuen Geist dieser Geschichtsforschung ist ein intensives Studium der Quellen: Aventins Quellen seien ihm lieber als Aventin, bemerkte Welser einmal, als ihm eine Handschrift Aventins übersandt wurde. Nach Welsers Tod übernahmen die Jesuiten Rader, Brunner, Keller und Vervaux die Fortführung des Werkes; und für die Intentionen, die ihre

Arbeit bestimmten, ist ein Wort P. Raders aufschlußreich: Schmeichelei, bei jedem Schriftsteller schmählich, sei am schmählichsten beim Historiker, der sich von jeder Parteilichkeit fernhalten müsse.

Bei der Darstellung der Zeitgeschichte ließ sich dieser Standpunkt natürlich nicht immer durchhalten. Die Annales Boicae gentis, die P. Johann Vervaux, der Beichtvater Maximilians, 1662 veröffentlichte und die den Zeitraum von 1586–1661 umfassen, nehmen naturgemäß weitgehend politische Rücksichten und sind von panegyrischen Ergüssen nicht frei. Trotzdem ist die Schilderung im ganzen von objektivem Geist getragen und bietet eine Fülle wertvollen Materials. Kein Geringerer als Leibniz hat den Arbeiten Raders und Vervaux' hohes Lob gespendet.

Die persönliche Sympathie Maximilians galt der Gestalt seines großen Ahnen Ludwigs des Bayern. Das von Hans Krumper, dem Schüler Hubert Gerhards und Schwiegersohn Sustris', geschaffene Grabmal des Kaisers, dessen Aufbau den Gedanken der Ehrenwache verwirklicht, ist der monumentale Ausdruck dieser Verehrung, die aber auch in literarisch-biographischen Darstellungen, die im Auftrag Maximilians geschrieben wurden, sich manifestierte. Angesichts der streng katholischen Gesinnung des Herzogs bot natürlich das Problem der Konflikte Ludwigs des Bayern mit der Kurie einige Schwierigkeiten. In diesem Sinn ließ Maximilian eine Verteidigungs- und Ehrenrettungsschrift, ›Ludovicus quartus imperator defensus‹, verfassen, in der der Streit zwischen Kaiser und Papst als durch Mißverständnisse veranlaßt dargestellt wurde.

Hofleben

Philipp Hainhofer war nicht nur im Bereich der Kunst ein sorgfältiger Beobachter. Er berichtet noch über viele andere Eindrücke am Münchener Hof: »Ihre Durchlaucht der Herr Herzog sind ernsthaft anzusehen, aber doch freundlich im Reden. Sie haben auch, wie ich höre, bisweilen ihre Intervalle und sind zu einer Zeit lustiger und besser aufgelegt als zur andern; erhalten einen großen Gehorsam und Respekt, sind in ihrer päpstlichen Religion gar eifrig, beichten und kommunizieren oft, gehen fleißig in die Kirche, auch fleißig in den Rat, und machen durch Ihre Gottesfurcht, Nüchternheit, christliches Leben und gutes Beispiel auch Ihre Offiziere und Räte fromm und fleißig.« –

»Die Edelknaben und Trabanten werden jährlich viermal gekleidet und alles geht gegen andere fürstliche Hofhaltungen gar eingezogen zu. Und befleißigt sich sonderlich dieser Herzog Maximilian, auf alle Weg Geld zu sammeln, einen Schatz und Vorrat zu machen, und daneben die bei Antretung seiner Regierung vom Herrn Vater und vom Ahnherrn noch herreichenden Schulden abzulösen, wie dann bis dato bei diesem bayrischen Hof gute Bezahlung und viel Schuldengeld abgelöset worden ist.«

»Die größte Recreation und Unkosten dieses Fürsten sind die schönen Pferde und schönes Gestüt, die Reiher- und Falkenbeiz, die Kleinodien, die Kunst und Malerei und das Drehwerk, wie Ihre Durchlaucht auch selbst gar schöne Sachen drehen. Überflüssiges Essen und Trinken, Spiele, zu viel Jagen, Ritterspiel und andern Kurzweilen und Vanitäten fragen Ihre Durchlaucht nicht nach. Sie halten ein gutes Regiment, überlesen die Supplicationes und andere Schriften zum Unterschreiben selbst, korrigieren sie selbst, dekretieren oft selbst, und ich höre Ihrer Durchlaucht hohen Verstand und Judizium von Räten und andern sehr rühmen.«

»Wenn Ihre Durchlaucht ernsthafte Sachen traktieren, sehen Sie gar ernsthaft aus, sonst ist er freundlich, lächelt und ist ein kluger Regent. Der von Rechberg gilt viel bei Ihrer Durchlaucht, welcher sich auch gar freundlich und ehrerbietig erzeigt, man nicht weiß, wie es ihm um das Herz ist, ist sonst ein schöner, ansehnlicher Herr.«

»An diesem Hof ist vortrefflich gute Ordnung in allen Sachen, schleunige Bezahlung, ein nüchtern stilles und friedliches Leben. Der regierende Herr macht sich von allen seinen Räten fürchten und lieben. Er gibt viel auf gut Fleiß, belohnt's auch reichlich, macht alles hurtig und fleißig, ist früh und spät an der Arbeit, hört alle Morgen seine Messe, und wenn er dahin oder zurück geht, nimmt er von den armen Untertanen die Supplicationes an, überliest sie, gibt sie nachher dem von Rechberg und sagt ihm, was er tun soll.«

7

Die Donauwörther Fahnenschlacht

Immer schon hat man zwei an sich episodische Geschehnisse, die Donauwörther Exekution Maximilians und den jülisch-klevischen Erbfolgestreit, als Sturmzeichen des Großen Krieges gedeutet. Die Situation gemahnt an eine wolkenschwere Landschaft, die durch ein erstes Wetterleuchten erhellt wird.

Das Geschehen in Donauwörth, das in eindeutiger Aktendarstellung ausgebreitet werden kann, spiegelt, wie der Wassertropfen das Universum, in kleinstem, aber ungemein scharfem Maßstab Vielgestalt und Wirrnis der staatlichen und weltanschaulichen Struktur des Römischen Reiches: jenes nicht geradezu chaotische, aber kaum mehr zu entwirrende Knäuel politischer, konfessioneller und wirtschaftlicher Gegensätze und Zwistigkeiten. Es offenbart andererseits die Durchschlagskraft der Maßnahmen einer Persönlichkeit, die, auf festem Boden stehend, zielbewußt an der Verwirklichung ihrer Pläne arbeitete.

Die Donauwörther Geschehnisse sind aber auch um deswillen denkwürdig, als sie die Wende von der Innen- zur Außenpolitik Maximilians bezeichnen: Hatte sich der Herzog bis dahin im wesentlichen mit dem Aufbau seines Landes beschäftigt, so wandte von diesem Zeitpunkt sein Interesse sich in weitem Ausmaß der gesamtdeutschen und internationalen Politik zu.

Provokationen

Donauwörth, seit 1463 reichsunmittelbare Stadt, zählte zu Beginn des 17. Jahrhunderts etwa 4000 Einwohner. Der Rat und die Mehrheit der Bürgerschaft waren protestantisch und ließen, insbesondere seit dem Jahr 1595, die katholische Minderheit ihr Übergewicht empfindlich fühlen. Bei Prozessionen und Bittgängen, die vom Kloster zum heiligen Kreuz zu den benachbarten Landkirchen – dies allerdings, wie es heißt, gegen ein seit vierzig Jahren übliches Herkommen – mit Kreuz und fliegenden Fahnen unternommen wurden, war es 1603 und 1605 zu Zusammenstößen gekommen.

Daraufhin hatte der Diözesanbischof von Augsburg beim Reichshofrat ein Schutzmandat für die Ausübung der katholischen Zeremonien erwirkt. »Wir gebieten Euch«, hieß es in dem unterm 24. Oktober 1605 an den Donauwörther Magistrat ausgefertigten Mandat, »bei Vermeidung der kaiserlichen und des Reiches Acht, daß Ihr hinfür gegen den Abt und Konvent zum heiligen Kreuz, wie auch gegen Zugehörige und Religionsverwandte des Gotteshauses mit eigenmächtig gewalttätiger Tat duchaus nichts vornehmet, dieselbe an ihren Kreuzgängen und Prozessionen wie ebenso an ihren Begräbnissen, an Tragung des hochwürdigen Sakramentes und Spendung der Kindertaufe, auch an anderen Zeremonien, Kirchengebräuchen und freien Exerzitien Unserer heiligen, christlichen, uralten katholischen Religion und Glaubens mitnichten beirrt, betrübt, beschwert oder beleidigt, so Euch lieb ist, Unsere kaiserliche Ungnade und Unsere und des Reiches Acht zu vermeiden.«

Der Magistrat legte am 13. März 1606 Beschwerde gegen dieses Mandat ein und holte sich bei den benachbarten Reichsstädten Rat über die zu ergreifenden Maßnahmen. Die Antwort der Städte lautete dahin, man solle zwar den Aktionen der Papisten Schranken ziehen, aber mit Vorsicht vorgehen. Daraufhin ließ der Magistrat von Donauwörth dem Abt zum heiligen Kreuz eine schriftliche Warnung zugehen, in der es heißt, der Abt solle bei der bevorstehenden Bittprozession die seit dem Religionsfrieden ungewöhnliche und den der Augsburger Konfession zugetanen Bürgern ärgerliche Prozession mit fliegender Kreuzfahne durch die Stadt unterlassen. Die Kreuzfahne sollte eingerollt und gesenkt durch die Stadt hinausgetragen werden. Der Abt antwortete auf diese Warnung, er erwarte von Bürgermeister und Rat, daß sie das kaiserliche Mandat gebührend respektieren würden.

Schon beim Auszug der Prozession am 11. April 1606, deren Ziel das benachbarte Dorf Oresheim war, kam es zu Zusammenrottungen und Angriffen der Donauwörther Bürgerschaft. Als aber die Wallfahrer bei ihrer Rückkehr wiederum mit fliegender Fahne durch die Stadt ziehen wollten, wurde von der bewaffneten Menschenmenge der Zug gesprengt, die Fahne zerrissen und zahlreiche Teilnehmer der Prozession schwer mißhandelt.

Unterm 3. September 1606 erging nun ein zweites scharfes kaiserliches Mandat, welches das vorangegangene bestätigte sowie Bürgermeister und Rat vor das kaiserliche Hoflager zwecks Rechtfertigung zitierte. Da der Donauwörther Magistrat in seiner Antwort sich auf die

Entschuldigung beschränkte, der entstandene Tumult sei wider sein Geheiß und Willen ausgebrochen, bevollmächtigte Rudolf II. am 16. März 1607 Maximilian zu weiterem Vorgehen:

»Da es den Anschein hat, die Stadtobrigkeit von Donauwörth vermöge nicht, ihrer unruhigen Bürgerschaft genügend Widerstand entgegenzusetzen, und da es Notdurft, Billigkeit und Gebühr erfordern, andere Maßnahmen zu ergreifen, wodurch diesem vor Gott und der Welt ärgerlichen, sträflichen, friedbrüchigen Beginnen gesteuert, und fromme unschuldige Leute weiter nicht betrübt und beschädigt werden; und so gesinnen Wir an D. L. hiemit freund- und gnädiglich, geben Ihr auch dazu Unsere vollkommene kaiserliche Gewalt, und wollen, weil jetzt die Zeit herannaht, in der nach Ordnung der heiligen katholischen Kirche verschiedene öffentliche Prozessionen und Religionsexerzitien begangen zu werden pflegen, D. L. wolle entweder selbst oder durch Ihre Vertreter . . . wohl darauf achten, daß den Katholischen geistlichen und weltlichen Standes in Donauwörth, weder in noch außerhalb der Stadt keinesfalls Beschwer oder Gewalttat zugefügt, sondern sie vielmehr in ihrem Gottesdienst geschützt, dagegen alle üppige aufwieglerische Nötigung gedämpft und abgestellt werden, wie D. L. wohl zu tuen weiß.«

Zufolge dieses kaiserlichen Auftrages entsandte Maximilian zwei Delegierte, Alexander von Haslang und Otto Forstenhauser nach Donauwörth. Sie sollten vom Rat eine kategorische Erklärung verlangen, ob er den kaiserlichen Befehlen gehorchen wolle oder nicht; außerdem einer für den Markustag vorgesehenen Prozession beiwohnen.

Als die herzoglichen Delegierten am 23. April 1607 in Donauwörth eintrafen, kam es zu Auflauf und Tumult der Bürgerschaft. Bürgermeister und Rat erklärten den Kommissaren, sie vermöchten das Volk nicht in Zaun zu halten und könnten keine Gewähr für die Sicherheit der herzoglichen Gesandten übernehmen. Einzelne Stimmen ließen sich vernehmen, die Bürgerschaft möge sich weder um den Kaiser noch um den Bayernherzog kümmern. Diese sollten nur selber kommen, dann würden sie den Kaiser und den Herzog wo nicht in die Donau werfen, so doch über die Stadtmauer baumeln und ihre Zungen mit Spindeln durchstechen lassen.

Maximilian schickte den Bericht seiner Delegierten unverzüglich, unterm 26. April, nach Prag. In einem Begleitbrief, der sehr geschickt auf die Mentalität Rudolfs II. eingeht, schreibt er: »Eure Majestät sehen, daß die in Donauwörth nicht nur dem im Heiligen Reich aufge-

82 Antiquarium, bereits 1569 unter Albrecht V. begonnen, später von F. Sustris ausgestattet, und Kaisertreppe der Münchner Residenz, beide vor der Zerstörung aufgenommen.

richteten Religions- und Landfrieden entgegen gefrevelt, sondern auch Eurer Majestät einen solchen Trotz, Hochmut und Spott, wie er nicht bald von einer Reichsstadt erhört ist, erwiesen, Eurer Majestät gnädigst erteiltes Mandat unbesonnen in den Wind geschlagen und statt des schuldigen Gehorsams zu neuem Aufruhr und Widerstand gegriffen; nicht nur bereit, an meine Delegierten Hand anzulegen, sondern auch gegen Eurer Majestät kaiserliche Person und gegen mich höchststräfliche böse Reden ausgestoßen haben. Solches sollten Eure Majestät meinem gehorsamen Erachten nach, wegen der Folgen, die daraus entstehen könnten, wohl beachten. Denn sollte solcher Trotz unbestraft bleiben, läßt sich leicht ermessen, daß andere Reichsstädte, in denen unsere wahre alleinseligmachende Religion noch geachtet ist, die aber diese Angelegenheit und wie sie sich entwickelt, sehr im Auge haben, ohne Zweifel daran gingen, die Katholischen in ihren Religionsübungen so zu beengen, daß die katholische Religion schließlich überall ganz ausgerottet würde, wodurch auch Eurer Majestät Autorität und Respekt bei Anderen nicht wenig geschwächt würden. Aber Eure Majestät werden es hoffentlich so weit nicht kommen lassen; sondern, bevor noch dies Unheil und der große Trotz und Ungehorsam der Donauwörther sich weiter manifestiert, die den Donauwörthern angedrohten Maßnahmen wirklich ergreifen. Wenn demnach Eure Majestät mir in dieser Sache weitere Anweisungen geben, bin ich bereit, sie auszuführen, auch damit die katholische Religion und Eurer Majestät Autorität im Reich erhalten bleibe.«

Reichsacht

Rudolf II. zögerte, wie stets, wenn es um eine politische Entscheidung ging, einige Zeit, ehe er zu diesem Brief Stellung nahm; zumal auch die protestantischen Stände auf die Donauwörther Affären aufmerksam wurden und es an heftigen Protesten nicht fehlen ließen. Insbesondere Philipp Ludwig, der alte Pfalzgraf von Neuburg, und der Herzog von Württemberg, Oberster des Schwäbischen Kreises, erhoben Gegenvorstellungen.

Schließlich schrieb der Kaiser am 5. Juni an Maximilian: er sei jetzt entschlossen, gegen die Donauwörther mit Ernst zu verfahren, und ersuche den Herzog, freundvetterlich die Exekution zu übernehmen. Ehe diese aber eingeleitet werde, solle er ihm noch berichten, ob der

Wolfgang Wilhelm, Pfalzgraf von Neuburg (1578–1653), heiratete 1613 Maximilians Schwester und trat zum katholischen Glauben über. Das sicherte seinen Anspruch auf das Herzogtum Jülich. A. van Dyck.

Magistrat und die Gemeinde mit der gleichen oder mit verschiedenen Strafen zu belegen seien, auch ob die Urteile nur die Acht oder auch namhafte Geldstrafen aussprechen sollten. Maximilian wandte sich in seiner Antwort mit einiger Schärfe gegen diese Vorbehalte: falls er vom Kaiser nicht bedingungslose Vollmachten erhalte, wolle er auf die Durchführung der Exekution verzichten.

So entschloß sich Rudolf schließlich am 3. August, die Achterklärung zu unterzeichnen. Da aber, ehe dieses Mandat an Maximilian abgegangen war, am Prager Hof ein Entschuldigungs- und Bittschreiben des Rates von Donauwörth eintraf, fügte der Kaiser seiner Mitteilung an Maximilian eine Nachschrift bei, in der er dem Herzog anheimstellte, mit der Publikation der Acht zuzuwarten, bis sich erweise, ob der Magistrat von Donauwörth die Schuldigen bestrafe und die freie Religionsausübung der Katholischen künftighin gewährleiste.

Maximilian folgte dem Rat seiner Minister, die ihm im Sinn der kaiserlichen Äußerung empfahlen, einstweilen mit Milde vorzugehen. Er schickte eine Kommission nach Donauwörth, der gegenüber der Rat der Stadt sich verpflichtete, den kaiserlichen Forderungen zu entsprechen. Der Streitfall schien erledigt, und in diesem Sinn berichtete auch der Herzog nach Prag.

Aber nach Abreise der herzoglichen Delegierten kam es wieder zu lebhaften Unruhen der Donauwörther Bürgerschaft, die sich weigerte, den Anordnungen des Rates der Stadt Folge zu leisten. »Die Bürger, stolz auf ihre Eigenschaft als Reichsbürger und dabei in allen Fragen der Reichsverfassung höchst unwissend, verließen ihre Werkstätten und lagen Tag und Nacht in ihren Wirtshäusern, wo sie in unablässigem Rausch schwelgten und ihre Köpfe mit Wein erhitzten. In ihren Häusern sah man auf Bänken und Tischen statt der Handwerksgerätschaften jetzt nur Waffen aller Art, Gewehre, Harnische, Panzer, Säbel, Kolben, Prügel, Spieße und dergleichen. Ohne Wissen und Willen ihrer Obrigkeit verstärkten und vermehrten sie überall in und vor der Stadt die Wachtposten. Eigenmächtig öffneten und schlossen sie die Stadttore. Selbst ihre Prediger mißbrauchten ihr Lehramt und steigerten die blinde Wut der Bürgerschaft. Ein gewisser Freymann predigte auf offener Kanzel, man solle in Zukunft die Katholischen als Urheber dieses Werkes weder eines Blickes und noch viel weniger eines Grußes würdigen, ihnen vielmehr den Rücken und anderes kehren und den Allmächtigen mit herzlichem Eifer bitten, daß die Stadt von solchem Ungeziefer befreit werde.«

Es kennzeichnet die gelassene Wesensart Maximilians, der sich nie durch Temperamentsausbrüche und Augenblicksstimmungen zu folgenschweren Aktionen bestimmen ließ, daß er diesen Affront ohne Erregung hinnahm.

Er bestimmte eine dreiköpfige Kommission, die die Donauwörther nochmals zur Annahme der kaiserlichen Anordnungen bestimmen sollte. »Wenn sich der große Rat und die Zünfte«, heißt es am Schluß der diesen Delegierten erteilten Weisung, »zur schuldigen Sühne und Gehorsamsleistung verstehen und um Verzicht auf weitere Maßnahmen bitten werden, solle ihnen die Vertröstung gegeben werden, daß der Herzog bei Seiner Majestät sich für sie verwenden wolle. Die Delegierten sollten sich auch mit dem Abt vom heiligen Kreuz besprechen, damit die öffentlichen katholischen Bräuche bei Begräbnissen, Spendung der Sakramente, Kindstaufen, Hochzeitsfeiern und so weiter möglichst bald, jedoch bescheiden und nicht mit unzeitgemäßem Gepränge, wodurch der gemeine Pöbel leicht gereizt werden könne, wieder eingeführt und beobachtet würden.«

Wie immer man die Rolle Maximilians bei dem Donauwörther Zwischenfall beurteilen mag, die Instruktion zeigt doch deutlich, daß er in diesem Zeitpunkt zur Mäßigung bereit war. Es hätte dem Rat und der Bürgerschaft leichtfallen müssen, solchen Forderungen zu genügen.

Aber die Donauwörther schienen wie mit Blindheit geschlagen. Sie hielten die herzoglichen Delegierten vier Tage lang mit Ausflüchten hin und behandelten sie mit gröblicher Mißachtung: ». . . Ferner haben sie uns die ganze Nacht hindurch auf der Stadtmauer hinter dem Kloster und vor demselben am Berge bewacht und zeigten sich lustig darüber, daß sie uns schon in ihrer Gewalt hätten. Daneben trieben sie allen Mutwillen mit trotzigem Hin- und Hergehen, mit angezündeten und brennenden Lunten, mit Ladung der Musketen und mit dem Geklirr der Gabeln und Spieße . . . Wie wir bei dem gemeinen Mann nur Trotz und Hochmut, die ganze Stadt in großer Konfusion, überall keinen Gehorsam, den Magistrat in keinem Ansehen, den Großen Rat wider den Kleinen und die Zünfte im Aufstand gegen beide gesehen haben; und dann endlich, weil sie uns in den vierten Tag in Donauwörth aufgehalten und, statt ihre Resolution von sich zu geben, sich toll und voll gesoffen und uns am Abend ohne einige Höflichkeit sitzen gelassen, mit so schlechter Ehre empfangen, die ganze Nacht hindurch wie gefangen gehalten, die ganze Sache durch Zuziehung vieler anderer Stände in eine augenscheinliche, wenn auch fruchtlose Verlängerung haben ziehen wollen, alles nur zur Verachtung Seiner Kaiserlichen Majestät und Eurer Durchlaucht: so sind wir am Samstag morgen, als das Tor geöffnet wurde, nach Kaisersheim und von da nach Rain gefahren ...«

Maximilian berichtete diese Vorgänge nach Prag und forderte den Kaiser auf, nunmehr mit der Exekution nicht länger zu zögern: »... Also sehe ich nicht ein, wie Eure Majestät ohne Verletzung Ihrer Reputation und Hoheit, zuvorderst aber ohne Schmälerung der Religion umhin könnten, daß Sie nicht die zuvor bereits dekretierte und unterfertigte Achterklärung, mehreren Ansehens wegen, sogleich in Prag zu publizieren, und darauf wirklich veranlassen, was des Heiligen Reiches Konstitutionen heilsam und wohl disponieren.«

Noch einmal schlug Rudolf II. den gütlichen Weg vor; und wiederum begaben sich Delegierte Maximilians nach Rain, um mit den Donauwörthern zu verhandeln. Aber wiederum scheiterten die Besprechungen; nicht zuletzt darum, weil die benachbarten protestantischen Stände der Stadt Hilfe zusagten für den Fall, daß es zu einer kriegerischen Auseinandersetzung käme.

Vollzug

So verkündete am 12. November 1607 ein kaiserlicher Herold, der, umgeben von kaiserlichen und herzoglichen Bevollmächtigten sowie einer kleinen Truppenabteilung, vor das Stadttor ritt, den kaiserlichen Achtbrief:

»... Nachdem Wir auf Klage des ehrwürdigen Heinrich, Bischofs zu Augsburg, Bürgermeister, Rat und Gemeinde der Stadt mit Urteil und Recht in Unsere und des Heiligen Reiches Acht erkannt und erklärt, auch solches durch Unseren Hohen Kommissar, den hochgeborenen Maximilian, Pfalzgrafen bei Rhein, Herzog in Ober- und Niederbayern, Unseren lieben Vetter und Fürsten, mit üblicher Solennität durch einen hierzu abgeordneten Reichsherold öffentlich aus dem Frieden in den Unfrieden zu setzen angeschafft, dazu ihr Leib, Hab und Gut dem anklagenden, aber interessierten Teil und manniglich zuerkannt und darauf diese Exekution wider sie erkannt worden ist: so verkündigen Wir, kraft dieses kaiserlichen Briefes oder glaubwürdiger Abschrift von ihm, Bürgermeister, Rat und Gemeinde der Stadt Donauwörth für Unsere und des Reiches erklärte offenbare Ächter..., die

Ihr weder in Unseren erblichen oder Euren Fürstentümern, Ländern, Grafschaften, Herrschaften, Gebieten, Gerichten, Schlössern, Städten, Märkten, Flecken, Dörfern, Weilern, Höfen, Häusern oder Behausungen keineswegs einlasset, hauset, beherbergt, azt, tränkt, badet, ihnen Vorschub gebt, sie schützt, schirmt . . ., ja mit ihnen keine Gemeinschaft habt. . ., so lange und so viel bis sie ihre verdiente Strafe ausstehen, zu Unserem Gehorsam gebracht und von der Acht, wie Recht ist, absolviert und entledigt werden.«

Einzelne Proteste, so von Pfalz-Neuburg und dem Herzog von Württemberg, liefen in Prag ein; aber das hinderte Maximilian nicht daran, seine Exekutionstruppen, etwa 6000 Mann Fußvolk, 600 Reiter und einige Geschütze, in Bewegung zu setzen. Alexander von Haslang befehligte die Truppen, die am 16. Dezember 1607 vor Donauwörth standen. Am folgenden Tag kapitulierte die Stadt, der, trotz vieler Versprechungen, von keiner Seite Hilfe kam.

Die Bürgen wurden mit Milde behandelt; ein aufgerichteter Galgen fand kein Opfer und wurde nach wenigen Tagen auf Befehl Maximilians wieder entfernt.

Unmittelbar nach diesen Ereignissen schickte Maximilian eigenhändige Berichte an den kaiserlichen Hof und an die Kurie. »Durch diese Exekution«, heißt es in dem nach Rom übermittelten Dokument, »ist der Kaiserlichen Majestät Autorität, Respekt und Gehorsam im Heiligen Reich nicht wenig gefestigt, vor allem aber der katholischen Religion große Hilfe und Förderung geleistet worden, was ihr vielerorts im Reich förderlich sein wird. Und damit ist den protestierenden Ketzern eine derartige Warnung zugekommen, wie sie sie nie erwartet hätten . . . dieses Exempel wird viele gute Auswirkungen zeitigen.«

Was in Donauwörth geschah, könnte, wie die vorangegangenen Ereignisse, als Episode gelten; eröffnete es nicht aufschlußreiche Einblicke in die Mentalität der führenden Persönlichkeiten, zumal Maximilians; rührte es nicht an das ungemein labile Gefüge des Reiches und damit auch an die wenig später vollkommen erschütterte Gleichgewichtslage der mitteleuropäischen Politik.

Es liegt nahe, zu vermuten, daß die Frage der Rekatholisierung Donauwörths ein unmittelbares Anliegen des Bayernherzogs gewesen ist. Aber das von einer zu diesem Zweck berufenen Münchener Kommission am 24. Dezember 1607 erstattete Gutachten rät zu großer Vorsicht und Zurückhaltung. Hier heißt es, nachdem alle Argumente, die einem schroffen und übereilten Vorgehen entgegenstehen, angeführt sind: andernfalls wäre zu erwarten, daß die Protestanten aufs äußerste opponieren und auf jegliche Weise versuchen, dem Herzog Donauwörth zu entziehen, ihm seine Unkosten nicht zu ersetzen und ihn mit Gewalt aus der Stadt zu vertreiben. Auch könnte der Kaiser auf den Gedanken kommen, die Stadt für sich und das Haus Österreich zu verlangen. Man solle also den Reichstag vorübergehen lassen und den Protestanten keinen Grund zu allzu heftiger Opposition bieten.

So entschied sich Maximilian zunächst für ein gemäßigtes Vorgehen. Sie sollten darauf bedacht sein, heißt es in seiner eigenhändigen Weisung an die Besatzungsbehörden in Donauwörth, daß an dem gegenwärtigen geistlichen Stande nichts verändert werde; daß sich die katholischen Prediger bescheiden verhielten, damit es nicht den Anschein habe, als wolle man die Grenzen des kaiserlichen Auftrages überschreiten und in Religionssachen Änderungen vornehmen.

Einige Monate später ließ man solche Rücksichtnahme fallen: die Mehrzahl der Einwohner von Donauwörth wurde veranlaßt, sich zum katholischen Glauben zu bekennen; wer sich dazu nicht entschloß, mußte auswandern. Dies waren die Mittel und Methoden jener Zeit; und es wäre Heuchelei, Maximilian oder die Jesuiten, denen die Bekehrungsaktion oblag, deswegen bemakeln zu wollen; die protestantischen Stände gingen innerhalb ihrer Territorien in analogen Fällen mit denselben Mitteln vor.

Proteste

Inzwischen war am 12. Januar 1608 der Reichstag von Regensburg eröffnet worden, dem Erzherzog Ferdinand von Steiermark als Vertreter des Kaisers präsidierte. Die Türkenhilfe, die Verbesserung der Reichsjustiz und der niederländische Krieg standen auf der Tagesordnung.

Während dem Kaiser vor allem natürlich an der Bewilligung der Gelder für Kriegszwecke gelegen war, drängten die protestantischen Stände auf die Justizreform. »Das Justizwesen«, heißt es in einer Denkschrift von Pfalz-Neuburg, »sei gegenwärtig so zerrüttet und die Zerrüttung nehme täglich so überhand, daß, wenn es noch länger so fortgehe, alles Vertrauen zerstört und Gefahren aller Art daraus entstehen würden. Ein Beweis dafür sei, was erst jüngst in der Nachbarschaft

(Donauwörth) vorgefallen sei.« Auch ließen die Kurfürsten von der Pfalz und von Sachsen erklären, sie würden den kaiserlichen Forderungen zustimmen, wenn Maximilian Donauwörth freigebe.

Über die Frage, ob der Türkenhilfe oder der Justizreform der Vorzug gebühre, kam es zu heftigen Auseinandersetzungen zwischen der katholischen und protestantischen Partei. Die Gegensätze verschärften sich, als von seiten der Protestanten, unter Berufung auf die Vorgänge von Donauwörth, eine ausdrückliche Erneuerung und Bestätigung des Religionsfriedens gefordert wurde. Die Katholiken erklärten sich dazu bereit; aber dieser »Renovation und Konfirmation« müsse die Klausel hinzugefügt werden, daß alles wieder in den Stand gesetzt werde, in dem es vor dem im Jahre 1555 aufgerichteten Passauer Vertrag gewesen sei; daß alles, was seit diesem Vertrag von dem einen oder anderen Teil gegen den klaren Inhalt dieses Religionsfriedens an Kirchen- und Stiftsgütern eingezogen wurde, wieder zurückgegeben und jedem beschwerten Teil sein Recht vorbehalten bleiben sollte.

An dieser Restitutionsklausel, die sich vorwiegend gegen die Protestanten ausgewirkt hätte, mußte der Reichstag scheitern. Die katholischen und evangelischen Stände erließen gegeneinander Protesterklärungen, und der Reichstag löste sich auf, ohne einen, der kaiserlichen Forderungen bewilligt zu haben.

Noch während der Tagung von Regensburg, am 14. März 1608, hatten die Gesandten der protestantischen Stände eine Eingabe nach Prag gerichtet, in der nachdrücklicher Einspruch gegen die Donauwörther Geschehnisse eingelegt wurde.

Diese Denkschrift schildert eingehend die Rechts- und Sachlage, wie sie sich von den Beschwerdeführern aus darstellt, und richtet dann an Rudolf II. die Bitte, »er möge dieses alles im kaiserlichen Gemüte erwägen und ehestens, ja noch während dieses allgemeinen Reichstages die allergnädigste Verfügung tuen, daß die bedrängte Stadt Donauwörth in ihren vorigen Stand und Wesen zu versetzen sei, wie sie vor dieser Unruhe war, völlig, sowohl in Kirchen und Schulen, als auf dem Rathaus und sonst; und insonderheit, daß derselben ihre gehabten Kirchendiener restituiert, die in der Stadt noch anwesende und der Bürgerschaft und den benachbarten Herrschaften beschwerliche Garnison abgeschafft, was den Bürgern und Zünften an Wehren, Rüstungen, Urkunden, Getreide, Hausrat und anderem abgenommen wurde, wieder erstattet und also alles in den vorigen Stand unverzüglich wieder gebracht und die Stadt bei dem schwäbischen Kreise, zu dem sie gehöre, und folglich auch bei dem Römischen Reich als ein Glied desselben erhalten werde.«

Diese Beschwerdeschrift blieb unbeantwortet. Rudolf II. schickte sie an Erzherzog Ferdinand, seinen Vertreter in Regensburg, zurück; dieser übergab sie der bayerischen Gesandtschaft, die erklärte, für diese Frage nicht instruiert zu sein. Maximilian selbst verzichtete auf eine Stellungnahme.

Daß die Würfel gefallen und die Fronten sich längst endgültig voneinander abgesetzt hatten, stand dem Herzog wie vielleicht keinem anderen Akteur der europäischen Bühne klar vor Augen. »Ich habe mir«, schrieb er am 3. Oktober 1608 an den Reichsvizekanzler Ludwig von Strahlendorf, »der Donauwörther Exekution wegen den Haß und die Feindschaft aller protestantischen Fürsten und Stände auf den Hals geladen.«

Ihren äußeren Abschluß fand die Donauwörther Affäre dadurch, daß die Stadt dem Herzog als Pfand für die Exekutionskosten, die er zunächst auf etwa 300 000 Gulden schätzte, überlassen wurde. Doch erst nach langen Verhandlungen, im Juli 1609, erlangte Maximilian in Prag ein entsprechendes kaiserliches Dekret, in dem Donauwörth von der Acht befreit, aber mit allem Hab und Gut Maximilian »so lange jure pignoris verhaftet und gehörig sein soll, bis die auf Seiner Majestät Befehle durch den Herzog aufgewandten Exekutionskosten wirklich erstattet sein werden«.

In Rat und Ämter wurden nunmehr zwar nicht ausschließlich, aber doch vorzugsweise Katholiken delegiert. Die Ausübung der evangelischen Religion wurde zwar nicht verboten, aber doch wesentlich eingeschränkt. »Die nicht katholischen Bürger«, heißt es in einer Anordnung Maximilians, »sollen so traktiert und gehalten werden, daß sie entweder freiwillig zur katholischen Religion sich begeben oder doch selbst von dannen ziehen.« Kein lutherischer Predikant solle Zutritt zur Stadt erhalten; mit den Jesuiten solle man Mittel und Wege zu einer Förderung der katholischen Religion beraten.

Der religiöse Druck, aber auch die weitgehenden administrativen Maßnahmen Maximilians, die schließlich zu einer Aufhebung der Reichsstandschaft der Stadt führten, veranlaßten die protestantischen Stände zu heftigen Protesten. Eine von den Kurfürsten der Pfalz und von Brandenburg, vom Herzog von Württemberg und Markgraf von Baden, von den Reichsstädten Straßburg, Nürnberg und Ulm sowie von zahlreichen anderen evangelischen Ständen entsandte Delegation, die Christian von Anhalt führte, überreichte dem Kaiser am 18. Juli 1609 in Prag eine Beschwerdeschrift, in der der Standpunkt der Protestanten eindeutig zum Ausdruck gelangt: »... Hätte der Abt zum Kreuz zu Donauwörth in seiner Kirche, im Kloster und an gebräuchlichen Orten seine Zeremonien gehalten und nicht mit seinen neuerlichen ausschweifenden, mutwilligen, trotzigen Kreuzgängen das friedliche Wesen in der Stadt Donauwörth aufzuheben sich gelüsten lassen, so wäre dieser ganze Handel wohl vermieden und sowohl Seine kaiserliche Majestät als auch Kurfürsten, Fürsten und Stände seither vieler Unruhe überhoben geblieben.« Alle gegen Donauwörth ergriffenen Maßnahmen sollten kassiert werden und »die so hochbedrängte Stadt sei durchaus und völlig in ihren vorigen Stand und Wesen sowohl in Religions- als in politischen Sachen ohne allen Entgelt zu restituieren«.

Rudolf II. gab zunächst einen retardierenden Bescheid – die Angelegenheit sei zu schwierig, als daß man sie übereilt entscheiden könne; auf erneutes Drängen Christians von Anhalt erklärte er schließlich am 17. September 1609, Donauwörth solle innerhalb von vier Monaten als reichsmittelbare Stadt wieder restituiert werden.

Mit solchem Bescheid war Maximilian natürlich wenig einverstanden und verlangte zunächst vollen Ersatz seiner Exekutionskosten. »Nur Bayern allein soll alles umsonst tuen«, schrieb der Herzog am 2. November 1609 verärgert an seinen Agenten in Prag, »und dessen weder Ehre, Lob, Nutz noch Dank haben, sondern immer nur das Wasser trüb machen. Auf solche Weise werden Seine kaiserliche Majestät in Zukunft nicht viele willige Leute bekommen.«

Einer mehrmaligen Aufforderung des Kaisers, eine Liquidation seiner Kosten vorzulegen, leistete Maximilian nicht Folge, weil er offenbar befürchtete, an der Höhe der Rechnung würde Kritik geübt werden. Er vertrat den Standpunkt, er werde die Aufstellung erst vorlegen, wenn ihm ein ernsthafter Zahler namhaft gemacht werde. Eine schließlich eingereichte Liquidation forderte für die in wenigen Tagen mit bescheidenem Truppenaufgebot durchgeführte Exekution 468 448 Gulden: ein Betrag, der zweifellos die tatsächlichen Aufwendungen um ein mehrfaches überstieg. Natürlich war nicht daran zu denken, daß der Kaiser, dessen Kassen stets leer waren, oder die Stadt Donauwörth, deren jährliche Steuereinnahmen 15 000 Gulden betrugen, eine derartige Summe aufbringen konnte.

Nach Rudolfs Tod wandten sich die protestantischen Stände, voran der Kurfürst von Brandenburg und die Reichsstädte Straßburg, Nürnberg, Ulm und Frankfurt, an seinen Nachfolger Matthias: die übereilte Okkupation Donauwörths sei aus Mutwillen und den evangelischen Ständen zum Trotz geschehen. Die Stadt solle restituiert und wieder an das Reich gebracht werden, dem im abgelaufenen Jahrhundert so vieles entfremdet worden sei.

Wiederum scheiterten die Verhandlungen an der hohen Forderung Maximilians; weder der Kaiser noch einer der protestantischen Stände war willens, das kostspielige Pfand aus seiner Haft zu lösen.

So blieb Donauwörth in bayerischem Besitz.

8

Union und Liga

In unmittelbarem Zusammenhang mit den Vorgängen von Regensburg und dem Donauwörther Konflikt steht die Gründung der protestantischen *Union* und der katholischen *Liga.*

Da die Forderungen der protestantischen Stände in Sachen des Religionsfriedens auf Grund der früher schon erwähnten Argumente abgelehnt wurden, überreichten sie unter Führung von Kurpfalz am 27. April 1608 eine Beschwerdeschrift und verließen anschließend den Reichstag, der zum ersten Mal ohne Abschied auseinanderging. Beteiligt an diesem Schritt waren, neben Kurpfalz, vor allem Joachim Friedrich, Kurfürst von Brandenburg, seine Brüder in Ansbach und Bayreuth, ferner Pfalz-Zweibrücken, Braunschweig-Wolfenbüttel, Baden-Durlach, Hessen-Kassel, Anhalt und die Wetterauer Grafen.

Wenig später, am 14. Mai 1608, schlossen sich in dem ansbachischen Dörfchen Ahausen dank der Initiative *Christians von Anhalt*, seit 1595 kurpfälzischer Statthalter in der Oberpfalz, zahlreiche protestantische Kreise Süd- und Westdeutschlands zur Union zusammen. Unter dem Direktorium von Kurpfalz vereinigten sich zunächst Pfalz-Neuburg, Baden, Württemberg, Ansbach, Kulmbach; später traten Kur-Brandenburg, Hessen-Nassau, Zweibrücken und sechzehn oberdeutsche Städte, darunter Straßburg, Ulm und Nürnberg, bei. Die Bundesverpflichtungen sollten zunächst zehn Jahre dauern.

Das lutherische Sachsen freilich, der calvinischen Kurpfalz äußerst abgeneigt und kaisertreu, hielt sich fern.

Bezeichnenderweise tritt in den Bundessatzungen das religiöse Aktionsprogramm, das doch zunächst den Ausgangspunkt der Bewegung gebildet hatte, hinter dem politischen zurück: in Sachen, heißt es da, die der deutschen Kurfürsten, Fürsten und Stände Freiheit und Hoheit angehen, wie auch die von den evangelischen Ständen auf dem letzten Reichstag vorgetragenen Beschwerden, sollen die Verbündeten zusammenhalten, soweit die Reichsgesetze das gestatten. Auch soll der Bund jenseits der verschiedenen Anschauungen in Religionsdingen Bestand haben.

Aber auch Maximilian war durch die Regensburger Vorgänge in seiner Überzeugung bestärkt worden, daß »das Reich, nicht mehr einig, nicht mehr römisch, nicht mehr heilig, seiner Auflösung entgegengehe«. So gelten von diesem Zeitpunkt an alle seine Bemühungen dem Ziel, die katholische Partei unter seiner Führung zu sammeln, um im Rahmen der Reichsverfassung die Basis des alten Glaubens in Deutschland zu erhalten und zu stärken. In zäher und systematischer Arbeit, gegen mannigfache Hemmungen und Hindernisse, unbeirrt durch Rückschläge, wurde so im westlichen und südlichen Deutschland die Liga aufgebaut, die, während die Union bald nach Ausbruch des 30jährigen Krieges sich auflöste, als leistungsfähiger und dauerhafter Bund, als höchst bedeutsamer innen- und außenpolitischer Machtfaktor sich bewährt hat. Weder Österreich noch Bayern für sich allein wäre imstande gewesen, die militärischen und wirtschaftlichen Lasten dieses Krieges zu tragen.

Im Lauf des Jahres 1609 und zu Beginn des Jahres 1610 vollzogen sich die entscheidenden Entwicklungen, nachdem Maximilian schon während des Regensburger Reichstages durch seine Delegierten das Gespräch über einen Zusammenschluß der katholischen Stände in Gang gebracht hatte. Durch seinen Kanzler Gailkircher ließ der Herzog bereits im April 1608 den in Regensburg anwesenden Räten des Erzbischofs von Köln vorstellen, daß man sich gegenüber dem geplanten Defensivbündnis der Protestanten, das sich leicht in eine Offensive verwandeln könne, vorsehen müsse.

Ende Mai schickte Maximilian Lorenz von Wensin als Delegierten an die rheinischen Kurhöfe, um diese Angelegenheit energisch zu betreiben, »wegen der bevorstehenden merklichen Gefahr, da die Protestanten sich nunmehr so weit zusammengetan, daß sie in öffentlichem Bündnis stehen«. Während Wensin in Mainz und Trier freundlich aufgenommen wurde, aber nur zurückhaltenden Bescheid erhielt, äußerte sich Köln positiver. Als sich dann im Juli 1608 die drei geistlichen Kurfürsten in Andernach trafen, kam eine zustimmende Stellungnahme zustande.

Inzwischen verhandelte Maximilian mit den katholischen Fürsten Oberdeutschlands, voran mit den Fürstbischöfen und Bischöfen von Salzburg, Augsburg, Würzburg, Konstanz, Passau und Regensburg, die, mit Ausnahme des Erzbischofs von Salzburg, den Gedanken der Allianz lebhaft begrüßten. Im Juli 1609 trafen die Delegierten dieser Bischöfe sowie Gesandte des Abtes von Kempten und des Propstes von Ellwangen in München zusammen.

In einem am 10. Juli vor allen Anwesenden unterfertigten Entwurf heißt es: es sei zu befürchten, daß die friedliebenden und gehorsamen katholischen Stände des Reiches von den Unruhestiftern überwältigt würden und damit sei die Ausrottung der alten, wahren, allein seligmachenden Religion und ihrer Anhänger, die Unterdrückung von Recht und Reichssatzungen zu erwarten; daher hätten die Unterzeichneten ein Defensivbündnis beschlossen und würden zur »Defension und Erhaltung der wahren katholischen Religion und zum Schutz des allgemeinen Friedens, der Ruhe und Wohlfahrt, zur Abwendung der Gefahren und zur Aufrechterhaltung der Reichstagsabschiede, des Religions- und bürgerlichen Friedens und anderer, im Reich althergebrachten Gewohnheiten« einander nicht befehden oder im Konfliktsfall sich einem Schiedsgericht unterwerfen.

Das Bündnis wurde zunächst auf neun Jahre geschlossen und Maximilian zum Bundesobersten ernannt. Falls ein Mitglied des Bundes von einem Dritten angegriffen würde, waren die anderen Bundesmitglieder zur Hilfe verpflichtet.

Wenige Wochen später, zwischen dem 23. und 30. August 1609, fand in Mainz ein Kongreß der drei Geistlichen Kurfürsten statt, dessen Tagesordnung ebenfalls der Organisation der Liga galt. In der Instruktion, die Maximilian seinem Delegierten, Lorenz von Wensin, mitgab, wird zunächst an die Münchener Entschlüsse erinnert. Auch teilt der Herzog mit, daß er zur Stärkung des Bundes Verhandlungen mit der Kurie, dem König von Spanien, dem Großherzog von Florenz und anderen Potentaten anknüpfen wolle; mit der Kurie und Spanien seien die Besprechungen schon im Gange. In der Tat hatte Maximilian in einem Brief, den er in diesen Tagen an die Königin Margareta von Spanien schrieb, geäußert, Ziel des Bundes sei, neben der Erhaltung des Hauses Österreich das Römische Reich und die katholische Religion wieder aufrichten zu helfen. Auch könne man, ließ der Herzog in Mainz erklären, daran denken, Unterhandlungen mit Frankreich in dieser Frage zu führen.

Die drei Geistlichen Kurfürsten stimmten dem Münchener Bundesentwurf und den Richtlinien Maximilians zu. Der Erzbischof von Mainz wurde neben dem Herzog zum Mitdirektor des Bundes gewählt, doch sollte im Kriegsfall Bayern den Oberbefehl führen.

Gleichzeitig ließen Maximilian und die drei Geistlichen Kurfürsten den Papst durch eine Gesandtschaft um tatkräftige Hilfe bitten. Aber Paul V. beschränkte sich, vermutlich, weil der Beitritt Österreichs zu dem Bund noch nicht gesichert war, auf allgemeine und unverbindliche Zusicherungen. Im Gegensatz dazu stellte Spanien ausgiebige Hilfe in Aussicht.

Zur Klärung der finanziellen und anderer organisatorischer Fragen wurde auf Maximilians Veranlassung im Februar 1610 ein Bundestag in Würzburg einberufen. Bei dieser Gelegenheit wurde auch Erzherzog Ferdinand von Steiermark in die Liga aufgenommen.

Sehr bemerkenswert ist die große Verteidigungsrede Maximilians für die Liga, als der im Januar 1612 nach München einberufene bayerische Landtag Bedenken über den Bund zum Ausdruck brachte, insbesondere wegen der Steuern, die im Zusammenhang der militärischen Leistungen der Liga aufzubringen seien. »... Wir haben also ganz untertänigst zu bitten«, heißt es in dem Antrag der Stände, »daß Eure Fürstliche Durchlaucht das Geld, das aus dem Lande von den armen Untertanen zusammengetragen wird, zum Schutz des Landes selbst, und nicht für andere Reichsstände, auch wenn sie katholisch sind, ausgeben möchten. Da dieser Bund sich sogar auf weit entlegene Orte und Provinzen erstreckt, müßte es dem Lande um so beschwerlicher und unerträglicher fallen, wenn man sich auf dergleichen einließe ... Auch können wir weder aus Gewissens- noch Rechtsgründen Steuern, die von dem armen Landmann nur zur Abwendung der Landesnot bezahlt werden, für andere weit entlegene Zwecke verwenden ...«

Solche Kritik üben hieß den eigentlichen Sinn der Lebensarbeit Maximilians verkennen und antasten; und so erteilte er den Ständen eine unzweideutige, schroff ablehnende Antwort: Auch wer nur einen bescheidenen Verstand besitze, müsse begreifen, daß jedes Land größerer Ruhe und Sicherheit sich erfreue, wenn es, statt allein zu stehen, mit Hilfe anderer verteidigt und unterstützt werde. Oft werde ein Feind oder böser Nachbar von seinem Vorhaben gerade durch solche Bündnisse abgehalten ... Es stehe außer Zweifel, daß, wenn erst einmal andere katholische Stände des Reiches niedergekämpft seien, die Reihe zuletzt auch an Bayern kommen werde, und zwar zu einer Zeit, da es zu schwach sein werde, sich ohne fremden Beistand zu schützen ... Der Landtag habe um so weniger Ursache, seine Leistungen zu verringern, als jedermann bekannt sei, wie sehr die Wohlfahrt des gesamten katholischen Wesens, des bayerischen Landes und seiner Bewohner mit diesem Bund verknüpft sei. Nach Lage der Dinge, angesichts der schwierigen Zeiten und einer dunklen Zukunft sei nichts mehr vonnöten als eine solche Konföderation.

9

Um Jülich und Kleve

Nach dem Donauwörther Konflikt war das zweite Sturmzeichen, das unheildrohend das Herannahen des Großen Krieges verkündete, der Streit um das *jülisch-klevesche Erbe.*

Brisante Erbkonstellation

Am 25. März 1609 starb ohne Nachkommen Herzog *Johann Wilhelm von Jülich-Kleve und Berg*, Graf von Mark und Ravensberg, Herr von Ravenstein. Als Erben meldeten sich zwei durch ihre Gattinnen mit dem verstorbenen Herzog verwandte Fürsten: der Kurfürst von Brandenburg und der Herzog von Pfalz-Neuburg. Aber auch der Kurfürst von Sachsen erhob auf Grund eines auf das Jahr 1483 zurückgehenden Erbvertrages Ansprüche.

Schon im Juni 1609 einigten sich Brandenburg und Neuburg im Sinn einer gemeinschaftlichen Besitzergreifung; aber Rudolf II. erkannte dieses Abkommen nicht an, behielt sich vielmehr selbst eine schiedsrichterliche Entscheidung vor. Nicht zuletzt war dieser Entschluß auf das Drängen der katholischen Fürsten veranlaßt worden, die gegen eine Machterweiterung Brandenburgs und Pfalz-Neuburgs lebhaft protestierten.

Alsbald kam es zur Vorbereitung kriegerischer Maßnahmen. Am Niederrhein, im Elsaß und im Fränkischen wurde gekämpft. Brandenburg und Pfalz-Neuburg ihrerseits wandten sich an die benachbarten Staaten, an Frankreich, England und Holland; Frankreich erklärte sich zu aktiver Unterstützung bereit. Am 11. Februar 1610 wurde unter Vermittlung Christians von Anhalt ein Bündnisvertrag zwischen Heinrich IV. und der Union abgeschlossen.

Damals zählte *König Heinrich*, der Bearner, 56 Jahre. Er hatte in der Tat ein Wort, das er noch als König von Navarra geäußert hatte, zu einem erheblichen Teil verwirklicht: »Durch Geduld und unbeirrbares Vor-mich-hin-Gehen besiege ich die Kinder dieses Jahrhunderts.« Der Protestant, dem Paris eine Messe wert gewesen war und der um der

Krone willen den Glauben gewechselt hatte, hatte Frankreich weitgehend zum Einheitsstaat und zu einem bedeutenden europäischen Machtfaktor umgestaltet. Nüchterne Ratio und ein sehr diesseitiges Lebensgefühl, Maß und Vernunft bestimmten das Wesen dieses Mannes. Immer schon hatte er Beziehungen zu den protestantischen Fürsten Deutschlands unterhalten, die er mit Briefen, Geld und Agenten bearbeitete.

Als der klevesche Konflikt akut wurde, rüstete der König eine Armee von 35 000 Mann, die schon Befehl hatte, auf Jülich zu marschieren. Die Liga hatte ein Heer von 15 000 Mann und 4000 Reitern aufgestellt, an deren Spitze der Wallone *Tserklas Graf von Tilly* stand.

Tilly, 1559 unweit Brüssel geboren, war von den Kölner Jesuiten erzogen worden und hatte bei Alexander Farnese das Kriegshandwerk gelernt. In den Niederlanden und Frankreich hatte er für die katholisch-spanische Sache, in Ungarn erfolgreich gegen die Türken gekämpft und war 1605 von Rudolf II. zum Feldmarschall ernannt worden. Im Juni 1609 gewann ihn Maximilian unter Ernennung zum Generalleutnant für den bayerischen Dienst.

Der kleine, früh ergraute General, der die altmodische Tracht der Landsknechtszeit bevorzugte und gern ein viereckiges Hütchen trug, war vom gegenreformatorischen Geist erfüllt. Auch seine Feinde rühmten seine willensfeste, sittlich strenge Wesensart, seine asketische Lebensführung, die vorbildliche Disziplin seiner Armee. Mit berechtigtem Stolz konnte er in einem Brief, den er in seinen letzten Lebensjahren schrieb, von sich selbst bekennen: »Kein Mensch wird mich überführen, daß mit meinem Wissen, Willen und Gefallen irgendeine Untat geschehen.«

Als Feldherr ist Tilly vielleicht mehr ein geschickter, sorgfältig abwägender Taktiker als ein großer Stratege gewesen: ein Vertreter der alten niederländisch-spanischen Strategie der Landsknechtheere, die freilich gegenüber der auf beweglichere kleinere Einheiten und eine starke Artillerie gestützten neuen Taktik Gustav Adolfs nicht obsiegte. Das dankbare Wort, das Maximilian Tilly gewidmet hat, der ihm durch 23 Jahre in Ehren und Treue diente, verliert dadurch nicht an Geltung, daß der Feldherr schließlich unterlegen ist: »Tilly hat seinesgleichen nicht gehabt.«

Den großen Worten, die im jülich-kleveschen Streit auf beiden Seiten gewechselt worden waren, entsprachen die Taten keineswegs. Die Union litt an Geldmangel; Heinrich IV., ihr mächtiger Protektor, war gestorben; es verschied in diesen Tagen auch ihr Haupt, Pfalzgraf Friedrich von der Pfalz, der einen noch unmündigen Thronerben, den späteren Friedrich V., hinterließ. Aber auch die Liga fühlte sich noch nicht gerüstet genug, um das Risiko eines Krieges eingehen zu können. Zudem war Rudolf II. inzwischen unsicher geworden, ob er wirklich die Exekution gegen Brandenburg und Pfalz-Neuburg vollziehen solle.

So kam es im Oktober 1610 in München zu Verhandlungen zwischen den katholischen und protestantischen Ständen und schließlich am 24. dieses Monats zu einem Vergleich, in dem Maximilian auf die Durchführung der Exekution verzichtete, beide Parteien zur Abrüstung ihrer Armeen und zur Einstellung aller Feindseligkeiten, die in Jülich und Kleve, aber auch anderwärts ausgebrochen waren, sich verpflichteten.

Entwaffnende Heiratsdiplomatie

Damit war zwar die akute Kriegsgefahr, aber keineswegs das jülisch-klevesche Problem gelöst. Die endgültige Klärung erfolgte erst vier Jahre später, nachdem durch die Vermählung *Wolfgang Wilhelms*, des jungen Pfalzgrafen von Neuburg, mit *Magdalena*, der Schwester Maximilians, eine neue und überraschende Wendung eingetreten war.

Verwandtschaftliche und freundschaftliche Beziehungen verbanden seit Generationen den Münchner und Neuburger Hof. Die Großmutter Maximilians und diejenige Wolfgang Wilhelms, Töchter des römischen Königs Ferdinand I., waren Schwestern gewesen; und die Verschiedenheit der Glaubensbekenntnisse und politische Differenzen hatten nicht gehindert, daß die Vettern Maximilian und Wolfgang Wilhelm seit jungen Jahren in kameradschaftlicher Gesinnung einander zugetan waren.

So nahm man in München die Werbung Wolfgang Wilhelms freundlich auf, erklärte aber unzweideutig, »die Religionsverschiedenheit stehe im Wege, ein Punkt, ohne dessen Berichtigung die Sache schlechthin nicht weiter gedeihen könne«. Eine andere Haltung war bei Maximilian natürlich nicht zu erwarten. Von einem Fürsten, der in religiösen Fragen eine solche Haltung einnahm, konnte irgendwelches Entgegenkommen in Fragen des Glaubens oder auch der Konfession

– beide Begriffe deckten sich für ihn –, selbst wenn politische Vorteile damit verknüpft waren, nicht erbracht werden.

Im April und Mai 1612 weilte Wolfgang Wilhelm in München, und hier kam es auch zu eingehenden Unterhaltungen über die konfessionellen Fragen. Bald erklärte sich Wolfgang Wilhelm überzeugt und trat am 19. Juli 1613 in der Münchener Residenz mit einem zunächst – mit Rücksicht auf den Vater, den noch regierenden Pfalzgrafen Philipp Ludwig – streng geheim gehaltenen Bekenntnis zum Katholizismus über: »Diesen wahren und allgemeinen Glauben, ohne den niemand selig werden kann, zu dem ich mich jetzt freiwillig bekenne und wahrhaftig halte, will ich mit Gottes Beistand bis zum letzten Seufzer meines Lebens beständig halten und bekennen; auch bei meinen Untertanen und denen, die mir anvertraut sind, soviel mir möglich und gegeben ist, daran sein, daß sie ebenso dahin gelenkt werden: dies alles gelobe und verspreche ich, so wahr mir Gott helfe und sein heiliges Evangelium.«

Mögen ursprünglich politische Erwägungen Wolfgang Wilhelm den Gedanken der Heirat und des Glaubenswechsels nahegelegt haben, so ist doch, wie die späteren Geschehnisse bezeugen, nicht daran zu zweifeln, daß der Pfalzgraf den Schritt aus innerer Überzeugung getan hat.

Wie streng das Geheimnis der Konversion bewahrt wurde, ergibt sich aus einem Brief, den Maximilian am 18. Februar 1614 an Erzherzog Ferdinand von Steiermark, den späteren Kaiser, richtete, in dem er dem Vetter, der gewiß angesichts einer trotz verschiedener Konfession geschlossenen Heirat erstaunt gewesen sei, erstmals über die Umstände des Glaubenswechsels berichtet: dieser sei »in solcher Still und Geheim geschehen, daß auch deshalb, abgesehen von mir, meinem geliebtesten Herrn Vater und meiner Brüder, dem Beichtvater und einem meiner geheimen Räte, kein Mensch davon gewußt; wir auch sämtlich dem Pfalzgrafen haben versprechen müssen, davon keinem Menschen etwas zu eröffnen; dieweil Seine Liebden damals mit dero Herrn Vater, Frau Mutter und Brüdern in völliger Traktation und Versicherung der Primogenitur, Sukzession und Huldigung gestanden und man ihm auch die Administration der Jülischen Lande aufgetragen hat, was alles verhindert worden wäre, wenn man zu Neuburg auch nur das geringste ersehen hätte.«

Einige Monate nach dem betätigten Glaubenswechsel, im November 1613, wurde in München die Vermählung gefeiert. Die Trauung erfolgte am 11. November in der Frauenkirche, wobei man, da ja die Konversion Wolfgang Wilhelms noch nicht bekannt war, mit größtem

Takt vorging: der Bischof von Eichstätt nahm den Trauungsakt in aller Stille vor; am folgenden Tag predigte der lutheranische Pastor Heilbrunn in den dem alten Pfalzgrafen zur Verfügung gestellten Räumlichkeiten über das Thema: »Es ist nicht gut, daß der Mensch allein sei.«

Festliche Mahlzeiten, Bälle, Schauspiele, Turniere und musikalische Darbietungen umrahmten den Akt. Ein zeitgenössischer Bericht rühmt das Spiel des Hoforchesters als das beste, das man in Europa hören könne.

Über Neuburg reisten die Neuvermählten nach Düsseldorf, der Residenz des jülisch-kleveschen Landes. Hier bekannte sich Wolfgang Wilhelm am 25. Mai 1614 öffentlich zur katholischen Religion. Der alte Pfalzgraf Philipp Ludwig, den diese Nachricht zutiefst erschütterte, starb wenige Monate später, am 12. August 1614.

Inzwischen hatte sich ein Ingolstädter Bundestag der Liga im Juli 1614 auf Antrag Maximilians zur aktiven Unterstützung der Ansprüche Wolfgang Wilhelms bereit erklärt. So kam es dann schließlich im *Vertrag von Xanten*, der am 10. November 1614 abgeschlossen wurde, zu einer endgültigen Verständigung der Prätendenten: Wolfgang Wilhelm erhielt Jülich und Berg, der Brandenburger *Johann Sigismund* Kleve, Mark, Ravensberg und Ravenstein.

Noch einmal war es gelungen, einen akuten Reichskonflikt ohne kriegerische Auseinandersetzungen zu bereinigen.

10

Salzburger Zwischenspiel

In diesen Jahren führte Maximilian einen anderen Konflikt erfolgreich zu Ende, der gewiß um der Sache, mehr noch aber um der handelnden Personen willen bedeutsam erscheint. Der Streit um die Ausfuhrbedingungen des Salzburger Salzes war an sich wichtig genug: eine »ansehnliche Gottesgabe und nicht das wenigste Einkommen unseres Fürstentums«, nennt Maximilian einmal das Salz; und in der Tat bedeuteten Salzmonopol und Salzhandel eines der nachhaltigsten Aktiva im bayerischen Staatshaushalt.

Die 31 km lange, mit 7 Brunnhäusern ausgestattete Soleleitung von Reichenhall nach Traunstein, die Maximilian von 1617–1619 durch den Hofbaumeister Reiffenstuel anlegen ließ und die fast 200 Jahre lang, bis zum Ende des 18. Jahrhunderts, in Betrieb blieb, war eine der großen Friedenstaten des Fürsten. Auch hatte der Herzog schon zu Beginn seiner Regierung (1597) einen Vertrag mit Tirol abgeschlossen, wonach das holzarme Reichenhall für den Salinenbetrieb die Nutzung an den Waldungen im Saalachgebiet erhielt, wofür Tirol durch Holzlieferungen aus den Wäldern bei Reit im Winkl entschädigt wurde.

Der Konflikt zwischen Bayern und Salzburg wäre, wie bei früheren Gelegenheiten, sicher gütlich zu bereinigen gewesen, wenn die Gesprächspartner, Maximilian und *Wolf Dietrich von Raitenau*, nicht zu gegensätzliche Naturen und von zu heftigem persönlichem Ressentiment erfüllt gewesen wären, um eine Versöhnung herbeizuführen. So kam es zur kriegerischen Auseinandersetzung, die für den Salzburger tragisch endete.

Wolf Dietrich von Raitenau, 1559 unweit Bregenz als Sohn einer aus Graubünden nach Schwaben eingewanderten Familie geboren, kam 1584 nach Abschluß seiner geistlichen Studien, nachdem er auf weiten Reisen mit vielen Ländern vertraut geworden war, als Domherr, der freilich in Kleidung und Gestus mehr einem weltläufigen Kavalier glich, nach Salzburg. Hier lernte er die schöne, damals 17jährige *Salome Alt* kennen, die seine Lebensgefährtin blieb, ihm zahlreiche Kinder schenkte und ihn um 16 Jahre überlebte. Es ist immerhin bezeichnend für den Geist der Zeit, daß diese keineswegs verborgenen

Beziehungen des Domherrn und Erzbischofs – Wolf Dietrich baute für Salome das Schlößchen Altenau, das spätere Hellbrunn, er überschrieb ihr große Vermögenswerte und ließ sie vom Kaiser in den Reichsadelsstand erheben – von der Umwelt wenig beachtet und selbst von den Gegnern nicht sehr heftig kritisiert wurden.

1587 wurde der erst Achtundzwanzigjährige zum Erzbischof gewählt: Glanz und Prunk der Hofhaltung und eine leidenschaftliche Baulust sind ebenso bezeichnend für den barocken Fürsten wie die Mischung von weltlich repräsentativer Lebenshaltung und asketischen Bußübungen. Form und Geist des barocken Salzburg sind von Wolf Dietrich geprägt worden, mögen auch viele seiner Pläne erst von seinen Nachfolgern durchgeführt und vollendet worden sein.

Er begann seine Tätigkeit 1588 mit einem Religionsmandat, dem zufolge alle evangelischen Einwohner Salzburgs, die nicht katholisch werden wollten, auswandern mußten; er schlug den Aufstand der lutherischen Bauern an der oberen Enns nieder. Aber bald erlahmte sein gegenreformatorischer Eifer; was aber nicht, wie man gelegentlich gemeint hat, auf Sympathien für reformatorische Gedankengänge, sondern auf volkswirtschaftliche Erwägungen zurückzuführen ist: der wirtschaftliche Wohlstand des Landes war Wolf Dietrich gerade wegen seiner umfassenden Bautätigkeit ein vordringliches Anliegen; in diesem Zusammenhang gewann auch die Salzfrage erhöhte Bedeutung.

Um den Besitz der Propstei Berchtesgaden und um die Höhe der Zölle, die Bayern von dem aus Salzburg ausgeführten Salz erhob, kam es zum Streit zwischen Maximilian und Wolf Dietrich. Der Erzbischof ließ Truppen in Berchtesgaden einmarschieren und die Salzausfuhr nach Bayern sperren, darauf rückte Maximilian in das salzburgische Gebiet ein, besetzte Tittmoning, Laufen und Salzburg. »Jetzt«, schrieb er an seinen Bruder Albert nach München, »bewohne ich die nämlichen Zimmer, von welchen aus kurz vorher ein mächtiger Fürst mir und der ganzen Welt getrotzt hat.« Es mag auch eine Stunde des persönlichen Triumphes für Maximilian gewesen sein, der seit dem Regensburger Reichstag von 1595 Wolf Dietrich als persönlichen Gegner ansah.

Der Erzbischof und Salome Alt waren kurz vorher geflüchtet. Aber während die Frau entkam, wurde Wolf Dietrich zwischen Katschberg und Gmünd von bayrischen Reitern gefangengenommen.

Umfang und Inhalt der Anklagen, die gegen ihn erhoben wurden, lassen sich einer Weisung entnehmen, die Maximilian im November

Wolf Dietrich von Raitenau (1559–1617), bereits mit 28 Jahren zum Erzbischof von Salzburg gewählt, war ein weltläufiger Fürst, »barock« in Baulust und Lebenshaltung. Stich von Dominikus Custos.

1611 an seinen in Salzburg zurückgebliebenen Geheimrat Wilhelm Jocher übermittelte, der die Anklageschrift für die römische Kurie vorbereiten sollte:

Es werde zur Beförderung des Salzburger Resignationswerkes, zur Information Seiner päpstlichen Heiligkeit und um etwaigen Gegenmeinungen zu begegnen nötig sein, sich über den bisher geführten ärgerlichen Lebenslauf des Erzbischofs genau zu unterrichten. Jocher soll sich daher während seines Salzburger Aufenthaltes eingehend informieren: wie der Erzbischof sich gegen die wahre alleinseligmachende Religion gröblich vergangen habe durch Gestattung von allerhand Ketzereien in seinem Land und bei seinen Untertanen, durch Nichtbeachtung der katholischen Fasten-Gebote, durch Abhaltung von Gastereien mit Singen und Tanzen an verbotenen Tagen, durch Zerstörung des christkatholischen, dem heiligen römischen Stuhl gebührenden Gehorsams, durch Vernichtung alter katholischer Zeremonien und Gebräuche, durch Profanierung von Kirchen, Reliquien, Kleinodien und kirchlichen Stiftungen; wie sein verschwenderisches, dem Land und den Untertanen verderbliches Regiment, seine übermäßige Bautätigkeit, der reichliche Unterhalt seiner Konkubine und ihrer Kinder sich ausgewirkt hätten.

Der auf solcher Grundlage aufgebauten Anklageschrift, die, wie man sieht, begründete Beschwerden mit haltlosen verbindet und die Beziehungen zu Salome Alt nur beiläufig erwähnt, war noch ein besonders gewichtiger und sicher unberechtigter Anklagepunkt angefügt: »Es ist die allgemeine Meinung, daß der Erzbischof, wenn es ihm geglückt wäre, den Herzog von Bayern zu besiegen, keine andere Absicht gehabt, und man auch aus der Beschaffenheit seiner Regierungsweise sowie aus der sinnlichen, täglich sich verstärkenden Liebe zu seiner Konkubine und zu seinen Kindern keine andere Absicht erkennen kann, als im Einverständnis mit den Protestanten aus dem Erzstift ein weltliches erbliches Fürstentum für seine Söhne zu schaffen, zum ewigen Verderben seiner Seele und zum unersetzlichen Schaden der katholischen Religion.«

Im März 1612 mußte Wolf Dietrich resignieren.

Wolf Dietrichs Neffe und Nachfolger, Mark Sittich, hielt den Vorgänger in strenger Haft auf der Feste Hohensalzburg und verweigerte auch in der Folgezeit die Freilassung, obschon der Papst und sogar Herzog Maximilian sich für den Gefangenen verwandten.

Wolf Dietrich, der am 16. Januar 1617 einem Schlaganfall erlag, hatte sich in den Jahren der Gefangenschaft vom sinnenfrohen Fürsten zum weltabgewandten Asketen gewandelt. Seine Leiche, hatte er in seinem letzten Willen angeordnet, solle, mit gewöhnlicher Hauskleidung bedeckt, nur 24 Stunden zur öffentlichen Schau ausgestellt werden. Ihr voran sollen bei dem Begräbnis ein einziges Kreuz und nur vier Kerzen getragen werden. Dem Sarg sollen sechs Kapuziner und sonst niemand folgen, und die Beisetzung solle nicht bei Tag, sondern bei Nacht, ohne Glockengeläute vor sich gehen. Niemand solle um ihn Trauerkleider tragen. Alle sollten vielmehr für seine Seele beten.

Aber Mark Sittich, der den Lebenden so hart behandelt hatte, ließ den Toten, der nicht mehr zu fürchten war, mit größtem Pomp beisetzen. »Diese Bestattung«, schreibt ein Chronist, »ist dermaßen ansehnlich und stattlich geschehen, daß, wie man männiglich sagt, dergleichen bei keinem Herrn Erzbischof, so in der Regierung gestorben, nie gesehen worden. Ihre hochfürstlichen Gnaden haben die Leich selber begleitet und in allem ein besonders treuherziges Mitleiden wirklich erscheinen lassen.«

11

Der Bruderzwist im Hause Habsburg

Kaiser Rudolf II., 1552 geboren, war ein Sohn des der Reformation freundlich gesinnten Maximilians II. und Marias, der Lieblingstochter Karls V. Er wuchs am Madrider Hof Philipps II., seines Onkels, auf, der ihm wohl geneigt war. In jungen Jahren, berichteten Zeitgenossen, sei Rudolf leutselig gewesen; später treten in seinem Naturell immer stärker die Züge seiner düsteren Melancholie hervor. Gelegentlich ließ er sich zu Exzessen des Jähzorns und der Grausamkeit, aber auch zu erotischen Ausschweifungen hinreißen.

Dem alten Glauben hing er mit unbedingter Hingabe an. Konzessionen, wie der Majestätsbrief, die der Kaiser den Reformatoren machte, geschahen nur unter dem unausweichlichen Druck politischer Notwendigkeiten.

Mit leidenschaftlicher Anteilnahme beschäftigte sich Rudolf mit den Naturwissenschaften wie mit den schönen Künsten. Tycho de Brahe und Kepler weilten lange Jahre in seiner nächsten Umgebung – Kepler half er bei den Berechnungen seiner astronomischen Tafeln, die dann nicht ohne Berechtigung Tabulae Rudolfinae genannt wurden. Alchemisten, Goldmacher, Physiker und Astrologen waren stets willkommene Gäste am Prager Hof. Rudolfs Glaube an die Weisheit der Astrologen war so groß, daß er nicht heiratete, weil Tycho de Brahe ihm das Ende durch einen Sohn aus den Sternen geweissagt hatte.

Die Neigung des Kaisers zu Kunstwerken kannte keine Grenzen: seit der Antike sind Philipp II. und Rudolf II. die größten europäischen Kunstsammler gewesen. Neben großen Kunstwerken aller Zeiten bargen die Sammlungen des Kaisers Kuriositäten, Zaubermittel, Amulette und mechanische Automaten.

1572 war Rudolf zum König von Ungarn, 1575 zum böhmischen König und 1576 zum Kaiser gewählt worden.

Mit zunehmenden Jahren lebte er in strenger Abgeschlossenheit im Prager Hradschin. Selten empfing er Fürsten und ihre Gesandten; die Staatsgeschäfte wurden fast ausschließlich durch vertraute Räte erledigt. Künstler und Astrologen, aber auch Goldmacher, Abenteurer und Hochstapler wurden der vertraute Umgang des Kaisers, der übrigens auch ein gepflegtes Gestüt weißer Hengste besaß, Adler und Löwen so zu zähmen verstand, daß sie mit ihm in seinen Zimmern lebten.

Man wird nicht geradezu von einer geistigen Erkrankung Rudolfs sprechen können. Aber zweifellos entwickelten sich, zumal seit 1598, so viele Symptome einer geistig labilen Konstitution, einer über die Gewohnheiten eines Sonderlings hinausgehenden skurrilen Lebensführung, daß von einer einigermaßen aktionsfähigen Regierung und Staatsgewalt nicht mehr die Rede sein konnte. Die auf Willenslähmung und Menschenscheu zurückgehende tatenlose Lethargie und Indolenz, mit der Rudolf auch die wichtigsten staatlichen Probleme – im Innern den Religionsstreit, außenpolitisch die Türkengefahr – behandelte, war auf die Dauer untragbar. Im Hradschin, dessen Fenster bis auf kleine Öffnungen zugemauert wurden, mußte Todesstille herrschen; der Kaiser pflegte seine Diener eigenhändig zu mißhandeln; bei einer Sitzung der böhmischen Stände 1609 wurde bezweifelt, ob er noch lebe.

So kam es zu eingehenden Beratungen innerhalb des Erzhauses, dessen Repräsentanten die jüngeren Brüder Rudolfs waren: *Matthias, Maximilian* und *Albrecht* sowie die Söhne Karls von Steiermark: *Ferdinand*, der spätere Kaiser, der 1600 Herzog Maximilians älteste Schwester Maria Anna geheiratet hatte, *Leopold*, Bischof von Passau und Straßburg, *Karl*, Bischof von Breslau.

Durch einen zwischen den Erzherzogen im April 1607 abgeschlossenen Familienvertrag wurde Rudolf als geisteskrank und regierungsunfähig erklärt, Matthias zum Haupt des Erzhauses ernannt und beauftragt, die Nachfolge zu regeln. Im Mai 1608 führte Matthias ein starkes Heer gegen Prag und nötigte den Kaiser im *Vertrag von Lieben*, ihm Ungarn, Österreich und Mähren abzutreten und ihm die Anwartschaft auf die böhmische Krone zuzugestehen. Rudolf geriet in weitere Bedrängnis, als die protestantischen Stände Böhmens, denen er beim Herannahen der Armee Matthias' weitgehende Versprechungen in Sachen der Religionsfreiheit gemacht hatte, auf die Einlösung dieser Zusagen drängten.

So sah sich Rudolf, zumal die böhmischen Stände ihre militärischen Rüstungen verstärkten, genötigt, am 9. Juli 1609 den *Majestätsbrief* zu unterzeichnen, der freie Religionsübung auch für Bürger und Bauern gewährleistete; während Ritter, Herren und königliche Städte sogar das Recht erhielten, überall Kirchen und Schulen ihres Glaubens zu errichten. Die protestantischen Stände sollten fortan durch ihre Defensoren vertreten sein.

Bei dieser Gelegenheit trat erstmals Graf *Heinrich Matthias von Thurn* in Erscheinung, der später in den böhmischen Kämpfen eine so bedeutsame Rolle gespielt hat: ein in Böhmen begüterter Edelmann, der in Krain aufgewachsen war, in jungen Jahren im kaiserlichen Dienst gegen die Türken in Ungarn gekämpft hatte und bald der Führer der böhmischen Freiheitsbewegung wurde. Er gehörte zu den Befehlshabern der Truppen, die den Kaiser zur Nachgiebigkeit nötigten.

Wenig später kam es zu erneuten Auseinandersetzungen zwischen Rudolf und seinem ehrgeizigen Bruder. Matthias rückte in Böhmen ein und wußte durch weitgehende Versprechungen die Stände des Landes für sich zu gewinnen.

Am 23. Mai 1611 verzichtete Rudolf zugunsten seines Bruders auf die böhmische Krone, Matthias wurde im Dom zu Prag gesalbt und gekrönt. Am 11. August 1611 wurde unter Vermittlung Sachsens und des Bischofs Klesl, des Ratgebers Matthias', ein Vertrag zwischen Rudolf II. und seinem Bruder abgeschlossen, der zunächst die Fortdauer der Ehrenrechte des Kaisers gewährleistete, seinen Verzicht auf die böhmische Krone nochmals bekräftigte und schließlich die Unterstützung Matthias' durch Rudolf bei einer künftigen Kaiserwahl zusagte.

Rudolf starb am 20. Januar 1612 unerwartet an einem eitrigen Geschwür. Er wurde im Hradschin aufgebahrt, eingehüllt in einen damastenen Mantel, das Haupt mit dem spanischen Hütlein bedeckt, das er bei Lebzeiten täglich zu tragen pflegte. Zur linken Seite des Paradebettes hing der Degen des Kaisers, zur Rechten der Orden des Goldenen Vlieses. Die Beisetzung fand in Anwesenheit Matthias' statt, der bei Eintreffen der Nachricht nach Prag geeilt war.

Welche Resonanz der Name Herzog Maximilians in der internationalen Sphäre damals schon besaß, läßt sich aus dem Umstand entnehmen, daß man von französischer und spanischer Seite daran dachte, seine Wahl zum Römischen König nach Rudolfs Tod zu unterstützen; daß auch einige Kurfürsten, voran Sachsen, Köln und Pfalz, geneigt waren, diesen Plan zu fördern. Das diese Staaten bestimmende Argument war allerdings der Wunsch, die Macht Habsburgs zurückzudrängen.

So heißt es in einer französischen Denkschrift, daß man »die kaiserliche Würde entweder an das Haus Bayern oder an ein anderes taugliches Fürstenhaus bringen solle, um zu verhindern, daß Österreich in der Folge diese Würde für sein Haus erblich mache, und damit auch den Kurfürsten wieder ihre freie Wahl eingeräumt werde«.

Maximilian war sich darüber klar, daß seine Bewerbung auf heftige Opposition stoßen würde; er konnte auch nicht daran zweifeln, daß, falls seine Wahl wirklich zustande käme, die Demütigung und Schwächung Österreichs sich für die katholische Sache verhängnisvoll auswirken müssen. So lehnte er jeden Antrag ab, ihn als Kandidaten zu benennen.

Mit dem Verzicht Bayerns war die Wahl Matthias' gesichert: sie erfolgte einmütig am 13. Juni 1612. Am folgenden Tag wurden Matthias und seine Gattin feierlich gekrönt.

12

Vor der Entscheidung

Der neue Kurs zeichnete sich schon auf dem ersten Reichstag, den Matthias im April 1613 nach Regensburg einberief, deutlich ab. Zunächst erstrebte der Kaiser, gemäß den Versprechungen, die er bei seiner Wahl gegeben hatte, einen Ausgleich zwischen Katholiken und Protestanten. Aber dieser »Kompositionsplan« wurde sowohl von der Liga wie von den in der Union vereinigten Ständen abgelehnt.

Zuvor schon, im März 1613, hatte in Frankfurt ein Bundestag der Liga stattgefunden, der die auf dem Reichstag zu stellenden katholischen Forderungen herausarbeitete. Hier bereits vertrat Klesl seine These, man müsse die gemäßigten protestantischen Stände für die Liga gewinnen, »und dann aus der Liga, die bisher nur ein Privatwerk gewesen, ein gemeinsames politisches Werk machen, dessen Haupt der Kaiser und dessen Fundament darauf gebaut sein müßte, den Religions- und Landfrieden, die Reichstagsabschiede und die Reichskonstitution unverletzt zu erhalten, alles schädliche Mißtrauen unter den Ständen aufzuheben und echtes deutsches Vertrauen im Reich wiederherzustellen«.

Bei einer weiteren Beratung, die in Regensburg im Oktober 1613 stattfand, setzten sich die habsburgischen Wünsche wenigstens teilweise durch: neben dem rheinischen und bayerischen wurde ein österreichisches Direktorium gegründet; die drei Direktorien sollten gleichberechtigt nebeneinander arbeiten, wobei aber vor jeder Exekution die kaiserliche Zustimmung einzuholen war. Durch solche Beschlüsse mußte der Liga jede Handlungsfähigkeit verlorengehen. Die kaum verhehlte Absicht Matthias' und Klesls war denn auch, dadurch, daß den Protestanten der Eintritt in die Liga eröffnet wurde, beide Bünde, Liga und Union, zu verschmelzen oder aber sie beide zur Auflösung zu bringen.

Die Haltung des Kaisers und Klesls war natürlich von der Meinung bestimmt, es könnten auf diese Weise Konflikte, die zur weiteren Erschütterung Österreichs und des Reichskörpers führen mußten, vermieden werden. Daß sich Matthias der krisenhaften Situation durchaus bewußt war, geht aus einem Schreiben hervor, das er am 10. November 1613 an Ferdinand von Steiermarkrichtete.

Die Stände von Ober- und Niederösterreich, heißt es hier, machten aus ihrer Absicht, einen Fremden zum Landsherrn zu nehmen, falls er (Matthias) ihnen nicht willfahre, kein Hehl, und sie stünden deswegen in Verbindung mit der Union und den Ungarn. Nur durch äußerste Nachgiebigkeit habe er bisher ihre offene Empörung verhindern können. In Ungarn tue der Palatin, was er wolle, und kümmere sich nicht um Matthias' Befehle: er dulde keine Deutschen in den Festungen, suche die Komitate und den Adel auf seine Seite zu ziehen, bereite alles vor, um ihm, dem Kaiser, die Krone zu entreißen, und spreche offen aus, man solle einen Einheimischen zum König wählen. In Böhmen könne er keinen Landtag einberufen, wenn er nicht die Konföderation der Stände zugestehe; ohne Landtag könne er aber in diesem Land keine Steuern erheben. In Schlesien habe sich der Herzog von Jägerndorf zum Generalkommandanten des ganzen Volkes wählen lassen und dringe auf die Einrichtung eines selbständigen schlesischen Staates, damit er sich mit anderen verbinden könne. In Mähren habe der Landeshauptmann Zierotin alle Rechte des Fürsten an sich gerissen, knüpfe mit dem Ausland Verbindungen an und mache die Ausführung der an ihn gegangenen Befehle von Bedingungen abhängig. Mähren gleiche mehr einer Republik als einem Fürstentum: die Einkünfte flössen in die Truhen der Stände, die eidlich hätten geloben müssen, von ihrem Landesherrn keine Befehle mehr anzunehmen. Solange er lebe, werde der Bau noch zusammenhalten, aber nach seinem Tode werde alles aus den Fugen gehen.

Es läßt sich nicht leugnen, daß die hier aufgetragenen düsteren Farben der Wirklichkeit entsprachen. Aber es wäre gerade darum wohl richtiger gewesen, den im Sinn der kaiserlichen Politik stabilsten Pfeiler, die Liga, zu stützen, nicht sie zu schwächen. So war es begreiflich, daß sich der Herzog von Bayern in seiner Politik nicht beirren ließ. Ein im Auftrag Maximilians erstattetes bayerisches Gutachten lehnte demgemäß die Zustimmung zu dem Bundesabschied von Regensburg ab und schlug die Neugründung einer kleinen und aktionsfähigen Liga vor.

Schon Anfang 1614 schickte der Herzog seinen Kanzler Joachim von Donnersberg nach Bamberg, Würzburg, Eichstätt und Augsburg, um über die Gründung eines neuen Bundes unter Bayerns Führung zu verhandeln. Im März 1614 kam es zu einer ersten Zusammenkunft der neuen Vereinigung in Augsburg, die noch keine formelle Trennung von der großen Liga brachte, aber doch schon weitgehend den Plänen Maximilians entgegenkam. Auch eine weitere Zusammenkunft, die im Juli 1614 in Ingolstadt stattfand, arbeitete in diesem Sinn.

Im Januar 1616 legte Maximilian formell die Bundesoberstenwürde der alten Liga nieder. Sein oberdeutscher Bund wurde die Keimzelle einer großen *bayerisch-rheinischen Liga*, die auf dem Konvent von Oberwesel im Januar 1619 und zwar jetzt auf dringenden Wunsch des gleichen Hauses Habsburg geschaffen wurde, das seinerzeit die alte Liga ausgehöhlt hatte.

Was freilich inzwischen geschehen war, geht aus Maximilians Instruktion für Johann Christoph von Preysing, seinen Delegierten auf dem Tag von Oberwesel, hervor. Die böhmische Revolution, heißt es hier, greife bereits über auf Österreich, Steiermark, Kärnten und Krain. Allenthalben ständen die Rebellen schon in Waffen, von den protestantischen Fürsten im Reich unterstützt. Im Osten drohe der Türke. An der Spitze des Reiches stehe ein durch »Leibesblödigkeit« behinderter Greis. Das Haus Habsburg sei durch den venezianischen und savoyischen Krieg erschöpft. Die katholischen Ständen seien in Uneinigkeit zerfallen, ihre Gegner aber wohl organisiert, aufs beste gerüstet und so über das Reich verteilt, daß kein katholischer Stand für sich allein ihnen Widerstand leisten könne. Werde der Kaiser gezwungen, den böhmischen Forderungen nachzugeben, so würden die protestantischen Stände im Reich Gleichstellung ihrer Religion, Aufhebung des geistlichen Vorbehalts und Priorität in der Besetzung der obersten Reichsgerichte verlangen. Dann aber sei es um die noch übrigen katholischen Stifte und schließlich um die katholische Religion im Reich überhaupt geschehen. Während des Reichsvikariats, das infolge der zunehmenden Krankheit des Kaisers unmittelbar bevorstehe, werde der rheinpfälzische Vikar trachten, seine calvinistische Religion zur Anerkennung zu bringen. Durch Zurückweisung schließlich der Wahl Ferdinands in Böhmen drohe der Verlust der böhmischen Kur und damit sogar die Gefahr eines protestantischen Kaisertums.

Dieser Bericht gibt ein umfassendes Bild der mitteleuropäischen Situation, wie sie sich um die Jahreswende 1618/19 entwickelt hatte; auch in den Darstellungen protestantischer Chronisten erscheint sie, wenngleich hier die Vorzeichen natürlich anders gesetzt sind, nicht weniger bedrohlich.

Energie und Tatkraft des Kaisers schienen in dem Augenblick fast erschöpft, als er sein mit so zäher Beharrlichkeit erstrebtes Ziel erreicht hatte. Die Auswirkungen langjähriger Ausschweifungen blieben nicht aus. »Seit Rudolfs Ableben«, schreibt im August 1612 Wilhelm Boden, der bayerische Bevollmächtigte in Prag, an Maximilian, »ist unter allen Ständen der Erbländer große Agitation. Überall regt sich der Geist der Volksherrschaft . . .« Zunehmend wuchsen die außen- und innenpolitischen Schwierigkeiten und Gefahren.

In Siebenbürgen hatte sich 1613 *Bethlen Gabor* mit türkischer Hilfe gegen den rechtmäßigen Fürsten Gabriel Bathori, dessen Anhänger er vordem gewesen, erhoben. Bathori flüchtete und wurde im Oktober 1613 ermordet. Gabor wurde in Klausenburg von den siebenbürgischen Ständen zum Nachfolger Bathoris gewählt und vom Großherrn in dieser Würde bestätigt. Matthias wollte sich unter diesen Umständen nicht zu einer Anerkennung des Rebellen entschließen. Erst nach längeren Unterhandlungen kam es im Mai 1615 zu einem Abkommen.

Die neuerdings drohende Türkengefahr konnte allerdings (Juli 1615) durch den Abschluß eines zwanzigjährigen Waffenstillstandes gebannt werden. Größere Schwierigkeiten bereiteten die Erbfolgefrage und die von Böhmen ausgehenden religiösen Unruhen.

Matthias' offensichtliches Versagen und seine Kinderlosigkeit veranlaßten seine ebenfalls kinderlosen Brüder Albrecht und Maximilian schon 1614, die Erbfolge des Erzherzogs Ferdinand von Steiermark zu betreiben. Matthias ersuchte seinen Bruder Maximilian um ein Gutachten, das denn auch im Februar 1616 erstattet wurde und in dem es heißt: im Reich werde es nicht schwerfallen, wo nicht alle, so doch die meisten Kurfürsten zu gewinnen. In den Erbstaaten sei es nötig, durch getreue und vertraute Personen zunächst die katholischen und dann auch die nicht katholischen Landstände zu gewinnen. Wenn die Nachfolge in den Erbstaaten, mit denen der Anfang zu machen sei, ins Werk gesetzt werde, lasse sich auch um so leichter die andere durchsetzen.

In diesem Sinn ging schließlich Matthias vor. Zunächst verzichtete Philipp III. von Spanien auf seine Ansprüche auf die habsburgischen Länder Ungarn und Böhmen, die er als Nachkomme Kaiser Maximilians II. geltend gemacht hatte. Dafür mußte freilich Ferdinand am 6. Juni 1617 in einem Geheimabkommen die Abtretung der österreichischen Besitzungen im Elsaß an Spanien zusichern. Dieser Entschluß bedeutete eine Bedrohung Frankreichs, das nun von zwei Fronten her mit der Möglichkeit eines Angriffs rechnen mußte, und hat im Verlauf des Großen Krieges weittragende Entscheidungen ausgelöst.

Erzherzog Ferdinand von Habsburg (1578–1637), seit 1617 König von Böhmen und 1618 König von Ungarn, erhielt nach dem Tod seines Vetters, Kaiser Matthias, 1619 die Kaiserwürde und damit die Bürde des Dreißigjährigen Krieges. Stich von Wolfgang Kilian.

Zunächst sollte die böhmische Nachfolge geregelt werden. Auf einer Ständeversammlung in Prag im Juni 1617 erklärte Matthias, er habe es für nützlich angesehen, seinen Vetter, den Erzherzog Ferdinand, zu seinem Sohn und zum König Böhmens auszuersehen. Die Stände möchten daher den Erzherzog Ferdinand als König und Herrn annehmen und sich über den Tag der Krönung einig werden.

Gegen die kleine, aber heftige Opposition einer Minderheit, an deren Spitze Graf Heinrich Matthias von Thurn stand und die behauptete, den böhmischen Ständen stehe nicht die »Annahme«, sondern vielmehr die Wahl des Königs zu, wurde Ferdinand am 9. Juni 1617 zum König von Böhmen proklamiert und am 19. Juni feierlich gekrönt, nachdem er zugesagt hatte, die Rechte und Freiheiten der Böhmen, besonders die Privilegien des Majestätsbriefes, in vollem Umfang zu bestätigen und, solange der Kaiser lebe, sich nicht in die Regierung Böhmens einzumischen.

Im Herbst des gleichen Jahres erfolgte seine Anerkennung als Nachfolger Matthias' in Schlesien, Mähren und in der Lausitz; im Mai 1618 wurde Ferdinand zum König von Ungarn gewählt und am 1. Juli gekrönt.

Es ist naheliegend, daß Kandidatur und Wahl des Erzherzogs nicht nur in den österreichischen Erbländern, sondern allenthalben im Reich ebenso lebhafte Zustimmung wie erregte Ablehnung auslösten.

Ferdinand, der zusammen mit seinem Vetter Maximilian an der Jesuitenuniversität in Ingolstadt studiert hatte, konnte nächst dem Bayernherzog als der entschiedenste Vertreter der gegenreformatorischen Bewegung in Mitteleuropa gelten. Schon während der Studienzeit in Ingolstadt hatte er an den Onkel, Herzog Wilhelm von Bayern, einmal geschrieben: »Lieber wollte ich Land und Leute fahren lassen und im bloßen Hemd davonziehen, als mich zu Bewilligungen verstehen, die der Religion nachteilig werden könnten.«

Seit 1599 hatte er in Steiermark, Kärnten und Krain das Luthertum, dem damals die Mehrheit der Bevölkerung anhing, aufs entschiedenste bekämpft. Fünf Jahre hindurch wurden die gegenreformatorischen Maßnahmen mit rücksichtsloser Härte durchgeführt: zuerst wurden die Prädikanten aus Graz und den anderen landesfürstlichen Städten und Märkten ausgewiesen; dann die evangelischen Kirchen geschlossen; schließlich mußte, wer zum alten Glauben nicht zurückkehren wollte, innerhalb einer bestimmten Frist seine Güter verkaufen und auswandern.

Nicht ohne Grund berief sich Ferdinand bei solchem Vorgehen auf das auch von den evangelischen Landesherrn in ihren Territorien rücksichtslos ausgeübte Reformationsrecht (Cuius regio, eius religio) des Augsburger Religionsfriedens; auch konnte er darauf hinweisen, daß sein Vater, Erzherzog Karl, nur für seine Person die Zusicherung der Religionsfreiheit gegeben habe.

Ferdinand war nach den Schilderungen der Zeitgenossen von mittelgroßer, gedrungener Gestalt. Er trug spanische Tracht; sein leutseliges, freundliches Auftreten wird vielfach gerühmt. Er war ein leidenschaftlicher Jäger und ein enthusiastischer Liebhaber der Musik, aber, im Gegensatz zu Maximilian, ein schlechter Wirtschafter. In erster Ehe war Ferdinand mit Maximilians Schwester Maria Anna verehelicht; nach ihrem Tod heiratete er 1662 Eleonora von Mantua.

Hans Ulrich von Eggenberg, nächst ihm Harrach und Lobkowitz waren die politischen Ratgeber des Kaisers. In späteren Jahren gewann der Beichtvater Ferdinands, der Jesuitenpater Lamormain, bedeutenden Einfluß auf seine Entscheidungen.

Es ist klar, daß die Wahl Ferdinands angesichts seiner religiösen Haltung gerade in Böhmen, wo seit dem Majestätsbrief Rudolfs nahezu völlige Religionsfreiheit herrschte, Sorgen und Unruhen auslöste; zumal auch Kaiser Matthias sich nunmehr zu schärferen Maßnahmen gegen die böhmischen Reformatoren entschloß: auf den kaiserlichen und den geistlichen Gütern wurde die Gegenreformation durchgeführt, die Kompetenzen der Prager Königsrichter, denen zunächst nur die Gerichtsbarkeit zustand, wurden so sehr erweitert, daß von einer Autonomie der Stadtverwaltung kaum mehr die Rede sein konnte. Graf Thurn wurde als Burggraf in Karlstein, das die böhmische Krone und die Freiheitsbriefe des Königreiches barg, abgesetzt. Anläßlich des Baues von reformierten Kirchen kam es 1614, 1616 und im März 1618 zum Streit zwischen der Krone und den Ständen.

Am 18. Mai 1618 traten die reformatorischen Stände Böhmens gegen den Willen des Kaisers zusammen. Fünf Tage später kam es in der Prager Burg zu erregten Auseinandersetzungen zwischen den Ständen und den kaiserlichen Räten, von denen vor allem Jaroslaw von Martinitz, Burggraf von Karlstein, und der Oberstlandrichter Wilhelm Slawata von Neuhaus verhaßt waren, da sie – nicht ohne Grund – als besonders heftige Gegner der böhmischen Sektierer galten. Sie hätten schon, behaupteten diese, gegen den Erlaß des Majestätsbriefes Rudolfs II. gearbeitet; und neuerdings hätten sie Kaiser Matthias zu Aktionen gegen die böhmischen Freiheiten bestimmt. Man müsse eine »Demonstration« vornehmen, äußerte Graf Thurn und ließ keinen Zweifel darüber, daß er darunter die Ermordung einiger kaiserlicher Räte verstehe.

So geschah es am 23. Mai: Martinitz, Slawata und ein Sekretär Fabricius wurden aus dem Fenster gestürzt. Ein glücklicher Zufall fügte es, daß sie auf morastigen Kehricht fielen und, obschon noch mehrere Schüsse auf sie abgefeuert wurden, keinen schweren Schaden nahmen.

Dies war der erste Schritt einer offenen Rebellion und zugleich das den Großen Krieg auslösende Moment: »Anfang und Ursache alles folgenden Wehs«, wie die böhmischen Emigranten später einmal klagten.

13

Der böhmische Aufstand

Die Donauwörther Fahnenprozession, die Gründung von Union und Liga, der Konflikt um Jülich und Kleve, der Prager Fenstersturz: alle diese Ereignisse waren Sturmzeichen, die dem großen Unwetter vorangingen, und wurden auch schon von manchen Zeitgenossen in diesem Sinn gedeutet.

Die sich anschließenden Ereignisse rollten mit der Wucht und Schnelligkeit einer Lawine ab. Die böhmischen Stände setzten eine provisorische Regierung von 30 Direktoren ein und verjagten die schwachen kaiserlichen Truppen aus dem Lande. Wenzel Wilhelm von Ruppa wurde an die Spitze des Direktoriums gestellt, Thurn mit der Reorganisation des Heeres betraut.

Es gab in Wien Beobachter, die die böhmische Situation nach dem Fenstersturz klar erkannten: daß es nämlich nicht ein Aufruhr der Bürger und Bauern, ein Kampf um die Freiheit der Religion gewesen war, sondern eine Rebellion der Feudalaristokratie, die für ihre Privilegien fürchtete. Es sei traurig, schrieb der Kaiser an die böhmischen Stände, daß man so großen, seit Menschengedenken nicht erhörten Untaten den Deckmantel der Religion umhängen wolle. Es sei ihm niemals in den Sinn gekommen, den Majestätsbrief und ihre Privilegien beschränken zu wollen. Die böhmischen Herren möchten sich wenigstens insoweit unterwerfen, daß sie einige Schuld einräumten und erklärten, daß, was sie getan, in der Furie und aus unbedachtsamem Eifer geschehen sei.

Der Kurfürst von Sachsen berief auf Veranlassung des Kaisers einen Tag nach Eger ein, wo der Streit beigelegt werden sollte. Aber die Vertreter Böhmens erschienen nicht.

Auch Ferdinand, der die Situation ernster beurteilte, war zunächst für einen friedlichen Ausgleich. Er bestätigte, nachdem er die Regierung angetreten hatte, den Ständen alle Freiheiten und Privilegien und ermahnte die Prager Direktoren zum Frieden. Die Stände würdigten diese Erklärungen keiner Antwort.

Als der Kurfürst von Sachsen nochmals vermitteln wollte, erklärte im Mai 1619 Graf Schlick, die Böhmen seien entschlossen, den König nicht anzunehmen, er möge zusichern, was er wolle. Sie wollten nun einmal sich und ihren Nachkommen aus der habsburgischen Herrschaft heraushelfen und dabei das Äußerste, auch Leib, Gut und Blut willig dransetzen; denn es sei viel besser, redlich zu sterben, als unter steter Knechtschaft und Gewissenszwang zu leben.

Sicherlich war Ferdinands Verständnisbereitschaft durch seine politische und militärische Notlage veranlaßt; aber sie war ehrlich gemeint. »Ich wünsche sehnlichst den Frieden«, schrieb er in diesen Tagen an den Papst, »damit Böhmen nach sechsjährigem Aufruhr zur Ruhe komme. Deshalb habe ich, um von meiner Seite alles zu tun, zunächst alle Privilegien des Reiches bestätigt. Dann habe ich in einem Brief an den Oberstburggrafen die böhmischen Stände gebeten, daß sie ihres Eides eingedenk sein und, um alles Unheil des Krieges zu vermeiden, die Waffen niederlegen und nur nach Frieden streben möchten ... Den ersten Brief haben die böhmischen Stände nicht angenommen, weil der rechte Titel fehle, obwohl er ausgefertigt war, wie die früheren. Auf den anderen haben sie mich keiner Antwort gewürdigt. Sie haben die Nachbarländer zum Aufstand aufgereizt. Sie haben Bethlen Gabor zur Unterstützung aufgefordert, der mit Türken und Tataren heranzieht. Die österreichischen Stände sind in gleicher Gärung ...«

Maximilian vermied zunächst eine klare Stellungnahme. Ein Hilfegesuch um Darlehen und Truppen lehnte er im Juni 1618 ab. Er sei, wie der Kaiser ja wisse, der nächste Nachbar Böhmens und daher vor Gott schuldig, seine Untertanen vor dem drohenden Unheil zu schützen. Wenn aber die anderen Reichsstände den Kaiser unterstützen würden, wolle er gern das Seinige beitragen. Auch verspreche er dem Kaiser, den Böhmen ins Gewissen zu reden und sie an die Rückkehr zur Ordnung zu mahnen.

An solchen Ermahnungen ließ es der Herzog denn auch nicht fehlen, als die Böhmen im Sommer 1618 eine Gesandtschaft nach München schickten, die Maximilian ihren Standpunkt darlegen sollte. Es sei ihnen nur darum zu tun, erklärten die Delegierten, die ungehinderte Ausübung des Glaubens gegen die Feinde der Religionsfreiheit aufrechtzuerhalten. Er möge keine Werbungen in Bayern und keinen Truppendurchzug durch sein Land gestatten.

Die Antwort Maximilians war eine unzweideutige Absage: die böhmischen Stände hätten sich, obschon ihnen der Kaiser die Wahrung des Majestätsbriefes feierlich zugesagt habe, wider Recht zu Richtern in eigener Sache aufgeworfen, Geistliche ohne Anklage und Verhör verbannt, die königlichen Gefälle an sich gerissen, zahlreiche Untertanen des Kaisers ihrer Güter beraubt, die Ämter nach eigenem Gutdünken besetzt, hohe kaiserliche Beamte eingesperrt. Obschon Ferdinand zu allem Entgegenkommen bereit sei, rüsteten sie weiter. So müsse auch der Kaiser rüsten und daraus könne ein sehr verderblicher Krieg entstehen. Er, Maximilian, wolle gern gute Nachbarschaft halten, aber es könnten Umstände eintreten, die ihn zu anderen Entschlüssen zwängen. Bei alldem wünsche er von Herzen, daß der gefährliche Streit in Güte geschlichtet werden möge.

»Die böhmischen Unruhen«, heißt es in einem Brief, den der Herzog Ende Januar 1619 an Philipp III. von Spanien richtete, »hauptsächlich hervorgegangen aus jenen von Rudolf und Matthias erteilten Religionsprivilegien, greifen immer weiter um sich und zielen offenbar auf die Austilgung der katholischen Religion. Nicht nur die Böhmen, sondern auch die ketzerischen Kurfürsten und Fürsten im Reich arbeiten jetzt darauf hin, die böhmische Krone dem Haus Österreich gänzlich zu entziehen, sie einem Ketzer zuzuwenden und dadurch im Kurfürstenkolleg die Mehrheit zu erhalten, um dann einen ketzerischen Kaiser wählen zu können.« Aus all dem gehe klar hervor, daß die katholische Kirche in höchster Gefahr schwebe, daß sie vor allem aber in Österreich unmittelbar bedroht sei. Vermutlich könnten die deutschen Ketzer aber auch auf Hilfe aus England, Frankreich und den holländischen Generalstaaten rechnen, und so seien auch die spanischen Niederlande gefährdet. Der Papst sei dringlich um Hilfe zu ersuchen und die im Entstehen begriffene Liga bedürfe der Hilfe aller christlichen Potentaten, insbesondere auch des Königs von Spanien.

In der Tat bemühte sich Maximilian intensiv um den Wiederaufbau der Liga, deren Neugründung unter Bayerns Führung nunmehr auch von Österreich lebhaft gewünscht wurde. Der erwähnte Tag in Oberwesel beschloß am 26. Januar 1619 die Wiederherstellung des katholischen Bundes in seiner alten Gestalt. Ein rheinisches Direktorium unter dem Kurfürsten von Mainz, ein süddeutsches unter Maximilian, dem der Oberbefehl über das Heer zuerkannt wurde, wurde geschaffen. Der Herzog knüpfte seine Zustimmung an Voraussetzungen, die widerspruchslos erfüllt wurden: an eine vorbehaltlose Billigung Österreichs und an die Aufbringung von ausreichenden Geldmitteln zur Aufstellung einer Armee. Schon im April 1619 konnte Maximilian nach Wien melden, daß die Liga »in aller Stille fast wieder beisammen sei«.

Das letzte psychologische Hindernis einer Verständigung zwischen Habsburg und Wittelsbach war in dem Augenblick geschwunden, da der Herzog sich entschloß, die ihm von Kurpfalz angetragene Kandidatur der Kaiserwürde abzulehnen. Ferdinand, lauteten des Kurfürsten Friedrich Argumente, die naturgemäß den Beifall Maximilians nicht finden konnten, sei jederzeit ein Verfolger der Religion gewesen; er sei ein Fürst ohne Land und Leute, da Böhmen und Schlesien ihn nicht haben wollten und Bethlen Gabor schon zum Angriff auf Ungarn bereitstehe.

Da neben Kurpfalz auch Köln, wo bekanntlich Maximilians Bruder Ferdinand den Erzstuhl innehatte, aber auch Brandenburg und Sachsen, diese aus gewisser Animosität gegen Habsburg, eine Kandidatur des bayerischen Herzogs unterstützt hätten und seine Wahl mit der außenpolitischen Förderung Frankreichs und Englands rechnen konnte, war das Ergebnis kaum zweifelhaft. Aber Maximilian war ein zu großer Realpolitiker, um nicht die Schwierigkeiten vorauszusehen, die sich nach der Wahl ergeben hätten; es war ihm auch klar, daß ein solcher Schritt Zwist und Verfall der katholischen Mächte Bayern, Österreich und Spanien bedeuten mußte.

So wurde Ferdinand am 28. August 1619 in Frankfurt zum Kaiser gewählt und wenige Tage später gekrönt. »Meinen Herrn Bruder soll ich unerinnert nicht lassen«, schrieb er eigenhändig noch am Tag der Wahl an Maximilian, »daß heute früh um 11 Uhr die Wahl ihren Fortgang erreicht, und ist solche einhellig auf mich gefallen. Wünsche nichts mehreres, als daß solche zu der Ehre Gottes und Nutz und Wohlfahrt des Heiligen Römischen Reiches gedeihen möge; inmaßen ich an mir, solange mir Gott, der Allmächtige, Kräfte, Stärke und Vernunft verleihen wird, nichts gern werde erwinden lassen.«

Auf der Rückreise von Frankfurt weilte Ferdinand acht Tage in München. Mit ihm waren auch der spanische Botschafter Oñate und Vertreter der Geistlichen Kurfürsten gekommen, die den Verhandlungen beiwohnten. In einem am 8. Oktober 1619 unterzeichneten Abkommen wurde folgendes vereinbart: der Herzog verpflichtet sich, den Kaiser mit den Truppen der Liga, deren uneingeschränkter Oberbefehl Maximilian zugesichert wurde, zu unterstützen; der Kaiser verzichtet auf jede Einmischung in die Angelegenheiten des Bundes; Ferdinand und Maximilian kommen überein, nur gemeinsam mit den Feinden über Waffenstillstand und Frieden zu verhandeln; der Kaiser und sein Haus versprechen, ihr gesamtes Gut für Schäden zu verpfänden, die

Maximilian an Land oder durch Kriegsaufwendungen haben wird, die über die Bundesleistungen an die Liga oder den Aufwand für die Landesverteidigung hinausgehen; was der Herzog von österreichischen Ländern dem Feind entreißen wird, soll ihm mit allem Nutzen und allen Rechten so lange pfandweise verbleiben, bis jeder erlittene Schaden und alle außerordentlichen Kriegskosten ihm erstattet sind.

Maximilian und Ferdinand waren sich, wie man aus solchen Abmachungen ersieht, des Wertes der bayerischen Bundesgenossenschaft wohl bewußt. Der *Münchener Vertrag* wurde die Grundlage der Rettung Österreichs und die Garantie für die Erhaltung der katholischen Kirche in Deutschland.

Es war hohe Zeit, daß diese Hilfe für Habsburg kam. Selten in der vielhundertjährigen Geschichte des durchlauchtigsten Erzhauses war die Gefahr einer vollkommenen Vernichtung so nahe wie zu diesem Zeitpunkt. Seit dem Prager Fenstersturz hatte sich die politische und militärische Situation für Österreich verhängnisvoll verschlechtert. Der Kaiser hatte, nachdem die Aussichten auf eine gütliche Verständigung mit Böhmen geschwunden waren, zu rüsten begonnen. Doch war das Aufgebot von 12 000 Mann, das man schließlich zusammenbrachte, viel zu gering; Boucquoy und Dampierre, die das kaiserliche Heer befehligten, waren überalterte, der schwierigen Lage keineswegs gewachsene Generale.

Auf böhmischer Seit, die mit Waffen und Geld von König Gustav Adolf und den Generalstaaten unterstützt wurde, kommandierte unter Thurn Graf *Ernst von Mansfeld.* Der uneheliche Sohn des Fürsten Peter Ernst von Mansfeld, einer der typischen Söldnerführer jenes Jahrhunderts, hat erstmals den Grundsatz aufgestellt und mit brutaler Folgerichtigkeit durchgeführt, daß der Krieg den Krieg ernähren müsse. In jungen Jahren hatte er auf kaiserliche Seite in Ungarn und Flandern gekämpft, war dann, obschon er selbst katholisch blieb, zur Union übergegangen, hatte im Dienst Herzog Karl Emanuels in Savoyen gekämpft und war von diesem und dem pfälzischen Kurfürsten nach Böhmen entsandt worden. Matthias hatte ihn 1619 geächtet. Repräsentiert Thurn den Heerführer, der für Glauben und Heimat oder doch wenigstens für eine politische Überzeugung kämpfte, so Mansfeld den des Söldners, der sich und seine Truppen dem zur Verfügung stellt, der den höchsten Sold oder die reichste Beute zu bieten hat.

»Soll der Soldat leben«, heißt es in Mansfelds Schrift, deren kritisch moralisierende Haltung gegenüber den Ausschreitungen seiner Soldateska einigermaßen grotesk wirkt, da gerade dieser Söldnerführer seine Truppen rauben, plündern und morden ließ, soviel sie nur wollten, »so gehört Geld dazu. Gibt man es ihnen nicht, so nehmen sie es, wo sie es finden, und zwar nicht auf Rechnung dessen, was man ihnen schuldig ist. Denn sie zählen es nicht und wiegen es auch nicht. Und wenn man ihnen also einmal die Tür geöffnet, so rennen sie auf dem Feld ihrer Unbändigkeit immer weiter. Da hilft kein Zaun mehr noch Schranke. Sie begnügen sich nicht mit ihrer Notdurft, sie wollen sich auch bereichern. Sie nehmen alles, sie plündern alles. Sie schlagen und erschlagen, was ihnen Widerstand leistet.« –

»In Summa: da ist keine Unordnung noch Unwesen zu erdenken, das sie nicht anstiften. Denn sie sind aus verschiedenen Nationen, Praktiken und Gesellschaften in allen Bubenstücken aufs höchste gekommen. Der Deutsche, der Niederländer, der Franzose, der Italiener, der Ungar: ein jeder gibt etwas von dem seinigen dazu, sodaß es keine Verschlagenheit noch arge List im Erraffen gibt, die ihnen verborgen geblieben, die sie nicht verübten. Sie respektieren keine Person, sie sei, wess' Standes und welcher Würde sie wolle. Es ist ihnen kein Ort frei noch heilig.« –

»Das alles wissen wir und gestehen's gerne: haben dessen auch mit großem Herzeleid viele Exzesse sehen müssen. Das ist das große Ungemach, das Unfrieden und Krieg so greulich und abscheulich macht. Das einzige Mittel dagegen ist eine gute Disziplin. Diese kann nicht gehandhabt werden, wenn es an Zehrung und Geld mangelt. Ich wüßte niemand, der solches anders anfangen wollte.«

Fürs erste wählte sich Mansfeld in den böhmischen Händeln eine einigermaßen bequeme und ertragreiche Rolle: er rückte mit seinen Truppen nach Böhmen, erstürmte die kaisertreue Stadt Pilsen, brandschatzte sie mit 120 000 Gulden und führte hier den Calvinismus ein. Auch im weiteren Fortgang der Ereignisse beschränkte er sich auf den Umkreis dieses festen Stützpunktes und ließ die anderen Krieg führen.

Thurn seinerseits zog ziemlich planlos im Lande umher und suchte eine Schlacht mit den Kaiserlichen zu vermeiden. »Wenn die kaiserlichen Generale Boucquoy und Dampierre sich verweigern«, schrieb er am 5. Oktober 1619 an die Prager Direktoren, »bin ich perduto. Aber Gottes Vorsehung ist groß, er tut Wunder, Rhedi hat Befehl, mit 10 000 Mann zu mir zu stoßen. Ich sauf heut wacker.«

Die Initiative Boucquoys war so gering, daß Thurn einen freilich ergebnislosen Vorstoß gegen Wien wagen konnte, der dadurch allerdings

Ernst Peter Graf von Mansfeld (1580–1626), ein Söldnerführer, der den Krieg um des Krieges willen führte und sich in verschiedenen Lagern verdingte. Stich nach einem Gemälde von Michiel Janson.

bedrohliche Vorzeichen erhielt, daß die vorwiegend protestantischen Stände Ober- und Niederösterreichs Ferdinand die Huldigung verweigerten, den Böhmen offen ihre Sympathie bezeugten und auf ein Bündnis mit ihnen drängten. »Es zeigt sich immer mehr«, berichtet am 25. Mai 1619 der venezianische Botschafter Giustiniani an die Signoria, »daß das wahre und hauptsächliche Ziel dieser Provinzen darin besteht, eine Konföderation unter sich zu schließen und eine freie Regierung ähnlich jener der Schweizer und der holländischen Generalstaaten zu errichten, indem sie sich der Herrschaft des Hauses Österreich entziehen oder diese so beschränken, daß nur noch der Namen übrig bleibt.« Thurns Truppen waren freilich viel zu schwach, als daß sie einen ernsthaften Angriff auf Wien hätten wagen können. Er mußte sich wieder nach Böhmen zurückziehen, zumal Boucquoy dort inzwischen einige Erfolge erzielt hatte.

Andererseits verschlechterte sich die Situation Ferdinands, als am 16. August die Stände Ober- und Niederösterreichs eine Konföderation mit den Böhmen abschlossen. Schlesien, Mähren und die Lausitz identifizierten sich ebenfalls mit ihnen und unterzeichneten die *Konföderationsakte* zur Bekräftigung des Schutz- und Trutzbündnisses.

14

Das böhmische Königtum

Wenige Tage später, am 19. August, wurde die Absetzung Ferdinands von den böhmischen Ständen einstimmig ausgesprochen: er sei als Zögling der Jesuiten ein Haupt- und Erzfeind der evangelischen Religion; er habe die böhmische Krone auf unrechtmäßige Weise, durch Drohungen und Bestechungen, an sich gebracht; er habe die Verpflichtungen, die er dabei eingegangen, nicht erfüllt, namentlich bei Lebzeiten des Kaisers sich in die Regierung eingemischt, Böhmen bekriegt und ihm alles mögliche Böse zugefügt; er habe ohne Wissen der Stände mit Spanien einen Vertrag über die Nachfolge abgeschlossen.

Der kurpfälzische Königskandidat

Für die Neuwahl kamen drei Kandidaten in Frage: Herzog *Karl Emanuel von Savoyen*, der den böhmischen Aufstand zunächst moralisch und materiell unterstützt, allerdings im Fortgang der Entwicklung eine mehr abwartende Taktik gewählt hatte; Kurfürst *Johann Georg von Sachsen*, der keinen Zweifel daran ließ, daß er die böhmische Krone nicht aus der Hand von Rebellen annehmen werde; Kurfürst *Friedrich von der Pfalz*, der schließlich am 26. August 1619 nahezu einstimmig gewählt wurde.

Der Kaiser, die Kurfürsten und Maximilian warnten Friedrich mit aller Entschiedenheit. Die Losreißung Böhmens vom Hause Österreich, heißt es in einem vom 24. September 1619 datierten Schreiben des bayerischen Herzogs an den Pfalzgrafen, werde die größte Erschütterung ganz Deutschlands zur Folge haben. Ferdinand, der ja von dem ganzen kurfürstlichen Kollegium, somit auch von Friedrich selbst, zum Kaiser gewählt und bei dieser Gelegenheit als König von Böhmen anerkannt worden sei, werde sein Recht auf die böhmische Krone mit Nachdruck behaupten und alle nur möglichen, oft in einem Augenblick sich ändernden Umstände zu diesem Zweck nutzen; allen gekrönten Häuptern und Fürsten werde diese Entthronung höchst bedenklich erscheinen: sie würden in Ferdinands Sache ihre eigene sehen;

bei der allgemeinen Verwirrung würden die Türken gegen das christliche Europa aufstehen und wenigstens Ungarn, diese Vormauer der Christenheit, mit Hilfe Bethlen Gabors zum Verderben der christlichen Welt an sich reißen.

In einem gemeinsamen Schreiben der Kurfürsten an den Pfalzgrafen stehen die prophetischen Worte: aus diesem Entschluß würde »ein so allgemeiner Krieg und Aufstand im Reich sich erheben, daß von dem erschrecklichen Blutvergießen, dem Land- und Leute-Verderben und dessen Verursachern die Historien zu reden haben werden, solange die Welt steht«.

Nicht weniger eindringlich lauteten die Warnungen Luise Julianes, der Mutter Friedrichs: Nur Eifersucht und Haß würden die Folgen dieser Erhebung sein; seine Kräfte seien den Kräften seiner Feinde nicht gewachsen, auf Bündnisse dürfe man nicht bauen. Bald werde sich der Krieg um Böhmen in einen Religionskrieg verwandeln; alle katholischen Mächte würden für Österreich, diese Hauptstütze der katholischen Kirche, in Waffen treten; der Papst werde alle Könige und Nationen zum Schutz Ferdinands und zur Unterdrückung der pfälzischen Hauses gleichsam zu einem Kreuzzug vereinigen.

Alle diese Mahnungen fruchteten nichts, zumal Fürst Christian von Anhalt, der oberpfälzische Statthalter Friedrichs, zur Annahme riet. Nach einigem Zögern erklärte sich der Pfalzgraf zur Annahme bereit: der Glanz der Krone und der Ehrgeiz der Gattin waren stärkere Argumente als die Bedenken, die einzelne Fürsten der Union, aber auch Frankreich und der eigene Schwiegervater, König Jakob I. von England, sowie einige seiner Räte vorbrachten. Am 29. Oktober 1619 überschritt der Pfalzgraf bei Eger die Grenze Böhmens; am 4. November wurde er im Veitsdom von dem Administrant des protestantischen Konsistoriums und dem Senior der Böhmischen Brüder gekrönt.

Friedrich V., der damals 23 Jahre zählte, war in Frankreich, am Hof des reformierten Herzogs von Bouillon zu Sedan, erzogen worden. Calvinistische Nüchternheit und phantastische Prunksucht sind entscheidende Elemente seines Wesens: ein harmlos liebenswürdiger, nicht sehr energischer und wenig arbeitsfreudiger Kavalier, der nicht so sehr an die Regierungsgeschäfte als an Bankette, Maskenbälle, Jagden, Feuerwerk und Turniere dachte; der in seine junge Frau Elisabeth Stuart, Tochter Jakobs I. von England und Enkelin der Maria Stuart, die er im Februar 1613 in London geehelicht hatte, ungemein verliebt war und sicherlich weniger um der bedrängten deutschen Libertät oder

Der große Komet, der von November 1618 drei Monate über Heidelberg stand, wurde als Vorbote eines Gottesgerichts betrachtet. Stich von Merian.

der evangelischen Freiheit willen die böhmische Wahl annahm, als um der »Perle Englands« das Diadem einer Königskrone aufs Haupt setzen zu können.

In den glücklichen Tagen seiner kurpfälzischen Herrschaft entstanden in den Formen der italienischen Spätrenaissance eines Palladio der Englische Bau des Heidelberger Schlosses und die von dem berühmten Franzosen Salomon de Caus gestalteten Hängenden Gärten, der Hortus Palatinus, mit Grotten, Wasserkünsten, mathematisch abgezirkelten Baum- und Blumenanlagen. Bauten und Lustbarkeiten des Hofes zehrten die gesamten Staatseinkünfte auf.

Aber auch für die Dichter hatte der Kurfürst eine offene Hand: seit 1618 weilte Martin Opitz (1567–1639), der berühmte Schlesier, in Heidelberg, sammelte hier einen Dichterkreis um sich und widmete dem höfischen Leben und Treiben liebenswürdige Verse. Die Heidelberger Idylle erschöpft – wie die Weltgeschichte weiß – keineswegs das Bild des Pfalzgrafen; sie ist aber auch nur eine Episode im Leben des Dichters Martin Opitz, der zu den einflußreichsten Männern des literarischen Deutschland im 16., 17. und 18. Jahrhundert zählt.

Es fehlte in Heidelberg auch nicht an düsteren Vorzeichen, die von den Chronisten als Mahnungen kommenden Unglücks gedeutet wurden: im November 1618 erschien ein Komet, der drei Monate über der Stadt stand, den man als Boten eines bald zu erwartenden Gottesgerichtes bezeichnete. Als der Kurfürst die Wahl zum böhmischen König annahm, sah man drei Sonnen am Himmel und Blutstropfen auf den Blättern der Bäume; und als Friedrich aus dem Heidelberger Schloß, das er nicht mehr wiedersah, nach Böhmen ritt, sprach seine Mutter Luise Juliane die prophetischen Worte: »Ach, nun zieht die Pfalz nach Böhmen!«

Zunächst wuchs freilich die Bedrohung Habsburgs von Stunde zu Stunde. Auch in Steiermark und Krain waren die protestantischen Stände zum Aufstand bereit. Und Bethlen Gabor, der Fürst von Siebenbürgen, entschloß sich, die auch in Ungarn vorhandenen konfessionellen Gegensätze zur Eroberung des Landes zu nutzen.

Bethlen Gabor, 1580 geboren, Calvinist und Magyar, galt den Zeitgenossen, da er in seiner Jugend mehrere Jahre in Konstantinopel verbracht hatte und seither stets gute Beziehungen zur Pforte unterhielt, als halber Türke und – wegen seiner notorischen Unzuverlässigkeit – als »neuer Mithridates«. Kraft und Energie werden ihm nachgerühmt; er war ein begeisterter Soldat, der an nicht weniger als 42 Schlachten teilnahm, nicht minder aber dem Weingenuß ergeben war. Im September 1619 marschierte er, nachdem er sich vorher mit der Türkei, den Böhmen und den ungarischen Protestanten verständigt hatte, von Klausenburg nach Ungarn ein. Im Oktober wurde Preßburg genommen.

Boucquoy mußte Böhmen räumen, um dem zu erwartenden Angriff Gabors auf Wien zu begegnen. In der Tat rückte Bethlen, durch oberösterreichische Kontingente verstärkt, Ende Oktober vor Wien. Doch Mangel an Belagerungsgeschütz nötigte ihn zu baldiger Aufgabe der Belagerung.

Ein nach Preßburg einberufener Reichstag wählte Gabor am 8. Januar 1620 zum »Fürsten von Ungarn«: ein Akt, der zwar nicht die staatsrechtliche, aber die tatsächliche Absetzung Ferdinands in Ungarn bedeutete. Trotzdem kam wenig später ein Waffenstillstand mit dem Kaiser zustande, worin Bethlen Gabor die Regentschaft und der vorläufige Besitz des überwiegenden Teils von Ungarn, den er okkupiert hatte, von Ferdinand notgedrungen bestätigt wurde. So drückend diese Bedingungen waren und obschon sich Bethlen nur für einige Monate

Als großer Förderer der Künste beschäftigte Maximilian eine Reihe namhafter Meister, so auch Hans Krumper, der unter vielen anderen Arbeiten diese Bronzebüste Maximilians schuf.

Friedrich V., Kurfürst von der Pfalz (1596–1632), der unglückliche »Winterkönig«, als Haupt der protestantischen Union 1619 von den böhmischen Ständen zum König gewählt. Radierung von Delphius nach einem Gemälde von Mierevelt.

Elisabeth, Kurfürstin von der Pfalz (1596–1662), gebürtige Prinzessin von England, unterstützte die ehrgeizigen Pläne ihres Gatten Friedrich V. Kupferstich nach einem Gemälde von Mierevelt.

CONSI LIO FIRMATA DEI
GABRIEL BETHLEN D.G. PRINCEPS
TRANSSYLVANIÆ, PART. REGNI HVNGARIÆ DN.
ET SICVLORVM COMES, &c.
Ætatis suæ XXXX. A°. CHRISTI. M.DC.XX
L. Kilian. excudit

an sie gebunden hielt: der Kaiser hatte dadurch Zeit gewonnen, um sich diplomatisch und militärisch für die Auseinandersetzung mit Böhmen zu rüsten.

Reaktionen im Reich

Noch einmal, im Oktober 1619, warnte Maximilian Friedrich V. vor den zu erwartenden Auswirkungen seiner Entscheidung. Zur gleichen Zeit erließ Ferdinand ein Reichsmanifest, in dem er gegen die Prager Wahl und Krönung Friedrichs protestierte und die Haltung der Böhmen, Schlesier und Mähren als Empörung und Eidbruch bezeichnete. Eine Achterklärung Friedrichs wurde noch nicht ausgesprochen, da man sich im Wiener Reichshofrat unschlüssig war, ob sie ohne Befragen der Kurfürsten vom Kaiser verhängt werden dürfe.

Auf einem Nürnberger Bundestag der Union im November 1619 traten die Gegensätze zwischen Lutheranern und Reformierten offen zutage. Die Teilnehmer verpflichteten sich nur dazu, die Pfalz zu verteidigen, falls diese im Zusammenhang mit dem böhmischen Konflikt angegriffen werde. Vor allem die Vertreter der Städte erklärten, nicht billigen zu können, daß Friedrich Truppen der Union in Böhmen behalte und dadurch sie, die Städte, in die böhmische Angelegenheit verwickle. Im übrigen wurde beschlossen, eine Gesandtschaft an Maximilian als dem Oberhaupt der Liga abzuordnen, um Erklärungen über die Haltung der Liga zur Union in einem etwa ausbrechenden Konflikt zu erhalten.

Ein Würzburger Konvent der Liga im Dezember 1619 kam zu einer sehr viel klareren und eindeutigeren Stellungnahme. Die Forderung Maximilians, ein Bundesheer mit 21 000 Mann zu Fuß und 4000 Reitern aufzustellen, wurde bewilligt. Lothringen, Spanien und der Papst, auch Frankreich, Polen und die Schweiz sollten um Unterstützung angegangen werden. Auch die Verhandlungen mit den auswärtigen Staaten sowie die Leitung des Heeres sollten dem Herzog von Bayern zustehen. Seiner Fürsorge oblagen vor allem die Artillerieausrüstung und das Proviantwesen.

Gegenüber den Gesandten der Union, die Ende Dezember in München erschienen, um die Stellungnahme des Herzogs über die Haltung und die Rüstungen der Liga zu erfahren, erklärte Maximilian, man könne den katholischen Ständen keinen Vorwurf aus ihren Rüstungen

Gabor Bethlen (1580–1629), nach seinem Aufstand 1613 Fürst von Siebenbürgen, eroberte 1619 Ungarn, verbündete sich mit dem »Winterkönig«, ließ sich zum Fürsten von Ungarn wählen. Stich v. Lukas Kilian.

machen, da die immer weiter greifenden Unruhen in Böhmen auch für sie gefährlich und die Durchzüge von Truppen protestantischer Stände äußerst drückend geworden seien. Er selbst sei, wie jeder wisse, durch die gegenwärtig so gefährliche Nachbarschaft von Böhmen und Österreich seit langem zu Rüstungen genötigt, habe aber, um allem Argwohn zu begegnen, damit immer noch gezögert; erst jetzt, da Bethlen Gabor mit seinem Heer bis vor Wien gerückt sei und die Greuel der Vorfahren der Ungarn in Bayern zu wiederholen gedroht habe, denke er ernstlich an seine Verteidigung. Die Rüstungen der katholischen Stände seien keinesfalls umfassender als die der Union, und ihr Zweck sei ein rein defensiver. Er ersuche demnach die Unierten, in Gemeinschaft mit ihm und den übrigen katholischen Ständen, die zwar den Frieden sehr wünschten, aber auch für die Freiheit und Religion alles zu wagen bereit seien, an der Wiederherstellung der so sehr gefährdeten Ruhe Deutschlands zu arbeiten.

Die Gesandten nahmen diese Mitteilungen des Herzogs zur Kenntnis, waren aber von der Aufrichtigkeit seines Willens, unbedingt am Frieden festzuhalten, keineswegs überzeugt. »Überall haben wir nur Vorbereitungen zum Krieg bemerkt«, schrieben sie in ihrem Bericht. »Man befestigt München, mustert das Landvolk und fährt ununterbrochen mit Werbungen fort. Spanien erklärt man offen als Hauptstütze der Katholiken, die Jesuiten eifern gegen alle Vergleichsvorschläge; ja, man behauptet sogar unzweideutig in München, daß die Mehrzahl der Evangelischen nicht wider den Kaiser und die Katholiken sein werde.« Die milde Art des Herzogs sei ein Sirenengesang, mit dem er die protestantischen Stände einschläfern wolle.

Es bedeutete eine mächtige Stärkung der katholischen Sache, daß Kurfürst Johann Georg von Sachsen, der als überzeugter Lutheraner ein entschiedener Gegner des calvinistischen Pfalzgrafen war, unzweideutig auf die kaiserliche Seite trat. Es gingen ihm die Unruhen in Böhmen sehr nahe, ließ er erklären, und er ahne fürchterliches Unheil. Die Böhmen aber und ihre Verbündeten, besonders die Union, hätten den Plan, das Haus Österreich zu vernichten und dadurch dem Erbfeind der Christenheit Tür und Tor zu öffnen, die Verfassung des Reiches zu stürzen und ihre Forderungen mit Gewalt durchzusetzen. Kurfürsten, getreuen Fürsten und Ständen komme es zu, das Heilige Reich und sein Oberhaupt vor solchen Gefahren zu schützen.

Diese Stellungnahme wurde dem Kurfürsten dadurch erleichtert, daß ihm von den katholischen Ständen der Fortbesitz der säkularisierten Stifte und geistlichen Güter zugesichert wurde; denn auf einer Tagsatzung in Mühlhausen im März, bei der die Kurfürsten von Mainz, Köln und Sachsen, Landgraf Ludwig von Hessen und Vertreter Maximilians anwesend waren, war vereinbart worden: »Mainz, Köln und Bayern versprechen für sich, ihre Nachkommen und andere katholische Stände, daß sie jetzt und in Zukunft die Inhaber der Stifte und geistlichen Güter in den sächsischen Kreisen um dieser Besitzungen willen auf keine Weise bedrängen noch mit Gewalt daraus vertreiben werden; jedoch nur unter der Bedingung, daß jene Inhaber dem Kaiser sowohl bei den gegenwärtigen Unruhen in Böhmen als auch in künftigen Fällen ähnlicher Art mit unverrückter Treue beistehen und das Eigentum der den Katholiken gehörigen Güter in gleicher Weise wahren wollen.«

Das hier eingegangene Versprechen, das allerdings nur eine tatsächliche Konzession, keinen Rechtsanspruch einräumte, ist in der Folgezeit bis zum Einmarsch Gustav Adolfs von beiden Parteien loyal gehalten worden.

Maximilian und Ferdinand erneuerten ihre schon früher unternommenen Bemühungen um die Hilfe Spaniens in dem bevorstehenden Konflikt. Philipp III. (1598–1621) hatte von dem Vater zwar den Fanatismus der religiösen Überzeugung, aber weder die staatsmännische Begabung noch die Tatkraft und Arbeitsfreude geerbt. Die Staatsgeschäfte erledigte der Herzog von Lerma, nach seinem Sturz im Oktober 1618 sein Sohn, der Herzog von Ucada.

Lermas Außenpolitik war im allgemeinen klug, vorsichtig und erfolgreich. Er beendete die Kriege mit Frankreich und England, er schloß 1609 einen zwölfjährigen Waffenstillstand mit den Generalstaaten. Das langsame Abgleiten der spanischen Weltmacht konnte auch er nicht aufhalten: eine Entwicklung, die auf hier nicht näher zu erörternden wirtschafts- und staatspolitischen Strukturwandlungen beruhte und schließlich zur Vorherrschaft der nordischen Seemächte England und Holland in Welthandel und Weltwirtschaft führte.

Der wirtschaftliche und politische Niedergang Spaniens hat freilich der Hochblüte der Künste und Wissenschaften keinen Abtrag getan. Die großen spanischen Universitäten blieben auf lange Zeit noch im europäischen Geistesleben führend; Ritter- und Schäferliteratur, die Schelmenromane eines Lazarillo de Tormes und des großen Cervantes, die Dramen der Lope de Vega, Calderon und Tirso de Molina gingen über die Welt; die Mystik der Santa Teresa de Jesu, des San Juan de la Cruz und des heiligen Ignatius von Loyola hat entscheidende Beiträge zur religiösen Erneuerung des Abendlandes geleistet. Damals entstand das Spätwerk El Grecos, damals entfaltete sich das Schaffen der Velasquez, Ribera und Murillo: das goldene Zeitalter der spanischen Malerei blühte; und ihr Anteil an der europäischen Kunst ist damals ein weit größerer gewesen als zur Zeit der Gotik und zweihundert Jahre später, als Goya noch einmal das Vermächtnis seines Zeitalters und seines Volkes in denkwürdigen Tafeln und Stichen niederlegte.

Immerhin gelang es den zähen und eindringlichen Bemühungen Leukers, die spanische Regierung zu veranlassen, daß im Mai 1620 Spinola in Brüssel der Befehl zuging, gegen die Pfalz vorzurücken. Anfang August brach der Marschall mit 25 000 Mann auf.

Schon im Herbst 1619 hatte Maximilian auch eine Gesandtschaft nach Rom geschickt, um Paul V. im Namen der Liga um Unterstützung zu bitten. Der Papst beschränkte sich zunächst auf allgemeine Ermunterungen: Maximilian möge das Schwert gebrauchen und in fester Zuversicht auf Gott zuschlagen. Damit war der Herzog wenig zufrieden. »Es ist verwunderlich«, schrieb er seinem Gesandten, »daß man in Rom mit den Subsidien hinterm Berg halten und warten will, bis es zum offenen Krieg kommt. Ehe man sich einschifft, muß zuerst ein Fahrzeug da sein; ehe man einen Krieg beginnt, müssen zuvor hinreichende Mittel vorhanden sein. Darüber wird man sich in Deutschland von Rom aus keines andern belehren lassen. Die in Rom werden nicht zu lange warten müssen: es wird gar bald zum Losschlagen kommen. Man ist sich dort über die Bedeutung der Sache noch nicht klar, auch nicht über die Schwierigkeiten, mit denen besonders die Liga zu kämpfen hat. Es sollten jedoch die Römischen nicht vergessen, daß an diesem katholischen Kriegsbündnis ihr und der katholischen Religion Heil und Erhaltung haftet, daß Unvorsichtigkeit oder unzeitiger Eifer im gegenwärtigen Fall unübersehbare Nachteile bringen kann.«

»Wie es scheint«, heißt es in einem anderen Brief Maximilians an seinen römischen Bevollmächtigten, »will man das Werk in Rom nicht recht kapieren. Sie reden ihnen ein, es sei ein leicht Ding, die Unierten im Reich auszutilgen und dem Kaiser in seinem jetzigen schweren Zustand nach Notdurft zu succurieren. Sie sollen aber wissen, daß wegen der allgemeinen Conföderationen mit Böhmen, Ungarn und anderen österreichischen Erbländern der Unierten Macht keineswegs gering ist ... Hingegen besteht die katholische Liga aus wenigen und zwar meistenteils unvermöglichen Ständen . . ., sodaß neben großer Sorge, Mühe und Arbeit die spesa fast allein auf uns liegen . . . Und obschon viel daran gelegen, daß dem Kaiser das Seinige erhalten und recuperiert werde, so hat man doch zuvor ex naturali instinctu auf seine eigene Defension zu sehen, und wird auch darum Ihrer Majestät eher nicht helfen können, bis die Katholiken vor den Unierten und inneren Feinden sicher sind, weil keiner einem andern kann oder soll helfen, wenn er zuhause gefressen wird . . .«

Die Gesandten konnten schließlich immerhin erreichen, daß der Papst einen beträchtlichen Geldbetrag zur Verfügung stellte. Außerdem wurde zugunsten der Liga ab Juni 1620 für drei Jahre ein Zehnt auf die kirchlichen Einkünfte in Italien gelegt.

Maximilians Ziel mußte es sein, die kommenden kriegerischen Auseinandersetzungen, soweit als möglich, in Österreich und Böhmen zu lokalisieren; so ist es verständlich, daß er auf den Unionstag, der in Ulm im Mai und Juni 1620 stattfand, Gesandte schickte, die nachdrücklich die Haltung der Liga darlegen sollten. Die Union, erklärten diese Gesandten, könne nicht wünschen, daß das in den Nachbarstaaten lodernde Kriegsfeuer auch auf das deutsche Vaterland übergreife. Wolle die Union den Frieden und gebe sie der Liga ohne Verzug die feierliche Versicherung ihrer friedlichen Gesinnungen, so sei auch diese bereit, eine gleiche Verpflichtung einzugehen.

Die Herren der Union ließen es an freundlichen Versicherungen nicht fehlen: ihre Kriegsrüstungen hätten nur defensiven Charakter; sie seien überzeugt, daß auch den katholischen Ständen das Heil Deutschlands am Herzen liege; doch müßten auch die spanischen Niederlande, wo Erzherzog Albrecht den Krieg vorbereite, in den Frieden einbezogen werden. Maximilian lehnte eine Verpflichtung für Erzherzog Albrecht ab: dieser gehöre nicht zur Liga und darum könne diese für ihn keine Versicherungen abgeben.

Den Ausschlag in den Verhandlungen gab die Haltung Frankreichs, das sich in diesem Konflikt auf die Seite Habsburgs stellte. Das religiöse Argument, der Kampf gegen die böhmischen Ketzer, aber auch die durch die Hugenottenkriege verursachte Krisis des französischen Staates scheint diese Entscheidung herbeigeführt zu haben. In einem dem Staatsrat vorgelegten Gutachten wird darauf hingewiesen, daß die Besorgnis vor der allzugroßen Macht Habsburgs, die bisher die feindliche Haltung Frankreichs bestimmt habe, nicht mehr begründet sei. Der Kaiser sei nahe daran, alle seine Besitzungen zu verlieren. Würde er zugrunde gehen, so werde die katholische Religion unterdrückt und der geistliche Besitz in Deutschland eine Beute der Protestanten werden. Deren Sieg sei für Frankreich schon wegen der Hugenotten nicht zu wünschen. Auch müsse die wachsende Türkengefahr bedacht werden. Im Sinn dieses Gutachtens wurde die Abordnung einer Gesandtschaft nach Deutschland beschlossen, die vermittelnd wirken sollte. Die Gesandten sprachen in Ulm zugunsten des Kaisers und der Liga. Sie machten den Herren der Union besonders klar, daß bezüglich der spanischen Niederlande von der Liga keine Gewähr übernommen werden könne.

Natürlich waren die Herren der Union sich auch darüber klar, daß ihre militärischen und finanziellen Vorbereitungen denen der Liga nicht entfernt gewachsen waren. So kam es zum Ulmer Vertrag am 3. Juli 1620, in dem sich Union und Liga gegenseitig verpflichteten, ihre Besitzungen nicht anzugreifen. Die böhmischen Angelegenheiten wurden von der Abmachung ausgeschlossen.

Damit hatte Maximilian für seinen Angriff auf Böhmen freien Rükken und freie Hand. Die Union beschränkte sich einzig darauf, die Kurpfalz gegen den Angriff, der von den spanischen Niederlanden aus zu erwarten war und auch bald erfolgte – Spinola rückte bereits im September gegen die Pfalz vor –, zu verteidigen. Maximilian hatte einen vollständigen diplomatischen Sieg errungen; die Entscheidung über Böhmen war damit schon gefallen.

Der Winterkönig

Friedrich V., dessen Lage kurz zuvor noch so günstig erschien, war nunmehr fast gänzlich isoliert. Der Herzog von Savoyen, der zeitweise von den Böhmen als Kandidat für den Thron propagiert worden war und einer Wahl geneigt schien, war naturgemäß nach der Erhebung des Pfalzgrafen an den weiteren Entwicklungen nicht mehr interessiert. Jakob I. von England, der Schwiegervater Friedrichs, lehnte jede Unterstützung ab, da die Wahl des Pfalzgrafen den Grundsätzen der Legitimität widerspreche und er die gerade damals mit Spanien schwebenden Bündnisverhandlungen nicht gefährden wollte.

Die Generalstaaten, die 1609 einen zwölfjährigen Waffenstillstand mit Spanien abgeschlossen hatten, eiferten zwar die böhmischen Aufständischen an, indem sie auf ihren vierzigjährigen Kampf gegen Spanien hinwiesen: »Wir prophezeien euch einen gleichen Erfolg wegen der Gleichheit der Sache!«; auch war Moritz von Nassau grundsätzlich für einen Krieg gegen das Reich; aber da England sich ablehnend verhielt, ließ auch er es bei Worten und bescheidenen Subsidien bewenden.

Bethlen Gabor unterzeichnete einen neuen Bündnisvertrag mit Friedrich als König von Böhmen sowie mit den Ständen der böhmischen Länder, Ober- und Niederösterreichs. Er wurde Pate des in Prag geborenen Sohnes Friedrichs. Er und der böhmische König verhandelten mit der Türkei wegen Unterstützung durch Truppen. Bethlen ließ sich am 25. August zum König von Ungarn wählen, verzichtete aber zunächst, offenbar um die Aussöhnung mit dem Kaiser nicht vollkommen auszuschließen, auf die Krönung. Zu einer ergiebigen Waffenhilfe für Friedrich kam es schon deswegen nicht, weil dieser ausreichende Geldmittel nicht zur Verfügung stellen konnte.

Wie die böhmische Situation damals von unabhängigen lutherischen Männern beurteiltwurde, mögen einige Zeugnisse belegen: »Wir geben Apologien und Verteidigungsschriften heraus«, äußert ein böhmischer lutherischer Adliger, »aber weder glauben andere, daß wir unsere Sache dadurch gerecht machen, noch bestehen wir vor unserm eigenen Gewissen. Die Türken, der König von Frankreich, der Kurfürst von Sachsen, der Schwiegervater unseres Königs: sie alle mißbilligen unsere Sache, wenn auch dieser oder jener die Revolution begünstigt. Wir haben wider unseren Eid angesehene Männer, die im Namen unseres Königs kamen, ungehört aus dem Fenster gestürzt; wir haben ihnen nicht Zeit zum Beten gelassen, geschweige denn zur Verteidigung. Wir haben den Kaiser Matthias, den König Ferdinand, die uns auch dann noch Frieden, Verzeihung, unsere Rechte und Privilegien sowie schiedsrichterliche Beilegung anboten, nicht einmal hören wollen. Wir haben die Nachbarländer in und außer dem Reich, wir haben die Ungarn, die Engländer, die Holländer, die Türken, den Teufel selbst beschworen. Wir haben Wien belagert, das ganze deutsche Reich, soviel an uns lag, den Türken und Tartaren geöffnet. In Wahrheit war das Bekenntnis unter den Habsburgern zehnmal freier als unter den Calvinisten. Darum haben der Kurfürst von Sachsen und die anderen Lutheraner mit weisem Bedacht die Partei des Kaisers ergriffen. Was hat denn auch unser König getan? Er hat Bilder zerstört, das Wohl der Generalstaaten in böhmischem Bier getrunken und mit böhmischen Damen getanzt. Mögen wir Sieger sein oder Besiegte: unser Los ist schwer. Siegen wir, so steht die lange Reihe derer da, die Friedrich geholfen haben, gierig nach Besitztum und Geld auf unsere Kosten. Werden wir besiegt, so kommt über uns der Zorn des schwer beleidigten Kaisers. Was ist auch anderes zu erwarten! Wir haben dem Kaiser genommen, was des Kaisers ist, und was Gottes ist, haben wir dem Türken angeboten.«

Von der Luther-Universität Wittenberg ging in diesen Tagen eine Flugschrift aus, in der es heißt: »Solange die Papisten und wir Lutherischen einig waren, hörte man nichts von Faktionen und Parteiungen. Keiner trieb den andern aus seinem wohl erworbenen Besitz. Wir lebten in friedlichem Wohlstand beisammen. Wir heirateten untereinander. Die Väter zogen ihre Söhne, die Mütter ihre Töchter in ihrer Religion auf. Damals war unter uns Christen weder Verfolgung noch Blutvergießen. In Böhmen dagegen zeigt Calvin, daß er sowohl die Päpstlichen wie die Lutherischen unterdrücken will. Er unternimmt dort eine Reformation, die wahre Deformation oder noch besser gesagt Destruktion ist. Er stürzt die Bilder in den Kirchen, entehrt lästerlich die Reliquien oder verbrennt sie. Aber wenn man schon im Anfang solche Gewalt übt, wenn man noch kaum den Fuß hineingesetzt: wie wird der Fortgang sein, wenn Calvin die Oberhand behält! Dienlich wäre es vor allen Dingen, in den Reichsstädten beide Religionen frei zu lassen, die lutherische und die katholische; im Königreich Böhmen dagegen das arme Landvolk von der Leibeigenschaft einer heidnischen Knechtschaft ledig zu sprechen. Es stände wohl um den Kaiser, wenn er darin zuerst das Beispiel gäbe.«

Von Religionsfreiheit war natürlich in Böhmen unter dem neuen Regime keine Rede. Die Predigt der lutherischen Geistlichen wurde verboten. In den Prager Kirchen, aber auch in anderen Städten, voran Olmütz, wurden mit Axt und Hammer Altäre, Kruzifixe und Heiligenbilder zerstört. Scultetus, der Hofprediger Friedrichs, bewies von der Kanzel aus, es sei gemäß der Bibel die Pflicht der christlichen Obrigkeit, den Tempel von Götzenbildern zu reinigen. Thurn sprach über diese Geschehnisse offen seine Mißbilligung aus; und selbst ein pfälzischer Bericht stellt fest, »daß die armen blinden Papisten seufzen oder schweigen, die lutherischen Clamanten dagegen fast rasend werden und öffentlich darüber murren«.

Friedrich schien von der bedrohlichen Situation nichts zu ahnen. Das fröhlich-festliche Leben von Heidelberg wurde in Prag fortgeführt. Bälle, Bankette, Schlittenfahrten und Turniere folgten einander. Weder die politischen noch die militärischen Fragen wurden genügend erörtert. »Alles ist in Verwirrung«, erklärte Friedrichs Kanzler Camerarius, »die böhmischen Herren gründeten ihre Hoffnungen auf die Mittel Friedrichs und seiner Freunde; Friedrich dagegen setzt alles auf Gott und gute Hoffnung.«

Die Truppen erhielten keinen Sold und zogen plündernd im Land umher oder erlagen Seuchen. Ende 1619, nach dem Rückzug von Wien, hatte das durch Hunger und Seuchen geschwächte böhmische Heer nur mehr 7000 Kampffähige gezählt, Mähren und Schlesier waren in ihre Heimat abgezogen. Solche Verluste konnten auch durch den Sukkurs der von den niederösterreichischen Ständen geworbenen Truppen und durch die auf eine Reorganisation der Armeen gerichteten Anstrengungen Thurns nicht ausgeglichen werden.

Die Bauern rotteten sich zusammen, forderten die Befreiung von der Leibeigenschaft und die Absetzung Mansfelds, der vom sicheren Pilsen aus das flache Land aussog. Anhalt, der zum Oberstkommandierenden ernannt worden war, konnte angesichts der allgemein herrschenden anarchischen Zustände weder Gehorsam noch Disziplin erzwingen.

15

Der Böhmische Krieg

Einmarsch in Oberösterreich

In einem Brief an Tilly vom 17. Juli 1620 legte Maximilian die Gründe dar, die ihn bestimmten, den Krieg in Oberösterreich zu beginnen und nicht unmittelbar Böhmen selbst anzugreifen.

»Dagegen aber«, heißt es hier, »und daß solcher Einfall auf unserer Seite nicht gleich anfangs in Böhmen, sondern im Lande ob der Enns geschehen solle, möchten nachfolgende Bedenken in obacht zu nehmen sein: erstens, daß dem Kaiser, seinem eigenen Andeuten nach, an dem Lande ob der Enns, als einem rechten Nest und Quell allen Unheils, und damit der Wasserstrom samt dem Paß in die übrigen österreichischen Länder wegen der zukommenden Hilfe geöffnet werde, merklich viel gelegen. Zweitens, wenn die Oberennser zum Gehorsam gebracht, daß alsdann des Kaisers Sachen aller Orten viel leichter gemacht werden. Dabei nicht zu zweifeln, daß in solchem Fall, wenn mehrbesagtes Land ob der Enns angegriffen werde, die Böhmen nicht still sitzen, sondern ihnen als ihren Conföderierten und weil dieses Land sehr bequem und nützlich, succurieren, ihre Kräfte zersplittern und daher des Kurfürsten von Sachsen Lande der Sorge künftigen Einfalls der Böhmen enthoben und gesichert werden; zumal die kaiserliche Armada in Böhmen anwesend, auf alle Fälle zur Hand, der Hauptkriegsschauplatz an den Grenzen sich befindet, auf die die Böhmen ihr Augenmerk und ihre Kräfte richten müssen; Schlesien und Mähren aber wegen ihrer Majestät Hauptarmada und der polnischen Gefahr wegen mit sich selbst zu tuen haben. Drittens, weil die Böhmen und die gegen unser Land gelegenen Kreise, besonders der Pilsnerkreis, ganz verödet, von Proviant, Futter und sonstigen einer Armada notwendigen Dingen vollständig entblößt; weil es auch schwer ist, solche Vorräte und die Artillerie durch die rauhen, schwierigen Gegenden des Böhmerwaldes zu transportieren; während wir hingegen aus unseren Landen ohne Schwierigkeit nach Österreich kommen und alles Notwendige dorthin bringen, auch drei oder vier Flüsse benutzen können;

ganz davon zu schweigen, daß unsere Lande dadurch vor den Einfällen der Ungarn mehr geschützt bleiben, die ohne Zweifel von den österreichischen Ständen herbeigeholt werden.«

Die Argumente Maximilians sind logisch und überzeugend. Einen und vielleicht den wichtigsten Grund für sein Vorgehen nennt der Herzog freilich nicht: Oberösterreich war ihm im Münchener Vertrag als Pfand für seine Kriegskosten von Ferdinand zugesichert worden; und so lag es nahe, daß er zunächst auf die Sicherstellung dieses Pfandes bedacht war.

Über Höchstädt, Neuburg a. d. Donau, Ingolstadt, Kelheim, Donaustauf, Straubing, Bogen und Passau marschierten die Truppen der Liga. Am 17. Juli 1620 traf der Herzog in Schärding an der österreichischen Grenze ein. Das Heer war wohl ausgerüstet und zählte 24500 Mann zu Fuß und 5500 Reiter, die vorwiegend in bayerischen, niederländischen und lothringischen Gegenden geworben waren. In diesem Heer zog als Freiwilliger auch der große Philosoph Descartes mit; er wollte, wie er schreibt, »in dem großen Buch der Welt lesen«.

Vor dem Einmarsch Maximilians erließ der Kaiser an die Stände Oberösterreichs ein Patent, in dem es hieß: »Ihr habt an der böhmischen Rebellion teilgenommen, wider das Erzhaus euch bewaffnet, euch das Regiment angemaßt, die Gehorsamen mit Krieg bedrängt, den Feinden geholfen. Deswegen haben Wir Unsern lieben Vetter und Fürsten, den Herzog Maximilian, zu euch entsandt: ihm habt ihr die Pässe zu öffnen, die Bundesbriefe kassiert zuzustellen und die Erbhuldigung zu leisten.«

Trotz dieser Ankündigung waren die Stände Oberösterreichs über den Vormarsch Maximilians ungemein bestürzt und ordneten Gesandte an ihn ab, die sein weiteres Vordringen hintanhalten sollten. Stets hätten sie freundliche Nachbarschaft mit Bayern gehalten, erklärten die Gesandten; sie hätten keinerlei feindliche Absichten gegen das Nachbarland; auf ihr Geheiß hätten sogar die österreichischen Landsleute die Waffen niedergelegt, die sie aus Furcht vor dem Heer der Liga ergriffen hätten. Sie hofften, der Herzog würde die Bitte, sein Heer von ihren Grenzen zu entfernen, erfüllen.

Maximilian beschränkte sich in seiner Antwort auf die Feststellung, er werde in einigen Tagen eine Gesandtschaft nach Linz abordnen, die den Ständen Oberösterreichs seine Absichten eröffnen werde. Die Delegierten erschienen in Linz. Der Herzog, erklärten sie, beabsichtige, die von den oberösterreichischen Ständen so vielfach verletzten Rechte des Kaisers wiederherzustellen; sie sollten ihm daher gehorchen wie dem Kaiser selbst. Dem, der gehorche, werde Gnade gewährt werden, gegen die Widerspenstigen aber werde man alle Machtmittel einsetzen. Binnen acht Tagen sollten die Stände sich erklären. Gleichzeitig ließ Maximilian einen Teil des Bundesheeres unter der Führung Alexander von Haslangs in Oberösterreich einrücken. Er selbst, Tilly und der Rest des Heeres folgten.

Von Böhmen und Ungarn kam keinerlei Hilfe für Oberösterreich, und die Truppen der Liga fanden nur vereinzelten Widerstand von seiten bewaffneter Bauernhaufen. Am 4. August 1620 hielt Maximilian seinen Einzug in Linz. Schon einige Tage zuvor hatte ihn Ferdinand zu scharfen Maßnahmen aufgefordert: »daß die Prädikanten samt ihrer verdammten Ketzerei aus dem Land gebracht und hingegen unsere katholische, allein seligmachende Religion gepflanzt werden möchte ... da ich vor Gott nicht verantworten könnte, den Ständen ihre abscheulichen Ketzereien, durch die allein das Volk wider mich verhetzt wurde, weiterhin zuzulassen ... Insonderheit wolle mein Herr Bruder dahin bedacht sein, daß die Rädelsführer bestraft werden und gegen sie als Exempel eine Exekution erfolge ...«

Maximilian war zu weitschauend, um diesen Ratschlägen zu folgen. »Solche Maßregeln«, antwortete er dem Kaiser, »würden den ohnehin verzögerten Zug nach Böhmen noch mehr aufhalten, die keineswegs voll unterdrückte Gärung in Oberösterreich aufs neue anfachen, und die Protestanten, besonders Kursachsen, in dem Irrtum bestärken, als ob die Katholiken alle Gewissensfreiheit unterdrückten.«

Der Herzog empfing die Abgeordneten der Stände und äußerte ihnen gegenüber, daß er gern von ihrer Bereitwilligkeit, dem Kaiser zu gehorchen, Kenntnis nehme. Sie könnten aber fürs erste ihren Gehorsam nicht besser als dadurch bezeigen, daß sie ihm ihre Huldigung ohne weitere Bedingungen leisteten. Auf ihr Bündnis mit Böhmen müßten sie verzichten. Wegen ihrer Privilegien und einer Amnestie müsse er sie an den Kaiser verweisen, der gewiß bei einer künftigen Erbhuldigung gegen gehorsame Untertanen mit väterlicher Güte verfahren werde. Am 20. August huldigten die Stände Maximilian und gelobten ihm Gehorsam.

Der Herzog nahm, gemäß dem Münchener Vertrag, Oberösterreich in seinen Besitz und ernannte den Obersten Graf *Adam von Herberstorf* zum Statthalter; wie sich später zeigen sollte, hatte Maximilian, der sonst ein so ausgezeichneter Menschenkenner war, mit dieser Berufung keine glückliche Wahl getroffen.

Kurz zuvor hatten übrigens schon die Stände von Niederösterreich, die bisher in Opposition gestanden hatten, dem Kaiser gehuldigt, und dieser hatte ihnen freie Glaubensübung zugesichert.

Im September marschierte Kurfürst Johann Georg von Sachsen gemäß der mit dem Kaiser und der Liga getroffenen Abmachung mit 15 000 Mann in die Lausitz ein, eroberte sie sowie Schlesien, ohne auf große Widerstände zu stoßen. Damit war Friedrich eine weitere wichtige Hilfsstellung genommen.

Von Linz marschierte das Heer der Liga am 23. August weiter nach Freistadt. Die Vereinigung mit der kaiserlichen Armee unter Boucquoys Führung, die von den böhmischen Truppen unter Christian von Anhalt zunächst verhindert worden war, glückte Anfang September bei Schloß Greillenstein unweit Horn.

Die Schlacht am Weißen Berg

Der Weitermarsch ging über Schweinitz, wo die böhmische Grenze überschritten wurde, Budweis, Prachatitz, Wodnian, Pisek nach Pilsen. Man verzichtete auf eine Belagerung der Stadt, die, da Mansfeld nur gegen Zahlung außerordentlich hoher Geldbeträge eine Übergabe in Aussicht stellte, einen längeren Aufenthalt erfordert hätte, und marschierte, entsprechend dem Wunsch Maximilians, unmittelbar auf die Hauptstadt. Es kam zu mehrfachen Gefechten mit Besatzungen der eingenommenen Orte und den böhmischen Truppen.

Folgenschwerer waren die Verwüstungen Böhmens; und gerade die kaiserlichen Truppen haben in dem unglücklichen Land furchtbar gehaust. »Ich kann Eurer Majestät nicht verhehlen«, schrieb Maximilian an Ferdinand, »daß Deroselben Armada ungeachtet meiner vielfältigen wohlmeinenden Erinnerungen mit Rauben, Plündern, Brennen, ja sogar Niederhauen unschuldiger katholischer Personen beiderlei Geschlechtes, mit Peinigung der Gehorsamen, mit Entführung von Frauen und Jungfrauen, mit Plünderung von Kirchen und Klöstern in ärgster Weise wütet und selbst meinen eigenen Proviant ausraubt. Der kleine Mann ist ruiniert und zur äußersten Verzweiflung getrieben und wird sich auch im Lauf vieler Jahre nicht erholen können; wie denn Eure Majestät auch im Fall des Sieges durch viele und lange Jahre aus diesem verwüsteten Königreich sich keines Einkommens werden erfreuen können ... Ich schreibe dies Eurer Majestät, weil mir derartige Klagen unterschiedlicher Art fast täglich zukommen und ich zum Teil mit eigenen Augen sehe, wie sehr sie berechtigt sind.«

Christian von Anhalt, der seine Truppen in geringem Abstand von denen der Liga marschieren ließ, ohne eine entscheidende Schlacht zu wagen, kam in der Nacht vom 7. zum 8. November mit einem kurzen Vorsprung auf dem Weißen Berg, einer westlich von Prag zwischen dem Motol- und Sarkabach gelegenen Anhöhe, an, wo er eine stark gesicherte Stellung bezog. Beide Heere waren durch Epidemien, strapazenreiche Märsche und Mangel an Proviant geschwächt und erschöpft. Die Verbündeten zählten etwa 24000, die Böhmen etwa 21000 Mann.

Ein noch in der Nacht zum 8. November abgehaltener Kriegsrat der Verbündeten beschloß auf Drängen Maximilians und Tillys die Schlacht für den kommenden Tag, obschon Boucquoy einwandte, die Truppen seien zu erschöpft und die Stellung des Feindes auf der Anhöhe uneinnehmbar. Nach Maximilians eigenem Zeugnis gab P. Dominicus de Jesu Maria, ein spanischer Karmeliter, dem der Ruf der Heiligkeit voranging und der seit Schärding in der Umgebung des Herzogs weilte, den Ausschlag. »Als das kaiserliche und ligistische Heer sich vereinigt hatten«, schrieb viele Jahre nach den Ereignissen Maximilian, »um den Feind nach Möglichkeit anzugreifen und ihn endlich vor den Mauern Prags zu vernichten, wollten einige der Generale die Schlacht nicht wagen ... Als das der Pater merkte, trat er hinzu und bat den Kriegsrat mit Demut und Bescheidenheit, es möge ihm, dem Unberufenen, verstattet sein, einige Worte vorzubringen. Als ihm die Erlaubnis gegeben wurde, mahnte er die Führer mit feurigem Eifer zum Vertrauen auf Gott und die Gerechtigkeit ihrer Sache; sie sollten gewiß sein, daß die Gnade Gottes nicht ausbleiben werde und ihre Erwartungen mit dem Sieg belohnt würden. Die Worte bewogen die Gegner der Schlacht, nachzugeben und mit vereinten Kräften den Feind anzugreifen.«

Das Banner Maximilians zeigte das Bild Mariens, der Schutzherrin der Liga; die Standarte Tillys einen doppelköpfigen Adler mit Waage und Schwert in der Klaue und die Umschrift: »Für Kirche und Reich.« Das Losungswort war bei den Verbündeten: »Heilige Jungfrau«; bei den Böhmen: »Herr Jesu Christ«.

Fürst Christian von Anhalt hatte seine Armee in zwei Treffen aufgestellt: in jedem standen drei Kolonnen Fußvolk und an deren Flanken

Johann Tserclaes von Tilly (1559–1632) befehligte seit 1610 das Heer der katholischen Liga und erhielt 1630 nach dem Sturz Wallensteins den Oberbefehl über das kaiserliche Heer. In der Schlacht bei Rain am Lech gegen die Schweden wurde er 1632 tödlich verwundet. Zeitgenössisches Flugblatt.

drei Reiterschwadronen. Die spärliche Artillerie war zwischen den beiden Treffen auf erhöhtem Standort postiert, so daß sie über das erste Treffen hinweg feuern konnte. In der Reserve, auf dem äußersten Flügel an der Moldau, standen 6000 von Bethlen Gabor entsandte ungarische Reiter.

Etwas anders war die Schlachtordnung bei den Verbündeten: im ersten Treffen eines Vierecks standen vier Infanteriekolonnen und zwischen ihnen drei bis fünf Reiterschwadronen. An den Flügel reihten sich je zwei Regimenter Kavallerie an. Das zweite Treffen bildete sich aus drei Kolonnen Fußvolk, zwischen den Gliedern und an den Flügeln standen fünf und drei Schwadronen Reiter. Die Reserve umfaßte zwei Regimenter Infanterie, die an den Flanken und im Rücken von Reitern umgeben waren. Die im Verhältnis zu den Böhmen etwas stärkere Artillerie war an der Front, am rechten und linken Flügel aufgestellt.

In den Mittagsstunden des 8. November, es war ein Sonntag, gab Tilly durch drei Kanonenschüsse das Zeichen zum Beginn der Schlacht. Es setzte zunächst eine heftige Kanonade ein. Der linke Flügel der Verbündeten drang gegen die Höhen vor, wurde aber von der böhmischen Reiterei zurückgeworfen, die auch die dem Fußvolk zu Hilfe eilende Kavallerie des linken bayerischen Flügels zurückdrängte.

Auch der rechte Flügel der Verbündeten geriet durch einen Angriff der Reiterei des jungen Christian von Anhalt, des Sohnes des Obergenerals, in Bedrängnis, wurde aber durch Einsatz der Reserve zum Stehen gebracht. Diese rückte zusammen mit dem unerschüttert gebliebenen Zentrum vor und warf die Böhmen auf die Anhöhe zurück, wobei Maximilian und Boucquoy persönlich in die Schlacht eingriffen und der junge Reiteroberst *Pappenheim*, der schwer verwundet wurde, sich besonders auszeichnete.

Schließlich geriet das böhmische Zentrum ins Wanken und gab den Widerstand auf, als die 6000 ungarischen Reiter Bethlen Gabors sich nicht bewegen ließen, in den Kampf einzugreifen, vielmehr panikartig flüchteten. Die nunmehr eingesetzten Reserven Tillys entschieden die Schlacht. Die Reste des böhmischen Heeres zerstreuten sich in regelloser Flucht. Die Verluste der Böhmen wurden auf 9000, die der ligistisch-kaiserlichen Armee auf 1000 Mann geschätzt.

Friedrich saß bei der Tafel, als über das Schicksal seines Königtums entschieden wurde. Anhalt und Thurn ermahnten ihn zu weiterem Widerstand, aber er entschloß sich wenige Stunden später zur Flucht.

Während die Gattin Elisabeth zunächst in Küstrin eine Zuflucht

Nach Ausbruch der kriegerischen Auseinandersetzungen 1618 griff Herzog Maximilian nach anfänglichem Zögern 1620 aktiv in das Kriegsgeschehen ein. Der Kupferstich von Wolfgang Kilian zeigt ihn als Feldherrn auf dem Schlachtfeld.

Die Schlacht am Weißen Berg bei Prag am 7./8. November 1620 entschied über das Schicksal des »Winterkönigs«. Nach dem Sieg der Kaiserlichen verlor er

die böhmische Krone und die Kurpfalz. Auf böhmischer Seite sollen 9000 Mann, auf kaiserlicher 1000 Mann gefallen sein. Stich von M. Merian.

fand und später nach Holland reiste, eilte er über Breslau, Wolfenbüttel, Braunschweig, Hamburg und Bremen nach Holland, das ihm Asyl und bald auch tatkräftige Hilfe gewährte. »Deutschland«, heißt es in einer viel verbreiteten lutherischen Flugschrift jener Tage, »muß mit Herzeleid sehen und hören, daß fast alle Unordnung, Trennung, Krieg und Aufruhr von Holland aus ihm ins Herz geführt werden.« Für die nächsten zehn Jahre jedenfalls hatte dieses Wort Geltung.

Über die Folgen der Niederlage ist sich Friedrich erst sehr viel später klar geworden. »Im übrigen tuen wir nichts als Essen und Trinken«, schrieb er aus Wolfenbüttel an die Gattin. Mehrfache ernsthafte Versuche zu einem gütlichen Ausgleich, die vom Kaiser in den nächsten Jahren unternommen wurden, hat der Winterkönig in seltsamer Verkennung der Rechts- und Machtverhältnisse scheitern lassen.

Am 9. November zog Maximilian in Prag ein. Stadt und Stände huldigten ihm als dem Vertreter des Kaisers; doch verwies er sie, als sie ihn um Bestätigung ihrer Religionsfreiheit und Privilegien baten, an Ferdinand als ihren rechtmäßigen Herrn. Kaiserliche Truppen, die mit Plünderung und Gewalttat in Prag vorgingen, ließ er aus Böhmen abtransportieren; im Heer der Liga hielt er auf strengste Manneszucht. Als unmittelbare Folge des Sieges ergab sich auch, daß Mähren sich dem Kaiser unterwarf; Schlesien und die Lausitz waren, wie erwähnt, schon vorher von Truppen des sächsischen Kurfürsten erobert worden.

Dem neuernannten Statthalter Böhmens, Fürst *Karl von Liechtenstein*, übergab Maximilian Verwaltung und Regierung, dankte einen Teil der ligistischen Truppen ab, ließ Tilly mit 8000 Mann im Lande zurück und reiste über Straubing, wo ihn der Vater, Herzog Wilhelm, die Gattin und der Ständeausschuß mit Glückwünschen empfingen, nach München, wo er am 25. November, vom Jubel des Volkes begrüßt, eintraf. Sein erster Weg war in die Frauenkirche, wo er Gott für den Sieg dankte.

Folgen der Niederlage

Gewaltig war das Echo, das diese Ereignisse in ganz Europa weckten. Naheliegend war die Begeisterung der katholischen Höfe und Länder – Papst Gregor XV. pries Maximilian als »eine eherne Mauer, die das Haus Gottes auf stärkste befestigt«; aber auch zahlreiche protestan-

Christian, Herzog von Braunschweig-Wolfenbüttel (1599–1626), siebzehnjährig zum protestantischen Bischof von Halberstadt gewählt, griff 1621 mit einem eigenen Heer in den Krieg ein und verwüstete ganze Landstriche. Gemälde von A. van Dyck.

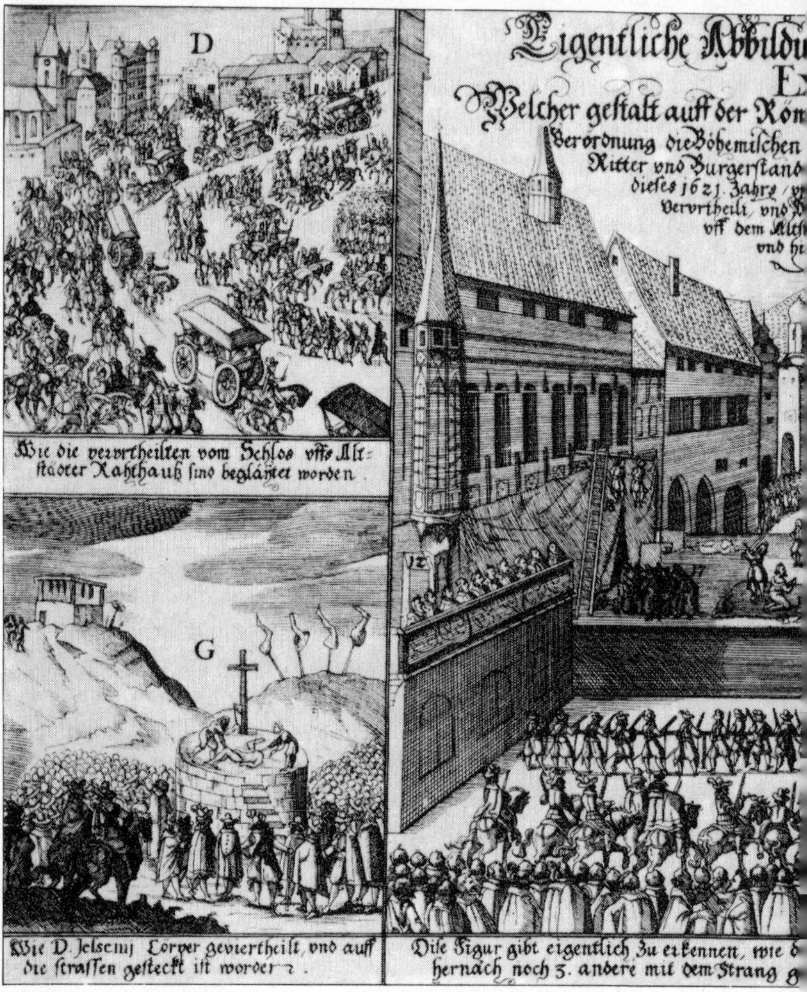

Nach dem Sieg der Kaiserlichen über die Böhmen in der Schlacht am Weißen Berg setzte eine »Säuberungsaktion« ein, in deren Verlauf am 21. Juni 1621 in der »Pragerischen Exekution« öffentlich 24 Todesurteile gefällt und vollstreckt wurden. Zeitgenössisches Flugblatt.

ocess der Pragerischen
ÿtt. gnadigisten Befelch vnnd
ectores, von Grafen, Herren,
ebstag den 9. (19.) Junij,
en Schloß zu Prag
21.) Junij hernach
stificirt
ndt
Auff dem Ring
F
Hie sicht man die 12. Köpff auff den Prager Bruckenthurn aufgesteckt
H
n, einer nach dem andern enthauptet, vnd
Welcher gestaldt 3. mit ruthen außgehauen, vnd einer mit der Zungen am Galgen angenagelt gewesen

tische Fürsten verhehlten ihre Freude über die Niederlage des verhaßten Calvinisten Friedrich nicht.

In vielen Flugblättern wird das Schicksal des Winterkönigs höhnisch kommentiert. Ein Flugblatt zeigt Friedrich auf einem Glücksrad, wie er als König zur Höhe steigt, dann herabstürzt und von mitleidigen holländischen Schiffern aus dem Wasser gezogen wird:

»Der hatt' zuvor viel Leut und Land,
der hat jetztund eine leere Hand.
Der vor hatt' auf dem Haupt ein Kron,
hat jetzt kaum ein ganz Hemmet an.
Helf' Gott dem armen Friederich,
er kommt doch nimmer über sich!«

Von dem Gericht, das über Böhmen erging, kann hier nur andeutungsweise berichtet werden. Es erfolgten zahlreiche Verhaftungen und Landesverweisungen sowie 24 Todesurteile, die am 21. Juni 1621 teils durch Erhängen, teils durch Enthauptung auf dem Altstädter Ring zu Prag vollstreckt wurden. Der Grundbesitz aller flüchtigen Aufständischen und vieler, die im Vertrauen auf die Milde Ferdinands in Böhmen verblieben waren, wurde zugunsten des Kaisers beschlagnahmt: eine Maßnahme, die zu weitgehenden Spekulationen und schweren Korruptionserscheinungen führte; auch Albrecht Wallenstein hat sich bei dieser Gelegenheit außerordentlich bereichert.

Wer immer »während der vergangenen Rebellion ein Kriegs-, Landes-, Hof-, Stadt- oder Ratsamt innegehabt, Kommissionen inner- oder außerhalb des Landes verrichtet, Konföderationen beschworen und unterschrieben, den rebellischen Zusammenkünften beigewohnt und deren Beschlüsse approbiert, andere zur Rebellion aufgewiegelt, wider den Kaiser und sein hochlöbliches Haus schmähliche oder herabsetzende Reden geführt oder sonst bei der Rebellion interessiert war«, konnte von einem Ende 1621 eingesetzten Konfiskationsrat verurteilt werden und mußte mit der gänzlichen oder teilweisen Beschlagnahme von Hab und Gut rechnen. Die Schuldigen verloren, wenn nicht schwerere Strafen verhängt waren oder neben ihnen, ihren gesamten Grundbesitz; wobei, wenn ihnen ein Teil ihres Vermögens laut Urteil blieb, die Bezahlung der Güter in entwertetem Geld erfolgte.

Ein vom Kaiser privilegiertes Münzkonsortium gab Geldstücke in 4–10fach verschlechtertem Wert aus, das aber zu vollem Kurs genommen werden mußte; damit kauften die Mitglieder des Konsortiums, dem unter Führung eines *Hans de Witte* zahlreiche vornehme Herren, unter ihnen auch Wallenstein, angehörten, den Grundbesitz auf. Ferdinands Sohn, Ferdinand III., stellte einige Jahrzehnte später eine Untersuchung über diese riesige Korruptionsaffäre an, und es kennzeichnet den Umfang der hier betätigten Durchstechereien, wenn man hört, daß einer der Hauptschuldigen zum Ersatz von einer Million Gulden verurteilt wurde.

Der Wohlstand des protestantischen Adels Böhmens und eines erheblichen Teiles der städtischen Bürgerschaft ist auf diese Weise vernichtet worden. Das flache Land war ohnedies in den jahrelangen Kämpfen eine einzige Trümmerstätte geworden.

Zunächst wurden die Calvinisten und Böhmischen Brüder, dann auch die wenigen protestantischen Geistlichen Böhmens ausgewiesen. Die Rekatholisierung des Landes wurde den Jesuiten anvertraut, die auch die wichtigsten Lehrstühle der Prager Universität besetzten. Majestätsbrief und Religionsfreiheit fielen, der Grundsatz des Augsburger Religionsfriedens: »Cuius regio, eius religio« wurde rücksichtslos durchgeführt.

Etwas milder als in Böhmen ging man in Mähren vor. Hier wurde Kardinal Dietrichstein mit der Durchführung der Reformen beauftragt. Todesstrafen wurden nicht verhängt, und die Güterkonfiskationen beschränkten sich auf den Besitz der Emigranten und des Adels. Die städtischen Bürger wurden weitgehend geschont. Die Gegenreformation wurde aber ebenso systematisch wie in Böhmen durchgeführt.

Dagegen konnte der Kurfürst von Sachsen gemäß den im Dresdener Akkord gegebenen Zusicherungen für seine Glaubensgenossen in Schlesien und in der Lausitz weitgehende Toleranz bezüglich der Religionsübung wie der Vermögenskonfiskationen durchsetzen.

Eine Folge der böhmischen Ereignisse war es auch, daß in Ober- und Niederösterreich die Gegenreformation systematisch ins Werk gesetzt wurde. Nachdem infolge der harten Maßnahmen des oberösterreichischen Statthalters, Graf Herberstorf, ein Bauernaufstand unter *Stephan Fadinger* ausgebrochen und nach anfänglichen Erfolgen niedergeschlagen worden war, konnte auch Innerösterreich als rekatholisiert gelten.

In Ungarn war es Peter Pazman, Erzbischof von Gran, der durch Reform des Klerus und der Schulen, durch unermüdliche seelsorgerische und karitative Tätigkeit weite Kreise des Landes für den Katholizismus zurückgewann.

Als Ergebnis mehrjähriger Beratung wurde im Mai 1627 in Böhmen die »*Erneuerte Landesordnung*« autoritär von Ferdinand erlassen, die das Erbrecht der habsburgischen Dynastie und die Ernennung der Beamtenschaft durch den König festlegte, wichtige Gerichtsurteile seiner Genehmigung unterstellte, neben der tschechischen die deutsche Sprache als Amtssprache einführte, den Ständen nur das Steuerbewilligungsrecht, dem König aber die Befugnis vorbehielt, in Böhmen »Gesetze und Rechte zu machen und alles dasjenige, was das Recht der Gesetzgebung, so Uns als dem König allein zusteht, mit sich bringt«.

Unter denen, die 1622 die Heimat verlassen mußten, war *Johann Amos Comenius*, Mitglied und später Bischof der Böhmisch-mährischen Brüder: einer jener großen Männer, die jenseits ihrer Zeit zu leben scheinen, weil sie den aktuellen Losungen nicht folgen; und dabei doch über ihre Zeit hinaus fortleben, weil sie das tiefste Gesetz des Lebens, die Menschlichkeit, verwirklichten und erfüllten.

Comenius vertrat den nach den Anschauungen dieses Jahrhunderts wahrhaft revolutionären Gedanken der Toleranz für alle Glaubensbekenntnisse. »Alle, die über Frömmigkeit, Sittlichkeit, Wissenschaften und Künste geschrieben haben«, heißt es in einem seiner Briefe an Samuel Hartlieb in London, den Freund Miltons, »gleichviel ob Christ oder Mohammedaner, Jude oder Heide, oder welcher Sekte sie immer angehört haben mögen, Pythagoräer, Akademiker, Peripatetiker, Stoiker, Essäer, Griechen, Römer, Alte oder Neue, Doktor oder Rabbi, jedwede Kirche, Synode, Kirchenversammlung: alle, sage ich, sollen zugelassen und gehört werden. Wir wünschen, daß die Menschen endlich einmal von allen Zwistigkeiten befreit werden, daß die Sekten und Gehässigkeiten aufhören, unter denen die einen durch die anderen leiden.«

1592 zu Komma bei Ungarisch Brod in Mähren geboren, wuchs Comenius in einer Atmosphäre humanistischer und kosmopolitischer Geistigkeit auf. Er studierte in Amsterdam und Heidelberg, wirkte als Lehrer und Geistlicher in seiner Heimat, bis ihn der Böhmische Krieg vertrieb. Eine unruhige Wanderschaft führte ihn bis nach England und Schweden – dort hat er vor dem Parlament, hier vor Oxenstierna seine pädagogischen Reformen vertreten –, nach Siebenbürgen und Polen. Ein letztes Asyl fand er in Amsterdam, wo er 1676 verschieden ist.

Mit der Achterklärung wider den Pfälzer zögerte der Kaiser geraume Zeit; auch nachdem der böhmische Aufstand niedergeschlagen und Mansfeld aus Ober- und Rheinpfalz vertrieben war. Vermutlich rechnete Ferdinand immer noch mit einem Einlenken Friedrichs, der aber jede Abbitte ablehnte, im Gegenteil Entschädigungen forderte.

Mit der Unterstützung durch die Union konnte er allerdings nicht mehr rechnen, da sie in den letzten Zügen lag und sich im April 1621 auflöste; was Camerarius, den Kanzler Friedrichs V., zu einem bitteren Kommentar veranlaßte: »Weil das Geld aufhört, sodaß man sich nicht mehr mit Rosenobeln füllen kann, ist Mut und Kraft dahin, zur ewigen Schande. Denn ich glaube nicht, daß solch ein Exempel in irgendeiner Geschichte zu finden ist. Es wäre besser, daß nie eine Union gewesen, als daß sie mit dieser Schmach ein Ende nimmt.«

Machtverschiebungen

Erst am 29. Januar 1621 wurde feierlich, in den von der Goldenen Bulle vorgeschriebenen Formen, Acht und Aberacht über »das Haupt des ungetreuen Rebellen, den Verräter und Verletzer der kaiserlichen Majestät, den Landesfriedensbrecher« ausgesprochen.

Noch länger dauerte es, bis der Kaiser die Versprechungen einlöste, die er bezüglich der Übertragung der Kur und des Ersatzes der Kriegskosten eingegangen war. Zwar war schon am 22. Dezember 1621 die Kur von Ferdinand geheim und schriftlich an Maximilian übertragen worden; aber der Kaiser zögerte mit der Veröffentlichung des Aktes. Man wird ihm daraus keinen Vorwurf machen können, denn es erhoben sich einflußreiche Opponenten gegen die Rangerhöhung des Bayern. Trier und Mainz sahen mit kaum verhehltem Mißvergnügen die wachsende Macht Maximilians; Kursachsen und andere evangelische Reichsstände wehrten sich gegen den mit der Kur verbundenen wachsenden Einfluß der katholischen Partei; die Calvinisten, voran der Kurfürst von Brandenburg, aber auch der König von England und die Generalstaaten setzten sich unverändert für die Ansprüche des Pfälzers ein. Auch Spanien schloß sich den Gegnern an, da ihm daran lag, mit England und den Generalstaaten ein gutes Einvernehmen zu erhalten.

Andererseits wirkte nicht nur Papst Gregor XV. aus kirchenpolitischen Gründen für die Erhöhung Maximilians, sondern auch Frankreich, wo gerade zu diesem Zeitpunkt Richelieu die Leitung der Staatsgeschäfte übernommen hatte, der mit der Stärkung Bayerns ein Gleichgewicht gegenüber der habsburgischen Machtstellung zu schaffen gedachte.

Auf dem Regensburger Reichsreputationstag, der im Januar 1623 zusammentrat, kam es zu heftigen Auseinandersetzungen über diese Fragen. Die oppositionellen Stände protestierten gemeinsam und legten dem Kaiser nahe, den Pfalzgrafen zu begnadigen, falls er sich unterwerfe und Abbitte leiste. »Seine kaiserliche Majestät möchte aus angeborener Milde und Magnaminität sich selbst überwinden und das strenge Recht in eine kaiserliche Clemenz verwandeln.« Falls Friedrich sich nicht unterwerfe, seien seine nächsten Verwandten, voran die Pfalzgrafen Wolfgang Wilhelm von Neuburg und Friedrich von Zweibrücken-Birkenfeld, die an der Rebellion nicht teilgenommen hätten, zu belehnen.

Ferdinand, der durch das Münchener Abkommen gebunden war, wandte sich nachdrücklich gegen diese Einwendungen: Friedrich sei oft abgemahnt und zur Abbitte aufgefordert worden. Nach den Reichssatzungen liege es in der Hand des Kaisers, des obersten Richters der Reichsjustiz, über die Würden und Länder eines geächteten Majestätsverbrechers zu verfügen. Es sei sein unabänderlicher Wille, die Kur, die an das Reichsoberhaupt zurückgefallen sei, dem bayerischen Herzog zu übertragen, der überdies dem Stamm Friedrichs zugehöre. Mit der Verleihung der rheinpfälzischen Lehen wolle er zuwarten und Gnade üben für den Fall, daß sich der Pfalzgraf unterwerfe.

Schließlich wurde mit Zustimmung Maximilians ein vermittelnder Vorschlag Eggenbergs, des Beraters Ferdinands, angenommen: Kur und Reichsvikariat sollten dem bayerischen Herzog nur auf Lebenszeit übertragen werden; ein künftiger Kurfürstenkongreß solle entscheiden, wem sie nach seinem Tode zufielen. Lutheraner und Calvinisten verwarfen auch diesen Kompromiß und verließen Sitzung und Reichstag mit der Erklärung, sie würden für einen Feldzug gegen Siebenbürgen keine Steuern bewilligen.

Neben der Übertragung der Kur verpflichtete sich Ferdinand, die in Höhe von 12 Millionen Gulden berechneten Kriegskosten mit 5% zu verzinsen; bis zur Einlösung der Schuld sollten Maximilian Oberösterreich und Oberpfalz als Pfänder verbleiben. Infolge der Haltung der evangelischen Stände war der Kaiser noch mehr als bisher auf Bayern und die Liga angewiesen.

Am 25. Februar 1623 erfolgte im Rittersaal des Regensburger Rathauses die feierliche Übertragung der Kur in Anwesenheit der Geistlichen Kurfürsten, der österreichischen Erzherzöge und bayerischen Prinzen, des Landgrafen Ludwig von Hessen-Darmstadt, der Fürstbischöfe und Bischöfe von Salzburg, Regensburg, Eichstätt und Augsburg, aller Vertreter der katholischen Reichsstände und zahlreicher auswärtiger Gesandter.

Ferdinand, der im Kaiserornat auf dem Thron saß, ließ durch den Reichsvizekanzler die Belehnung des Bayernherzogs mit der verwirkten Kur verkünden. Maximilian trat in Waffenrüstung vor den kaiserlichen Thron, ließ sich auf ein Samtkissen nieder und bat um die Verleihung der Kur. Ferdinand überreichte ihm Hut und Mantel und nahm von ihm den Huldigungseid eines Kurfürsten und Reichserztruchsessen entgegen. Sodann küßte Maximilian Hand und Schwert des Kaisers und reichte ihm bei der folgenden Festtafel die erste Schüssel dar. Volksfeste, Schauspiele und Opern, Maskenzüge und Tänze schlossen sich in bunter Folge dem feierlichen Akt an.

Noch länger dauerte es mit der Einlösung der Pfänder durch den Kaiser. Wien machte, da man dort naturgemäß an der Wiedervereinigung der österreichischen Erblande interessiert war, 1628 Maximilian den Vorschlag, das Pfand zurückzuerstatten und auf die Bezahlung der Kriegskosten gegen Einräumung der Oberpfalz, die der Herzog schon 1621 im Namen des Kaisers fast kampflos besetzt hatte, sowie der von Tilly eroberten rechtsrheinischen Pfalz zu verzichten. Da kein Reichsstand die Pfandsumme aufbringen konnte, da außerdem die Heere des Kaisers und der Liga damals 100 000 Mann umfaßten und allenthalben im Reich siegreich standen, war kein ernsthafter Widerspruch gegen die Übertragung dieser ehemaligen Besitzungen des Pfalzgrafen zu erwarten.

Maximilian entschloß sich nach einigem Zögern, auf dieses Angebot einzugehen, zumal ihm gleichzeitig die Erblichkeit der Kur zugesichert wurde; und so fiel, nach 300jähriger Trennung, am 22. Februar 1628 die Oberpfalz wieder an Bayern zurück. Die Stände huldigten in Amberg dem neuen Landesherrn. Die Rekatholisierung wurde gemäß den Grundsätzen des Augsburger Religionsfriedens systematisch durchgeführt, was insbesondere zahlreiche Calvinisten bürgerlichen Standes zur Auswanderung veranlaßte.

16

Generalissimus Wallenstein

Der Krieg, der vorwiegend durch Religionsfragen ausgelöst worden war, wandelte sich allmählich in ein politisches Unternehmen, das allerdings vielfach aus religiösen Argumenten Daseinsberechtigung und Propagandamöglichkeiten bezog. So sehr weiterhin religiös-konfessionelle Motive und Hintergründe im Ablauf des Geschehens mitwirkten, ein bestimmender und ausschlaggebender Faktor sind sie für keinen der Beteiligten mehr.

Die Gegner des Reichs

Mansfeld, der von dem flüchtigen Friedrich zum militärischen Befehlshaber ernannt worden war und der von England und den Generalstaaten mit Geldmitteln unterstützt wurde, zog mit seinen Truppen nach dem Abmarsch aus Böhmen in die Rheinpfalz, wo er das Bistum Speyer und dann das kaiserliche Elsaß ausplünderte. Der calvinistische Markgraf *Georg Friedrich von Baden-Durlach* schloß sich ihm an.

Wie immer trug der kleine Mann Leid und Last des Krieges. »Die Mansfelder«, schreibt ein Chronist über die rheinpfälzischen Geschehnisse, »haben die armen unbewehrten Bauern haufenweise in die brennenden Häuser mitten in die Flammen geworfen und diejenigen, die sich retten wollten, wie die Hunde niedergeschossen. Sie haben die Kirchen aufgebrochen, beraubt, die Altäre niedergerissen, das heilig hochwürdige Sakrament mit Füßen getreten, einander ihre blutrünstigen Schuhe mit dem heiligen Öl angestrichen und beschmiert. Sie haben die Taufsteine ausgeschüttet und sie auf schmutzige Weise entheiligt. Sie haben alle Weibspersonen öffentlich geschändet und sie nach verübter Untat ins Feuer geworfen. Ja, was einem die Haare zu Berge stehen läßt und in der ganzen Christenheit aller Zeiten unerhört ist: sie haben mit Kindern von neun und zehn Jahren teuflische Unzucht getrieben und sie so lange unmenschlich rottenweise geschändet, bis sie unter ihren Händen gestorben sind. Wie denn zahlreiche junge und alte Weibsbilder drei Tage darnach in offenen Wagen, in alten verbrannten

Scheunen, der Ehre beraubt und nackt, tot aufgefunden wurden; andere aber dermaßen mitgenommen, daß sie kaum atmen konnten und nach wenigen Tagen gleichfalls starben. Sind das nicht zum Himmel schreiende und Rache herausfordernde Laster!«

In dieser Weise wurde der Krieg, dessen Ziel die deutsche und christliche Libertät sein sollte, geführt. Aber das waren erst die Anfänge.

In der Person des 1599 geborenen Herzogs *Christian von Braunschweig-Wolfenbüttel*, der 17jährig vom Domkapitel zu Halberstadt zum protestantischen Bischof erwählt, vom Kaiser allerdings nicht belehnt worden war, der dann als Rittmeister im holländischen Heer diente, erstand der Sache Friedrichs ein neuer Streiter. Der Herzog, der um seines unbändigen Lebenswandels willen den Beinamen »Der tolle Christian« erhielt, warb mit finanzieller Unterstützung der Generalstaaten und des Landgrafen Moritz von Hessen-Kassel, der damals schon insgeheim auf antikaiserlicher Seite stand, im Sommer und Herbst 1621 ein Heer, das bald 13000 Mann zählte. Weniger der Sold als die Aussicht auf Beute ließ die Landsknechte der Werbetrommel folgen; zumal wenn sie ein Mann rühren ließ, dem ein solcher Ruf voranging wie dem 22jährigen Christian.

Er rechtfertigte diesen Ruf in vollem Umfang. Mit Feuer und Schwert verwüstete er Westfalen und Hessen-Darmstadt. Den Räten von Paderborn ließ er sagen, er spüre ihre Halsstarrigkeit und bösen Willen. Wenn sie fernerhin Widerstand leisteten, »so werden wir alsdann ohne weitere Nachsicht das ganze Stift abbrennen, alle Bauern und ihre Angehörigen niederhauen und niederschießen, daß darüber noch Kindeskinder sich zu beklagen haben werden«. Ähnlich äußerte er sich dem Landgrafen Ludwig von Hessen-Darmstadt gegenüber, der ihn bat, sein Land mit Truppendurchzügen zu verschonen: »Falls wir im geringsten angegriffen werden sollten, so haltet gewiß dafür, daß wir dermaßen in Dero Landen hausen werden, daß es diese gereuen und Kindeskinder sich darüber sollen zu beklagen haben. Dies zur Nachricht.«

Inzwischen war Tilly nach Westen, in die pfälzischen Gegenden gerückt und vereinigte sich hier mit den niederländisch-spanischen Truppen, die Cordova anstelle des inzwischen abberufenen Spinola kommandierte. Er schlug am 6. Mai 1622 bei Wimpfen den Markgraf von Baden-Durlach, am 20. Juni bei Höchst Christian, der vom Norden herangerückt war, um sich mit Mansfeld zu vereinigen. Mit dem

Rest seiner Truppen flüchtete Christian zu Mansfeld, der die Pfalz räumte und sich ins Elsaß, von hier nach Lothringen und ins Brabantische zurückzog. Tilly nahm Heidelberg und Mannheim.

Zur gleichen Zeit weilte Friedrich, der dem Mansfelder einen Besuch abgestattet hatte und sich bald von der Aussichtslosigkeit seiner militärischen Unternehmungen überzeugen mußte, am Hof von Sedan bei seinem Onkel. »Man bewirtet mich gut«, schrieb er am 24. Juli an die Gattin. »Ich verbringe die Zeit hier mit Ballspielen und Baden. Wenn das eine mich erhitzt, erfrischt mich das andere. Im übrigen befinde ich mich sehr wohl.«

Christian, der bald neue Truppenwerbungen anstellte und das Weserland brandschatzte – im Sommer 1623 verfügte er wieder über etwa 17000 Mann zu Fuß, 5000 Reiter und eine beträchtliche Artillerie –, beabsichtigte, sich mit Bethlen Gabor zu vereinigen, der, nachdem er im Januar 1622 mit dem Kaiser den Nikolsburger Frieden geschlossen hatte, einen neuen Angriff gegen die österreichischen Erblande mit dem Ziel vorbereitete, den Pfalzgrafen wieder in Böhmen einzusetzen. Bei Stadtlohn aber, im Münsterschen unweit der holländischen Grenze, wurde Christian am 6. August 1623 von Tilly wiederum vernichtend geschlagen. Mit den Resten seines Heeres flüchtete er nach Holland.

Mansfeld, der inzwischen im Dienst der Generalstaaten Ostfriesland ausgesogen hatte, in dem verwüsteten Land und von sonsther keinen Nachschub mehr auftreiben konnte, dankte, als Tilly sich gegen ihn wandte, im Januar 1624 seine Soldaten ab und ging als Privatmann nach Holland.

Auch Bethlen Gabor, der im September 1623 in Ungarn und Mähren eingebrochen war und dort einige Erfolge zu verzeichnen hatte, im übrigen aber gänzlich isoliert war, bequemte sich schon im Mai 1624 zu einem für den Kaiser günstigen Frieden.

Nachdem der Plan einer englisch-spanischen Heirat gescheitert war und der englische Thronfolger die Schwester Ludwigs XIII., Henriette, geheiratet hatte, erfolgte eine antihabsburgische Schwenkung der englischen wie der französischen Politik, die sich verschärfte, als im April 1624 *Richelieu* die Leitung der französischen Außenpolitik übernahm und im Mai 1625 Karl I. seinem Vater Jakob I. auf dem englischen Königsthron folgte.

Richelieu sah in der gesammelten österreichisch-spanischen Macht Habsburgs die Gefahr einer Umklammerung Frankreichs. Sie zu zerstören, war ihm ein Hauptanliegen. Im Sommer 1624 kam zwischen Frankreich, England und den Generalstaaten ein gegen Habsburg gerichtetes Bündnis zustande. Sehr zutreffend bezeichnete Ferdinand die Generalstaaten als »des Kriegs in Unseren Erblanden und des allgemeinen Unheiles vornehmste Hauptaufwiegler und Anstifter, die den meinigen Untertanen mit Volk, Geld und Munition an die Hand gehen . . .«; und Tilly erklärte: »Es besteht die größte List und Tätigkeit der Generalstaaten darin, ihre Macht und Größe mit dem Anzünden fremder Empörung zu bauen und zu befestigen und zu diesem Zweck immer neue Bündnisse anzuzetteln.«

Maximilian war der Meinung, daß eine kriegerische Verwicklung mit Holland nur den spanischen Niederlanden zugute käme und außerdem die Gefahr eines Zusammenstoßes mit Frankreich in sich berge. »Laßt Euch«, schrieb er warnend an Tilly, »nit in das Wesen der Spanier und Generalstaaten einflechten, auf daß man die Holländer nit zu einem beharrlichen Feind mache und die Lande meines geliebten Bruders, des Kurfürsten von Köln, und anderer benachbarter Bundesmitglieder in ewigen Krieg versetze. Wannen man sich einmal mit den Staaten zu weit eingelassen hat, so ist es schwer, wieder aus denselben herauszukommen.« Übrigens war Graf Thurn, der seit dem böhmischen Zusammenbruch bei Bethlen Gabor geweilt hatte, nach dessen Friedensschluß mit dem Kaiser nach Holland übergesiedelt.

Die Verbündeten wollten damals schon Gustav Adolf als Heerführer gegen das Reich gewinnen; aber seine Forderungen waren zu hoch; und da König *Christian IV. von Dänemark*, ein Onkel des tollen Christian und der Winterkönigin, den es nach dem Besitz einiger norddeutscher Schiffe gelüstete, sich als Heerführer anbot, entschied man sich nach längeren Verhandlungen im April 1625 für ihn.

Im März 1625 wurde der Dänenkönig, der als Herzog von Holstein Mitglied des niedersächsischen Kreises war, in Lauenburg zum Kreisobersten gewählt. Bei der Tagung waren u. a. die Herzöge von Mecklenburg, Friedrich Ulrich von Braunschweig, Landgraf Moritz von Hessen, Wilhelm Christian von Magdeburg und der (evangelische) Bremer Erzbischof anwesend. Es wurde auch die Aufstellung eines Heeres beschlossen: eine Entscheidung, die sich angeblich nicht gegen den Kaiser, sondern gegen Mansfeld richtete – der übrigens längst außer Landes war. König Christian wurde zum Oberbefehlshaber der Truppen bestimmt. Auch die Hansestädte unterstützten den König. In Hamburg wurde von allen Kanzeln gepredigt, der Himmel möge die

Waffen Christians segnen und die »papistischen Bluthunde« verderben. Vergeblich mahnten Tilly und auch der Kurfürst von Sachsen, die niedersächsischen Stände möchten nichts tun, was sie nicht vor Gott und dem Kaiser verantworten könnten. König Christian gab eine ausweichende und zweideutige Antwort: die Rüstungen seien nur defensiv gemeint.

Der kaiserliche Feldherr

Am 7. April 1625 ernannte Ferdinand *Albrecht Wenzel Eusebius von Wallenstein* (Waldstein), Herzog zu Friedland, zum »Capo über alles kaiserliche Volk«, zum Feldherrn eines Heeres, das erst geschaffen werden mußte. Tilly selbst hatte schon Anfang 1625 den Kaiser bei einem Wiener Besuch um Entlassung gebeten; auch entsprach dem kaiserlichen Selbstgefühl auf die Dauer die Unterstellung seiner Truppen unter die Liga nicht.

Wallenstein ist sicherlich eine der merkwürdigsten Figuren dieses an bedeutenden Gestalten so reichen Jahrhunderts. Am 24. September 1583 in Hermanitz aus altem böhmischen Adelsgeschlecht geboren, gehörte er zunächst der evangelischen Konfession an, wurde nach dem frühen Tod der Eltern von dem mütterlichen Oheim in den Lehren der böhmischen Brüder erzogen und trat 1606 unter dem Einfluß des Jesuiten Pachta zum Katholizismus über.

Längere Reisen führten ihn durch Deutschland, die Niederlande, England, Frankreich und Italien; an den Universitäten von Padua und Bologna studierte er besonders Mathematik, Astrologie und Kriegswissenschaft. Im kaiserlichen Heer, in das er nach der Rückkehr in die Heimat eintrat, zeichnete er sich erstmals 1604 in Kämpfen in Ungarn aus und erhielt dann am Hof des Erzherzogs Matthias den Posten eines Kammerherrn. 1609 ehelichte er die ihm von dem Pater Veit Pachta empfohlene Witwe Lukretia Nekesch von Landeck: eine ältliche, häßliche Dame, der er übrigens zeitlebens ein dankbares Andenken bewahrte. Als sie nach fünfjähriger kinderloser Ehe 1614 starb, setzte sie ihn zum Erben ihrer großen Güter in Mähren ein.

Erst neun Jahre später, im Juni 1623, ging Wallenstein eine zweite Ehe mit Isabella von Harrach ein, der Tochter eines einflußreichen Beraters Kaiser Ferdinands: eine, wie man aus einigen liebevoll zärtlichen Briefen der Gattin schließen muß, harmonische Verbindung. »Herzal-

Johannes Kepler (1571–1630), der Begründer der neueren Astronomie, stand mehrfach mit Wallenstein in Verbindung, zuletzt 1628 auch in seinen Diensten. Stich von Jakob von Heyden.

lerliebster Herr«, spricht ihn Isabella in diesen Korrespondenzen an; sie empfängt mit höchster Freude seine »lieben Briefe« und, da er krank ist, möchte sie, wenn auch nur auf einige Stunden, bei ihm sein und bei seinem Bett auf der Erde sitzen; »nichts Höheres in der Welt« verlangt sie, als »ihn zu sehen und anwesend in seiner Lieb und Gedächtnis zu bleiben«. Frau Isabella schenkte dem Gatten einen Sohn, der früh starb, und eine Tochter Maria Elisabeth, die später einen Grafen Kaunitz ehelichte.

Seit frühen Jahren bis zu seinem Tod hat Wallenstein den Voraussagen der Astrologen vertraut. Er werde alles tun, wenn die Sterne die rechte Stunde anzeigten, hat er in seinem letzten Lebensjahr denen geantwortet, die ihn zum Handeln wider den Kaiser drängten; und bereits im Jahre 1608 ließ er sich von *Kepler,* der damals im Dienste Kaiser Rudolfs stand, ein Horoskop stellen, dem der große Astronom den vorsichtigen Leitspruch voranstellte: »Sintemal alles, was der Mensch vom Himmel zu hoffen hat, da ist der Himmel nur Vater, seine eigene Seele aber ist die Mutter dazu.« Der Astronom hebt das »wachende, aufgemunterte, emsige, unruhige« Naturell Wallensteins hervor, das nach Neuerungen strebe; er trage viel mehr in Gedanken, als er nach außen zeige; er halte sich an Magie und Zauberei, suche Gemeinschaft mit den Geistern, verachte menschliche Gebote und Sitten, auch die Religion; er schweige viel, sei oft ungestüm und streitbar, unverzagt, aber auch furchtsam. Er erscheine kalt und in sich selbst versunken, einem in seinem Inneren sich vollziehenden Austausch ergeben.

Auch später blieb Wallenstein mit Kepler in Verbindung. Ein Horoskop, das der Astronom 1626 für ihn ausarbeitete, sagte für die Jahre 1632, 1633, 1634 fünf Gegenüberstellungen der nach Keplers Meinung des Herzogs Schicksal bestimmenden Planeten Saturn und Jupiter voraus. Insbesondere sollten die Gestirne im März des Jahres 1634 ein sonderbares Kreuz bilden, das als Unglückszeichen aufzufassen war.

Aufschlußreicher noch als Keplers Prognosen ist ein Gutachten, das der große Gegner Wallensteins, Maximilian von Bayern, im Jahre 1628, kurz vor der ersten Absetzung des Generalissimus, von einem unbekannten Autor über Wallenstein fertigen ließ. Seine hohe Einsicht, sein scharfer Verstand, sein gereiftes Urteil, sein Drang zur Herrschaft und sein Trieb zu großen Unternehmungen werden hier rückhaltlos anerkannt. Sein höchstes Ziel sei, die aristokratische Verfassung Deutschlands in eine absolute Monarchie umzuwandeln. Er selbst wolle sich nach dem Tod des Kaisers durch die Armee zum erblichen Herrscher ausrufen lassen. Er werde dann in seinen Unternehmungen zeigen wollen, welch große Kraft Deutschland innewohne, wenn es unter einem einzigen Oberhaupt vereinigt sei.

Seine Hauptlaster seien Ehrgeiz, Zorn und Neid. Nichts sei ihm unerträglicher, als sich dem Willen eines andern zu unterwerfen und von irgend jemand abhängig zu sein; jede Einschränkung seiner angemaß-

Keplers Horoskopfigur für Wallenstein aus dem Jahr 1608. 1626 sagte Kepler ihm für März 1634 eine besonders unglückliche Konstellation voraus.

ten Unabhängigkeit berühre ihn auf das empfindlichste. Er sei außerordentlich verschlossen; außer Gott dringe niemand in die tiefen Falten seines Gemütes ein. Wovon er mit aller Welt rede, daran denke er sicher nicht. Sein sonderbares Wesen diene ihm dazu, die kolossalen Pläne seines Ehrgeizes zu verschleiern. Trotz seiner Veränderlichkeit und Unentschlossenheit verfolge er einen einmal gefaßten Plan hartnäckig und lasse sich auf keinerlei Weise davon abbringen. Wallenstein sei aber auch feig; und bei allem Hochmut und aller Ehrsucht sei er gegenüber denjenigen, die ihm die Zähne wiesen, sehr furchtsam. Nie werde er etwas Ungewisses für etwas Gewisses eintauschen.

Wallenstein besaß eine hohe Gestalt, starke, hagere Gliedmaßen, einen straffen Körper. Sein Gesicht war mehr oval als rund, gelblich, nicht fleischig. Seine Stirn war hoch gewölbt, seine Nase stumpf, aber gebogen. Er trug sein schwarzes, in späteren Jahren gebleichtes Haar vorn kurz geschnitten und hoch gekämmt; zu beiden Seiten hingen einige gekräuselte Locken herab. Seine schwarzen Augen waren nicht groß, der Blick aber feurig und durchdringend. Der Ausdruck des Gesichtes war frostig, abwehrend. Sein Benehmen verriet Härte, und selbst im vertrauten Kreis legte er nicht alle Rauheit ab. In jäher Wut konnte er losbrechen und dann Äußerungen tun, die seine geheimsten Gedanken ahnen ließen. Sein Gang war langsam wegen der Fußgicht, die ihn seit dem Jahr 1620 plagte.

Wallenstein hielt auf eine reich besetzte Tafel und einen prunkvollen Hofstaat. In früheren Jahren pflegte er viel und gern zu trinken und tafelte im Kreis seiner Offiziere und Gäste. Später speiste er allein, sprach wenig, und in seinem Umkreis mußte jedes Geräusch vermieden werden. Wenn er durch das Feldlager ging, duldete er weder Ansprache noch Gruß.

Mit Söldnertruppen, die er auf eigene Kosten geworben hatte, kam Wallenstein 1617 Erzherzog Ferdinand, dem späteren Kaier, der damals in Fehde mit Venedig lag, zu Hilfe. Der Dank war die Ernennung zum Obersten; aber auch jenes Vertrauensverhältnis, das von seiten Ferdinands bis wenige Monate vor Wallensteins Tod erhalten blieb, bahnte sich damals an.

Während des Böhmischen Krieges nahm Wallenstein einige Städte im nördlichen Böhmen, beteiligte sich dann mit seinem wallonischen Kürassierregiment an dem Feldzug gegen Bethlen Gabor, Mansfeld und Thurn. Nach dem Frieden von Nikolsburg wurde er vom Kaiser im Januar 1622 zum Obristen von Prag, d. h. zum Oberstkommandierenden in Böhmen ernannt. Wallenstein wurde der reichste Großgrundbesitzer Böhmens: seine Güter umfaßten fast das gesamte nordöstliche Gebiet des Landes; Friedland und Gitschin waren seine Residenzen.

Erste und vordringlichste Aufgabe Wallensteins war die Aufstellung des kaiserlichen Heeres; und hier bewährten sich die genialen Fähigkeiten des Organisators. In wenigen Wochen hatte er eine Armee von 24 000 Mann zusammengebracht und ausgerüstet; Ende des Jahres umfaßte das Heer bereits 35 000 Mann zu Fuß und 17000 Reiter. Das System der Werbung war einfach und zugleich wirksam: eine Anzahl von Obersten erhielt Patente und Werbeplätze zugewiesen; sie hatten selbst – was teilweise durch Vorschüsse Wallensteins ermöglicht wurde – zunächst die Kosten zu übernehmen, nämlich das Lauf- und Antrittsgeld, das von der Zeit der Anwerbung bis zur Musterung zu zahlen war, sowie den ersten Monatssold. Sold, Verpflegung und Munition hatte der Kaiser zu liefern, d. h., sie wurden im wesentlichen durch Kontributionen aufgebracht, da es Wallenstein erlaubt war, »in den eroberten Örtern und Landschaften zur Erhaltung der Soldateska leidliche Kontributionen zu erheben«.

Wallensteins Reichtum bot den Offizieren genügende Gewähr für den Ersatz ihrer Auslagen. Der hohe Sold und die Erträge aus den rücksichtslos eingetriebenen Kontributionen waren für Offiziere wie für Mannschaften Anreiz genug, seiner Fahne zu folgen. Selbstverständlich hatte auch der Feldherr selbst reichlichen Anteil an diesen Kontributionen; er erhielt zudem vom Kaiser immer wieder reiche Gaben an Gütern und Geld; außerdem verdiente er beträchtliche Summen, indem er den Kriegsbedarf an Lebensmitteln, Munition, Schuhen und sonstigem Material im weiten Umfang aus seinen eigenen trefflich organisierten Ländereien lieferte, wo Handwerker jeder Art angesiedelt wurden, Tuchweberei, Waffenfabrikation und Bergbau blühten.

Die von Wallenstein betriebenen Geschäfte und die Bevorschussung der Soldzahlungen müssen sehr gewinnbringend gewesen sein: wir hören, daß der Kaiser im Jahr 1628, nachdem er kurz zuvor dem Generalissimus den Betrag von 700 000 Gulden vergütet hatte, ihm bereits wiederum dreieinhalb Millionen Gulden schuldete – trotz aller Kontributionen.

Ende 1627 hatte Wallenstein als eine Art Schenkung des Kaisers das schlesische Fürstentum Sagan erworben; Anfang 1628 erhielt er auch für Sagan den Herzogstitel, was mit wichtigen Privilegien, u. a. mit dem Münzrecht, verbunden war. Er ließ Goldmünzen, jährlich 70 000 Dukaten, mit dem eigenen Wappen und Bildnis schlagen: »Wenn ich Schaden davon leiden soll, so will ich mich nicht beirren lassen; ich tue es nicht des Nutzens, sondern der Reputation wegen.« »Invita invidia« (Dem Neid zum Trotz) lautete die Devise des Herzogs, und sie wünschte er auf seinen Münzprägungen zu sehen. »Hier schicke ich

Euch wieder, wie Ihr vor mich auf der Münz machen laßt«, schreibt er seinem Landeshauptmann von Taxis; »es gefällt mir alles, aber ich weiß nicht, wer Euch das Dominus protector meus in Sinn gegeben, da doch meine Devise ist ›invita invidia‹. Drum laßt das erste aus und macht dies.«

Den Gipfel der äußeren Machtstellung erreichte Wallenstein, als ihn der Kaiser im Januar 1628 zum Ausgleich für seine finanziellen Aufwendungen mit dem Herzogtum Mecklenburg belehnte. Als Rechtsgrund wurde geltend gemacht, daß sich die Herzoge Albrecht und Adolf Friedrich von Mecklenburg den Dänen angeschlossen hätten. Man müsse einmal an einem Reichsfürsten ein Exempel statuieren, um die übrigen von weiteren Empörungen abzuhalten. Wallenstein wurde damit unmittelbarer Reichsstand, Fürst des Heiligen Römischen Reiches mit dem Recht, sein Haupt vor dem Kaiser zu bedecken. »Er ist der alleinige Herr«, schrieb damals der spanische Gesandte an seinen König, »und läßt dem Kaiser kaum etwas anderes als den Titel. Bei dem geringsten Widerstand gegen seine Pläne gibt es keine Sicherheit wider ihn; denn seine Naturanlage ist ebenso furchtbar wie unbeständig, da er nicht einmal sich selbst zu beherrschen weiß.«

Kaiserlich-ligistische Feldzüge

Am 18. Juli 1625 überschritt Tilly bei Höxter die Grenze des niedersächsischen Kreises. König Christian gab die propagandistische Parole des Religionskrieges aus: »Vieler Menschen Gewissen sind in Gefahr, die ganze evangelische Religion ist bedroht!« Nochmals mahnte Tilly: die Reden vom Schutz des Religionsfriedens seien hohl und nichtig, weil gerade der Kaiser ihn halte und gewährleiste. Kein evangelischer Reichsstand, der treu zum Kaiser stehe, habe auch nur die geringste Behelligung in Religionssachen erfahren. Er fordere die Deutschen auf, sich von dem landfremden König loszusagen, der im Bündnis mit anderen auswärtigen Mächten zum Zweck der Zerrüttung des Reiches sich erhoben habe.

Es kam zu kleineren Kämpfen im Braunschweigischen und Hannoverschen, zu Ausschreitungen der dänischen und ligistischen Truppen; Tilly seinerseits bemühte sich tatkräftig um eine straffe Diziplin. Unweit Hannover wurde Ende Oktober eine dänische Reiterschwadron von ligistischen Truppen aufgerieben. Der tolle Christian, der wiederum ein Truppenkontingent geworben hatte, vereinigte sich mit dem Dänenkönig, Mansfeld zog mit einigen Regimentern durch das Erzbistum Bremen. Beide Generale wurden durch französische Geldmittel subventioniert.

Im Herbst 1625 hatte Wallenstein seine Rüstungen abgeschlossen, marschierte durch Franken und Thüringen nach Braunschweig und vereinigte sich mit Tilly. Das Verhältnis zu Tilly und dem Ligaheer war in einer kaiserlichen Instruktion geregelt worden. Wallenstein solle sich Tilly »accomodieren«, heißt es da, »unabbrüchlich der kaiserlichen Präeminenzen und Respekts«.

In Wahrheit hat sich das Verhältnis beider Feldherren trotz ihrer so konträren Wesensart und zahlreicher Meinungsverschiedenheiten über die Fragen der militärischen Taktik leidlich entwickelt und hat, zeitweise wenigstens, eine einheitliche Führung der Operationen ermöglicht. Tilly erkannte die großen Fähigkeiten Wallensteins neidlos an, wenngleich ihm das Wesen des kaiserlichen Generalissimus fremd, ja unheimlich bleiben mußte. Er wolle, erklärte er, wenn Friedland in betreff des Ranges die Präeminenz in Anspruch nehme, keine Schwierigkeiten machen. Er ordne der gemeinsamen Sache sein Privatinteresse unter. Wallenstein seinerseits hatte gewisse Sympathien für den »guten Alten«; nach der Begegnung mit Tilly schrieb er an Ferdinand: »Ich und der Herr General Tilly vergleichen uns gar wohl. Wolle Gott, daß Alle Ihro Majestät Minister mindestens sich so wohl vergleichen täten.«

Beide Generäle erließen ein Manifest, in dem sie verkündigten, daß ihre Armeen in Niedersachsen einrücken würden, da der Kreis allen Abmahnungen zum Trotz gerüstet und sich mit dem geächteten Rebellen Mansfeld verbunden habe. Nochmals kam es in Braunschweig zu Verhandlungen zwischen dem Kaiser und den niedersächsischen Ständen: diese und der Dänenkönig sollten abrüsten, dann würden die Heere des Kaisers und der Liga wieder nach Süden abrücken. Da aber im Dezember im Haag eine neue Allianz zwischen England, den Generalstaaten und Frankreich zugunsten des Dänenkönigs zustande kam, der zudem auf die Unterstützung Mansfelds und Herzog Christians rechnen konnte, erhöhten die niedersächsischen Stände ihre Forderungen, so daß im März 1626 die Verhandlungen abgebrochen wurden.

Tilly war sich über den kommenden schweren Konflikt klar. »Ich sehe einen grimmigeren blutigeren Krieg voraus als jemals seit der böhmischen Rebellion«, schrieb er an den Kurfürsten von Mainz, »ich setze aber mein Vertrauen auf Gott und die Gerechtigkeit.«

Im Februar 1626 ließ Wallenstein aus dem Herzogtum Friedland dem Heer große Mengen von Proviant und Material zusenden und forderte genaue Quittungen, »auf daß es mir nachher wiederum von Ihrer Majestät bezahlt werde«. An seinen Landeshauptmann Taxis in Gitschin ergehen Anweisungen wie diese: »Zum ersten zahlt mein Vetter Max 24000 Gulden für die Kroaten; zum andern sehet, daß der Herr Michna (der kaiserliche Generalkommissar) die 17 000 Strich Korn bald empfängt, daß sie noch diesen Monat hier sein können; zum dritten übergebt dem Herrn Michna 2000 Zentner Pulver, auf daß sie auch in continenti auf dem Wasser hierher geschickt werden; auch alle die Lunten, die ihr habt, und laßt ihrer bis auf 3000 Zentner machen. Laßt auch 10 000 Paar Schuh machen für die Knecht, auf daß ich sie nachher auf die Regimenter kann austeilen lassen. Notabene sehet zu, daß die Schuh allzeit ein jedes Paar fleißig zusammengebunden wird, auf daß man wüßte, welche zusammengehören. Laßt dieweil Leder präparieren, denn ich werde bald lassen auch ein paar tausend Stiefel fertig machen. Laßt auch Tuch fertig haben, vielleicht wird man auch Kleider bedürfen.«

Welcher Kontrast, wenn man liest, daß zur gleichen Zeit Tilly an Maximilian schreiben muß: »In den Quartieren der Reiter ist auch nicht ein Strohhalm mehr vorhanden . . . Die Kleidung, das Lederzeug ist zerrissen und verfault. Es mangelt an Fuhren. Die Regimenter schmelzen zusammen. Viele Soldaten sind krank. Vor allen Dingen fehlt Brot.«

Wenige Wochen später, am 25. April, schlug Wallenstein bei der Dessauer Elbebrücke die niedersächsischen Kreistruppen, die unter Mansfelds Führung standen. Die psychologische Wirkung des ersten Sieges des kaiserlichen Generalissimus war weittragender als die militärischen und politischen Auswirkungen.

Im Juni 1626 erlag der tolle Christian in Wolfenbüttel, noch nicht 27jährig, einem Fieber. Er selbst meinte, die Ursache der Krankheit liege in Zauberei; der Dänenkönig und andere aber äußerten unverhohlen: »Die Krankheit und der Tod haben ihren Ursprung in dem unordentlichen Leben, das Seine Fürstlichen Gnaden jederzeit geführt haben.« Nicht unverdient ist der Nachruf, den ihm der bayerische Generalkriegskommissar von Ruepp widmete: »Es wäre wohl zu wünschen gewest, daß dieser Fürst seine Schuld schon vor etlichen Jahren bezahlt hätt; dadurch wäre viel Unheil und Übel verhütet worden.«

Mansfeld, der in die Mark Brandenburg geflüchtet war, erhielt bald neuen Zuzug und marschierte durch Schlesien und Mähren nach Ungarn, wo er sich im Oktober mit Bethlen Gabor, der wiederum die Waffen gegen den Kaiser ergriffen hatte, vereinigte. Kurz zuvor hatte der Siebenbürge eine Schwester des Kurfürsten von Brandenburg geehelicht und war so auch der Schwager Gustav Adolfs geworden. Es kam aber zu keinen ernsthaften Kämpfen, da Bethlen Gabor, als Wallenstein heranrückte, Frieden erbat und erhielt. Dieser Entschluß Bethlens wurde auch durch den Umstand bestimmt, daß er bei seinem Vordringen in Ungarn, wo im Dezember 1625 des Kaisers Sohn, Ferdinand III., zum König gewählt und gekrönt worden war, eine wenig freundliche Aufnahme fand.

Mansfeld reiste weiter, um über Venedig nach England zu gelangen. Er verschied am 30. November 1626 in einem bosnischen Dorf unweit Serajewo.

Am 27. August 1626 schlug Tilly den Dänenkönig bei Lutter am Barenberg unweit Wolfenbüttel. Die Folge war, daß Braunschweig sich wiederum auf kaiserliche Seite stellte; daß die festen Plätze an Weser und Leine genommen, die Stifte Verden und Bremen besetzt werden konnten. Nach der Einnahme Wolfenbüttels, dessen Besetzung er den Ligisten überließ, äußerte sich Wallenstein folgendermaßen über die ›bayrische Faktion‹: »Ich wollte nicht gern ein Ursach zu Diffidenz geben; denn wenn wir Kurbayern recht auf unser Seiten haben, so sind wir Patroni nicht allein von Deutschland, sondern von ganz Europa.«

Naturgemäß kam es jedoch bald, besonders weil der kaiserliche Generalissimus stets die besseren Quartiere forderte, zwischen dem Feldherrn des Kaisers und der Liga zu heftigen Auseinandersetzungen. Immer wieder hört man Beschwerden Tillys wie die folgende: »Mit dem Herrn Herzog zu Friedland hats eine viel andere und bessere Gelegenheit. Weil derselbe Seiner kaiserlichen Majestät eigenes Kriegsvolk führt, findet er allenthalben, wohin er kommt, allen guten Willen, Tür und Tor offen und hat dazu noch diesen Vorteil, daß er weit vom Feind separiert ist; hingegen werd ich aller Orten enthört und bin aller Hilf beraubt, muß noch danebens gegen den Feind in stetiger Wehr und Gefahr stehen.« Auch kam es von Anfang an zu Meinungsverschiedenheiten über taktische Fragen.

Schwerwiegender sind die Klagen des Kurfürsten Maximilian: »Es sieht so aus, als sei der Herzog von Friedland nur zu Defension der Unkatholischen und gar nit der katholischen Stände, sondern vielmehr zu ihrer ruina bestellt.« Und Wallenstein antwortete noch eindeutiger:

»Ich bin gewohnt, dem Haus Österreich zu dienen und nicht von der bayrischen Servitut mich strapazieren zu lassen ... Der Herr Tilly ist der bayrischen Kommissäre Sklave ... Wegen der Patienz, so er mit diesen Hundsföttern haben muß, wird er bei Gott coronam martyrii erlangen, der gute Alte.«

Zunächst wurden die großen Leistungen, die Wallenstein mit der Aufstellung des Heeres vollbracht hatte, vom Kaiser durch zahlreiche Gnadenerweise anerkannt. So wurde er als »Regierer des Hauses Wallstein und Friedland« in den Reichsfürstenstand erhoben und am 13. Juni zum Herzog von Friedland, wenig später zum Obrist-Feldhauptmann ernannt. Nun mußte sich zeigen, welche militärischen und politischen Auswirkungen die Ernennung Wallensteins haben würde.

Der Krieg ging weiter. König Christian warb mit holländischem und französischem Geld und ließ weiterhin den Religionskrieg proklamieren. Sengend und brennend zogen die Dänen im Sommer 1627 durch das lüneburgische Land.

In zähen Kämpfen drängte das vereinigte kaiserlich-ligistische Heer die Dänen in Richtung Elbemündung zurück. Holstein, Schleswig und Mecklenburg wurden besetzt. Eine Entscheidung fiel nicht, da Christian jede Schlacht vermied und geschickt mit seiner Flotte operierte. »Der König«, schreibt Wallenstein höhnisch, »hält sich noch ganz in den Inseln, daher ich ihm denn noch nicht kann zukommen; er sauft sich alle Tage voll; verhoffe zu Gott, daß er einmal im Rausch etwas wagen wird; kriecht er heraus aus den wasserigen Örtern, so ist er gewiß unser.«

Trotz der vielen Beschwerden, die über die Kontributionen und Ausschreitungen des kaiserlichen Heeres, besonders auf dem Ligatag zu Würzburg und auf dem Mühlhausener Kurfürstentag im Februar und Oktober 1627, laut wurden, hielt Ferdinand an Wallenstein fest. »Die Kurfürsten«, erklärte er, »äußern viele Klagen über Wallenstein, über sein herrisches Auftreten. Die katholischen Kurfürsten beschweren sich, daß die protestantischen Stände milder behandelt würden als die katholischen. Sie drohen, ihre Armee abzuberufen, sich selbst zu schützen. Aber da sind die äußeren Feinde: Dänemark, England, Schweden, die Generalstaaten; dazu andere Verbündete, die alles tuen zum Schaden der Katholiken und der sonstigen Getreuen im Reich. Der Frieden mit den Türken ist nicht vollständig gesichert. Bethlen Gabor entschließt sich leicht, die Waffen zu ergreifen; er steht im Einvernehmen mit den Tataren. Um die Beschwerden zur Entscheidung

Albrecht Wallenstein, Herzog von Friedland (1583–1634), vor Stralsund, das er nicht besiegen konnte. Als Parteigänger und vielfach ausgezeichneter Feldherr des Kaisers geriet er in Gegnerschaft zu seinen Verbündeten, fiel in Ungnade und wurde 1634 ermordet. Kupferstich von M. Merian.

zu bringen, bedarf ich eines Heeres. Aber es muß Abhilfe geschaffen werden. Das Vorgehen des Herzogs von Friedland mißfällt mir. Da er aber zum Nutzen der Christenheit so wertvolle Dienste geleistet hat, muß man über kleine Mängel hinweg sehen. Nur soll er fortan mit mehr Bescheidenheit und Diskretion verfahren.«

Die Lage des Dänenkönigs hatte sich inzwischen wesentlich verschlechtert, da zwischen Frankreich und England infolge der britischen Unterstützung der Hugenotten ein Krieg ausgebrochen und von diesen beiden Verbündeten keine Hilfe zu erwarten war. Vorstöße, die Christian im Herbst 1628 und im Frühjahr 1629 nach Pommern und Schleswig unternahm, wurden zurückgeschlagen. So kam es nach langwierigen Verhandlungen am 22. Mai 1629 zum *Frieden von Lübeck*: König Christian erhielt seine dänischen Besitzungen zurück; er gab seine deutschen Verbündeten, auch die Herzoge von Mecklenburg, preis, verzichtete auf Ersatz seiner Kriegskosten, die er auf acht Millionen Taler berechnete, und auf die deutschen Hochstifte; er versprach, sich in die Angelegenheiten des Reiches nicht mehr einzumischen.

Es steht dahin, ob die vergleichsweise milden Bedingungen auf die Besorgnis zurückzuführen waren, die Ferdinand in einem Brief an Maximilian hervorhebt: daß nämlich der Dänenkönig mit neuen Verbündeten, besonders Schweden, den Krieg wiederum beginnen könne; oder aber auf die Hoffnung Wallensteins, daß nach Wegfall des dänischen Bundesgenossen die vertriebenen Herzoge von Mecklenburg keine Hilfe mehr fänden.

Zwei schwere Mißerfolge hatte der kaiserliche Generalissimus freilich zu verzeichnen: die Belagerung von Stralsund im Sommer 1628 mußte er ergebnislos abbrechen; obschon zunächst Arnim, sein Feldmarschall, und dann auch er selbst mit Aufgebot aller Kräfte die Übergabe der Stadt zu erzwingen sich bemühten. »Und wäre Stralsund mit Ketten an den Himmel gebunden«, hatte er angeblich geäußert, »es muß herunter.« Aber weil der Generalissimus über keine Flotte verfügte, konnte die Stadt von der Seeseite her dauernd Verstärkungen und Proviant aufnehmen und sich so behaupten. Sie hatte aus diesem Grund größere schwedische Kontingente eingelassen, die auch nach Aufgabe der Belagerung nicht mehr abzogen und der späteren Invasion Gustav Adolfs einen wertvollen Stützpunkt boten.

Auch auf den Plan des Baues einer großen Flotte mußte Wallenstein verzichten, den er im Zusammenhang des Dänischen Krieges und der Belagerung Stralsunds gefaßt hatte – er ließ sich damals zum »General der gesamten kaiserlichen Schiffsarmada zu Meer wie auch des ozeanischen und baltischen Meeres General« ernennen; er projektierte einen Kanal zwischen Nord- und Ostsee und dachte daran, die Flotte des Schwedenkönigs in Brand stecken zu lassen. Aber die Hansestädte, ohne die der Flottenplan nicht durchgeführt werden konnte, folgten der Anregung nicht; sei es, weil sie eine Gefährdung ihres Handels oder – mit der wachsenden Macht des Generalissimus – Angriffe auf ihr protestantisches Bekenntnis besorgten; sei es aus Furcht vor England, den Niederlanden und Schweden, denen die Flottenaktion natürlich als unerwünschte Konkurrenz galt. Die Niederlage vor Stralsund ließ diesen Plan Wallensteins vollends scheitern.

Kaiserliche Machtproben

Ausdruck, freilich auch Scheitelpunkt der seit dem Lübecker Frieden nahezu unbestrittenen Machtstellung des Kaisers war der Erlaß des *Restitutionsediktes*, das am 6. März 1629 als »authentische Auslegung des Augsburger Religionsfriedens« publiziert wurde. Es dekretierte, daß alle seit dem Passauer Vertrag von 1552 eingezogenen mittelbaren Stifte, Klöster und sonstigen Kirchengüter von den Katholiken wieder zurückgefordert werden könnten; daß alle reichsunmittelbaren Stifte und Klöster wieder mit katholischen Geistlichen zu besetzen seien; daß auch die katholischen Stände das Recht hätten, ihre Untertanen zu ihrer Religion anzuhalten oder, wenn diese sich nicht fügten, sie auszuweisen. Außerdem erklärte der Kaiser, daß der Religionsfriede nur für die Katholiken und die Anhänger der Augsburgischen Konfession von 1530 gelte, alle anderen »Sekten«, d. h. vor allem die Calvinisten, nicht geduldet werden könnten.

Die Auswirkungen des Ediktes waren sehr weitgehend: Nicht weniger als zwei Erzbistümer – Bremen und Magdeburg –, zwölf norddeutsche Bistümer und mehr als 500 Abteien, Kollegiatstifte, Klöster und Kirchen, die entgegen dem Geistlichen Vorbehalt in die Hände von Protestanten gelangt waren, waren zu restituieren. Nach Durchführung des Ediktes – und die siegreichen Armeen Wallensteins und Tillys schienen diese zu gewährleisten – wäre die politische Macht der protestantischen Stände Deutschlands nahezu vernichtet gewesen.

Die rechtlichen Grundlagen des Restitutionsediktes waren nicht zu bestreiten; um so verheerender mußten die politischen und psychologischen Auswirkungen sein. Die calvinistischen Reichsstände, voran die Pfalz, Hessen-Kassel, Kurbrandenburg, Pfalz-Zweibrücken, wären bei einer rigorosen Durchführung rechtlos gewesen – für Sachsen und Brandenburg wurden freilich Ausnahmen bezüglich der Restitutionen in Aussicht gestellt. Allen protestantischen Fürsten und Ständen drohten wesentliche Einbußen, und sie mußten so auf die antikaiserliche Seite gedrängt werden. Besitzverhältnisse, die sich seit Jahrzehnten stabilisiert hatten, gerieten in Verwirrung, Ungezählten wurde der Glaubenswechsel oder Vermögensverlust zugemutet.

Wenn schon Collalto, der Präsident des Wiener Hofkriegsrats, dem das Gesetz zur Begutachtung vorgelegt wurde, äußerte, es sei zwar gut und gerecht, aber der Ausführung stehe das Bedenken entgegen, ob daraus nicht große Widerwärtigkeiten, ja gar ein Religionskrieg hervorgehen werde; wenn der überzeugte Katholik Pappenheim, Maximilians verdienter General, schreibt, auch solche, die an Aufruhr sonst nicht gedacht, seien durch das Edikt in Mißmut geraten, ist die Erregung, die es unter den Protestanten auslöste, begreiflich.

Auch Wallenstein äußerte sich unzweideutig gegen das Edikt. Als er im Sommer 1629 Magdeburg blockierte und – offenbar, um sich für die Anfeindungen der Liga zu rächen – einem von den Hansestädten angeregten Vergleich mit der Stadt zustimmte, erklärte er: »Wir vernehmen, die Hansestädte befürchten, man wolle das kaiserliche Edikt wegen der Reformation exequieren. Des sind Wir aber durchaus nicht gemeint; das Edikt kann nicht Bestand haben und Wir versprechen den Hansestädten, daß ihnen nicht das geringste deswegen zugemutet werden soll, denn man kann den Religionsfrieden nicht also über den Haufen stoßen.« Die Gewissen, fügt er hinzu, dependierten allein von Gott, gegen den auch ein jeder seine Religion zu verantworten habe.

Kann man diese Äußerung noch als diplomatischen Schachzug einer besonders hansefreundlichen Politik des Herzogs ansehen, so ist seine weitere, im November 1629 erfolgte Stellungnahme gegenüber dem Gesandten des Kurfürsten von Sachsen durchaus eindeutig. Er versicherte ihm, daß er an dem Restitutionsedikt kein Gefallen habe und sich zur Durchführung desselben »mit der unter sein Kommando gestellten Armee nie brauchen lassen werde und wenig danach frage, was der Fürst von Eggensberg, Pater Lamormaini und andere ihresgleichen für Opiniones hätten; seine Absicht sei einzig und allein dahin gerichtet, die Reputation Ihrer Majestät, unseres allergnädigsten Herren, zu erhalten, das Reich zu konservieren und vor allen auswärtigen Feinden zu defendieren.« Praktische Auswirkungen hatten solche Äußerungen nicht: das kaiserliche Heer beteiligte sich naturgemäß an den Maßnahmen, die der Durchführung des gerade von Ferdinand gewünschten Restitutionsediktes galten.

Die Armeen des Generalissimus wurden auch in Italien eingesetzt, obschon Wallenstein dem Kaiser nachdrücklich ein Eingreifen in den mantuanischen Erbfolgekonflikt abgeraten hatte, der nach dem Tod des kinderlosen Vincenzo II. Gonzaga, des Bruders der Kaiserin Eleonora, im Dezember 1627 akut wurde. Ferdinand, der Mantua als erledigtes Reichslehen ansah, war zunächst geneigt, Vincenzos nächsten Verwandten, Herzog Karl von Nevers, anzuerkennen, ließ sich aber dann bestimmen, da dieser von Frankreich gestützt wurde, ein Heer unter Collalto nach Italien zu entsenden. Es kam zu heftigen Kämpfen zwischen den kaiserlichen, spanischen und savoyischen Truppen einerseits, dem französischen Heer andererseits. Gallas, der Collalto abgelöst hatte, nahm im Juni 1630 nach längerer Belagerung Mantua.

Wiederum riet Wallenstein, der seit Juni 1630 in Memmingen weilte, um dem italienischen und savoyisch-französischen Kriegsschauplatz nahe zu sein, dem Kaiser zum Frieden; man müsse die Armee gegen Gustav Adolf, mit dessen Landung seit Monaten gerechnet wurde, bereit halten. Aber erst im Juni 1631 kam ein Abkommen mit Frankreich zustande, das Karl von Nevers anerkannte sowie den Verzicht des Kaisers auf die Graubündener Pässe bestätigte.

Das Ergebnis der Kämpfe war die weitere Verschärfung der Beziehungen zwischen dem Reich und Frankreich; aber auch der verhängnisvolle Umstand, daß es lange Monate dauerte, bis die kaiserlichen Truppen wieder ins Reich zurückkehrten und für den norddeutschen Kriegsschauplatz verfügbar wurden.

Der Abschied des Feldherrn

Die Gründe, die zur Absetzung Wallensteins führten, gehen auf zwei Umstände zurück: vor allem auf die Ausschreitungen seiner Armee in den verschiedensten Reichsteilen von Ungarn bis zum Rhein; sodann auf die Besorgnis, seine wachsende Machtstellung könne zu einem Umsturz des Reichsregimentes führen.

Natürlich kamen, trotz der strengen Mahnungen Tillys, trotz des Beispiels der lauteren Integrität, das der Feldherr selbst gab, auch bei den Ligisten Ausschreitungen vor. Maximilian übermittelte seinem General Klagen, die in München eintrafen, benutzte aber zugleich die Gelegenheit, ihn seines vorbehaltlosen Vertrauens zu versichern: »Ich weiß wohl, daß Euch, einem so berühmten und der ganzen Welt bekannten General, solche Geschehnisse unlieb sind. Ich weiß, daß Ihr daran unschuldig seid, daß alles nur von anderen herrührt. Nicht Euch verüble ich es, noch ist dies die Absicht meines Schreibens. Ich teile Euch nur meine Ansicht mit, wie den Dingen abzuhelfen, wie die Gefahr, die Ihr befürchtet, abzuwenden sei. Denn auf Euch haben ich und die anderen Bundesstände all unser Vertrauen gesetzt, Euch haben wir unsere Wohlfahrt, unsere Länder und Leute anbefohlen. Deswegen nehmt mein Schreiben nicht unwillig auf, denkt nicht, Ihr seid an den Übelständen schuld. Seid vielmehr versichert, daß ich wie bisher jederzeit, so auch fortan Euch hochachte, ehre und liebe, meine ganze Hoffnung auf Euch gründe und nicht zweifle, daß Ihr von Eurer so löblichen Bahn nicht ablassen werdet.«

Aber seit dem Jahr 1627 mehrten sich die Klagen der Kurfürsten und Stände, der Liga und der protestantischen Fürsten über die Aussaugungs- und Kontributionsmethoden der Wallensteinschen Armada. Auf dem Kurfürstentag von Mühlhausen im Oktober 1627 wurde eine dem Kaiser zu überreichende Beschwerdeschrift abgefaßt, die zahlreiche Klagen über maßlose Kontributionen, Mißachtung der Reichsstände und Verletzungen ihrer Freiheiten enthielt. Die Kurfürsten verlangten eine sofortige Verringerung des Heeres; falls keine Abhilfe eintrete, würden sie auf Mittel bedacht sein, wodurch »die Kurfürsten und Stände bei des Reiches Satzungen und ihrem hergebrachten Stande erhalten und das hochbedrängte Vaterland vor vollständigem Ruin salviert werden möge«.

Daß dieser Hinweis Verhandlungen mit Frankreich meinte, kam bei den Beratungen unzweideutig zum Ausdruck, war auch schon in der Instruktion Maximilians an seine Delegierten angedeutet worden: »Ich war mit und neben dem Kaiser allzeit der Meinung gewest, man dürfe Frankreich nit ganz abalienieren, damit solche Kron sich nit ganz und öffentlich auf die Gegenseite begeb. Und dies ist mein einziges und Prinzipalziel gewest, daß ich auf Frankreich niemalen einzig Fundament gemacht; denn es ist mir selbiges Gubernament und der französischen Nation Humor gar wohl bekannt.«

Wallenstein ließ es an unvorsichtigen und leidenschaftlichen Gegenäußerungen, die in der Tat die Reichsverfassung verletzten, nicht fehlen: »Er wolle den Kurfürsten mores lehren; sie müßten von dem Kaiser, der Kaiser nit von ihnen abhängen; es gebühre des Kaisers Sohn die Nachfolge im Reich ohne weiteres und es bedürfe der Wahl nit.«

In Berichten, die dem Kurfürsten von Bayern zugingen, wurde Wallenstein beschuldigt, daß er sich nach dem Tod des Kaisers, »der auch beschleunigt werden könne«, zum »Erbkönig von Deutschland und Kaiser des Westens« machen wolle; was ihm, »nachdem er die Kurfürsten ins Elend gebracht«, mit Hilfe der Armee leicht möglich sei. In etwas abgeschwächter Fassung kehrt der gleiche Verdacht in einem Bericht des päpstlichen Nuntius Palloto an den Kardinal Barberini vom 10. Juni 1628 wieder: »Die einen hegen den Verdacht, daß man am kaiserlichen Hof das Reich zu unterjochen und wie Böhmen und Mähren erblich zu machen beabsichtige; und es fehlt auch nicht an Leuten, die es nicht für unmöglich halten, daß den Herzog von Friedland eine Laune zu seinen eigenen Gunsten erfasse.«

Maximilian, der »nicht nur des ganzen Römischen Reichs und seiner Stände Wohlfahrt und Libertät, sondern vor allem auch der Herren Kurfürsten Hoheit und Vorrang« in Gefahr sah und seinem Argwohn unverhohlen Ausdruck verlieh, man wolle in Wien mit Wallensteins Hilfe »autoritatem Caesaris et statum monarchicum in Deutschland stabilieren und auf das wenigste den Kurfürsten des Reichs ihre Präeminenz und Gewalt restringieren«, veranlaßte auf einem Kurfürstentag in Bingen Ende Juni 1629 erneut Vorstellungen beim Kaiser, der schließlich Wallenstein zu kleinen Heeresreduktionen veranlaßte und in einem Brief an seinen Generalissimus am 6. September nachdrücklich betonte: »Es ist Euer Liebden bekannt, daß ich nicht willens bin, mein Haus durch Eigenmacht und durch andere Mittel zu befestigen, als die Reichsverfassung und die von mir beschworenen Wahlbedingungen mit sich bringen.«

Eine Mitteilung an den Mainzer Kurfürst-Erzbischof Georg Friedrich von Greifenklau bekräftigte diese Haltung. Ferdinand ließ ihm versichern, daß, »so wahr als er Gottes Angesicht zu schauen begehre, seine Intention, Wille oder Meinung nie gewesen sei und auch jetzt nicht sei, die Libertät, die Freiheiten der Kurfürsten und Stände des Römischen Reiches zu schwächen und in ihrer Verfassung etwas zu derogieren; und wenn er wüßte, daß einer seiner Diener oder Offiziere mit solchem Vorhaben umginge, so wolle er demselben den Kopf nehmen lassen.«

Durch solche unmißverständliche Erklärungen waren zwar die verfassungsrechtlichen Befürchtungen der Kurfürsten behoben; keineswegs war aber eine Abhilfe ihrer Beschwerden über die Bedrückungen durch die Wallensteinsche Soldateska erreicht. Ein Bundestag der Liga in Mergentheim im Dezember 1629 erneuerte nachdrücklich diese Beschwerden, die dem Kaiser um so unzeitgemäßer erschienen, als er wie sein Generalissimus die internationale Lage höchst pessimistisch beurteilte und daher beide nur sehr ungern in eine Verringerung des Heeres willigten. Solche Besorgnisse mochten Ferdinand veranlassen, zunächst trotz mancher Bedenken an seinem Feldherrn festzuhalten. »Ich fand den Kaiser günstig gestimmt«, schrieb der spanische Gesandte nach Madrid, »doch äußerst besorgt wegen der launischen Beschaffenheit des Herzogs von Friedland. Er tat mir leid, daß er trotz seiner Kenntnis von Wallensteins Charakter es nicht wagte, ihm das Kommando zu entwinden. Er meint aber, daß dies größere Übel zur Folge hätte, als wenn man vorläufig gegen ihn gute Miene machte.«

Dabei sah Wallenstein zu diesem Zeitpunkt die dem Reich drohende Gefahr schon sehr viel richtiger als seine Gegner: »Der Fried zwischen Schweden und Polen ist richtig«, schrieb er an Collalto; »der Schwed auf Ersuchen etlicher Stände des Reichs wie auch der Hansastadt und anderer Malcontenten wendet sich hereinwärts (gegen Deutschland) . . . Daß sich Frankreich nicht herein wenden sollte mit aller seiner Macht, das glaub der Herr Bruder nicht. Es wird den größten Sforzo hereinwenden, dieweil nicht alle Katholischen ihm zuwider sein. Die andern sind in solcher Desperacion, daß sie nicht allein wenn Frankreich kommt, sondern wenn der Teufel selbst käme, sich ihm werden in die Händ werfen.«

Daß Bethlen Gabor, der unruhige und ehrgeizige Mann, der in den letzten Jahren auch Beziehungen zu Gustav Adolf anknüpfte, mit dessen Hilfe er die polnische Königskrone zu gewinnen hoffte, am 15. November 1629 starb, minderte die drohenden Gefahren kaum.

Wenig später, im Februar 1630, spricht sich Wallenstein noch pessimistischer aus: »Der Status im Reich ist so gefährlich, wie er nur je gewesen. Die Katholischen haben Angst vor der Monarchie, die andern wegen der Restitution der geistlichen Güter. Die Erbitterung ist so groß, daß sie alle sagen, der Schwede soll nur kommen; kann er ihnen nicht helfen, so wollen sie gern mit ihm präzipitieren . . . Ihrer Majestät Länder und wie sie affektionniert sind und wie man sich auf die neuen Christianos (die durch das Restitutionsedikt Bekehrten) verlassen kann, das mag jeder judizieren . . . Die Feinde werden nicht so bald wieder eine solche Gelegenheit bekommen, das Haus Österreich zu ruinieren.«

Solche Warnungen blieben unbeachtet; zu groß war die allgemeine Erbitterung, die die Ausschreitungen der Armeen Wallensteins hervorgerufen hatten – und man kann nicht sagen, daß sie unberechtigt war. Die Gebiete, in denen das Heer einige Monate lagerte, mochten sie Freunden oder Feinden gehören, wurden bis aufs letzte ausgesogen. Bargeld war meist schon nicht mehr vorhanden; goldene und silberne Gefäße wurden zu Spottpreisen verschleudert; die Offiziere ließen die letzten armseligen Kühe und Pferde der Bauern schlachten, nicht etwa aus Nahrungsmangel, sondern um die Häute zu verkaufen; furchtbare Torturen wurden angewandt,um ein irgendwo verstecktes Wertstück zu erpressen. Dabei blieben angeworbene Kontingente oft lange Monate in den Werbegebieten, bis sie abgerufen wurden. Für die Winterquartiere suchte man naturgemäß Gegenden, die noch einige Vorräte besaßen; und die Territorien der ligistischen Fürsten, vor allem der Bischöfe, wurden ebenso gebrandschatzt wie die der freien Städte und der protestantischen Stände.

54 Punkte umfaßt eine Anklageschrift des Herzogs Bogislav von Pommern. Durch das barbarische Treiben der Soldaten, heißt es hier u. a., werden die Untertanen aller Mittel beraubt. Bereits seit geraumer Zeit haben sich viele mit Trebern, mit Knospen von den Bäumen und anderen unnatürlichen Speisen zu ernähren gesucht. Sie haben der Toten, auch der eigenen Eltern Fleisch gefressen und sättigen sich jetzt mit Gras wie das Vieh. Man findet täglich Leichen, die ungekochtes Gras oder Kraut im Munde haben. Vor zwei Monaten hat ein Weib ihr Kind schlachten und kochen lassen, um sich des Hungertodes zu erwehren.

Einige Zahlen geben eine Vorstellung von der Ausbeutung, soweit sie eben durch die damaligen statistischen Angaben greifbar ist: das Erzstift Magdeburg berechnete im September 1627 die in weniger als zwei Jahren erhobenen Kontributionen auf 687 233 Taler, die Stadt Halle auf 547 347 Gulden, die kleine Grafschaft Schwarzburg ihre Schäden auf 1 271 999 Gulden, Pommern im Juli 1628 die der kaiserlichen Armee geleisteten Zahlungen auf 1 727 311 Taler; Minden stellte für 1625 und 1626 eine Rechnung von 504 569 Gulden auf, die schwäbischen Kreisstände 1626 300 000 Taler, Christian von Lüneburg für 1629 mehrere Millionen Gulden. Wallensteins eigenes Zeugnis wiegt noch schwerer als die Anklagen seiner Gegner. Im Januar 1629 schreibt er dem Kaiser, daß die Länder, in denen der Krieg geführt wurde, »im Grund ruiniert waren, die Soldaten auf der Insel Rügen Hunde und Katzen aßen, und die Bauern aus Not und Desperation sich ins Meer stürzten«.

Auf dem Reichstag von Regensburg, der in Gegenwart des Kaisers im Juni 1630 eröffnet wurde, kam es nun zur entscheidenden Aktion. Die Kurfürsten lehnten ein Eingehen auf die Propositionen Ferdinands ab, die sich mit der Gefahr, die von Holland, Schweden und Frankreich drohe, beschäftigten, und forderten rundweg die Absetzung Wallensteins, weil »an dem Haupt alles gelegen sei«. Maximilian war ihr Stimmführer.

Nur der spanische Gesandte trat für Wallenstein ein. Eine französische Delegation, die, von Pater Joseph, dem vertrauten außenpolitischen Mitarbeiter Richelieus, geführt, im Zusammenhang des mantuanischen Konflikts in Regensburg weilte und besonders mit dem bayerischen Kurfürsten enge Fühlung zu halten bemüht war, arbeitete gegen den Herzog von Friedland. Rochelle, das Bollwerk der Hugenotten, war gefallen, und so hatte der Kardinal freie Hand im europäischen Spiel. Richelieus Meinung ging damals dahin, die Wahl Maximilians zum Römischen König zu betreiben. Rustorf, der vom König von England nach Regensburg entsandt worden war, um für Friedrich V. einzutreten, schrieb damals: »Der Herzog von Bayern ist so mächtig und gefürchtet, daß der Kaiser, seine Räte und die Kurfürsten zu ihm aufblicken und von seiner Autorität und Entscheidung sich abhängig fühlen.«

Nach zahlreichen Beratungen und langem Zögern entschloß sich der Kaiser, der unmöglich gegen die geschlossene Front der Fürsten opponieren konnte und einen Anschluß der Liga an protestantische Stände oder an Frankreich befürchten mußte – dem Trier schon zuneigte, mit dem Maximilian verhandelte –, zur Entlassung Wallensteins; ein Akt, der freilich »mit Glimpf und nicht mit Verletzung der Ehre« des Generalissimus geschehen solle.

Der Hofkanzler Johann von Werdenburg und der Hofkriegsrat Gerhard von Leuchtenberg, Anhänger Wallensteins, wurden nach Memmingen geschickt, um dem General die Entscheidung mitzuteilen. »Und als sie ihr Anbringen mit dem besten modo, so sie erdenken können, tun wollen, ist er ihnen in die Rede gefallen (weil er die kaiserliche Resolution schon von Graf Max von Wallenstein erfahren gehabt) und hat eine lateinische Schrift, darinnen seine, des Kaisers und des Kurfürsten in Bayern Nativitäten geschrieben gestanden, von der Tafel genommen, die er selbst abgelesen, mit Vermelden: ›Ihr Herren, aus den astris könnet Ihr selbst sehen, daß ich Eure Kommission gewußt und daß des Kurfürsten in Bayern spiritus des Kaisers seinen dominiert; daher kann ich dem Kaiser keine Schuld geben. Wehe aber tut es mir, daß sich Ihre Majestät meiner so wenig angenommen; ich will aber Gehorsam leisten.‹«

Ähnlich schrieb Wallenstein am 23. August an den Hofkriegsratspräsidenten Graf Collalto: »Was man in Regensburg concludiert hat, ist mir von Grund meiner Seele lieb, dieweil ich dadurch aus einem großen Labyrinth kommen werde.«

Wahr ist freilich, daß Wallenstein seit dem Regensburger Tag dem Kurfürsten von Bayern, dem er schon vordem wenig günstig gesinnt war, mit kaum verhehltem Haß begegnete – Kinsky, einer der vertrautesten Mitarbeiter Wallensteins, nannte diesen Haß gegen Maximilian »die stärkste Leidenschaft« des Herzogs; daß er später seine Entlassung als »Regensburger Affront« bezeichnete und unmittelbar vor dem Antritt seines zweiten Generalates dem von ihm so geschätzten sächsischen General Arnim versicherte, er werde »alles dahin dirigieren, daß der Kaiser mit seinem ganzen Haus soll schmerzlich sehen und empfinden, daß er einen Kavalier affrontiert habe«. Dies ist schon eine Art Ankündigung des späteren Verrats.

Im Oktober zog sich Wallenstein mit dem Aufgebot zahlreicher Karossen und eines umfangreichen Trosses auf seine böhmischen Güter nach Gitschin zurück.

Nachwehen

In Regensburg gab es wochenlange Diskussionen um die Frage der Nachfolge im Oberbefehl. Die Mehrheit der Fürsten war für Maximilian; aber die Räte des Kaisers besorgten, dieser werde durch einen so großen Machtzuwachs des bayerischen Kurfürsten gänzlich zur Seite gedrängt. Es sei der erste Grundsatz des Reiches, sagten sie, niemand so mächtig werden zu lassen, daß das Oberhaupt von ihm abhänge. Die Macht des Reiches beruhe auf den Waffen. Wer unbeschränkt über diese gebiete, werde leicht in Versuchung kommen, alle Gewalt und die Nachfolge im Reich sich und seinem Hause zuzuwenden. So entschloß man sich, Tilly, dem 71jährigen Feldherrn der Liga, auch den Oberbefehl über das kaiserliche Heer zu übertragen. Erst am 8. November erfolgte die offizielle Betrauung; aber schon vier Monate zuvor war Gustav Adolf an der Ostseeküste gelandet und rückte stetig in Pommern vor.

Tilly, der bereits im Mai 1627 den Konflikt mit Gustav Adolf vorausgesagt hatte, war sich der Schwere der Aufgabe, die er übernahm, durchaus bewußt. »Der Krieg«, sagte er, »gleicht einem Spiel, in dem man viel oder wenig nacheinander setzt, bald gewinnt, bald verliert. Wenn es einmal dahin kommt, daß man viel Gewinn vor sich liegen hat, so steht es mit dem Gewinner meist so, daß er durch solchen großen Gewinn entweder zu größerer Habsucht angetrieben oder von der verlierenden Partei genötigt wird, das Spiel fortzusetzen und durchzuhalten, bis endlich das unbeständige, wandelbare Glück den Rücken kehrt und beides, das Gewonnene wie das Eigene, ihm wegnimmt. Also ist es mit dem Krieg, der zu weit ausgedehnt und zu lange fortgesetzt wird.«

Das kaiserliche Heer, wurde schließlich in Regensburg beschlossen, solle 39 000 Mann, das der Liga 30 600 Mann umfassen. Die Mittel für den Unterhalt beider Heere sollten durch die Kreistage aufgebracht werden. Der Kaiser verpflichtete sich, ohne den Rat der Kurfürsten keinen neuen Krieg zu beginnen.

Bezüglich der Durchführung des Restitutionsediktes beharrten die katholischen Kurfürsten mit dem Kaiser auf ihrer intransigenten Haltung, obschon im Interesse einer geschlossenen Front gerade zu diesem Zeitpunkt ein Entgegenkommen gegenüber der evangelischen und calvinistischen Konfession dringend notwendig gewesen wäre. Erst als der Kurfürst von Sachsen mit der Einberufung eines Protestantenkonventes und scharfer Opposition drohte, erklärte man sich bereit, über diese Frage im kommenden Jahr bei einem nach Frankfurt einzuberufenden Konvent zu verhandeln und einstweilen Kursachsen und Kurbrandenburg im Besitz der eingezogenen Stifte zu belassen. Wie politisch unklug das geringe Ausmaß dieser Konzessionen war, sollte sich bald erweisen.

Während des Regensburger Reichstages – er weilte hier, um einen ihm noch von Kaiser Rudolf II. geschuldeten Betrag von 12 000 Gulden einzutreiben – starb am 15. November 1630 Johannes Kepler, Hofastronom der Kaiser Rudolf II. und Ferdinand II. und astrologischer Berater Wallensteins, dem er in jungen Jahren das Horoskop gestellt hatte und an dessen Hof zu Sagan er 1628 für längere Zeit berufen worden war.

Kepler, der 1571 im württembergischen Stadt der Weil als Sproß eines verarmten protestantischen Adelsgeschlechtes geboren wurde, studierte in Tübingen, wo er in das System des Kopernikus eingeführt wurde. Er wurde 1594 Landschaftsmathematikus der protestantischen

Stände von Steiermark, folgte 1600 Tycho de Brahe als Assistent nach Prag und wurde nach dessen Tod 1601 Mathematiker und Hofastronom Rudolfs II. Nach der Absetzung des Kaisers trat er in die Dienste der oberösterreichischen Stände und übersiedelte 1612 nach Linz, um an der Landschaftsschule Mathematik zu lehren und die Landestopographie zu revidieren. Von Matthias und 1622 von Ferdinand II. wurde er als kaiserlicher Mathematikus bestätigt – keiner der drei Kaiser hat, wie man sieht, an seinem protestantischen Glaubensbekenntnis Anstoß genommen; freilich wurden ihm, was angesichts der dauernden Schuldenwirtschaft des kaiserlichen Hofes nicht erstaunen kann, seine Bezüge säumig oder überhaupt nicht ausgezahlt: seine Hinterlassenschaft betrug 22 Gulden und ein Pferd, das auf 11 Gulden geschätzt wurde.

17

Die Schweden kommen

Vorstoß ins Reich

Am 6. Juli 1630 war *Gustav Adolf*, der »Löwe aus Mitternacht«, mit 13 000 Mann unter dem Schutz seiner Flotte auf der Insel Usedom an der Küste Pommerns gelandet. 6000 Mann lagen bereits in Stralsund, weitere 20 000 kamen in den folgenden Monaten aus Schweden und den Ostseeprovinzen nach. Der Einsatz der Schweden und ihres Königs hat zunächst eine wesentliche Wendung und dann eine vieljährige Verlängerung des Kriegsgeschehens verursacht.

Mit Gustav Adolf tritt eine neue bedeutende Gestalt auf den Kriegsschauplatz, die in Charakter und Naturell sich von den bisherigen Akteuren kontrastreich abhebt. 1594 in Stockholm aus dem Geschlecht der Wasa geboren, besaß Gustav Adolf nur eine umstrittene Anwartschaft auf den schwedischen Thron, da sein Vater, der nachmalige Karl IX., den Bruder Sigismund, König von Polen, um seines Übertritts zum Katholizismus willen verdrängt hatte. Sigismund hatte seine Ansprüche nicht aufgegeben, und die katholischen Mächte, voran die Habsburger in Wien und Madrid, die Gustav Adolfs Legitimität nicht anerkannten, unterstützten ihn in seinen Kämpfen gegen den Neffen. Politische Gründe veranlaßten Gustav Adolfs Verehelichung mit der Schwester des Kurfürsten Georg Wilhelm von Brandenburg. Seine soldatischen Fähigkeiten traten erstmals in den Kriegen gegen Polen (seit 1621) hervor.

Seiner Umgebung erschien der junge König verschlossen, streng und unnahbar, ehrgeizig, klug und energisch; doch gab er sich in späteren Jahren, zumal im Umgang mit seinen Soldaten, leutselig und aufgeschlossen. Seine Arbeitskraft war unermüdlich, seine Lebensführung einfach, sein Stil in Rede und Schreibe klar und bestimmt. Selbstsicherheit und Kraftgefühl, Eigenschaften eines naiven und realistischen Instinktes, und eine klare Ratio, die ihn so sehr von dem komplizierten, zwielichtigen und stets zweifelnden Naturell Wallensteins scheidet,

Gustav II. Adolf, König von Schweden (1594–1632), griff 1630 als Vertreter einer führenden Macht des Nordens und gläubiger Protestant in den Krieg ein, besiegte Tilly, besetzte Bayern und fiel 1632 bei Lützen. Stich von Christoffel von Sichem d. Ä.

eignen ihm ebensosehr wie eine schlichte und echte evangelische Gottgläubigkeit.

Früh schon griff er in die deutschen Zwistigkeiten ein. Die böhmischen Aufständischen unterstützte er mit Geld und Waffen, 1622 und 1623 verhandelte er mit Camerarius, dem Kanzler Friedrichs V., über weitere Hilfe. »Der schwedische König«, schrieb damals der Kanzler an seinen Herrn, »nimmt sich unserer Sache so an, als ob er unser nächster Blutsverwandter wäre, und verspricht zu unserem Wohle alles.« Als die holländisch-englisch-französische Koalition einen Feldherrn gegen die Liga suchte, mußte er, wie schon erzählt, zunächst hinter dem Dänenkönig zurückstehen, da er zu große Forderungen stellte.

Ausgangspunkt einer Invasion im Reich mußte der Besitz eines Hafens sein; das sei die unerläßliche Bedingung, schrieb *Oxenstierna*, der schwedische Kanzler, schon im April 1625: »Wenn wir auf eigne andere Weise den Krieg gegen den Kaiser unternähmen, hätten wir im Fall des Mißlingens nur uns selbst anzuklagen; deshalb müssen wir einen festen Platz an der Ostsee haben, ihn mit allem Eifer und aller Gewalt festhalten, wenn wir nämlich vernünftig vorwärts schreiten und unsere Pläne zur Ausführung bringen wollen.« Im Juli 1626 wurde Pillau genommen; den Konflikt Wallensteins mit Stralsund benutzte der König, um in die Stadt eine starke Besatzung zu legen, die auch nach dem Abzug des kaiserlichen Heeres nicht zurückgenommen wurde.

1626 kam es zu einem neuen Krieg mit Polen. Hier saß nicht nur der feindliche Oheim und Kronprätendent; hier galt es nicht nur, die wichtige Hafenstadt Danzig zu gewinnen: durch Polen führe auch, wie der König sagte, der Weg nach Schlesien und in die Erblande des Kaisers. Der polnische Krieg zog auch das Herzogtum Ostpreußen in Mitleidenschaft: der Kurfürst von Brandenburg war als Herzog von Preußen dem Polenkönig lehenspflichtig. Aber um Pillau wollte es Georg Wilhelm nicht zum Krieg kommen lassen: er schloß im Mai 1627 einen Vertrag, in dem er auf die Stadt verzichtete und im übrigen Neutralität im Krieg zwischen Schweden und Polen zusicherte.

Im Sommer 1627 weilten Gesandte der Generalstaaten in Gustav Adolfs Feldlager bei Dirschau. »Mein ganzes Kriegswesen«, erklärte er ihnen, »bezweckt nichts anderes, als den Vorteil und die Erleichterung all derer, die ein gemeinsames Interesse gegen das Haus Österreich und Spanien verbindet.« Österreich, fügte er dem bei, könnte nirgends besser angegriffen werden als auf dem Weg durch Polen und

Schlesien. Wenn dieser Weg zu lang sei, wolle er von Pommern die Oder hinaufziehen. Er bedürfe allerdings der Unterstützung der Generalstaaten, um ein Heer von 20 000 Mann zu Fuß und 8000 Reiter aufstellen zu können. »Wir alle«, sagte er schließlich, »die Generalstaaten und andere Fürsten, müssen sich rechtzeitig vorsehen und fernerem Unheil zuvorkommen. Das wichtigste ist die günstige Gelegenheit. Noch ist es Zeit.« Aber es kam damals noch zu keiner Allianz.

Wallenstein hatte, wie schon angedeutet, die schwedische Gefahr vorausgesehen. »Wir dürfen den König von Polen auf keine Weise im Stiche lassen«, schrieb er im März 1627 an den Kaiser, »denn wir hätten an den Schweden einen viel ärgeren Feind als an den Türken.« Und im Oktober 1627 äußerte er gegenüber Arnim, der damals noch unter seinem Oberkommando stand: »Ich meine, wenn der Schwede angreifen wird, tut er es am Frischen Haff, um von da aus an der Oder hinaufzuziehen.« In diesem Zeitpunkt war allerdings noch damit zu rechnen, daß Gustav Adolf, falls der Polenkrieg zu Ende käme, den Dänenkönig unterstützen würde. Aus solchen Erwägungen heraus wurde auch Arnim im April 1629 mit 15 000 Mann zur Unterstützung des Polenkönigs entsandt. Wegen politischer und militärischer Meinungsverschiedenheiten mit Sigismund legte Arnim das Kommando bald nieder und ging dann in kursächsischen Dienst.

Es war ein bedeutender Erfolg der französischen Diplomatie, des von Richelieu im Sommer 1629 entsandten Barons Charnacé, daß am 26. September in Altmark bei Stuhmsdorf ein sechsjähriger Waffenstillstand zwischen Schweden und Polen zustande kam. Zwar dauerte es noch einige Zeit bis zum Abschluß des schwedisch-französischen Bündnisses; aber Gustav Adolf hatte nunmehr die Hände gegen Kaiser und Reich frei.

An der subjektiven Glaubensüberzeugung Gustav Adolfs, an seinem Willen, den deutschen Protestanten zu helfen, die gerade damals durch das Restitutionsedikt in Bedrängnis geraten waren, ist nicht zu zweifeln. Aber sein Hauptanliegen war, Schweden zum herrschenden Staat an der Ostsee zu machen. Axel Oxenstierna, der vertrauteste Mitarbeiter des Königs, hat diese Sachlage eindeutig festgestellt: »Pommern und die Seeküste sind für die Krone Schwedens gleichsam eine Bastion und in ihr besteht unsere Sicherheit gegenüber dem Kaiser. Sie waren die vornehmste Ursache, die Seine Majestät in die Waffen brachte.«

Ohne auf Widerstand zu stoßen, war Gustav Adolf gelandet. Er erließ ein über ganz Deutschland verbreitetes Manifest, in dem er heftige

Beschwerde dagegen erhob, daß der Kaiser gegen ihn ein Armeekorps nach Polen entsandt und Wallenstein den schwedischen Ostseehandel unterdrückt habe. Nicht gegen die deutschen Fürsten, die durch Wallensteins Tyrannei geknechtet seien, sondern gegen den Kaiser werde er Krieg führen, um in Deutschland die alte Freiheit wiederherzustellen. Ein den in Regensburg versammelten Kurfürsten übermitteltes Schreiben legte im einzelnen die Beschwerden des Königs gegen Ferdinand dar.

Bis Ende des Jahres 1630 hatte Gustav Adolf fast ganz Pommern einschließlich Stettin besetzt. Der Kurfürst von Brandenburg, Gustav Adolfs Schwager, erklärte zunächst seine Neutralität. Sachsen sprach sich gegen die Aktion des Schweden aus. Die kaiserlichen Truppen waren allenthalben zerstreut und schlecht diszipliniert; ihre Führer, Conti und Savelli, unfähig. Tilly weilte noch in Regensburg. Die besten Kontingente des kaiserlichen Heeres Wallensteins standen in Italien und Süddeutschland.

Am 23. Januar 1631 wurde in Bärwalde die *Allianz zwischen Schweden und Frankreich* auf sechs Jahre abgeschlossen: Gustav Adolf verpflichtete sich, ein Heer von 30 000 Mann zu Fuß und 6000 Reiter zu unterhalten, Richelieu versprach, jährlich 400000 Reichstaler (= 1 000 000 Livres) Subsidien zu zahlen. Zweck des Bündnisses war, wie in den einzelnen Bestimmungen dargelegt wurde, die Sicherung der Ostsee und des Ozeans, die Freiheit des Handels, die Verteidigung der gemeinsamen Freunde und die Restitution der unterdrückten Reichsstände gemäß dem Stand von 1618. In den von Gustav Adolf eroberten Orten solle bezüglich der Religion keine Veränderung vorgenommen werden. Dem Kurfürsten von Bayern und der Liga wurde Neutralität zugesichert, falls sie selbst neutral blieben.

Die Konfliktstoffe, die dieser Vertrag enthielt, sind offensichtlich: Maximilian war nie bereit, den Stand von 1618, der ihn die Kur und die Oberpfalz gekostet hätte, anzunehmen; der Kaiser lehnte die Wiedereinsetzung des Böhmenkönigs natürlich ab; er und die Herren der Liga waren nicht gewillt, auf das Restitutionsedikt zu verzichten. Auch war sich der schwedische König durchaus darüber im klaren, daß Tilly und das Heer der Liga sich ihm entgegenstellen würden, daß daher von Neutralität auf die Dauer keine Rede sein könne. Daher konnte auch der Neutralitätsvertrag, den Maximilian mit Frankreich für die Liga am 8. Mai 1631 abschloß, nur vorübergehende und theoretische Bedeutung haben.

Tilly war im Januar 1631 in Frankfurt an der Oder eingetroffen. Er klagte über das Ausbleiben der Soldzahlungen und den schlechten Zustand der Armee: »Sollte man mir wider alle meine feste Hoffnung die so oft erbetene Hilfe nicht zukommen lassen, so habe ich die Zuversicht, man werde über mein vielseitiges, treues und untertäniges Bitten eine Schuld oder Verantwortung mir nicht beimessen ... Die Gefahr, die Not, die Armut wächst nicht nur täglich, sondern stündlich und augenblicklich für beide (gegnerischen) Heere. Darum ist mit Hin- und Zurückschreiben, mit Mahnen, Flehen, Vertrösten, noch viel weniger mit dem Ausschreiben von Zusammenkünften und Beratungen der Sache nicht gedient; es muß ihr schleunigst durch die Tat geholfen werden. Wenn dies nicht geschieht, ist die unfehlbare und gewisse Folge, daß sich die ganze Kriegslawine in die Länder der Bundesfürsten stürzt ...« Die Armee sei demoralisiert, die Quartiere ausgesogen.

Als alle Klagen und Beschwerden nichts nützten, bot Tilly seinen Abschied an, den Maximilian freilich nicht annahm. »Ob ich zwar«, heißt es in dem Schreiben an den Kurfürsten, »jederzeit nie anders gesinnt und resolviert gewesen wie noch jetzt, mein Leben zu wagen und einzusetzen; weilen ich aber verspür, daß es dergestalt hergeht und mir nit unter die Arm gegriffen wird: so werden auch Eure kurfürstliche Durchlaucht verhoffentlich ungnädigst mir nicht verdenken, wenn ich Dieselben hiermit um meinen Abschied und meines tragenden Amtes Carico mich in Gnaden zu entlassen untertänigst und flehentlich ersuchen und bitten muß. Ich begreife und sehe deutlich, daß die vor Augen schwebende so große Gefahr, Not und Armut und meine aufrichtigen, wahrhaftigen, sorgfältigen und treuherzigen Erinnerungen nicht apprehendiert werden sollen.«

Scheitelpunkt Magdeburg

Inzwischen hatte Gustav Adolf weitere schnelle Fortschritte erzielt. Er besetzte Mecklenburg, das Herzogtum des Friedländers, und nahm im April mit einem kühnen Handstreich Frankfurt an der Oder; er rückte zur Oder- und Warthelinie vor, vermied aber zunächst noch einen Zusammenstoß mit Tilly, da er sich zu schwach fühlte. Tilly seinerseits hatte durch Pappenheim Magdeburg einschließen lassen, wo man schon kurz nach der Landung des Königs einen Vertrag mit Gustav Adolf abgeschlossen und den kaisertreuen Rat abgesetzt hatte.

Magdeburg war die Stadt, die die Elbe und das nordwestliche Deutschland beherrschte, deren Besitz aber auch den Weg nach Böhmen öffnete. Magdeburg würde, wie Gustav Adolf schon im August 1630 an Oxenstierna schrieb, in schwedischer Hand die Rakete sein, die einem Aufstand ganz Deutschlands Feuer gäbe. Gustav Adolf schickte Oberst Falkenberg, einen bewährten Offizier, nach Magdeburg; er gab sein Ehrenwort, die Stadt rechtzeitig zu entsetzen. Aber er befürchtete wohl, bei einem Zug nach Magdeburg seine rückwärtigen Stellungen zu gefährden, zumal die Haltung Kursachsens und zunächst auch noch Kurbrandenburgs durchaus unsicher war.

Mehrmalige Übergabeaufforderungen Tillys, der inzwischen selbst im Lager vor Magdeburg eingetroffen war, wurden abgelehnt; obschon ein Teil des Rates und der Bürgerschaft, unter ihnen der Ratsherr Otto von Guericke, der berühmte Erfinder der Luftpumpe und des Manometers, für eine Kapitulation eintraten. So fiel die Stadt trotz tapferer Verteidigung, als Pappenheim in den Morgenstunden des 20. Mai den Generalsturm unternahm.

Eine rücksichtslose – nach damaligem Kriegsrecht bei verweigerter Übergabe allerdings übliche – Plünderung mußte aber bald abgebrochen werden, da ein Feuer entstand, das nahezu ganz Magdeburg in Schutt und Asche legte. Für Tilly bedeutete die Zerstörung Magdeburgs eine ähnliche Katastrophe wie für Napoleon der Brand Moskaus. In seinem Bericht an Maximilian schreibt der Generalissimus der Liga, daß die Stadt durch göttlichen Beistand in kurzer Zeit ohne sonderlichen Verlust mit stürmender Hand genommen worden sei. »Dann aber«, fährt er fort, »hat sich ein großes Unglück zugetragen. Unter dauerndem Sturm ist eine große Feuersbrunst entstanden, und zwar ist sie durch da und dort eingelagertes Pulver verursacht worden. Also hat es der Feind absichtlich getan; und zwar, wie die Aussagen der Gefangenen durchweg verlauten, in der Absicht, daß die Stadt den Unseren nicht zugute komme. Bei dem großen Tumult und der Hitze ist keine Möglichkeit gewesen, zu löschen.«

Auch Pappenheims Bericht an den Kurfürsten läßt keinen Zweifel an der Entstehung der Katastrophe: »Gott sei ewig gelobt: die hoffärtige Magdeburg ist gedämpft und ihre Jungfernschaft ist dahin. Wir haben sie mit stürmender Hand gestern um neun Uhr vormittags erobert, über vier Stunden gefochten. Den ketzerischen Bischof Christian Wilhelm (den Administrator) habe ich gefangen; Falkenberg ist niedergehauen samt aller Soldateska und Bürgern, so in Wehr gewest. Als die

Grausamkeit der Soldateska schon aufgehört, hat der gerechte Zorn und Straf Gottes erst angefangen; sind viel Feuer aufgegangen und zugleich etliche Minen, so sie gemacht hatten; die haben in wenigen Stunden diese schöne Stadt mit all ihrem großen Reichtum in die Aschen gelegt. Was sich an Menschen in die Keller und auf die Boden versteckt, das ist alles verbronnen. Ich halt, es seind über 20 000 Seelen daraufgegangen, und es ist gewiß seit der Zerstörung Jerusalems kein gräulicheres Werk und Straf Gottes gesehen worden. All unsere Soldaten sind reich geworden.«

In der Tat stimmen alle zeitgenössischen Nachrichten, auch die von protestantischer Seite, die sich auf die Aussagen flüchtiger Magdeburger berufen konnten, darin überein, daß Falkenberg vorher schon an verschiedenen Stellen hatte Minen legen lassen, als er die Stadt verloren sah; daß er das Zeughaus und andere Baulichkeiten anzünden ließ; daß der Brand bei dem einsetzenden Feuersturm weder eingedämmt noch gelöscht werden konnte.

Drei wichtige politische Positionen gingen in diesen Monaten dem Kaiser verloren. Kurbrandenburg gab einem Ultimatum Gustav Adolfs, der im Mai vor Berlin rückte, nach, überließ dem Schwedenkönig Spandau und Küstrin und schloß wenig später eine Allianz mit ihm ab. Es übergab den Schweden seine Truppen und Festungen und verpflichtete sich zu monatlichen Subsidien in Höhe von 30 000 Talern.

Am 22. August kam es zu einer Allianz Schwedens mit dem immer schon kaiserfeindlichen Landgrafen *Wilhelm von Hessen-Kassel*: Wilhelm ist der erste Reichsfürst gewesen, der sich freiwillig Gustav Adolf anschloß; denn trotz wichtiger militärischer Erfolge des Königs konnte von einer zustimmenden Haltung der deutschen Stände auch jetzt noch keine Rede sein, und Gustav Adolf gab sich über diese Tatsache keinen Illusionen hin. »Die evangelischen Fürsten«, sagte er, »haben keine weitere Neigung zu mir, als daß sie sich mit meiner Hilfe gegen den Kaiser behaupten wollen, um mich nachher mit Macht und Undank fortzujagen.«

Die Haltung Sachsens war von entscheidender Bedeutung. Kurfürst Johann Georg ist von seinen Gegnern viel, und oft zu Unrecht, geschmäht worden. Übelwollende nannten ihn, der viel und gern trank, den Bierjörg; Gustav Adolf sagte gelegentlich, die Seele dieses Kurfürsten sei nicht fähig, etwas Männliches und Kräftiges zu erfassen; ein Gesandter des Brandenburgers klagte anläßlich eines Dresdener Besuches, er habe dort wohl zehn Jahre seines Lebens absaufen müssen; und

Wallenstein rief einmal unmutig aus: »Was ist er für ein Vieh und was für ein Leben führt er!«

Solche Urteile erschöpfen das Wesen des Mannes keineswegs, der vielleicht kein zielbewußtes, aber ein tatkräftiges Temperament besaß und ein charaktervoller Repräsentant des damaligen lutherisch-konservativen Deutschlands gewesen ist, ein oft bewährter Anhänger der kaiserlichen Sache, aber auch ein verständnisvoller Förderer der Künste und Wissenschaften. Als der Dänenkrieg ausbrach, ließ er eine längere Verteidigungsschrift verbreiten, in der es abschließend heißt: »Es ist nötig, daß alle evangelischen Fürsten des Reiches sich um ihren Kaiser scharen und ablassen von allen Bündnissen untereinander und mit fremden undeutschen Mächten.«

Der Erlaß des Restitutionsediktes hatte nun freilich bei Johann Georg eine schwere Verstimmung ausgelöst. Im Februar 1631 berief er, übrigens mit Vorwissen des Kaisers, einen *Protestantenkonvent* nach Leipzig, bei dem fast alle protestantischen Stände, die Hansestädte, aber auch schwedische und französische Emissäre anwesend waren. Der Kurfürst eröffnete persönlich die Tagung mit einem Gebet, damit »alle und jede Consilia zu Gottes allerheiligsten Namens Ehr, zur Erhaltung seines alleinseligmachenden Wortes, zu Trost der Betrübten und zur Autorität des Reichsoberhauptes, der Reichsverfassung und der deutschen Freiheit geleitet werden«. Die gewohnten Klagen gegen die Ausschreitungen der Armee wurden vorgebracht und heftige Beschwerden wegen der Durchführung des Restitutionsediktes erhoben. Der Schwedeneinfall wurde nicht erwähnt, aber beschlossen, willkürliche Durchzüge, Einquartierungen und Kontributionen der kaiserlichen und ligistischen Truppen nicht mehr zu dulden und – ohne förmliches Bündnis – gegen solcher Armeen Übergriffe zu rüsten.

Obschon der Kurfürst selbst sich sehr zurückhielt, auch keinerlei Verbindung mit den schwedischen und französischen Gesandten aufnahm, war man in Wien über solche Beschlüsse sehr beunruhigt, und der Kaiser verbot den Mitgliedern des Konventes jedwede Werbung von Truppen. Nichtsdestoweniger stellte Johann Georg eine Armee auf und verfügte binnen kurzem über 20 000 Mann. Er stellte Arnim, Wallensteins ehemaligen Feldmarschall, der im Sommer 1629 den kaiserlichen Dienst aufgegeben hatte, an die Spitze seiner Truppen, die, wie er versicherte, nur defensiven Aufgaben dienen sollten. Sachsen und die anderen evangelischen Reichsstände begannen, ihre Leistungen für die kaiserliche Armada einzustellen.

Johann Georg I., Kurfürst von Sachsen (1585–1656), galt zunächst als kaisertreu, wandte sich aber mehr und mehr ab und verbündete sich 1631 mit den Schweden. Stich von Anselm van Hulle.

Der Kaiser und Tilly schickten immer dringendere Warnungen. Johann Georg weigerte sich nachzugeben. Er sehe nun wohl, sagte er zu Tillys Abgesandten, daß man nunmehr das sächsische, so lang gesparte Konfekt aufzutragen gewillt sei. Man möge aber bedenken, daß es dabei auch allerlei Nüsse und Schauessen gebe, die schwer zu beißen seien. Am gleichen Tag, da diese Worte fielen, schrieb Gustav Adolf nach Schweden: »Wohin der Kurfürst von Sachsen sich neigt, weiß man nicht.«

Nachdem ein Ultimatum Tillys abgelehnt worden war, rückte der Feldherr in Sachsen ein. Man kann bezweifeln, daß der Entschluß politisch glücklich war, und in diesem Sinn äußerte sich auch Maximilian. Für Tilly bedeutete er eine gewisse militärische Notwendigkeit, da er über die Situation der Fronten, der schwedischen wie der sächsischen, Klarheit haben mußte, zumal sich die schwedischen Truppen der sächsischen Grenze näherten. Die unmittelbare Folge war freilich, daß durch Vermittlung Arnims am 11. September ein *Bündnis zwischen Schweden und Sachsen* zustande kam und wenige Tage später beide Heere sich vereinigten. Die Schweden zählten damals etwa 23 000, die Sachsen etwa 20 000 Mann. Tilly rückte in Leipzig ein. Gustav Adolf fühlte sich nunmehr stark genug, um die Entscheidungsschlacht zu wagen.

Maximilian war über diese Entwicklung der Dinge wenig erfreut. Er mahnte zur Einigkeit, wandte sich, allerdings ohne Erfolg, um Hilfe nach Rom, wo Urban VIII. für die weitere Durchführung des Restitutionsediktes eintrat und zugleich eine Frankreich freundliche Politik verfolgte. Der Papst empfahl schließlich, sich mit den Protestanten zu vergleichen.

Am 17. September 1631 kam es bei Breitenfeld unweit Leipzig zur Schlacht. Tilly, der in gesicherter Höhenstellung stand, wollte sich nicht schlagen, wurde aber durch Pappenheim, dessen Kürassiere ins Handgemenge mit den Schweden gekommen waren und ohne den Einsatz der Armee verloren gewesen wären, zum Eingreifen genötigt.

Gustav Adolf war sich der Bedeutung des Tages bewußt. »Gedenkt der armen verwüsteten Stadt Magdeburg«, rief er seinen Soldaten zu, »die in Asche und Steinhaufen Rache begehrt! Gedenkt der vielen tausend darin ermordeten unschuldigen Seelen, die über unsere Feinde wehklagen, und zweifelt nicht daran, daß die göttliche Gerechtigkeit sie der schrecklichen Mordtaten wegen jetzt nach Verdienst bestrafen wird! ... Ihr habt gesagt, selig würdet ihr wohl bei mir, aber nicht

Zeitgenössisches Flugblatt anläßlich des Schwedischen Bundes zwischen dem König von Schweden und den Kurfürsten von Sachsen und Brandenburg (Gustav Adolfs Schwiegervater) im September 1631.

reich. Dazu war bisher keine Gelegenheit. Wenn ihr euch aber diesmal tapfer haltet, so habt ihr neben den ewigen auch zeitliche Güter zu erwarten. Nicht nur ist das feindliche Lager euere Beute, sondern auch die Pfaffengasse wird euch mit einem einzigen Streich geöffnet.«

Die Schlacht begann um Mittag und währte vier Stunden. Zunächst warf die kaiserliche Kavallerie die Sachsen, die den linken Flügel des Gegners bildeten. Das schwedische Heer aber wehrte alle Angriffe, auch einen Umfassungsversuch Pappenheims, ab und brachte schließlich die Kaiserlichen zum Weichen. Tilly wurde verwundet und nach Halle transportiert. In Alfeld an der Leine unweit Göttingen sammelte er die Reste seiner Armee.

Man hat zutreffend festgestellt, daß der Sieg von Breitenfeld die Überlegenheit der schwedischen Taktik und Bewaffnung erwies. Sie sollten sich auch in der Folgezeit bewähren, bis Wallenstein bei Nürnberg und Lützen wiederum die alte spanisch-niederländische Taktik mit Erfolg zur Geltung brachte. In den Brigaden Gustav Adolfs standen Musketiere und Reiter in engerer Verbindung als bisher üblich, so daß sie sich leichter bewegen und besser gegenseitig unterstützen konnten. Die Artillerie des Schweden war beweglicher und zahlreicher. Neben geschlossenen Artillerieabteilungen waren jedem Regiment einige Geschütze zugeteilt. Die Gewehre der Musketiere waren leichter und besaßen teilweise statt des Luntenschlosses schon Radschlösser, so daß man mit ihnen ohne Gabel, d. h. in kürzerem Zwischenraum, schießen konnte.

Fast ebenso schwerwiegend wie bei der Schlacht am Weißen Berg waren die Folgen dieses Sieges: die kaiserlichen Erblande ebenso wie der Süden und Westen des Reiches standen Gustav Adolf offen. Es war keine intakte Armee mehr vorhanden, die sich seinem Vormarsch entgegenstellen konnte.

Johann Georg von Sachsen suchte den König zum Angriff gegen Österreich, der den letzten Widerstand des Kaisers brechen mußte, zu bewegen. Aber Gustav Adolf war sich darüber klar, daß immer noch bei Maximilian und der Liga der Kern eines möglichen Widerstandes lag. Er beauftragte Arnim, mit dem sächsischen Heer in Schlesien und Böhmen einzufallen – Graf Thurn sollte einige Regimenter werben, um diesen Angriff zu unterstützen. Der König selbst wandte sich mit dem schwedischen Heer nach Süden, über Erfurt nach Würzburg.

Fast ganz Böhmen, mit Ausnahme der östlichen Grenzgebiete, wurde in den kommenden Monaten von Arnim besetzt. Prag ergab sich kampflos am 15. November. Zahlreiche Emigranten kehrten in die Heimat zurück. Das Heer der Liga war zerschlagen, der greise Tilly ein gebrochener Mann.

Maximilian bewahrte, wie immer in Tagen des Unglücks, Gleichmut und Gelassenheit. »Ihr werdet Euch in nit geringer Bekümmernuß befinden«, schrieb er tröstend an Tilly; »derowegen will ich Euch gnädigst kondolieren. Mir gereicht dies allein zum Trost, daß Ihr Euch, wie ich vernommen, mit Eurer Person salvo retiriert habt; zumal wohl zu erachten ist, daß man Eurer Person auf alle mögliche Weg nachzustellen nit unterlassen wird. Es ist mir sehr unlieb zu vernehmen gewest, daß Ihr am Arm und Fuß verletzt worden; dennoch ist dem Allmächtigen billig zu danken, daß er Euch hat so gnädiglich konservieren und erretten wollen. Haltet Euch anjetzo an solchen Orten und Enden, wo Ihr Euch am sichersten zu halten getraut. Ich wünsch, daß es bald zu einem guten Stand gereichen und Ihr Eure Revanche wieder holen möget.«

Der Kurfürst entfaltete eine fieberhafte Tätigkeit, die freilich durch das unablässige Vordringen Gustav Adolfs gehemmt wurde. Er erbat Hilfe beim Herzog Karl von Lothringen, seinem Schwager, bei der Brüsseler Infantin Isabella, beim Kaiser. Er stellte neue Werbungen an, sorgte für Waffen, Munition, Proviant und Geld. Er veranlaßte den Kaiser, Friedensverhandlungen mit den Ständen des Leipziger Konventes anzuknüpfen: »Der hochbetrübliche Jammerstand unseres geliebten Vaterlandes deutscher Nation und dessen erschreckliche Not und Gefahr wird je länger, je größer, also daß darüber die Sonne am Himmel absonderlich wegen des unerhörten Vergießens so vielen von unserem Erlöser Jesu teuer erworbenen Christenbluts selbst trauern und sich entfärben möcht.«

Nach einigen Vehandlungen lehnte der Kurfürst von Sachsen einen Waffenstillstand ab: man habe sein Land überfallen und gedroht, ihm gleich einem Geächteten die Kurwürde zu nehmen. Er traue den Versprechungen des Kaisers und der Liga nicht.

Der Herzog von Friedland

Wallenstein hatte sich nach seiner Absetzung auf seine böhmischen Güter begeben, wo er eine großzügige landesfürstliche Tätigkeit entfaltete. Aus vierundsechzig vordem selbständigen Herrschaften bestand das Herzogtum Friedland, dessen Residenz Gitschin war. Verwaltung und Wirtschaft wurden hier in allen Einzelheiten neu organisiert, Handel und Gewerbe gepflegt und gefördert. Pulvermühlen wurden angelegt, Maulbeerbäume für Seidenkulturen angepflanzt, »denn das wird ein großes Einkommen bringen«; Handwerkern aus dem Reich, aus Frankreich und Holland wurde die Einreise erleichtert, der Abbau in den Bergwerken wurde intensiviert.

Bis auf Nebensächlichkeiten erstreckte sich die Fürsorge des Herzogs. In seinen Briefen werden die Fütterung der Ferkel, die Pflege der Schafe, die Heilung kranker Hühner, die Einbringung von Heu und Grummet, die Einfuhr des von ihm geschätzten Veltliner Weines, die Straßenreinigung und dergleichen eingehend erörtert. Das Bier mußte aus den einheimischen fürstlichen Brauereien bezogen werden, aber der Preis durfte nicht zu hoch bemessen sein, »damit der arme Mann seine Notdurft um ein leidentliches haben könne«.

Dem Unterrichtswesen galt Wallensteins besondere Fürsorge. Er gründete neue Volksschulen und kümmerte sich auch um alle Einzelheiten der Erziehung. In Leipa rief er ein Gymnasium ins Leben. Bei einer in Gitschin für Edelknaben geschaffenen Schule ist auf die Auswahl der Zöglinge zu achten; denn »man tut oft grobe Bengel hinein und ist alles an ihnen verloren«.

Unter einem Landeshauptmann amtierten – für juristische Fragen – ein Kammerpräsident und die Kanzlei; in jeder einzelnen Herrschaft ein Hauptmann, der die Verwaltung und Gerichtspflege in seiner Hand vereinigte. In der Kanzlei wurde die deutsche Sprache verwendet. »Auch müßt ihr zu der Kanzelei einen deutschen Secretari haben«, heißt es in einer Anweisung an den Landeshauptmann, »dieweil ich nicht will, daß bei der Kanzelei was böhmisch sollte tractiert werden.«

Wie in Prag entfaltete Wallenstein auch in Gitschin und in dessen Umgebung eine großartige Bautätigkeit. Es entstanden Kirchen, Klöster, Paläste, Bürgerhäuser und vor allem – aus dem Lebensgefühl des barocken Menschen heraus – prachtvolle Garten- und Parkanlagen. Von Gleiwitz nach Gitschin wurde eine vierreihige Lindenallee angelegt, und es sollte bei den Bäumen darauf geachtet werden, »daß sie gerade über sich wachsen und eine schöne vista geben mögen; auch sollen Wächter angestellt werden, damit die Linden von den betrunkenen, aus der Stadt kommenden Leuten nicht verderbet werden«. Allenthalben wurden Wasserkünste, Schwanenteiche und Tiergärten angelegt.

Gitschin sollte ein Mittelpunkt geistigen und wirtschaftlichen Le-

Hans Georg von Arnim (auch Arnheymb genannt, 1581–1641) stand zunächst in schwedischen Diensten, trat dann, obwohl Lutheraner, in die kaiserliche Armee ein, kämpfte als Feldmarschall unter Wallenstein und trat 1631 in kursächsische Dienste über. Zeitgenössischer Stich.

bens werden. Eine große Schloßanlage, das »Palatinum«, ein dreistökkiger Arkadenbau mit Säulenreihen und prunkvollen Stallungen, eine deutsche Hochschule, ein Seminar, eine zweite Kirche, ein Dominikaner-, Kapuziner- und Karmeliterkloster waren im Entstehen; jenseits der Altstadt waren neue Stadtviertel geplant, für die Niccolo Sebbregondi Entwürfe zeichnete.

Zuvor war schon der Prager Palast von dem italienischen Architekten Andrea Spezza in den gelassen feierlichen Formen des Frühbarock geschaffen worden mit einer prunkvollen Loggia, die den Blick auf den Garten und die Wasserkünste freigab. »Gleich in der Mitten auf dem Platzerl vor der Loga muß ein großmächtige Fontana sein«, hatte der Herzog angeordnet. Hier standen Bronzefiguren von Adrian de Vries, ein Vogelhaus mit Tropfsteinimitationen, eine mit Kristallen und Muscheln kostbar ausgestattete Badegrotte. Die Innenräume wurden mit Fresken aus dem trojanischen Krieg bemalt. Ein großes Wandgemälde stellte Wallenstein selbst als Triumphator dar, wie er, den Stern über dem Haupt, im Siegeswagen von feurigen Rossen gezogen wurde. Ein kleines kreisrundes Gemach, mit den Zeichen der Kometen und Sterne bemalt, diente als Sternwarte. Hier verbrachte Wallenstein mit seinem Astrologen Johann Baptist Zenno viele Stunden der Nacht.

Repräsentation und eigenes hochgesteigertes Lebensgefühl forderten eine prunkvolle Hofhaltung, die der eines Richelieu nichts nachgab. Aber die landesherrliche Tätigkeit und eine fürstliche Lebenshaltung konnten dem Ehrgeiz des unruhigen Mannes nicht genügen. Er stand in regelmäßiger Korrespondenz mit dem Kaiser, der auch nach der Absetzung des Generalissimus öfters seinen Rat erbat. Er unterhielt aber auch rege Verbindungen mit den Feinden von Kaiser und Reich, mit den Familien der böhmischen Emigranten, voran Trčka, Kinský und Thurn, mit Schweden und Franzosen; als Unterhändler diente hier meist Arnim, der auch im weiteren Verlauf der Entwicklung, die zum Sturz Wallensteins führte, eine sehr bedeutende – erst von dem tschechischen Historiker Pekař in vollem Umfang erkannte – Rolle gespielt hat.

Hans Georg von Arnim, 1581 im Brandenburgischen geboren und ein eifriger Lutheraner, war im Dienst des Königs von Schweden (1613–1625) zum Obersten aufgerückt – zwischendurch hat er vorübergehend bei den Polen und bei Mansfeld gegen den Kaiser gekämpft –, war dann in die kaiserliche Armee eingetreten, wo er den Krieg gegen die Dänen und Schweden mitmachte. 1628 belagerte er auf Wallensteins Befehl Stralsund und führte 1629 – als Feldmarschall – ein kaiserliches Korps den Polen zu. Wenig später nahm er seinen Abschied und trat in kursächsischen Dienst: am 1. Juli 1631 wurde er zum sächsischen Feldmarschall ernannt. Seine Politik ging zunächst auf eine neutrale Stellung der protestantischen Kurfürstentümer Sachsen und Brandenburg zwischen den Parteien; das Bündnis mit Schweden und Frankreich, gegen das er in späteren Jahren arbeitete, ergab sich zwangsläufig. Bei Breitenfeld kommandierte er die sächsischen Truppen, was ihn nicht hinderte, an den Kaiser die – von Wallenstein befürwortete – Forderung von 264 000 Gulden rückständigen Soldes zu stellen. Nach der Niederlage Tillys besetzte er mit den sächsischen Truppen Böhmen.

Wie Wallenstein, der ihn sehr schätzte und ihm – zu Unrecht – mehr vertraute als den meisten Männern seiner Umgebung, ist er ein schwer zu durchschauender Charakter. Graf Thurn hat nach Wallensteins Tod über ihn gelegentlich geurteilt: »Hab viel Menschen in meinem Leben gekannt, aber einen wie den Arnim nicht. Er kann sich als Kind des Lichtes stellen, andächtig in der Kirche, ein Liebhaber des Wortes Gottes, freigebig gegen unsere Geistlichen, wodurch er Lob und Ruhm erlangt; im Reden und Verstand ist er, wie auch im Schreiben vortrefflich ... unerforschlich in seinen Werken; wie der hochwürdigste König der Welt, Gustavus Adolf, bekannt hat, daß er unergründlich. Weil er es aber übel und unheilbar, dem Gemeinwesen zum Argen anstellt, so glaub ich, daß er mit dem Teufel in die Schul gegangen.«

Im Sommer und Herbst 1631 fanden wiederholt Verhandlungen zwischen Gustav Adolf und Wallenstein statt, die Rašin, ein böhmischer Emigrant, vermittelte; die allerdings scheiterten, da Gustav Adolf nach dem Sieg von Breitenfeld auf Wallensteins hohe Forderungen nicht mehr glaubte eingehen zu müssen. Auch zwischen Paris und Gitschin gingen Boten hin und her.

Zu Ende des Jahres 1631, als die sächsische Armee unter Arnim einen großen Teil Böhmens besetzt hatte und Thurn als Generalkommissär des schwedischen Königs in Prag amtete, fand in Kaunitz eine Zusammenkunft zwischen Wallenstein und Arnim statt, in der der Herzog seine Ansichten über die Friedensmöglichkeiten darlegte: das Restitutionsedikt von 1629 müsse kassiert und alles, was schon restituiert sei, zurückerstattet werden; die rechtsrheinische Pfalz sei dem Sohn Friedrichs V. wieder einzuräumen; was der Kaiser und die Fürsten seit 1618 erworben, sei zurückzuerstatten; Böhmen sei wieder zum Wahlkönigreich zu machen und dort das Augsburgische Bekenntnis zu gestatten. Natürlich hatte ein solches Programm keine Aussicht auf die Billigung Wiens. Arnim gab es auch nicht weiter, warnte vielmehr Wallenstein vor allzu großer Vertrauensseligkeit gegenüber den Schweden; in der Tat war durch Indiskretionen einiges über Wallensteins Verhandlungen mit Gustav Adolf bekannt geworden, die daraufhin von dem Herzog natürlich dementiert wurden.

Hatten schon nach der Einnahme Frankfurts an der Oder die Wiener

Anhänger Wallensteins, voran Questenberg, für eine erneute Betrauung des Herzogs mit dem Oberkommando Stimmung gemacht; hatte damals schon Ferdinand geäußert, er habe mehr als einmal bereut, Wallenstein entlassen zu haben, so wurden nach Breitenfeld und erst recht nach dem Fall Prags lebhafte Bemühungen unternommen, den Friedländer wiederum zur Annahme des Generalates zu bewegen.

Wallenstein lehnte zunächst unter Berufung auf sein Gichtleiden ab. Er würde es nicht tun, erklärte er seiner Umgebung, selbst wenn Gott im Himmel ihm solches auftrüge. Der Kaiser schlug mündliche Verhandlungen vor; und so fanden Anfang Dezember in Znaim Besprechungen zwischen Wallenstein und dem Bevollmächtigten Ferdinands, Fürst Eggenberg, statt. Schließlich erklärte sich der Herzog bereit, sich der kaiserlichen Armee anzunehmen. Er versprach, innerhalb von drei Monaten ein Heer von 40 000 Mann aufzustellen und es binnen weiteren drei Monaten auf 100 000 Mann zu bringen.

Seine Bedingungen waren hart: er verlangte und erhielt den unbeschränkten Oberbefehl; das Recht, (mit Wissen des Kaisers) über den Frieden zu verhandeln, in den eroberten Gebieten zu konfiszieren und zu begnadigen. Alles werde wieder seiner »guten Dexterität, Treue und Fleiß committiert« werden. Der Kaiser bestätigte ihn als Reichsfürsten in Mecklenburg, überließ ihm pfandweise das schlesische Herzogtum Groß-Glogau und versprach, falls Mecklenburg nicht zurückerstattet werden könne, ihn durch ein anderes Reichsfürstentum zu entschädigen; wie von einigen Gewährsleuten glaubwürdig behauptet wird, stellte er ihm sogar die Belehnung mit einem etwa erledigten Kurfürstentum, wobei an Sachsen oder Brandenburg gedacht war, in Aussicht.

Am 15. Dezember 1631 wurde der Herzog in aller Form zum »Generalcapo« der Armee ernannt. Maximilian und die Stände der Liga erklärten ihr ausdrückliches Einverständnis; Tilly äußerte: »Ich habe gern und um so lieber das gehört, weil ich dadurch einer großen Bürde und Arbeit enthoben werde.« Zur Finanzierung der Rüstungen wurden die österreichischen Erblande und die Herren der Liga herangezogen, außerdem alle katholischen Staaten um Subsidien ersucht. Spanien gab eine entsprechende Zusage.

Wiederum strömten die Söldner zu den Fahnen des Friedländers. Dank der ihm eigenen organisatorischen Fähigkeiten stellte Wallenstein neue Regimenter auf und ergänzte die alten, sorgte für Artillerie, Waffen und Proviant. Pappenheim wurde für den kaiserlichen Dienst gewonnen, Ilow zum Generalwachtmeister ernannt, Gallas, der zuvor unter Tilly gedient hatte und 1629 mit Affront seinen Abschied genommen hatte, zum General der Artillerie.

Gustav Adolfs Siegeszug

Es war hohe Zeit, daß Hilfe für Kaiser und Reich kam. Gustav Adolf war in schnellen Märschen über Halle und Erfurt ins Fränkische vorgerückt. Den Nürnbergern, die sich neutral erklären wollten, ließ er mitteilen: »Weil Ihr Euch auf Eure reichsstädtischen Privilegien berufen habt und auf meine Anmahnung nicht nach meinem Willen entschließt, sondern in Treue zum Kaiser oder doch mindestens in Neutralität beharren wollt, so erkläre ich, daß ich von keiner Neutralität etwas wissen will; sondern vielmehr diejenigen Protestanten, die sich darauf berufen, als meine Feinde behandeln werde. Wenn die Stadt Nürnberg sich nicht eines anderen und besseren besinnt, so werde ich sie und ihre Untertanen mit Schwert, Mord und Brand wie die ärgsten Feinde verfolgen, werde ich die Bürger und Einwohner, wo ich sie finde, niederwerfen und ihre Güter beschlagnahmen.« Solche Worte lassen zwar von der verheißenen deutschen Libertät und christlichen Freiheit nichts verspüren; aber sie taten hier wie bei den anderen Reichsstädten, denen gegenüber sie verkündet wurden, ihre Wirkung. Nürnberg kapitulierte und schloß wenig später ein Bündnis mit den Schweden ab.

Während Tilly sich bei Miltenberg mit 12 000 Mann vereinigte, die der von Richelieu bedrängte Herzog von Lothringen herangeführt hatte, aber immer noch seine Armee für eine Auseinandersetzung mit Gustav Adolf nicht hinreichend gerüstet hielt, marschierte der Schwedenkönig nach Würzburg. Die Stadt ergab sich am 14. Oktober und zahlte eine Kontribution von 100 000 Reichstalern. Am folgenden Tag wurde die Marienburg erstürmt und alles Lebende, Soldaten und Geistliche, Frauen und Kinder, niedergehauen. Die fürstbischöfliche Schatzkammer wurde geplündert, der Bestand der Bibliothek nach Schweden geschickt. Gustav Adolf ließ sich im Juliushospital als Herzog von Franken huldigen.

Weiter ging der Marsch die Pfaffengasse entlang, über Aschaffenburg nach Frankfurt. Die Vorgänge von Nürnberg wiederholten sich.

Die alte Kaiserstadt, die, seitdem es ein Heiliges Römisches Reich Deutscher Nation gab, keinen fremden Eroberer in ihren Mauern gesehen hatte, kapitulierte, und Gustav Adolf hielt seinen Einzug unter Entfaltung großen Prunkes.

In dieser Zeit, da der Schwede in Höchst residierte, kam aus Holland der einstige Pfalzgraf und König von Böhmen. Er begleitete nunmehr Gustav Adolf auf seinen Zügen durch Deutschland. Gustav Adolf behandelte ihn höflich; die Pfalz solle er aber nur als Lehen der Krone Schwedens zurückerhalten.

Auch Mainz ergab sich. Der König stand auf dem Gipfel seiner Macht. Wohin zielten seine Absichten? »Was meinen Lohn betrifft«, äußerte er gegenüber Nürnberger Delegierten, »so sollt Ihr nicht glauben, daß ich wie ein hergelaufener Soldat einige Monatssolde begehren oder nehmen möchte. Auch ist es mir nicht um mehr Land und Leute zu tun; denn ich habe davon schon genug vorher in meinem Königreich gehabt. Aber ich verlange zu wissen, ob Ihr es nicht für billig erachtet, daß ich diejenigen Orte, die ich mit Gottes Hilfe den Päpstlichen abgenommen, Würzburg, Mainz und andere, in meiner Gewalt behalte. Und dann verlange ich auch zu wissen, ob es nicht billig sei, daß ich in anderen Orten, die ich meinen Freunden, den evangelischen Fürsten, zurückgegeben habe, so in Pommern und Mecklenburg, diejenigen Oberhoheitsrechte behalte, die vordem mein Feind, der Kaiser, innegehabt hat. Pommern kann ich ohnedies aus besonderen Gründen nicht aufgeben, nämlich wegen des Meeres. Über Magdeburg, das Kursachsen für seine Prinzen haben will, werde ich mich eher verständigen können, als mit Kurbrandenburg über Pommern.«

Er wolle, fügte er hinzu, keine neuen Reichsgesetze erlassen. Aber es sei wichtig, einen evangelischen Kriegskörper mit einem Rate zu schaffen, dem ein Haupt vorstehen müsse. Ein deutscher Fürst sei nicht geeignet für ein solches Haupt. Die Nürnberger verstanden diese Rede wohl: sie versicherten natürlich, sie wüßten keine bessere und von Gott mehr gesegnete Persönlichkeit als Haupt als den König selbst.

Eindeutiger noch werden die Pläne des Königs durch Vorschläge klargelegt, die er Ende 1631 der französischen Regierung unterbreiten ließ und die am 6. Januar 1632 im Pariser Ministerrat erörtert wurden: Gustav Adolf erklärte sich mit der Annexion des linken Rheinufers durch Frankreich einverstanden, wenn man seine Kaiserwahl unterstützte. Richelieu lehnte ab; sei es, weil dem Kardinal die Gründung eines protestantischen Kaisertums in Deutschland widerstrebte; sei es, weil ihm die wachsende Macht des nordischen Bundesgenossen zu gefährlich erschien.

Die Liga war zerschlagen, ihr Heer immer noch nicht aktionsfähig. Der Trierer Kurfürst Philipp Christoph von Sötern hatte sich im Dezember 1631 angesichts der Schwedengefahr unter den Schutz Frankreichs gestellt. Auch Maximilian und andere Herren der Liga verhandelten mit Richelieu. Unverändert war das Ziel des Kardinals: die Liga vom Kaiser loszulösen. Charnacé verhandelte in München um die Neutralität, der bayerische Rat Jocher in Paris.

Ende Dezember 1631 wurde der Entwurf eines Neutralitätsabkommens fertiggestellt, aber der französische Gesandte, Marquis des Brezé, der ihn Gustav Adolf vorlegte, fand den König unnachgiebig. »Der Appetit«, berichtete Brezé nach Paris, »hat sich bei Gustav Adolf infolge seiner Siege so gesteigert, daß er bereits das Ganze anstrebt; und das Vertrauen in sein Glück ist ihm so gewachsen, daß er an keinem Erfolg mehr zweifelt und Angriff und Sieg für gleichbedeutend hält.« Gustav Adolf forderte von dem Oberhaupt der Liga als Preis der Neutralität die Überlassung der Stifte von Mainz, Würzburg, Fulda und Bamberg, die Übergabe aller von der Liga besetzten protestantischen Plätze und die Reduktion ihrer Armee auf 12 000 Mann.

So scheiterten die Verhandlungen. Maximilian teilte Ferdinand mit, daß er ihm weiterhin zur Seite stehen werde, vorausgesetzt, daß die Rüstungen des Kaisers mit allem Nachdruck betrieben würden. In der Tat hatte Wallenstein bereits im Frühjahr 1632 ein starkes Heer aufgestellt, das teilweise in Mähren und dem östlichen Böhmen, teilweise, unter Aldringers Kommando, unweit Nördlingen stand. Mit den Kontingenten Aldringers vereinigte sich Tilly und nahm am 9. März Bamberg, das wenige Tage zuvor der schwedische General Gustav Horn besetzt hatte. Horn mußte sich fluchtartig zurückziehen. Es war der letzte Sieg des greisen Feldherrn, die erste Niederlage der Schweden auf deutschem Boden.

Zum Schutze Frankens rückte Gustav Adolf nach Nürnberg; von hier, dem sich zurückziehenden Tilly folgend, über Augsburg nach Ingolstadt und Donauwörth. Maximilian richtete dringliche Appelle an Wallenstein: »Die höchste Gefahr für mich und mein Land bricht über uns herein«, schrieb er Anfang April aus Ingolstadt. »Sie kommt über mich um meiner beständigen Treue, meiner Ergebenheit, meines Gehorsams willen gegenüber dem Kaiser. Es ist unnötig, zu erörtern, was diese Lage für Folgen auch für die kaiserlichen Erblande nach sich zieht. Darum ersuche ich Euer Liebden ganz beweglich, Sie wollen gemäß Ihrer allezeit mir bewiesenen Neigung und Sorge, gemäß der kaiserlichen Vertröstung und gemäß den Versprechungen mich in dieser Not nicht hilflos lassen: Sie wollen ohne den geringsten Zeitverlust, der verhängnisvoll wäre, mir die helfende Hand reichen. Sie wollen mir nicht nur die versprochenen 5000 Reiter, von denen bis zu dieser Stunde noch nicht ein einziger bei dem Grafen Tilly eingetroffen ist, sondern noch weitere Hilfe eiligst entsenden ... Enge und vertrauensvolle Zusammenarbeit beider Heere ist dringend nötig und ich meinerseits bin willens, nicht nur zu meiner Verteidigung, sondern auch zu derjenigen des Kaisers und der Erblande das äußerste an Gut und Blut einzusetzen.«

Solchem Hilferuf, den der Kurfürst diktierte, fügte er noch eigenhändig den folgenden persönlichen Appell bei: »Weil ich mich von Ihrer Kaiserlichen Majestät nicht habe absondern und trennen lassen, sondern standfest bei ihr verblieben bin, muß ich das jetzt von seiten der Schweden entgelten. Ich hoffe zu Gott, der Kaiser und Euer Liebden werden mich nicht zu Schanden werden lassen. Unterdessen will ich tun, was möglich ist, bis Hilfe von Euer Liebden kommt.« Doch alle Hilferufe verhallten ungehört: Wallenstein versprach Unterstützung, schickte aber nichts. Es liegt auf der Hand, daß sein Argument, er wolle Sachsen bedrängen und so Gustav Adolf nötigen, das Donaugebiet zu räumen und seinen Verbündeten zu Hilfe zu eilen, nur ein Vorwand war. In Wahrheit stand der Generalissimus in Böhmen mit 30000 Mann gegen 12000 Sachsen und verhielt sich dort zunächst durchaus passiv. Wie im kommenden Jahr hat er bewußt Bayern, dessen Kurfürst ihm verhaßt war, den Schweden preisgegeben.

Donauwörth fiel am 6. April. Camerarius, der Kanzler des Pfalzgrafen, der am folgenden Tag die schwedischen Truppen über die Donaubrücke ziehen sah, schrieb triumphierend: »Das Heer ist stark und schön. Bayern zittert vor uns.« Die Schweden erzwangen am 15. April den Lechübergang unweit Rain. Tilly wurde schwer verwundet und starb am Abend des 20. April in Ingolstadt, während die Artillerie der Schweden, allerdings ohne Erfolg, aus allen Rohren die Stadt beschoß.

In seiner letzten Stunde bat Tilly den Beichtvater, ihm den Psalm vorzusprechen: Auf dich, o Gott, hab ich vertraut – ich werde nicht zu Schanden werden ewiglich. In Altötting ist der Feldherr Maximilians und der Liga zur letzten Ruhe bestattet worden. »Tilly«, hat Maximilian bei der Nachricht vom Tod seines Generals bekannt, »hat seinesgleichen nicht gehabt.« Auch von gegnerischer Seite ist der Feldherr trotz der hier naheliegenden Vorbehalte gerecht gewürdigt worden.

Über Landshut rückte Gustav Adolf nach München vor. Während die Städte, wenn sie sich ergaben, sich meistens durch Kontributionen von der Plünderung loskaufen konnten, litt das flache Land furchtbar. »Der Schwede«, schreibt Maximilian am 22. April an Wallenstein, auch diesmal ohne Erfolg, »haust in meinem Land ärger als der Türke mit Brennen und Niederhauen der Weiber wie der Kinder von fünf und sechs Jahren. Das hat er bislang in anderen Ländern nicht getan. Es ist daraus zu spüren, wie er gegen mich gesinnt ist.« Und in einem Brief des Kurfürsten an den Bruder Ferdinand heißt es: ». . . was aber das arme Baierland belangt, würden es Euer Liebden nicht mehr kennen und es ohne Mitleid nit ansehen können; dergleichen crudelität ist in diesem Krieg nit erhört worden. Ich muß gleich dem Sprichwort das Bad austrinken; hoffe, Gott werd mirs wieder ersetzen, weil mir alles odio Religionis et Justitiae widerfahrt.«

Am 17. Mai hielt Gustav Adolf seinen Einzug in München. Mehrere Abordnungen der Bürgerschaft waren ihm entgegengeschickt worden, um die Brandschatzung der Stadt zu verhüten; auch Maximilian, der inzwischen nach Regensburg geeilt war, um von dort den Widerstand neu zu organisieren, hatte durch Vermittlung des französischen Gesandten interveniert. Am Gasteig überreichte der Bürgermeister dem Schwedenkönig kniend die Schlüssel der Stadttore.

Die Stadt hatte eine Kontribution von 300 000 Reichstalern zu zahlen – die Hälfte dessen, was jährlich das ganze Königreich Schweden an Steuern und Abgaben aufbrachte. Der Wohlstand Münchens ist dadurch auf Jahre hinaus zerstört worden. Der größte Teil der Bürgerschaft, die den letzten Heller ablieferte, verarmte zudem infolge des vollkommenen Stockens des Geschäftslebens. »Mancher«, heißt es in einer Aufzeichnung des Franziskanerarchivs, »hat seinen lang gesammelten Schatz vorgesucht; es sind auch von den Kirchen etliche Kelche, silberne Weibergürtel, wohl auch goldene Becher und Pokale nebst Gold in des Bürgermeisters Haus getragen worden. Nichtsdestoweniger ist die Bürgerschaft nach diesem Geben noch oft ermahnt und der Stadt stark gedrohet worden, wenn die begehrte Summe nicht erlegt werde, es dieser Stadt wie Magdeburg ergehen solle. Deshalb hat oft ein Bürger drei- oder viermal noch Geld zugetragen; so haben auch nach langem Bitten sogar die armen Witwen, Knechte und Hausmägde Geld gebracht, damit man nur die Feinde los werde.«

Während der dreiwöchigen Besatzungszeit wurde im übrigen unter den schwedischen Truppen eine vorbildliche Manneszucht gehalten: »Was die Soldaten eingekauft an Bier, Brot usw., haben sie fleißig bezahlt. Das Lager haben sie zweimal umgeschlagen von den Schwabinger Angern auf die vor dem Neuhausertor ... Etliche schwedische Marketender haben das von den Bräuern gefaßte Märzenbier in das Lager hinausgeführt, um 10 Kreuzer die Feldmaß, welche bei anderthalb Maß gehalten, den Soldaten verkauft.« Aber zahlreiche Werke der Kunst und des Kunstgewerbes, Manuskripte und Bücher wurden nach Schweden abtransportiert. Der König bedauerte, die Residenz nicht auf Rädern nach Stockholm wegschaffen zu können.

Einige Aufzeichnungen aus zeitgenössischen Chroniken vergegenwärtigen Atmosphäre und Leben der Münchener Schwedenzeit: »Allen Bürgern sind Soldaten, jedem nach Vermögen und Einkommen, einquartiert worden, welche sie mit Speis und Trank bis in die zehn Tag versehen haben. Aber gleich beim Einzug ist salve-guardia den Klöstern und anderen vornehmen Häusern gegeben und zwei oder drei Soldaten zu defendieren einlogiert worden, die man übermäßig mit Speis und Trank hat erhalten müssen ... Was man in der kurfürstlichen Residenz, Kunstkammer und Rüstzeug, große Stück, davon keine geringe Zahl vergraben lag, vorgefunden, das alles hat der König nach Augsburg führen lassen, welches die münchnerischen Zimmerleut haben begleiten müssen. Zudem hat er auch viel tausend Salzscheiben, so allhier in den Salzstädeln gelegen, feilgemacht, den Bayern selbe anfänglich um zwei Gulden, alsdann um einen Reichstaler verkauft, bisweilen armen Leuten ein wenig austeilen lassen. –

Untertags, da haben die schwedischen Soldaten allerlei Sachen in die Stadt zu verkaufen gebracht, große Mengen von Rindern, viele Rosse, noch mehr Schweine, Weiberschleier, allerlei Leinwand, Flachs und Garn, Hafer, zinnene Schüsseln und Kannen, gar viel Kupfergeschirr, gestohlene Kelche, Wachsstöcke, viele andere zur Küche gehörige Sachen; ja sogar die Schienen von den Rädern, ganze Bauernwagen, Schlösser von den Türen, jetzt einen Mantel, jetzt Weiberröcke. Welches alles um den geringsten Wert von dieser Stadt Inwohnern ist aufgekauft worden. Damals ist es wirklich an der Zeit gewesen, daß ein Rind 1 Gulden, ebensoviel ein Pfund Schmalz gestanden ... –

Am 19. Mai, gerade den Tag vor Himmelfahrt, hielt der König beim Hinausreiten ins Lager mit seiner ganzen Generalität vor der Jesuitenkirche still, stieg ab und ging mit entblößtem Haupt in die Kirche. Der benachrichtigte P. Rektor eilte mit allen Geistlichen herbei, um den König zum empfangen, der sich sogleich erkundigte, wer die Kirche erbaut und wo das Mausoleum des Herzogs Wilhelm wäre, dessen Demut ihm zu groß geschienen. Weil es gerade zur Zeit der Vesper gewesen, die alle Mittwoche für einen siegreichen Ausgang des Krieges gehalten worden, und eine Menge Volk zum Segen herbeigeströmt, so fragte der König, was denn das bedeute. Der Rektor antwortete, es geschehe, um sich mit Weihwasser besprengen zu lassen; worauf der König aus Neugierde so nahe hinzugetreten, daß auch er besprengt worden. Er verlangte hierauf eine Erklärung vom Weihwasser, und fragte, nachdem sie ihm der P. Rektor gegeben, ob man das glauben müsse. Der Rektor, um einen Sieger nicht durch unnötige Grübeleien verdrießlich zu machen, erwiderte, so bestimmt ließen sich freilich vom bloßen Weihwasser die Wirkungen nicht erwarten wie von einem Sakrament. –

Bei weiterem Fortgang des Gottesdienstes erkundigte sich der König über alles genau, über das Klingeln, Niederfallen, und sagte: ›Also betet Ihr ja doch die Hostie an! Wo steht das geschrieben?‹ Hierauf begann eine Unterhaltung über die Transsubstantiation, die aber der König mit den Worten endete: ›Es ist meine Sache nicht; kann mich darüber nicht genug verständlich machen‹; und als der Rektor in seiner Demonstration doch noch weiter gehen wollte, unterbrach ihn der König plötzlich mit der Frage: ›Wie ist's, habt Ihr für den Tilly auch ein Seelenamt gehalten?‹ Der Rektor bat Gott mit einem stillen Seufzer um Verzeihung für die Lüge, die er jetzt machen müsse, und sagte: ›Nein.‹ Der König wollte aber wissen, warum denn nicht. Der Rektor gab an, es sei dazu keine Zeit gewesen, der Tilly wird's auch nicht nötig gehabt haben; wovon aber der König abermals den Grund wissen wollte: wo er denn glaube, daß der Tilly wirklich sei. Der P. Rektor äußerte, er müsse hoffen, er sei im Himmel. Hierauf fiel der König ganz heftig ein: ›Er war ein Barbar.‹ Der König brachte nun selbst ein anderes Gespräch auf die Bahn und betrachtete die Votivtafeln an der Wand, die seiner Meinung nach die Kirche sehr verunstalten. Beim Hinausgehen aus der Kirche brach er für sich selbst in die Worte aus: ›Ein prächtiger Tempel!‹ Und als sich der P. Rektor noch erkundigte, ob er nicht befehle, das Kollegium zu sehen, lehnte er mit freundlichem Abschied ab. Bei der Tafel äußerte der König: ›Wenn ich katholisch wäre, hätte ich doch die Jesuiten noch am liebsten.‹

Auch der Pfalzgraf Friedrich (der Winterkönig) ließ sich Kirche,

Gruft und Kollegium noch besonders weisen und von der Einrichtung des Ordens genau unterrichten. Beim Anblick einer bildlichen Darstellung der Prager Schlacht fragte er, warum man nicht auch eine Abbildung der Breitenfelder Schlacht aufhänge; worauf der Rektor versicherte, es wäre auch schon eine dagehangen, aber diejenigen, die sie hergeliehen, hätten einen so hohen Wert darauf gelegt, daß sie solche durchaus nicht dalassen wollten. Auf einmal sah der Pfalzgraf noch ein zweites Bild der Prager Schlacht, und wie vor einem Geist, der ihn verfolgte, rief er aus: ›Wozu denn zwei Bilder von einer Schlacht?‹ Welches der Rektor aber damit entschuldigte, daß eines die Wiedergabe mit lateinischer, das andere mit deutscher Schrift sei. – Bei allem diesem äußerlichen Schmiegen wichen die Jesuiten innerlich nicht von Art und Sinn. Während sie der König besuchte, lag im Kollegium ein feindlicher Spion verborgen und täglich wurden schwedische Soldaten unter den Augen des Königs katholisch gemacht . . .

Am Tag der Himmelfahrt Jesu Christi haben Ihre Königliche Majestät im schönsten Zimmer der Neuen Feste den Gottesdienst zelebrieren und das Danklied ›Nun freuet euch, lieben Christen gemein‹ singen lassen . . .«

Ganz Bayern, mit Ausnahme von Ingolstadt und Regensburg, fiel in Gustav Adolfs Hand. Von hier aus gedachte der König in die österreichischen Erblande vorzustoßen – »es stinkt ihm das Maul nach der Donau und nach Österreich«, schrieb damals Maximilian; aber das Vordringen Wallensteins in Sachsen, der hier endlich im Mai 1632 die Offensive ergriffen, anschließend Eger und Prag genommen, sich am 24. Juni bei Weiden mit Maximilian und den Ligatruppen vereinigt hatte, nötigte die Schweden zur Umkehr. Es galt für sie, Kursachsen zu schützen und vom Abschluß eines Friedens mit dem Kaiser abzuhalten, worüber Wallenstein bereits verhandelt hatte.

Schwankendes Kriegsglück

Bei Eger sahen sich Maximilian und Wallenstein erstmals von Aug zu Aug; es geschah nach den Ereignissen der letzten Monate, die die Besetzung und Verwüstung ganz Bayerns zur Folge gehabt hatten. Als sie einander begegneten, berichtet ein Zeitgenosse, »waren aller Augen auf sie gerichtet; denn jedermann war bekannt, daß der Herzog dem Kurfürsten seine Absetzung zur Last legte, und der Kurfürst meinte, der Herzog werde es ihm nicht vergessen und nicht ungerächt lassen. Allein beider Interessen und die Erhaltung von Land und Leuten hat aus der Not eine Tugend gemacht: Beide haben ihre Leidenschaft unterdrückt und sind einander freundlich entgegengekommen. Doch haben die Neugierigen vermerkt, daß der Kurfürst die Kunst zu simulieren weit besser verstanden habe als der Herzog von Friedland.«

Bei Nürnberg schlug Gustav Adolf ein befestigtes Lager auf, das mit 300 Geschützen armiert war. Wallenstein, der ihm gefolgt war, tat am 16. Juli ein gleiches zwischen Stein und Fürth, bei Zirndorf. Vergebens bot Gustav Adolf eine Schlacht an; vergebens riet Maximilian zum Angriff. Sieben Wochen standen die beiden Heere einander gegenüber. Der Mangel an Lebensmitteln wurde täglich fühlbarer, Seuchen dezimierten beide Armeen.

Am 3. September unternahm Gustav Adolf, dessen Armee sich inzwischen durch Heranziehung von Hilfskräften auf 48 000 Mann verstärkt hatte, einen Generalsturm, wurde aber nach heftigen Kämpfen zurückgeschlagen. Wallenstein schrieb an den Kaiser: »Der König hat sich bei dieser Impresa gewaltig die Hörner abgestoßen.«

Gustav Adolf knüpfte nun Verhandlungen an: das Restitutionsedikt sollte kassiert und Friedrich in der Pfalz wieder eingesetzt werden; er verlangte Pommern als Reichslehen; Wallenstein sollte mit dem Herzogtum Franken für Mecklenburg entschädigt werden. Der kaiserliche Generalissimus lehnte ab und erklärte, »daß er mit ihm zu traktieren keine Plenipotenz hätte«.

Am 18. September gab Gustav Adolf sein Lager auf und marschierte nach dem südwestlichen Deutschland. Fünf Tage später brach Wallenstein auf, um über Coburg nach Sachsen zu rücken. Der Schwedenkönig hatte bei Nürnberg zwar keine Schlacht verloren, aber eine Niederlage erlitten, deren psychologische Wirkung weit schwerer wog als die tatsächlichen Verluste. »Ich hoffe, daß der König bald erledigt sein wird«, schrieb Wallenstein nach dem Abzug der Schweden an den Kaiser.

Wallenstein brach mit seinen Generalen Gallas, Holk und Pappenheim im September in Sachsen ein. Am 1. November wurde Leipzig genommen. Die Soldateska zog raubend und plündernd durchs Land; der Kurfürst bekam es zu fühlen, daß er sich vom Kaiser getrennt hatte. Gustav Adolf, der schon auf dem Marsch zum Bodensee war, mußte umkehren, um seinem Verbündeten beizustehen.

Bei Lützen stießen beide Heere am 16. November aufeinander: das

In der Schlacht von Lützen am 16. November 1932 fiel König Gustav Adolf. Die Schweden unterlagen den Kaiserlichen, die von Wallenstein geführt wurden. Zeitgenössischer Holzschnitt.

schwedische zählte etwa 20 000 Mann, das kaiserliche zunächst weit weniger; doch traf noch im Laufe des Kampftages Pappenheim ein, der mit 7000 Kürassieren und Dragonern nach Halle entsandt und von Friedland, der das Gewicht der Entscheidung dieses Ringens richtig einschätzte, zurückgerufen worden war. Das Losungswort der Schweden war dasjenige von Breitenfeld: »Gott mit uns«; das der Kaiserlichen: »Jesus Maria«. Um zehn Uhr morgens ging Gustav Adolf zum Angriff über. Der Kampf schien sich günstig für den Schweden zu entwickeln, der besonders auf dem rechten Flügel, wo der König kommandierte, wuchtig vorrückte. Pappenheim, der um zwei Uhr mittags mit seinen Kavallerieregimentern eintraf und wenig später tödlich verwundet wurde, gelang es, die kaiserliche Front wieder zum Stehen zu bringen.

Als der König nun selbst an der Spitze des erprobten Samländerregiments gegen die kaiserlichen Kürassiere vorging, wurde er, den tiefer Nebel von den Seinen trennte, durch mehrere Schüsse und Degenstiche getötet. Die Schlacht, deren Leitung auf schwedischer Seite nun Bernhard von Weimar übernahm, während bei den Kaiserlichen Piccolomini durch persönliche Tapferkeit sich auszeichnete – übrigens wurde auch Wallenstein, der im Zentrum die Schlacht leitete, leicht verwundet –, endete am Abend unentschieden. Dadurch, daß sich die Kaiserlichen in der Nacht nach Leipzig zurückzogen, während die Schweden erst am folgenden Tag das von 12 000 Leichen bedeckte Schlachtfeld räumten, konnte der Eindruck eines schwedischen Sieges entstehen. Aber allein die Tatsache, daß Gustav Adolf gefallen war, genügt, um den Tag von Lützen als schwerste Niederlage der Schweden während ihres Krieges in Deutschland erscheinen zu lassen.

Wenn, wie man mit einiger Wahrscheinlichkeit vermuten kann, Gustav Adolfs letzte Ziele der Gründung eines protestantischen Kaisertums in Deutschland galten, so war dieser Plan nunmehr endgültig gescheitert. Es versteht sich, daß der Tod des Schwedenkönigs bei dem Kaiser und den Fürsten der Liga begeisterte Freude auslöste; aber auch Richelieu, dem Gustav Adolf allzu mächtig geworden war, auch die Kurfürsten von Sachsen und Brandenburg, die kriegsmüde waren, hörten die Nachricht ohne allzu heftiges Bedauern. Große Teile des deutschen protestantischen Volkes freilich trauerten dem König nach, der ihnen als Retter der evangelischen Freiheit gegolten hatte.

Daß die Heimat die Kunde vom Tod des Königs mit tiefer Trauer aufnahm, ist verständlich: Schweden dankte diesem König die Herrschaft über den Ostseehandel und den Aufstieg zur Großmacht; und wenn auch die Entwicklung seines Regimes es mit sich bringen mußte, daß der Ständestaat sich immer eindeutiger zur absoluten Monarchie wandelte, hat Gustav Adolf doch stets an seinem Bekenntnis festgehalten: »Eine Monarchie beruht nicht auf Personen, sondern auf Gesetzen.«

Der schwedische Reichskanzler Axel Oxenstierna, seit langem der vertraute Ratgeber und Mitarbeiter Gustav Adolfs, hat die schwierige politische und militärische Situation, die sich nach dem Tod des Königs ergab, mit ungemeinem Geschick gemeistert. Da Gustav Adolfs einzige Tochter, *Christine*, damals erst sechs Jahre zählte, übertrugen ihm die Stände Schwedens am 23. Januar 1633 die Leitung der deutschen Angelegenheiten mit unbeschränkter Vollmacht. Er sei zur Räumung Deutschlands bereit, erklärte er, aber nur, wenn Schweden eine Entschädigung erhalte, »wie Könige und Fürsten, aber nicht wie Kaufleute einander zu geben pflegen«. Da dies naturgemäß beim derzeitigen

Axel Oxenstierna (1583–1654), Gustav Adolfs Kanzler, setzte nach dem Tod des Königs dessen Politik fort und verlangte für die Räumung Deutschlands eine hohe Entschädigung. Da sie nicht aufzubringen war, dauerte der Krieg an. Holzschnitt von M. J. Mierevelt.

Stand der Dinge nicht zu erreichen war, forderte der Kanzler die Fortführung des Krieges und die Anerkennung seines »Direktoriums« von seiten der evangelischen Reichsstände.

Brandenburg und Sachsen stimmten nach einigem Zögern zu, obschon in Kursachsen Arnim mit Wilhelm Georg darin übereinstimmte, daß »der schlechteste Frieden doch höher als der beste und glücklichste Krieg zu bewerten« sei. Der Weg zum Frieden sei allerdings schwierig, meinte Arnim: Frankreich, das »die Unterdrückung der evangelischen Religion und des Hauses Österreich« wolle, sei nicht zu gewinnen; und auch Wallenstein »möchte sich an dem Ruhm nicht ersättigen, daß durch ihn das Römische Reich wieder in Tranquillität gesetzet, sondern auch wohl die Ambition haben, den Nachkommen ein real Gedächtnis, entweder durch Erweiterung seines Landes oder Erhöhung seines Standes hinter sich zu lassen«.

In Heilbronn erneuerten im April 1633 die protestantischen Stände Schwabens, Frankens und Norddeutschlands ihr Bündnis mit Schweden. Hier wurde auch die Allianz zwischen Frankreich und Schweden, die diesem jährliche Subsidien in Höhe von einer Million Livres zusicherte, verlängert. Es wurde schließlich vereinbart, daß die Pfalz dem Erben Friedrichs V. – dieser war wenige Tage nach Gustav Adolf, am 29. November, verschieden – zurückzuerstatten sei. Der Heilbronner Bund hat nur zwei Jahre, bis zum Prager Frieden vom Mai 1635, gedauert.

Oxenstierna war ein großer Staatsmann, aber kein Soldat. Sein hervorragendster General war *Bernhard von Weimar*, der sich schon bei Breitenfeld und Lützen ausgezeichnet hatte; nach dessen frühem Tod traten Banér, Horn und Königsmarck bedeutsam hervor. Weder Gallas noch Piccolomini, Aldringer oder Marradas und andere Generale, die auf kaiserlicher Seite kommandierten, können den schwedischen Feldherren zur Seite gestellt werden; nur der bayrische General Mercy hat sich als gleichwertiger Heerführer bewährt.

Gerade in den Wochen nach Lützen wurde erstmals *Johann von Werth*, der unter Spinola gekämpft und dann unter Tilly zum Oberstleutnant avanciert war, viel genannt: ein schlichter und unerschrockener Soldat, der weder geistige Bildung noch besondere organisatorische Begabung mitbrachte, dessen fliegende Reiterkorps aber dem Feind in den kommenden Jahren viel zu schaffen machten.

Hier mag auch der sehr umstrittenen Gestalt Bernhard von Weimars gedacht werden, der an Tapferkeit und Wagemut Werth gleichkam, diesen aber, mit dem er manchen Strauß ausfocht, an strategischer Begabung weit überragte. 1604 in Weimar als achtes Kind des Herzogs Johann geboren, erhielt Bernhard eine sorgfältige Erziehung. Der Siebzehnjährige wurde Soldat und nahm, nachdem er sich in der Armee des Oraniers und des Dänenkönigs Christian geschult hatte, Dienst bei Gustav Adolf, wo er bald zum Obersten des berittenen Leibregimentes avancierte. Nach Lützen hatte Bernhard, nunmehr General der fränkisch-schwedischen Armee und Herzog von Franken, viele wechselvolle Kämpfe zu bestehen.

Nach dem Tag von Lützen fiel Wallenstein in seinen militärischen Unternehmungen wieder in jene Passivität und Lethargie zurück, die seine Gegner ihm unablässig vorwarfen. Wenn er dem Kaiser im Dezember 1632 hatte mitteilen lassen, im Winter werde er den Krieg »mit Praktiken«, im Sommer »con la forza« führen, so war von der Verwirklichung solcher Ankündigungen nichts zu verspüren. Die Armee, rund 100 000 Mann, stand tatenlos in Böhmen und den schlesischen Grenzgebieten, der Generalissimus beschäftigte sich mit astrologischen Berechnungen und diplomatischen Verhandlungen. Es hat manchmal den Anschein, als hätte der Wegfall des großen Gegners ihm jedes feste Ziel einer Initiative genommen und so eine innere Gleichgewichtsstörung in ihm bewirkt.

War die Tatenlosigkeit dadurch veranlaßt, daß der Kaiser zögerte, ihm eines der Kurfürstentümer, Sachsen, Brandenburg oder Pfalz, zu übertragen, die ihm, nach allerdings nicht sicher verbürgten Nachrichten, bei Übernahme des zweiten Generalates zugesichert worden waren? Sicher ist, daß Wallenstein mit Entrüstung den im Frühjahr 1633 erörterten Plan ablehnte, einer spanischen Armee Kontingente zu überlassen, die unter dem Befehl des Herzogs von Feria durch Italien und Süddeutschland nach dem Elsaß marschieren sollte, um dort den von Frankreich bedrängten Herzog Karl von Lothringen zu unterstützen und die spanische Franche-Comté zu schützen. Der Einmarsch der Spanier, argumentierte Wallenstein, würde die Einmischung Frankreichs und eine allgemeine Erregung (universal commotion) der Reichsstände zur Folge haben. In Wahrheit argwöhnte er, daß Ferias Kommen eine Einschränkung seiner eigenen militärischen Machtvollkommenheit bringen könne. »Das werde ich wohl lassen bleiben«, äußerte er gegenüber Kinský, seinem Vertrauten. »Der König in Hispanien soll wissen, daß ich im Römischen Reich sei Generalissimus, und agnosciere keinen anderen General, er komme, woher er wollte.« Der

Zug Ferias kam dann, da der Kaiser die spanischen Wünsche auf Grund der Haltung Wallensteins zunächst ablehnte, erst im September mit sehr viel bescheidenerem Aufgebot als ursprünglich vorgesehen zustande.

Während Wallenstein tatenlos in Böhmen stand, bedrohten die Schweden und ihre deutschen Bundesgenossen unter Bernhard von Weimar, Banér und Horn wiederum Bayern. Anfang April standen die vereinigten Gegner zwischen Augsburg und Donauwörth. Wie im vergangenen Jahr wandte sich Maximilian in zahlreichen Briefen hilfesuchend an den Kaiser und seinen Generalissimus.

Die Stellungnahme Wallensteins war eindeutig genug: er könne vorläufig keine Hilfe schicken; Aldringer sei angewiesen, den Lech preiszugeben, bei Ingolstadt ein Lager zu beziehen und sich dort so lange zu halten, bis es möglich sei, aus Böhmen Hilfe zu schicken. Auf diese Weise könne man die Verbindung mit der Hauptmacht in Böhmen aufrechterhalten und dem Feind den Donauweg nach Regensburg sperren. Bayern werde zwar damit dem Feinde preisgegeben; aber er, der Herzog, werde sich beim Kaiser dafür einsetzen, daß der Kurfürst Schadenersatz erhalte. Es versteht sich, daß Maximilian solchen zynischen Trost mit heftigem Protest beantwortete. So könne man also, schrieb er aus Braunau am 2. April an Wallenstein, rauben, plündern und sengen bis zum Inn, seine Residenzstädte München und Landshut einäschern; »sieh ich nit, wer mir meine Stätt wieder aufbauen oder ein solch Schaden compensieren werde.« Sein eigenes Heer habe er Aldringer zur Verfügung gestellt und könne es nun nicht einmal zur Verteidigung seines Landes heranziehen. Es sei doch leichter, den Feind von einem Lande fernzuhalten, als ihn, wenn er schon alles verbrannt und verwüstet habe, wieder zu vertreiben. »Falls ich samt Land und Leuten also hilflos dem wütenden Feind zum Raub gelassen werden sollte, würde ich gedrungen und nit zu verdenken sein, andere Rettungsmittel an Hand zu nehmen.«

Endlich entschloß sich Wallenstein, einige Regimenter zu schicken. Sie reichten nicht aus; zumal Aldringer, dem sie unterstellt waren, vom Herzog den bestimmten Befehl erhalten hatte, in sicherer Stellung ein Lager aufzuschlagen, sich auf die Defensive zu beschränken und »nichts zu hazardieren und nichts zu wagen«. Wiederum protestierte Maximilian, zumal Bernhard von Weimar inzwischen Landsberg genommen hatte und von hier über Augsburg nach Rain zog. Aber auch jetzt lehnte der Herzog ab: Aldringer, der auf Grund der Beschwerden

Bernhard Prinz von Sachsen-Weimar (1604–1639) übernahm nach der Schlacht von Lützen die Führung des schwedischen Heeres, unterlag 1634 den Kaiserlichen, konnte aber mit französischer Unterstützung weiter ein Heer unterhalten. Er erlag mit 35 Jahren einem Gallenleiden. Zeitgenössischer Stich.

des Kurfürsten sein Kommando niederlegen wollte, solle sich nur nach seinen, Wallensteins, Befehlen richten, übler Nachrede nicht achten und sich keinesfalls durch die Ratschläge von Leuten irremachen lassen, »so das Werk nit verstehn«. Proteste Maximilians beim Kaiser hatten keinen Erfolg. Wallenstein erklärte am 18. Mai 1633, er benötige das Heer für den in Aussicht genommenen Einfall in Schlesien. Auch weitere Beschwerden des Kurfürsten und die Bitten des Kaisers und Aldringers an Wallenstein blieben ohne Ergebnis. Er werde, schrieb der Herzog am 26. Mai, in Kürze auf die eine oder andere Weise mit dem Feind in Schlesien ins reine kommen und »alle Sachen im Reich und anderswo« würden sich dann bald ändern.

18

Der verratene Verräter

Vielfältige Geheimverhandlungen

So wenig aktiven Gebrauch der Herzog in diesen Monaten von seinem Heer, vom größten und bestausgerüsteten dieses Krieges, machte, so intensiv und rege ist die politische Tätigkeit, die er damals nach vielen Richtungen hin zugleich entfaltete. Wir sind auf Korrespondenzen und auf Berichte der Gesprächspartner des Generalissimus angewiesen, da dieser fast stets zu vorsichtig war, eindeutige Mitteilungen von Belang dem Papier anzuvertrauen. Es ist nötig, die Glaubwürdigkeit der Berichterstatter und Zeugen vor allem unter dem Gesichtspunkt abzuwägen, welche Interessen und Tendenzen sie verfolgten; man muß auch das so widerspruchsvolle Naturell des Herzogs in Rechnung ziehen, seine schwankende seelische Konstitution, die in der Zeit des zweiten Generalates – und schon früher – Besuchern oft die Vermutung einer geistigen Erkrankung nahelegte. Schon in einem Brief Questenbergs vom Jahre 1627 wird erwähnt: »es soll in seinem Gehirn unklare Regionen geben«.

Im Mai 1633, als Wallenstein mit Sachsen über den Frieden verhandelte, weilten Bubna und Rašin, zwei Vertreter der böhmischen Emigranten, die wiederum mit den Schweden in Verbindung standen, bei ihm in Gitschin. Sie haben eingehende Aufzeichnungen über eine geheime Audienz, die in der Nacht vom 15. zum 16. Mai stattfand, niedergelegt; Wallenstein habe hier u. a. geäußert: »Seind wir nit Erzlappen, daß wir einander die Köpfe zerschmeissen umb anderer willen, da wir uns doch gewünschten Frieden, indem wir die Armeen in unserer Macht haben, machen könnten?« Bubna stimmt dem bei und meint, die beste Gewähr für den Frieden sei, da seine Partei vom Kaiser »nichts wissen noch hören wolle«, dann gegeben, wenn Wallenstein die böhmische Krone selbst annehme. Auch Thurn und die Schweden seien damit einverstanden. »Was die Krone (anlangt)«, antwortete Wallenstein nach diesem Bericht, »das wäre ein groß Schelmstück.«

Der Kaiser sei ein frommer Herr, ließe sich von jedem Pfaffen beeinflussen; und dann: »Wir selbsten können uns ein guten Frieden machen, die wir die Armee in unseren Händen haben, und einen solchen Frieden, der zur allgemeinen Wohlfahrt nicht nur einem oder dem andern Teil, sowohl den Katholischen wie den Evangelischen, mit einerlei Recht und Gerechtigkeit. Und was wir, die die Armeen in unserer Macht haben, abhandeln und abschließen, müßten die anderen, auch wenn sie nicht wollten, annehmen und belieben.«

Wallenstein wandte sich bei dem Gespräch dann gegen den Kurfürsten von Sachsen, der mit dem Kaiser über einen Separatfrieden verhandle, und versetzte auch Maximilian einen Seitenhieb. »Der Kurfürst von Sachsen und der Bayer müßten Geld schwitzen und heimgesucht werden.« Dem verstorbenen Schwedenkönig, Oxenstierna und Thurn spendete er Worte hohen Lobes. Bubna wendet wiederum ein: »Ich habe alles sehr wohl verstanden und es geht darum, daß der Kaiser doch Herr bleibt. Und wenn wir Genugtuung erhalten hätten, könnten die Pfaffen den Kaiser neuerlich aufhetzen, wie sie ja ohnedies ihre Stücklein nicht lassen würden, solange dieses Haus regiert.« Daraufhin Wallenstein: »Was den Kaiser anlangt, so soll er in dieser Sache garnichts zu tun und zu schaffen haben, sondern nur wir, die Armeen selbst ... Es wird auf die Entscheidung Oxenstiernas ankommen, ob er sich mit uns in persönliche Besuche einlassen oder durch bestimmte Personen über die Sachen verhandeln will.«

Die vereinigten kaiserlich-schwedischen Armeen sollten also, wenn nötig, gegen den Willen des Kaisers, den Frieden diktieren. Wie dieser Friede aussehen wird, wie sich Wallenstein seine eigene künftige Stellung vorstellt, davon wird in diesem Gespräch nichts gesagt; man darf wohl annehmen, daß der Herzog noch an die Bedingungen der Kaunitzer Zusammenkunft mit Arnim gedacht hat. Die böhmische Königskrone wird freilich von ihm abgelehnt. Ob aber dieser Refus aufrichtig gemeint war, steht dahin: Oxenstierna, der Bubnas Bericht erhielt, äußerte, daß es sich hier nur um diplomatische Zurückhaltung handle. Bubna selbst ist unzufrieden und mißtrauisch, weil der Kaiser nach Wallensteins Meinung bleiben soll.

Gleichzeitig, am 14. Mai, unterhielt sich Graf Kinský, ein anderer böhmischer Emigrant, der Wallenstein verwandtschaftlich und freundschaftlich verbunden war und mit bemerkenswertem Geschick zahlreiche diplomatische Missionen für den Herzog durchgeführt hat, in Dresden mit dem schwedischen Residenten Nicolai und besprach die Frage der Übertragung der böhmischen Krone an Wallenstein. Wallenstein sei sehr ehrgeizig. »Wenn der heute oder morgen die Sache dahin bringen könnte, daß er mit einer Krone in die Erde gelegt würde, würde er das nicht ablehnen.«

Unmittelbar nach dieser Unterhaltung schreibt Nicolai an Oxenstierna: »Etliche Personen, die den General Friedland gut kennen und nicht nur bei ihm beliebt sind, sondern im ganzen Königreich Böhmen großen Einfluß besitzen, haben mir per obliquum durch ihren Vertrauensmann einen von ihnen gesponnenen Plan auseinandersetzen lassen; nämlich den, Friedland zum Könige zu machen, wobei sie sicher hoffen, ihn zum Abfall vom Kaiser und zur Annahme der Krone zu bewegen, wenn sie ihm nur die Zustimmung und Hilfe Schwedens und seiner Bundesgenossen zusichern könnten.« Oxenstierna äußerte sich zu diesen Vorschlägen zustimmend, drückte aber seine Zweifel über die Aufrichtigkeit Wallensteins aus. Kinský suchte dem schwedischen Residenten diese Zweifel in einem Gespräch, das in Dresden am 4. Juni stattfand, auszureden: Wallenstein habe eine solche Macht in Händen, daß der Kaiser ihr nicht widerstehen könne. Er könne sich auf seine Offiziere verlassen, denn man fürchte ihn und wage keinen Widerstand gegen ihn. Auf die Frage nach Wallensteins Haltung zum bayerischen Kurfürsten antwortete Kinský: »Schmeißen will er ihn und hingehen, sein Geld holen, da er wohl weiß, wo er seinen Schatz hingeflüchtet hat; ist ihm ohnedies über alle Maßen spinnefeind.« Ob diese Dresdener Unterredung nach vorheriger Besprechung mit Wallenstein stattfand und dessen Auffassungen treu wiedergibt, ist nicht ganz sicher, wenngleich wahrscheinlich.

Graf Kinský verhandelte Ende Mai auch mit dem in Dresden eingetroffenen französischen Gesandten, Marquis de Feuquières. Er glaube, erklärte er dem Franzosen, Wallenstein sei nicht abgeneigt, sich mit den Ständen des Heilbronner Bundes zu einigen, wenn diese ihm zum böhmischen Königtum verhelfen wollten. Gegen das Haus Österreich sei er aufgebracht wegen des Lohnes, der ihm für seine großen Dienste zuteil geworden. Außerdem sei geringe Hoffnung, daß man ihn in Zukunft besser behandle, wenn man ihn nicht mehr benötige.

In der zweiten Maihälfte überschritt Wallenstein bei Nachod die böhmisch-schlesische Grenze und stand Ende des Monats mit 35 000 Mann der nur halb so starken und schlecht ausgerüsteten sächsisch-brandenburgischen und schwedischen Armee bei Münsterburg gegenüber. Trotzdem vermied er eine Schlacht, ließ vielmehr Arnim am

6. Juni zu einer Besprechung kommen und schloß einen Waffenstillstand ab, der bis zum 22. Juni dauern und den Friedensverhandlungen dienen sollte. Der Inhalt der in der Besprechung vorgebrachten Argumente Wallensteins – Arnim ließ sich seine schriftliche Aufzeichnung ausdrücklich von dem Herzog bestätigen, damit kein Mißverständnis entstehe – ging dahin, daß die Hostilitäten zwischen beiden Armeen aufgehoben sein sollten und sie allerseits die Waffen conjunctis viribus ohne Respekt irgendeiner Person wider dieselben, so sich unterfangen würden, den statum Imperii noch weiter zu turbieren und die Freiheit der Religion zu hemmen, gebrauchen wollten. »Welches ich denn weiter deute«, fügt Arnim hinzu, »daß alles im Heiligen Römischen Reich zum vorigen Stande, wie es vor diesem unglückseligen Krieg Anno 1618 gewesen, gebracht, ein jeder bei Ehren, Würden, Privilegien, Immunitäten und Libertät, voran die Religion bei freiem Lauf, und also das ganze Römische Reich bei vorigen löblichen Verfassungen unveränderlich sollte gehalten werden.«

Dies sei seine »rechte Meinung«, ließ Wallenstein durch Gallas und Trčka Arnim erklären; und daß diese Meinung sich eindeutig gegen die Absichten des Kaisers richtet, wird durch eine weitere ausführliche Aufzeichnung über die Unterhaltung vom 6. Juni, die übrigens in die Hände Maximilians gelangte, bekräftigt. Hier heißt es: »Also wollte er einen solchen Frieden schlichten helfen, bei welchem diejenigen Puncta allein, so er selber vorgeschlagen, eingegangen werden sollten: 1. daß in dem ganzen Römischen Reich ein allgemeiner durchgehender Frieden sollte geschlossen werden; 2. daß alle Religionen jedermann freigelassen und ungestört bleiben sollen; 3. daß alle und jede, so von dem ihrigen verjagt und vertrieben worden, gänzlich restituiert werden sollten; 4. daß die Cron Schweden, sintemal dieselbe zur Rettung der deutschen Libertät und Wiedererlangung der Religion und des Friedens bedeutende Spesen aufgewendet, mit ansehnlichen Örtern und Recompens contenieret werden sollte, sofür das ganze Römische Reich pro assecuratione stehen sollte ... Und will der Kaiser nicht Frieden machen und die Zusage halten, so will ich ihn wohl dazu bringen. Der Bayernfürst hat das Spiel angefangen. Ich will ihm kein Assistenz leisten. Ich wollte, daß die Herren sein ganzes Land dermaßen ruiniert hätten, daß weder Henne noch Hahn noch irgendein Mensch darin mehr zu finden wäre. Will er nicht Frieden machen, so will ich selbst ihn bekriegen helfen. Denn ich will einen aufrichtigen, ehrlichen und beständigen Frieden stiften und nachmals mit beiden Armeen wider die

Türken gehen und dem Hundsfötter alles wieder nehmen, was er von Europa entzogen; das andere mag er behalten.«

Inzwischen war es auf Grund des Dresdener Gesprächs Kinskýs mit dem Marquis de Feuquières im Juni zu Korrespondenzen zwischen Wallenstein und dem französischen Bevollmächtigten gekommen, die wiederum Kinský vermittelte und deren Ergebnisse Oxenstierna, aber nicht Sachsen und Brandenburg, mitgeteilt werden sollten. Feuquières erklärte sich natürlich bereit, die Pläne Wallensteins zu fördern. Er werde dafür sorgen, daß alle Verbündeten Wallenstein unterstützten. Er solle seine Herrschaft in Böhmen sichern und dann gegen Wien vorrücken. Frankreich werde sich dafür einsetzen, daß der Herzog das Kommando über die vereinigten Heere erhalte. Man fürchte jedoch, »daß die großen Bedenklichkeiten, die Seine Gnaden mit seinen Überlegungen verknüpft, seinen Feinden, die schon von allen Seiten her über ihn verschiedene ungünstige Gerüchte ausstreuen, Zeit zu Angriffen auf seine Person lassen«.

Am 12. Juni weilte auch Thurn, der in Wien seit der böhmischen Erhebung natürlich als Erzrebell galt, im Lager Wallensteins. Er berichtete über die Zusammenkunft an Oxenstierna: ». . . Es wäre zu lang, Eurer Exzellenz zu beschreiben, wie überaus ansehnlich ich empfangen und auf alle Weis übermäßig tractiert worden. Was schöne Conversation sein vorgeloffen, will ich bei sicherer Gelegenheit noch eingehend erzählen. Bleibt unverwandelt, was Herr Bubna Eurer Excellenz referiert hat, steht alles in guten Terminis.« Oxenstierna, der inzwischen auch mündlich informiert worden war, verhehlte in einem Brief an Thurn, den dieser an Wallenstein weiterleitete, seine Genugtuung nicht und deutete zugleich mit großem Geschick an, wie er sich die weitere Entwicklung denke und wünsche.

Er habe freilich aus den Berichten nicht ersehen können, ob Wallenstein einen allgemeinen Frieden anstrebe »oder aber ob Seine Fürstlichen Gnaden als ein Generalissimus, der die kaiserlichen Armeen in seinen Händen und Gewalt habe, für sich mit uns tractieren und also per indirectum den Frieden dermaleins redizieren und dem Kaiser, auch der Liga die conditiones vorschreiben wolle«. Der allgemeine Frieden, den auch er, Oxenstierna, wünsche, sei eine schwierige Sache »und seind die Streitigkeiten über die Maßen ineinander gewickelt«; es sei möglich, »daß noch viele Stände und Länder zugrunde gerichtet werden möchten, ehe und bevor solche Traktate angestellt, viel mehr, ehe sie geendigt werden könnten«. Ein Separatvergleich scheint Oxenstierna viel wichtiger zu sein: Wallenstein solle »sich in particulari mit uns vergleichen«. Nachdem die Restitution der Emigranten und die Religionsfreiheit vom Kaiser und dem Hause Österreich nicht zu erreichen sei, »also würde von Nöten sein, daß das Fundament unseres Vergleiches dahin ziele, daß der kaiserliche Generalissimus sich mit uns a part vergleiche, den Kaiser und die Liga allerdings ausgeschlossen; und damit das Werk recht gefaßt würde, ohne Aufschub und Säumnis, sich der Krone Böhmens und der angeschlossenen Länder bemächtige und die Stände dieser Länder ihm die Krone aufsetzten. Für diesen Fall hätte er nicht nur kein Hindernis von uns zu erwarten, sondern wär ich im Namen meines Vaterlandes erbötig, mit Seiner Fürstlichen Gnaden mich zu vereinigen und zu alliieren ... Ich hielts zunächst für gut, daß man sich erstlich gegeneinander durch verschwiegene vertraute Personen expektorierte und wenn man einander verstände, alsdann entweder durch Deputierte oder einen personal congreß in der Eile das Werk schlösse und effektuierte; alsdann wird der Frieden allgemächlich folgen und der Sache eine Endschaft gegeben werden.«

Der Gegensatz zwischen dem Tatmenschen und Realpolitiker Oxenstierna und dem immer zaudernden Wallenstein wird hier eindeutig offenbar. Es hieße des Herzogs Naturell vollkommen verkennen, wenn man ihn, wie hier geschieht, vor klare und unmittelbar zu treffende Entscheidungen stellte. Übrigens hatte Wallenstein nicht an ein Separatabkommen, sondern an einen allgemeinen Frieden gedacht; und an diesem wiederum war der schwedische Reichskanzler zu diesem Zeitpunkt noch nicht interessiert. Auch waren inzwischen andere Entwicklungen im Gange.

Legitime und illegitime Friedensgespräche

Der Herzog habe, schreibt Thurn dem schwedischen Kanzler am 25. Juni, die Denkschrift Oxenstiernas »mit großem Fleiß nachsinnend übersehen, höchlich gerühmt, auch bekennen müssen, daß kein besserer, sichererer, schleunigerer und beständigerer Weg kann kaum gefunden noch erdacht worden als wie Eure Exellenz wohlmeinend vorschlagen«. Aber wiederum vergingen zwei Monate, ohne daß eine weitere Äußerung Wallensteins erfolgte; erst am 22. August schrieb Thurn an den schwedischen Gesprächspartner mit offenkundiger Enttäuschung: »Die Prinzipalperson hat den waislichen Vorschlag Eurer

Exzellenz gelesen, hat es freundlich und wohl verstanden, auch damals bekannt, daß kein näherer, besserer und sichererer Weg; hat sich aber damals nicht bequemen wollen.« Dem entspricht die Äußerung Wallensteins, die er nach Rašins Bericht in dessen und Bubnas Gegenwart getan hat: »Gewiß, das Schreiben hat Händ und Füß, der Ochsenstern muß ein verständiger Mann sein; es ist aber noch nit Zeit; wann die Zeit vorhanden sein wird, will ich alles tun.« Die entscheidende Erklärung für Wallensteins Zögern gibt wohl der Kommentar des dem Herzog so nahestehenden Trčka: »Es sollten ihn alle Teufel holen, der Fürst meine es treulich; allein daß er den Nativitätsstellern so viel glaube, die Stern-Kucker sagten ihm so viel vor, was er für ein großer Herr werden soll, es würde alles geschehen, wann die Zeit kommen würde.« So versickerten vorläufig die seit Mitte Juni mit Schweden, Frankreich und den böhmischen Emigranten geführten Geheimverhandlungen.

Wallenstein ging zunächst darauf aus, den mit Arnim abgeschlossenen Waffenstillstand zu endgültigen Friedensverhandlungen mit Sachsen zu nutzen. Am 18. Juni legte Arnim dem sächsischen Kurfürsten ein eingehendes Gutachten über seine Besprechungen und über den gegenwärtigen Stand der Verhandlungen vor. Man solle die ganze Angelegenheit mit großer Vorsicht behandeln und nicht allzu große Hoffnungen auf ein Gelingen setzen. Insbesondere sei aber darauf zu achten, daß »Ihrer Kaiserlichen Majestät nicht Ursache gegeben werde, sich dessen zu beklagen, daß unter dem Schein, man neige jetzt oder demnächst zu einem Übereinkommen, etwas Gefährliches wider sie praktizieret«. Auch dürfe durch die Verhandlungen nicht Schwedens oder Frankreichs Argwohn erregt werden. Dem entspricht eine sehr vorsichtige Instruktion des Kurfürsten: vorerst seien die Ergebnisse einer von Dänemark angeregten Friedensverhandlung abzuwarten – der dänische König hatte nämlich, was vom Kaiser wie von Sachsen begrüßt wurde, für Ende Juli einen Friedenskongreß nach Breslau einberufen.

Georg Wilhelm von Brandenburg, den Arnim anschließend besuchte, stellte sich sehr viel positiver zu Wallensteins Vorschlägen. Ende Juni fand eine neue Zusammenkunft zwischen Wallenstein und Arnim im Lager des Generalissimus in Heidersdorf statt, über die Arnim dem Kurfürsten am 9. Juli berichtet: »Der Herzog zu Friedland hat es selbsten ratsam befunden, daß der Tag, der zu den Friedensverhandlungen vom König von Dänemark in Breslau angesetzet, seinen Fortgang habe. Sonsten verbleibt er bei seinem Erbieten, daß er nichts anderes als Frieden und Ruhe im Heiligen Römischen Reich wiederum aufzurichten suche. Doch habe ich so viel vernommen, daß er seine Mühe auch nicht vergebens anwenden wolle, sucht die Rheinpfalz anstelle Mecklenburgs als recompens.« Also auch bei diesen Besprechungen vermochte sich der Herzog zu keinem klaren Entschluß aufzuraffen.

Was Wallenstein über seine Verhandlungen mit Arnim – über diejenigen mit Frankreich und Schweden schweigt er sich natürlich aus – nach Wien berichtet, klingt jedenfalls anders: nicht 1618 habe er als Stichjahr für den status quo vorgeschlagen, sondern 1622; außerdem jede Einmischung in die Frage der Religionsfreiheit in den österreichischen Erblanden abgewiesen und nur die Aufhebung des Restitutionsediktes in Sachsen, Religionsfreiheit im Reich und allgemeine Amnestie in Aussicht gestellt.

Wiederum lagen – von einem unerwarteten und ergebnislosen Angriff der Kaiserlichen auf Schweidnitz abgesehen – die beiden Heere wochenlang untätig einander gegenüber. Am 22. August wurde ein neuer Waffenstillstand für die Dauer von vier Wochen abgeschlossen. Noch bevor er abgelaufen war, fand im sächsischen Lager eine Zusammenkunft zwischen Wallenstein und Arnim statt, über die wir mehrere im wesentlichen übereinstimmende Berichte besitzen. Oxenstierna schreibt über diese Besprechungen auf Grund von Mitteilungen Arnims: »... Es sei auch der Krone Böhmen gedacht worden, daß sie wiederum in ihre freie Wahl gesetzt werde. Wallenstein habe auch gesagt, der Kaiser wäre friedenswillig gegenüber den Kurfürsten von Sachsen und Brandenburg, auch gegenüber den Fürsten und Ständen im Reich, die sich die Zeit her nicht gar so widerlich angestellt; von der Krone Schweden aber und Frankreich, auch von etlichen anderen Fürsten und Ständen wolle er nichts hören ... Der Herzog von Friedland habe nicht vergessen des Affronts, so ihm vor drei Jahren widerfahren; wäre auch nicht im besten concept mit Wien und verdrieße ihn sehr und heftig, das der Duc de Feria aufgefordert worden zu keinem andern Ende, als ihm die Stange zu halten; daher er entschlossen, wenn er wüßte, daß er von uns auf jeden Fall unterstützt würde, sich zu revanchieren. Er gab so viel zu verstehen, daß er meine, er sei Holks und Gallas' sicher, auch mehrerer anderer Generale; hätte schon mehrere verdächtige Offiziere entlassen und überlege täglich, wie er den einen oder anderen, dem er nicht traue, los werden könne ... Im Fall er sicher sein könne, daß er von uns assistiert werde, wolle er sich in Böhmen mit seiner Armee festsetzen und von dort nach Österreich und Steiermark avancieren. Euer Fürstl. Gnaden sollten mit Holk auf den Herzog von Bayern losgehen und ihr Bestes tun, ihn zu ruinieren; Feldmarschall Horn solle sich dem Herzog von Feria entgegenstellen; man solle auch Mittel suchen, den König von Frankreich zu poussieren, daß er den Krieg in Italien gegen Spanien anfange ...«

Niemand kann leugnen, daß hier offener Hochverrat angekündigt wird: nicht mehr vom Frieden, sondern vom Krieg gegen den Kaiser wird gesprochen.

Da sich infolge der Untätigkeit Wallensteins die Kriegslage im Westen dauernd verschlechterte, da besonders der Verlust Breisachs und der Eintritt Englands in den Krieg drohte, hatte der Kaiser endlich Ende Juli trotz der Proteste Wallensteins seine Zustimmung zum Zug Ferias von Mailand nach den Niederlanden gegeben.

Fast gleichzeitig, in den letzten Julitagen, traf bei Feuquières in Dresden eine Instruktion Richelieus ein, die unter Bezugnahme auf die Anfang Juni geführten Verhandlungen die denkbar größten Angebote für Wallenstein enthielt: Friedland solle, falls er sich gegen Österreich entscheide, von allen Bundesgenossen und durch ein neu aufzustellendes französisches Heer unterstützt werden; der König werde ihm jährlich 1 000 000 Livres Subsidien zur Verfügung stellen; der Herzog möge sich Böhmens bemächtigen und von hier nach Österreich vorrücken; wenn Bayern seine Allianz mit dem Kaiser aufrechterhalte, werde sich Frankreich Wallensteins Vorgehen gegen Maximilian nicht widersetzen; alle Maßnahmen sollten im Einvernehmen mit Schweden getroffen werden; schließlich »je nach dem Grad der Einsicht, zu der Herr von Feuquières in dieser Sache gelangen sollte, wird er dem Herzog zu verstehen geben, daß Seine Majestät es dem Gemeinwohl für förderlich erachtet, wenn der Herzog böhmischer König wird ...« Der König erbiete sich, dazu alle ihm zu Gebote stehenden Mittel einzusetzen und Friedland mit bewaffneter Macht in dieser Würde zu erhalten. Diese Vorschläge decken sich in den entscheidenden Punkten mit denen, die Oxenstierna Wallenstein im Juni unterbreitet hatte.

Sicher der Unterstützung Schwedens und Frankreichs konnte Wallenstein nunmehr mit Kursachsen und Kurbrandenburg verhandeln; diese Verhandlungen mußten vor allem in den Vordergrund gerückt werden, um beim Wiener Hof keinen Verdacht zu erregen; auch war wohl des Herzogs Meinung, daß der Frieden mit Sachsen, der die Vereinigung des Heeres des Kurfürsten mit dem eigenen bedingt hätte, die

Voraussetzung zur Allianz mit Schweden und Frankreich sei. Vielleicht hatte sich aber auch schon in seinen Plänen eine Wendung in dem Sinn vollzogen, daß er nach Abschluß des Friedens mit Sachsen an eine Offensive gegen die Schweden dachte. Arnim, der ihm berichtete, daß er mit Oxenstierna weiter verhandle, schrieb er: »Auf diese Weise kann das Werk keinen Bestand haben ... Ich akzeptiere die Konjunktion; aber dergestalt, daß man erst vor allen Dingen miteinander hinausgehet ins Reich und vertilget des Reiches Feinde: das ist Bayern und die Schwedischen.«

Wallensteins Wankelmut

Inzwischen hatte sich die Lage in Bayern weiter verschärft. Horn und Bernhard von Weimar brandschatzten von Donauwörth aus das Land im weiten Umkreis. Wallenstein blieb bei seiner Taktik, den Kurfürsten mit Versprechungen hinzuhalten oder Weisungen, die er seinen Generalen Holk, Aldringer und Gallas im Sinn einer Unterstützung gegeben hatte, zu widerrufen. Dem drängenden Kaiser erwiderte er, die Lage in Schlesien und Böhmen gestatte keine Abziehung von Truppen; der Kurfürst von Bayern wolle nur die Befreiung seines Landes und sei ausschließlich auf seinen eigenen Vorteil bedacht.

Schließlich konnte sich aber Ferdinand den Hilferufen Bayerns nicht mehr entziehen: der Kurfürst, verfügte er, müsse unterstützt werden; wenn Aldringer von Wallenstein einen gegenteiligen Befehl erhalte, habe er diesen samt seinem eigenen Gutachten und vor der Durchführung dem Kaiser zu übermitteln. Der Generalissimus wurde im gleichen Sinn verständigt. In welch schwierige Situation Aldringer durch die einander widersprechenden Anordnungen kam, hat er in einem Brief an Wallenstein am 28. September festgestellt: der Oberbefehlshaber habe angeordnet, daß er weder Maximilian noch den Herzog von Feria unterstützen dürfe; der Kaiser habe das Gegenteil befohlen. »Inzwischen aber will ich darauf Bedacht nehmen, daß soviel als möglich zugleich Ihrer Kaiserlichen Majestät und Euer Fürstlichen Gnaden ein Genügen geschehe.« Wie wenig aber Wallenstein geneigt war, sich den kaiserlichen Anordnungen zu fügen, geht aus seinem an Aldringer unterm 6. Oktober 1633 gegebenen Befehl hervor: er solle sich ausschließlich nach seinen Anordnungen richten und sich »durch keinerlei Zumutungen bemeldetes Herrn Kurfürsten irre machen lassen; zumal ihm bekannt sei, wie deroselben jederzeit mehr die Beförderung ihres Eigennutzes als des boni publici angelegen«.

Auf eigene Verantwortung und entsprechend den Befehlen des Kaisers vereinigte schließlich Aldringer Ende September bei Schongau seine Truppen mit denen Ferias, der von Mailand durch Tirol heranmarschiert war: der General hatte sich – entgegen seinem Brief – an die Wiener, nicht an Wallensteins Weisungen gehalten; gleichzeitig, und ohne von dieser Aktion etwas zu wissen, hatte Wallenstein allerdings auf Grund eines noch zu erörternden politischen Frontwechsels eine überraschende Wendung vorgenommen: er befahl von sich aus am 26. September Aldringer, sich mit Feria zu vereinigen.

Es müßte wundernehmen, wenn sich nach all diesen Vorgängen am Wiener Hof nicht eine Opposition gegen Wallenstein gebildet hätte: die Untätigkeit des Generalissimus lieferte seinen Gegnern, obschon sie von seinen Verhandlungen mit Schweden und Frankreich damals noch nichts wußten, die besten Argumente.

Im August 1633 war Graf Heinrich Schlick, ein Deutschböhme und Konvertit, der nach der Schlacht am Weißen Berg, bei der er noch auf Thurns Seite mitgekämpft hatte, zum Kaiser übergegangen und im dänischen Krieg zum Feldmarschall avanciert war, ins Feldlager entsandt worden, um Informationen über die Verhandlungen Wallensteins mit Arnim sowie über die weiteren Pläne des Generalissimus einzuholen. In einer vertraulichen und mündlichen Instruktion war ihm, der als Gegner Wallensteins bekannt war, der Auftrag erteilt worden, insgeheim mit Gallas, Piccolomini und anderen hohen Offizieren zu sprechen und für den Fall, »daß seiner Krankheit halber oder sonst eine Veränderung betreffs des Herzogs von Friedland erfolgen sollte, sich ihrer Treue zum Kaiser zu versichern«.

Bartholomäus Richel, der bayerische Gesandte am Wiener Hof, der diese Nachricht Maximilian übermittelte, wurde nun der eigentliche Stimmführer der antiwallensteinschen Opposition. Er hat, Anfang August 1633, eine erste Anklageschrift gegen den Feldherrn dem Kaiser vorgelegt. Die militärische Lage, heißte es hier, sei hoffnungslos infolge der »schlafenden Armee« und der souveränen Macht des Herzogs, »die ihm wider aller getreuen Stände Hoffnung aufgetragen« sei und die er zu unbegründeten Waffenstillstandsverhandlungen und zur Ablehnung jeder Hilfeleistung für das Reich ausnütze. Der Kaiser möge seinen Räten die Frage vorlegen, ob es förderlich sei, daß der Herzog bei seiner zunehmenden körperlichen Indisposition weiter an der Spitze der Armeen verbleibe, ob man ihn zu freiwilligem Rücktritt bewegen könne, und was im Fall seiner Weigerung zu tun sei. Man könne nicht das ganze Haus Österreich und damit auch die gesamte Christenheit nur deshalb zugrunde gehen lassen, um den Generalissimus nicht zu offendieren. Man solle ihn gütlich zur Resignation bestimmen; der Kaiser solle sich der Treue der wichtigsten Offiziere versichern und das Generalat seinem Sohne anvertrauen. Alles müsse aber unverzüglich geschehen, ohne eine Stunde, geschweige denn Wochen oder Monate zu verlieren.

An einen Verrat Wallensteins dachte man damals in Wien noch nicht oder wagte jedenfalls nicht, von einer solchen Möglichkeit zu sprechen. Wie weit aber die Unzufriedenheit mit dem Friedländer schon vorangeschritten war, geht aus einer Äußerung Questenbergs, eines seiner entschiedensten Anhänger, hervor: man könne sich mit dem Herzog einfach nicht mehr verständigen; er sei nicht mehr bei Verstand und wolle über Kriegsfragen mit niemand sonst reden als mit dem Grafen Trčka.

Noch Ende September hielt man in Madrid, wo man dank der Berichte des spanischen Gesandten in Wien, Castañeda, ausgezeichnet informiert war, eine Anklage wegen Verrats für unbegründet. Man könne, heißt es in einem Schreiben Philipps IV. an seinen Gesandten vom 4. Oktober, Wallenstein nicht als Verräter ansehen; aber sicherlich für einen gefährlichen, zu überstürztem Handeln geneigten Menschen. Nur wenn er die dem Kaiser schuldige Treue verletzt habe, müsse man schnell zugreifen, ihn verhaften und im Fall des Widerstandes töten.

Mitte September 1633 trat bei Wallenstein eine der für das Naturell des Herzogs so charakteristischen sprunghaften Sinneswandlungen ein. Am 12. September – noch dauerten die Waffenstillstandsverhandlungen mit Sachsen fort – erhielt er die Nachricht, daß Holk, derjenige seiner Generale, dem er wohl das meiste Vertrauen geschenkt hatte, bei Eger gefallen war. Er habe vom Tod des Marschalls »mit heißen höchsten Schmerzen« gehört, schreibt er an Colloredo. Er solle gegen den Feind nichts unternehmen, aber alles vorbereiten, damit, wenn der Waffenstillstand am 22. September endige, vom Feind, insbesondere von den Schweden, kein überraschender Schlag erfolge. »Wir zweifeln zwar nicht, daß Kursachsen und Brandenburg sich zum Frieden verstehen, solches aber vielleicht nicht den Schwedischen, weil sie einkommendem Bericht nach die geistlichen Güter unter sich austeilen, gefallen werde.« Damit war wohl die Verleihung des Herzogtums Franken an Bernhard von Weimar gemeint.

Am 14. September schreibt der Herzog an den Schwager Trčka, und zwar – höchst ungewöhnlich – in tschechischer Sprache: »Aus dem Frieden wird nichts! Das sollt Ihr gleich wissen. Seht bitte zu, daß Ihr ohne Säumen wieder hierherkommt!« Der nach Trčka ihm zunächststehende General, Feldmarschalleutnant Ilow, erhielt am gleichen Tag durch Sonderstafette denselben Befehl, sich unverzüglich beim Herzog einzufinden. Ebenfalls am 14. September erging eine Weisung an den Generalproviantmeister Haugwitz: er solle bei Braunau Vorräte für die Armee zu einem Zug ins Reich ansammeln, weil »wir aus unterschiedlichen uns zugekommenen Avisen so viel vermerken, daß des Feindes Intention nicht zum Frieden geneigt ist und daher allem Ansehen nach dieser enden, mehr Proviant also anderorten von nöten sein wird«.

Dem Kaiser, der Wallenstein um Hilfe gegen einen zu erwartenden Angriff des Siebenbürger Racozy ersuchte, stellte er bereitwillig und widerspruchslos zwei Regimenter Infanterie und 20 Kompanien Dragoner zur Verfügung und schrieb am 13. September: »Ich bin in der Hoffnung begriffen, wenn die Verhandlung mit Kursachsen und Brandenburg ihr Ende erreicht, Euer Majestät Widerwärtigen der Kompaß werde verruckt und ihr Vorhaben werde zunichte gemacht werden.«

Es steht dahin, wodurch diese plötzliche Wendung verursacht worden ist: vielleicht durch den Tod Holks, des Generals, auf den Wallenstein sich am meisten verlassen hatte; vielleicht durch die Einsicht, daß die Armee doch nicht unbedingt und unter allen Umständen in seiner Hand sei; vielleicht durch die Besprechungen mit Schlick und Trautmannsdorff, die in diesen Tagen im Feldlager weilten, wobei dem Herzog naturgemäß das Mißtrauen des Wiener Hofes eindringlich sichtbar geworden sein wird; vielleicht aber – und das mag am ehesten als Erklärung dienen – erschienen die astrologischen Vorzeichen anderweitigen Plänen des Generalissimus nicht günstig.

Wir können keine durchaus sichere Erklärung geben; gewiß ist nur, daß die Partner, mit denen er sich hatte verbinden wollen, seit diesem Zeitpunkt jedes Vertrauen auf die Zuverlässigkeit von Wallensteins Absichten und Plänen verloren haben. Damit war die Gewähr für eine Realisation seiner Verschwörung endgültig geschwunden.

Der vollständige Wandel der Situation wird auch aus den – freilich für Wien immer noch unannehmbaren – Friedensvorschlägen ersichtlich, die Wallenstein nunmehr in den Gesprächen mit Trautmannsdorff andeutet: Deutschland solle, abgesehen von der Rheinpfalz, in den Stand von 1618 zurückversetzt werden; im Reich solle Religionsfreiheit bestehen, in den Erbländern des Kaisers nur die katholische Religion; das Restitutionsedikt solle aufgehoben werden; der Generalissimus solle als Lohn die Markgrafschaft Durlach erhalten; das sächsische Heer solle sich unter dem Kommando Wallensteins und Arnims als seines Stellvertreters mit dem kaiserlichen vereinigen und die Schweden sowie die übrigen fremden Potentaten aus dem Reich verjagen.

Solche Vorschläge entsprachen natürlich nicht der Meinung Arnims, der am 24. September 1633 nochmals mit Wallenstein zusammentraf. Wenn die Fremden verjagt werden sollten, sagte er, sollte zunächst nicht mit den Schweden, sondern mit den Spaniern begonnen werden. Wallenstein beharrte bei seiner Haltung: die Schweden seien die nächsten, deshalb müsse man mit vereinten Kräften gegen sie ziehen; auch verlangte er »absolute das Direktorium«. Er bedauere sehr, daß Arnim die Sache wiederum so erschwere – er habe nichts herzlicher gewünscht als »einen aufrichtigen redlichen Frieden im Römischen Reich mit der Cur- und Fürsten Reputation«.

Auch Arnim suchte nach Erklärungen über den Wandel der Auffassungen Wallensteins. »Ich weiß nicht«, schrieb er an den Kurfürsten von Brandenburg am 27. September, »ob er etwa eine gute Zeitung aus dem Reich bekommen oder sich über unseren Zustand besser informiert hat ... Ich schwöre es zu Gott, daß ich es nicht aussinnen kann, was darunter für Finessen gesucht ... Ich halte dafür, es ist durch eine Laune geschehen, daß er andern Sinnes worden. Wie es aber sei, so erscheint genugsam daraus, daß mit dem Mann nichts Sicheres zu traktieren, denn da ist keine Beständigkeit. Gottlob, daß er nicht uns, sondern sich am meisten geschadet ... Und möchte ihm seine Nativität wohl einmal fehlen, denn er vermutet sich im November einen Viktoriam ...« Daß Wallenstein seine Pläne im Grund nicht aufgegeben habe, davon war Arnim überzeugt: »Ich habe ihn auch an seine Vorschläge erinnert; er sagte: er sei noch der Meinung, aber das wolle er bis zuletzt aufsparen.« »Aber«, fügt Arnim hinzu, »nun wird es am meisten daran mangeln, daß keiner ist, der es ihm glaubt.«

Wallenstein seinerseits stellte die Lage so dar, als sei er von Arnim und den Sachsen getäuscht worden: »Ich kann mirs nicht imaginieren«, schrieb er am 26. September, »daß Gottes Gerechtigkeit diese Falschheit soll ungestraft lassen ... also seind mir nunmehr entschlossen, nach Ausgang dieses Monats ferners keine Stunde Frist zu erteilen, besonders mit allem Ernst auf das Gegenteil zu drängen . . . denn ich an völliger Victori nicht zweifele.« Aldringer erhielt den schon erwähnten Befehl, sich mit dem Herzog von Feria zu vereinigen; Gallas die Anordnung, ins Meißener Land einzufallen; dieser Befehl wurde freilich schon drei Tage später wieder annulliert.

Keineswegs erfolgte aber nunmehr der oft angekündigte Schlag gegen Arnim, der sich inzwischen aus Schlesien ins Sächsische zurückgezogen hatte. Vielmehr warf sich Wallenstein am 12. Oktober mit mehrfacher Übermacht auf Thurn, der bei Steinau an der Oder, halbwegs zwischen Glogau und Breslau, ein befestigtes Lager geschlagen hatte. Die kleine, 4–5000 Mann umfassende Armee Thurns wurde aufgerieben, der Führer der böhmischen Emigranten selbst nach wenigen Tagen freigelassen, was in Wien lebhafte Kritik wachrief: Wallenstein habe, sagten seine Gegner, den »Hauptrebellen, aber doch seinen alten besonderen Confidenten, den er auch inzwischen gar wohl tractiert, vielmals in seiner Kutschen herumgeführt, und sonder Zweifel alles mit ihm abgeredet und beschlossen, samt viel anderm mehr und dazu noch mit einem Geschenk wiederum losgelassen«. Dem entspricht durchaus eine Mitteilung, die der Generalissimus etwa vier Wochen später Oxenstierna zukommen ließ: er verharre bei seinen Plänen vom August, habe aber den von Arnim preisgegebenen Grafen Thurn schlagen müssen, um nicht bei dem Kaiser Verdacht zu erregen.

Immerhin war der Sieg von Steinau ein bedeutender moralischer und strategischer Erfolg für Wallenstein, zumal in seiner Folge nahezu ganz Schlesien zurückgewonnen wurde. Frankfurt an der Oder und Landsberg kapitulierten, die Kroaten Wallensteins streiften bis Pommern und Berlin. Der Generalissimus selbst zog in die Lausitz, nahm Bautzen und Görlitz und bedrohte Anfang November Dresden. Arnim hatte sich hinter die Elbe zurückgezogen.

In Wien war der Eindruck besonders stark, weil dort am gleichen Tag die Nachricht von dem Verlust Nancys, der Hauptstadt des mit Habsburg verbündeten, mit Maximilian verschwägerten Herzogs von Lothringen, eintraf.

Statt nunmehr den oft angekündigten Schlag gegen Arnim zu führen, knüpfte der Generalissimus wiederum Verhandlungen mit Sachsen und Brandenburg an. In einem Vertragsentwurf Wallensteins, den er auch nach Wien übermittelte, heißt es, man habe sich dahin verglichen, daß die Waffen der beiden Kurfürsten (Sachsen und Brandenburg) mit den kaiserlichen vereinigt und dem Kommando des Herrn Generalissimus unterstellt werden sollen, weil man in ihn ein besonderes Vertrauen setze, daß er den gedachten Plan »zu Werk zu richten geneigt« sei; mit der so »zusammengesetzten« Macht solle dann die Erneuerung und Befestigung des Friedens in religiösen und weltlichen Sachen bewirkt werden, wie er zu Zeiten der Kaiser Rudolf und Matthias und auch während der Regierung der gegenwärtigen Kaiserlichen Majestät »vor diesem entstandenen Unwesen« vorhanden gewesen sei.

Es ist klar, daß der Status von 1618 für Wien nicht annehmbar war; auch wenn die zweideutige Formel bezüglich der Regierungszeit Rudolfs II. wohl das Verbleiben der böhmischen Krone bei Habsburg meinte. Die Kurfürsten von Sachsen und Brandenburg ihrerseits lehnten ab, weil sie die Schweden, »die den Evangelischen so ansehnliche Dienste geleistet«, nicht im Stich lassen und ihre Armeen Wallenstein nicht anvertrauen wollten.

Der Herzog verbarg seine Enttäuschung über das neuerliche Scheitern der Verhandlungen nicht, wenngleich er sie hinter hochtrabenden Ankündigungen neuer großer Taten verbarg. »Wir sehen von Herzen gern«, schrieb er nach Wien, »daß sich das Werk auf diese Weise zerschlagen, indem wir in der ungezweifelten Hoffnung begriffen, daß viel Guts darauf folgen werde . . . Ich hoffe, daß sie Gott stürzen will, denn sie können nicht resistieren und wollen billige Conditionen des Friedens nicht annehmen . . . Hoffe zu Gott, daß dem Same Girgl (Johann Georg) bald die Hosen werden ziemlich eng werden.« Aber solchen Drohungen entsprach keine Tat.

Wachsendes Mißtrauen

Inzwischen hatte Maximilian ohne Rücksicht auf sein eigenes, dem Feind offenliegendes Land den größten Teil seiner Streitkräfte mit Aldringer zu Feria ziehen lassen. Die kaiserlichen und spanischen Truppen – rund 20 000 Mann – rückten nach ihrer Vereinigung Ende September nach Breisach, das so endlich entsetzt werden konnte.

Wie Wallenstein diesen Erfolg auf dem westlichen Kriegsschauplatz aufnahm, wissen wir nicht; auch nicht, wie er sich zu einem ihm übermittelten Befehl Ferdinands an Aldringer vom 22. Oktober stellte, der offenbar von der Besorgnis diktiert war, der Generalissimus könne das in siegreichem Vormarsch begriffene Korps Aldringers wieder abberufen. Es verbleibe, hieß es da, bei der kaiserlichen Resolution, daß sich Aldringer nach den Befehlen des bayerischen Kurfürsten zu richten habe; wenn vom Herzog von Friedland eine andere Resolution kommen sollte, habe Aldringer dies mitzuteilen, sie aber einstweilen nicht durchzuführen. Man war sich am Wiener Hof natürlich darüber klar, daß diese Anordnung die Kommandogewalt Wallensteins bewußt einschränkte; denn man fügte dem Befehl die Zusicherung bei, der Kaiser werde hierin Aldringer »gnädigst schützen«.

In dieser bedrohlichen Situation – Wallenstein schien in Sachsen einfallen zu wollen, die spanisch-kaiserlich-ligistischen Truppen rückten am Oberrhein siegreich vor – erteilte Oxenstierna Bernhard von Weimar den Befehl, entweder in Böhmen oder in Bayern einzumarschieren, um den Feind abzulenken. Herzog Bernhard entschied sich für Bayern: die seit April 1632 von schwachen Truppen der Liga – etwa 1500 Mann lagen hier – besetzte Stadt Regensburg war sein Ziel. Wer Regensburg besaß, konnte in Österreich einbrechen und Bayern weithin brandschatzen. Mit beträchtlichem Aufgebot zog Bernhard in schnellen Märschen über Donauwörth, Neuburg und Eichstätt. Am 5. November stand er vor Regensburg.

Seit Ende September wandte sich Maximilian in immer drängenderen Hilferufen an den Kaiser, an Wallenstein und an Gallas, der bei Eger mit kaiserlichen Truppen stand und freilich gerade um diese Zeit (am 2. Oktober) von Wallenstein nach Leitmeritz abkommandiert wurde, unter dem Vorwand, der General werde bei der sächsischen Offensive benötigt; während in Wahrheit eine Unterstützung Maximilians dadurch von vornherein unmöglich gemacht werden sollte. Daß diese Argumentation Wallensteins Meinung zutreffend interpretiert, geht aus seinem Brief an Gallas vom 6. Oktober hervor, worin er ihn für den vollzogenen Befehl belobt; er habe »gar recht und wohl« gehandelt und solle sich »durch keinerlei Zumutungen des besagten Herrn Kurfürsten irre machen lassen, zumal ihm genugsam bekannt, wie deroselben jederzeit mehr die Beförderung ihres Eigennutzes als des boni publici angelegen«.

Neuerdings richteten sich die Bitten Maximilians, da er die Nachricht vom Vorrücken Bernhards gegen Donauwörth erfuhr, an den Kaiser, Gallas und Wallenstein. Der Kaiser gab das Schreiben mit dringender Befürwortung an Gallas und Wallenstein weiter: Gallas antwortete, er könne ohne Befehl des Herzogs nichts tun; Wallenstein lehnte mit der Begründung, er glaube nur an einzelne Streifen des Feindes, jede Hilfe ab. Gallas solle sich nicht um die kümmern, »so nichts anderes zu tun pflegen, als umb ihr eigenes Interesse allzeit zu reklamieren«. Dem Kaiser und Maximilian gegenüber stellte sich der Herzog auf den Standpunkt, daß die Säuberung Schlesiens, ein zu erwartender Angriff auf Böhmen und seine eigenen Offensivpläne gegenüber Sachsen und Brandenburg keine Schwächung seiner Armeen gestatteten.

Noch einmal beschwor Maximilian am 28. und 31. Oktober sowie am 2. November den Kaiser um Hilfe: ». . . so weiß ich meinerseits des Feindes gefährliches Vorhaben und Durchbruch nach dem Land ob der Enns nit zu behindern und ist mir sehr unverhofft und schmerzlich, daß, obschon ich meine ganze Armada samt der Artillerie nur zu Eurer Majestät und löblichen Hauses Diensten hinauf ins Breisgau und an den Rheinstrom gegeben und eben darum mich jetzt mit meinem Land in diesem gefährlichen Zustand ganz bloß befinde, item auch eine gewisse Summa Volks noch bei dem Herzog von Friedland in Schlesien habe, ich deß ungeachtet so gänzlich ohne Sukkurs und Hilfe gelassen werde, obwohl es doch um kein großes Kontingent zu tun, sondern wenn man mir sofort 3000 zu Fuß und 2000 Pferde zum Sukkurs gehabt oder zunächst hätte, des Feindes Einbruch und weiterer Progreß wohl verhütet werden könnte.« Es sei »summum periculum in mora«. Der Feind habe es zweifellos auf Regensburg abgesehen und dann stehe der Weg nach Oberösterreich offen.

Ähnliche Hilferufe ergingen an Wallenstein, dem auch der Kaiser mehrmals dringend nahelegte, den Kurfürsten zu unterstützen. Als der Generalissimus auf seiner Ablehnung beharrte, entschloß sich Ferdinand am 11. November zu einem unmittelbaren Befehl an Gallas, von dem er auch Wallenstein Kenntnis gab: der General solle dem bedrängten Regensburg unverzüglich zu Hilfe kommen. Die Gefahr sei riesengroß und der Herzog werde seiner Anordnung sicher zustimmen. Es stehe fest, daß Bernhard von Weimar Regensburg mit 10 000 Mann eingeschlossen habe und schon gegen Straubing vorstoße. Es handle sich, ließ er drei Tage später dem Friedländer durch Eggenberg schreiben, um eine »Unser Haus nit allein angehende, sondern fast desselben Conservation betreffende Sache«.

Wallenstein hatte sich zunächst damit ausgeredet, er wolle »seinen Kopf zum Pfande setzen«, daß Bernhard »allem Ansehen und Umständen nach« nicht Regensburg angreifen, sondern über Eger nach

Böhmen marschieren wolle – deshalb habe er nach Eger 2000 Reiter entsandt; der Feind, der an der Donau nur »hin und her vagiere«, wolle ihn durch solche »Diversionen« von Brandenburg ablenken und sich dann mit Arnim vereinigen und in Böhmen einfallen. Aber am 15. November kapitulierte Regensburg. Am 16. November schrieb Wallenstein, er werde mit seiner ganzen Armee zur Rettung der alten Reichsstadt heraneilen.

Mit der ihm eigenen Gelassenheit, die ihn auch bei schwersten Schicksalsschlägen nie verließ, nahm Maximilian den furchtbaren Verlust hin. Er dankte dem Kaiser am 17. November für den an Gallas ergangenen Befehl zur Hilfeleistung. Früher hätten 5000 Mann genügt, jetzt reichten sie nicht mehr aus, um dem weiteren Vordringen des Feindes Einhalt zu tun. »Soeben erfahre ich, daß man mir bloß 30 Kompanien schickt. Eure Majestät können selbst ermessen, in welcher Gefahr durch solches Hinzögern meine und Ihre Lande schweben. Es schmerzt mich, daß ich wider Eurer Majestät Willen in solches Verderben gestürzt und ohne Hilfe gelassen werde: dem Gallas muß der Sukkurs mit größerem Nachdruck anbefohlen werden; erfolgt er nicht, so können Eure Majestät die ganze Donau bis Linz für verloren halten. Der Feind ist unterschätzt worden und Eure Majestät werden die Folgen davon spüren.«

Inzwischen hatte Bernhard von Weimar in der Tat Straubing und Deggendorf genommen und stand wenige Meilen von Passau entfernt. Der von Wallenstein angekündigte Zusammenschluß mit Arnim war aber nicht erfolgt, und die Mitteilung, er, Wallenstein, werde mit seiner Armee gegen Regensburg rücken, blieb ein leeres Versprechen. »Ich versichere Eurer Majestät, daß ich Tag und Nacht will eilen, dem von Weimar wiederum den Weg zurückzuweisen«, hatte der Herzog noch einmal am 18. November dem Kaiser geschrieben. Schon am 24. November kündigte sich die Wendung an. Er verbleibe bei seiner Absicht, gegen Bernhard von Weimar zu ziehen, schreibt der Generalissimus an Maximilian; aber »heute hab ich zwei Avisen bekommen, daß sich der von Arnim wiederum von Torgau gegen Böhmen wenden tut«.

In Pilsen traf Wallenstein am 26. November mit Trautmannsdorff, dem damals einflußreichsten Ratgeber Ferdinands, zusammen, und die Unterhaltung, über die der Graf am folgenden Tag dem Kaiser berichtete, bietet aufschlußreiche Einblicke in die wahren und vorgetäuschten Ziele des Herzogs.

Friedland sei über die Wiener Kritik außerordentlich verstimmt, heißt es hier; seine Erfolge schreibe man dem Glück zu, die ›widrigen Accidentia‹ seiner Nachlässigkeit. »Er hat sich sein Leben lang nit mehr offendiert befunden als jetzo, er wolle bei dem Carico nicht verbleiben ... Wann nicht Frieden werde, sehe er alles verloren ... Wann Eure Kaiserliche Majestät auch zehn Victorias würden erhalten, sei doch nichts gewonnen; der Feind habe allezeit Mittel, sich wieder zu erholen; dagegen sei keine Rettung mehr, wenn Eure Kaiserliche Majestät einen einzigen Verlust erlitten, sondern es gehe alles dahin; er beteuere bei seinem Eid, wenn nicht Frieden werde, wolle er mit acht oder zehn Personen nach Danzig und dort das Ende abwarten.« Im Brandenburgischen müsse er 12 000 Mann stehen lassen und könne dort nichts wegnehmen; das gleiche gelte für Schlesien und die Lausitz; General Gallas habe nur 5000 Mann, um die böhmische Grenze gegen den bei Meißen stehenden, dreimal stärkeren Arnim zu halten; deshalb lasse er, der Herzog, den Feldmarschall Ilow mit einiger Infanterie, Reiterei und Artillerie in Pilsen, ziehe aber selbst am 28. November mit ansehnlichen Truppen nach Straubing, wo er den Feind zu finden hoffe; General Strozzi habe er mit 30 Kompanien Reiterei über die Donau dem Kurfürsten von Bayern zu Hilfe geschickt. Zur Wiedergewinnung der verlorenen Plätze könne er bei dieser winterlichen Zeit nichts tun, da sonst die Armee ruiniert werde. Böhmen und seine Nebenländer müßten wiederum als Winterquartier dienen und das sei auch nicht zu ändern, so lange der Krieg fortdauere. »Alles, was die jetzt beabsichtigte Expedition angeht, haben Ihre Fürstliche Durchlaucht im Kriegsrat im Beisein aller anwesenden Generale und Obristen proponieren lassen; die haben alle unanimiter dieses des Herzogs Vorhaben approbiert und gelobt.«

In der Tat rückte Wallenstein über Neumark bis Furth vor – aber nicht weiter. Von Furth schrieb er am 29. November an Gallas: »Ich hab vernommen, daß sich der Feind gegen Frankfurt gewandt und dasselbige allbereits soll eingenommen haben (eine, wie sich bald herausstellte, falsche Nachricht); nun vermeine ich, der Herr soll die böhmische Grenze gegen Meißen besetzen und gemach gegen die Lausitz und Schlesien vorrücken; ich will sehen, wie ich mich aufs eilfertigste werde zurückbegeben können.« Ohne auch nur den Versuch eines Angriffs unternommen zu haben – obschon ein am 1. Dezember einberufener Kriegsrat diesen befürwortet und erst den eindringlich vorgebrachten Bedenken Wallensteins sich gefügt hatte –, marschierte die Armee Anfang Dezember in die böhmischen Winterquartiere.

»Eure Majestät werden vernommen haben«, schrieb der Generalissimus am 3. Dezember dem Kaiser, »daß ich mit der Kavallerie ohne Bagage und Artillerie gegen den von Weimar vorgerückt, in der Hoffnung, ihn auf dieser Seite der Donau anzutreffen und seine Pläne zu stören. Nun ist er auf der anderen Seite der Donau über die Isar gesetzt, also daß ich keineswegs an ihn herankommen kann. Unterdessen hat der von Arnim Frankfurt okkupiert, dem der Banér mit 10 000 Mann nachfolgen tut; so werde ich auch von verschiedenen Seiten avisiert, daß der Knyphausen seinen Zug gegen Kulmbach genommen und bei Eger einbrechen will; dahero denn, will ich Eurer Majestät Sachen nicht in Gefahr setzen, muß ich wiederum gegen Böhmen wenden und zusehen, wo es die Not am meisten erfordern wird, dem Feind zu begegnen.« Aldringer müsse vom Rhein an die Donau zurückberufen werden, ehe der Feind größere Fortschritte mache. Mit ähnlichen wenig glaubhaften Argumenten fertigte Wallenstein den Kurfürsten Maximilian ab.

Wie die Dinge wirklich lagen und daß auch ein Teil der Generalität die Zusammenhänge durchschaute, geht aus einem Brief hervor, den Ottavio Piccolomini am 2. Dezember an Gallas schrieb. Der Herzog, heißt es hier, habe um der Sicherung Schlesiens willen den Rückzug nach Böhmen angeordnet. »Eure Exzellenz kann sich vorstellen, welchen Eindruck das Zurückgehen des Heeres in Wien und Bayern gemacht hat und wie die Kühnheit des Feindes wächst . . . Seine Fürstliche Durchlaucht will um jeden Preis, daß Frieden geschlossen wird, weil er, da er nun bei Hof in so schweren Verdacht gekommen ist, fürchtet, sie könnten dort eine Entscheidung treffen und darum hat er jetzt mehr denn je die Schweidnitzer Sachen (Verratspläne) im Kopfe. All das erzeugt in ihm das höchste Maß von Schwermut . . .«

Welche Stimmung die Taktik Wallensteins in Wien schon vorher ausgelöst hatte, läßt sich im allgemeinen einem vom 15. Oktober datierten Bericht des venezianischen Gesandten an die Signoria entnehmen: »Diejenigen, die ihm am wenigsten feindselig sind, werfen ihm zu große Leichtgläubigkeit, seine Gegner Mangel an Treue vor. Bei der Menge der Uninteressierten hat er seine frühere Achtung verloren.«

Die Madrider Regierung, die einen nicht zu unterschätzenden Einfluß auf die Entschlüsse Ferdinands hatte, hielt sehr lange an Wallenstein fest. Im Oktober entsandte sie den Grafen Oñate als Sonderdelegierten nach Wien mit der ausdrücklichen Weisung, den Kaiser vor feindseligen Schritten gegen Wallenstein zu warnen; und noch am

23. November schrieb Philipp IV. seinem ständigen Wiener Botschafter Castañeda: »Solange Sie nicht bemerken, daß er offensichtlich gegen die Gebote der Treue handelt, halten Sie sich streng an die Ihnen gegebenen Richtlinien; wenn auch seine augenblicklichen Handlungen noch so extravagant erscheinen und von einzelnen getadelt werden, darf man ihn doch nicht verurteilen, ehe man die von ihm gegebenen Aufschlüsse zur Kenntnis genommen hat.«

Der Fall Regensburgs, Wallensteins Verlangen, Aldringer solle mit oder ohne Feria an die Donau zurückmarschieren und damit die am Rhein gewonnenen Positionen preisgeben, der Rückzug des Generalissimus von Furth nach Pilsen, die Häufung solchen Versagens oder bewußter Irreführung erschütterte schließlich auch das Vertrauen Oñates: er hielt es nunmehr für unumgänglich nötig, gegen den Herzog einzuschreiten; man müsse freilich sehr behutsam vorgehen und die Autorität des spanischen Königs mit diesen Sachen nicht belasten, schrieb er am 14. Dezember an Philipp.

Vorbereitung des Umsturzes

Am 14. Dezember war Wallenstein wieder in Pilsen, wo das Hauptquartier über den Winter seinen Standort behielt. Hier warteten Trautmannsdorff und Questenberg, die beauftragt waren, dem Herzog die Stellungnahme des Kaisers zu seinen Entschlüssen mündlich vorzutragen.

Zunächst richteten sich die Beschwerden gegen die Tatsache, daß neuerdings die böhmischen Erblande als Winterquartier dienen mußten. Der Kaiser, hieß es in Questenbergs Instruktion, habe den Ständen erst kürzlich zugesichert, daß sie in Zukunft damit verschont würden; diese müßten nun glauben, daß er, der Kaiser, ihre Freiheiten mit Füßen treten und ihren Ruin herbeiführen wolle. Es mangle in Böhmen an Geld und an Menschen und der Generalissimus möge darüber nachdenken, ob nicht eine anderweitige Regelung gefunden werden könne. Sei das unter keinen Umständen möglich, müsse alles sorgfältig und dem Recht entsprechend organisiert werden, »nicht aber die Lande in unverschuldeter Weise als per modum violentae executionis überzogen werden, wodurch Unsere hohe Autorität bei denselben verkleinert, auch den fremden Potentaten allerhand Skrupel dürften erweckt werden, daß Wir gleichsam einen Mitregenten an der Hand und in Unserem eigenen Lande keine Disposition mehr haben, sondern zusehen müßten, daß die getreuen Untertanen unerhört und ohne alle Barmherzigkeit ruiniert und verderbt werden . . .«

Die Schärfe dieser Weisung ist bemerkenswert. Dabei war in Wien, als Questenberg und Trautmannsdorff abreisten, die Nachricht vom Rückzug Wallensteins noch nicht eingetroffen. Als diese bekannt wurde, erhielt Trautmannsdorff sofort eine neue Instruktion, die die militärischen Argumente Wallensteins unzweideutig und nachdrücklich widerlegte. Der Generalissimus, hieß es hier, habe mehr Truppen als der Weimarer, könne also unbedenklich in Bayern vorrücken, zumal Maximilian Proviant und Material bereitgestellt habe; wenn es »bei der bloßen Defensivenanstalt verbleiben sollte«, hätte der Kaiser den Feind ständig vor den Toren; auf Aldringer, der ohnedies bei einem Rückmarsch den Feind »mit sich heraufbringe« und damit die »ganze moles belli« Bayern zubringe, könne man nicht warten; gegen die Feinde in Schlesien und Böhmen seien genügend Truppen an Ort und Stelle. Man sieht, daß der Wiener Hofkriegsrat Wallensteins Gründe als Vorwände erkannte und als solche rückhaltlos kennzeichnete.

Gleichzeitig mit dieser Instruktion schrieb der Kaiser an Wallenstein, daß er zwar seine »Considerationes« durchaus zu würdigen wisse. »Weil aber dahingegen die von der Donau herabdringende Gefahr mir und meinem Erzhaus vor allem andern die nächste und gleichsam dem Herzen meiner kaiserlichen Hoheit mit äußerster Gewalt zusetzen tut«, da allenfalls noch Passau den Feind werde aufhalten können und Aldringers Rückmarsch großen Schwierigkeiten begegne, sei des Kaisers »gnädigstes Begehren und Verlangen, daß Euer Liebden diese Impresa (Unternehmen) befördern und, wenn Sie sich auch schon mit der Armada nach Böhmen zurückbegeben haben, dieselbe alsbald wiederum gegen Passau oder den von Weimar wenden, ihn verfolgen und wiederum zurücktreiben lasse. Und ist dieses also meine endgültige Resolution, dabei ich gänzlich beharre und verbleibe.«

Fast gleichzeitig erhielt Richel eine vom 6. Dezember datierte Instruktion Maximilians: die auf die Donau zurückmarschierenden Truppen Ferias und Aldringers befänden sich in elendem Zustand und ohne ausreichende Winterquartiere; dies sei Wallensteins Schuld. Der Rückzug des Generalissimus nach Böhmen, der statt dessen die Schweden und ihre Bundesgenossen hätte angreifen und Regensburg befreien müssen, gefährde die österreichischen Erblande aufs äußerste. Richel solle sich mit Oñate und Castañeda geheim und vertraulich beraten, wie aus hochwichtigen Gründen der »Herzog von Friedland gänzlich des Generalates entledigt oder darin zumindest so weit eingeschränkt werden könnte«, daß er nicht mehr im Reich, sondern nur noch in den kaiserlichen Erblanden das Kommando führe.

Schon am 14. Dezember konnte Richel dem Kurfürsten berichten, daß die Stimmung am Wiener Hof äußerst gereizt sei. Fürst Eggenberg, der bis dahin ein unbedingter Anhänger Wallensteins gewesen war, zeigte dem Bayern den am 9. Dezember an Wallenstein ergangenen Befehl des Kaisers, unweigerlich die Winterquartiere zu verlassen und die Offensive zu ergreifen. »Der Kaiser will nun erwarten, ob der Herzog diesem Befehl parieren werde, wie man zwar hoffe; falls er wider Verhoffen nicht geschehen sollte, werden Ihre Kaiserliche Majestät sich alsdann weiter resolvieren und also bezeigen, daß männiglich sehen soll, daß Ihre Majestät Herr und der Herzog ein Diener sei. Ihre Kaiserliche Majestät werden des Herzogs von Friedland halber sich ihr Haus und das Eurer Kurfürstlichen Durchlaucht als dero nächsten und getreuen Kurfürsten nit zugrunde richten lassen. Die Resolution Friedlands, daß er gleichsam im Angesicht des Feindes sich zurückgezogen, kann kein Mensch gutheißen. Man habe ihn (Eggenberg) zwar für friedländisch gehalten und er sei auch sein guter Freund gewesen und sei es noch; aber es heißt: Amicus Plato, amicus Socrates, amicior autem religio et patria.«

Über die ersten Verhandlungen Wallensteins mit den Delegierten des Kaisers besitzen wir keinen Bericht. Ein Brief Trautmannsdorffs an den Kaiser vom 16. Dezember läßt einen drohenden Unterton, auf den Wallenstein offenbar nicht verzichtet hat, nicht verkennen: der Generalissimus sei bereit, an den Sohn des Kaisers (König Ferdinand III.) das Kommando abzutreten, wolle aber dann bei der Armee nicht verbleiben. Es sei in diesem Fall freilich zu besorgen, »daß hieraus eine große Meuterei erfolge, denn auf des Herzogs Kredit seien die meisten geworben worden«. Man müsse, habe Wallenstein weiterhin gesagt, Frieden machen, »ansonsten werde alles unsererseits verloren sein. Nach diesem hat sich der Herzog beklagt, daß seltsame gefährliche Discurse wider ihn bei Hof umgingen, sogar ihn, den Herzog, mit Gift zu beseitigen. Er hoffe doch, man werde ihn nicht per Disgusti zur Resignation treiben wollen, weil es wohl andere Mittel gebe, wenn man meine, daß es Euer Kaiserlichen Majestät also nützlich sei; sich selbsten will er auch nicht prezipitieren.«

Wallenstein berief einen Kriegsrat, der in einem am 17. niedergelegten Gutachten das Verlangen des Kaisers als unmöglich ablehnte: man könne keinesfalls mitten im Winter mit den an sich durch Seuchen und fortdauernde Anstrengungen geschwächten Truppen die Quartiere verlassen und gegen einen Feind in Gebiete vorrücken, wo es weder Proviant noch Geld gebe. Sobald man die Erblande verlasse, werde der Feind in Böhmen und Österreich einfallen und die von allen Seiten eingeschlossene Armee sei dann verloren. Ein mit Quartierlasten beschwertes Königreich sei besser als ein verlorenes. Gegen den Weimarer könne man nicht vorrücken, weil er die Donau beherrsche und ein solcher Winterfeldzug aller Kriegsraison widerspreche. Ohnedies sei die Stimmung bei der Armee schlecht, weil die Soldzahlungen nicht eingingen. Ein solcher Beschluß könne »Desparation« und eine allgemeine Meuterei veranlassen. Die Armee dürfe »dergestalt ohne eigenen Nutzen mal al proposito nicht ruiniert« werden.

Von der Verteidigung ging also Wallenstein, indem er Beschwerden gegen den Wiener Hof vorbrachte, zum Angriff über. Er habe, schreibt er am gleichen 17. Dezember unter Beifügung des Gutachtens des Kriegsrates an den Kaiser, die Verantwortung nicht allein auf sich nehmen wollen und verspricht für den kommenden Sommer »desto nützlichere Dienste«.

In Trautmannsdorffs und Questenbergs Berichten an Ferdinand kehren die Argumente des Generalissimus wieder: der Herzog wolle die Armee durch einen Winterfeldzug nicht ruinieren; die rückständigen Soldzahlungen müßten erledigt werden; man solle den Herzog »bei etwas Gusto erhalten«; sämtliche Obersten hätten die kaiserlichen Forderungen für »ein pur lautere Unmöglichkeit« erklärt. »Daraus schließen die Soldaten, man verlange vom Hof aus, sie zu ruinieren, der Generalissimus allein nehme sich ihrer Wohlfahrt an.« Ähnlich schroffe Ablehnungen jeder Hilfe von seiten Wallensteins gingen Maximilian zu: der Herzog könne auch nicht einen Mann an die Donau schicken.

Nicht ohne Berechtigung konnte Maximilian am 18. und 22. Dezember an Richel schreiben, alles hätte vermieden werden können, wenn man seine Warnungen rechtzeitig beachtet hätte. So oft habe er um Succurs gebeten, so oft sei ihm dieser vom Kaiser zugesagt worden. Und als sich der Herzog endlich zur Hilfeleistung habe bewegen lassen, sei er kurz danach ohne jeden Grund wieder nach Böhmen zurückmarschiert. Es sei nicht wahr, daß es ihm an Proviant gemangelt habe, daß Arnim in Schlesien eingefallen sei und Frankfurt erobert habe. Es sei augenfällig, daß aus dem »eigensinnigen und widerwärtigen Vorgehen« des Friedländers und seinem Haß gegen ihn (Maximilian) den Kurfürsten, Ständen und dem Gemeinwesen die größten Nachteile und Gefahren erwachsen. Wallenstein lasse nur seine »privaten Passionen prädominieren« und handle nur nach seinem eigenen »Kopf, Einbildungen und Affekten«. Dabei geschehe nichts, sondern er vergeude nur »Zeit, Geld, Proviant und anderes«. Das Gewissen gebiete, »den Deckel jetzt von dem Hafen zu tun« und Seiner Majestät ohne Rücksicht auf Wallensteins Anhänger alles »fein deutsch, ungescheut und offenherzig« vorzutragen; insbesondere, daß »die Direktion des Kriegswesens« anderweitig geordnet werden müsse.

Von mehreren Seiten liefen zur gleichen Zeit in Wien Nachrichten über verräterische Unterhandlungen Wallensteins mit Schweden und Franzosen ein. Herzog Franz Julius von Sachsen-Lauenburg, einer der diplomatischen Mitarbeiter Wallensteins, weilte damals in Wien und berichtete einen Ausspruch des sächsischen Kurfürsten: Wallenstein habe im Namen des Kaisers solche Dinge verheißen, daß er (der Kurfürst) wohl wisse, »daß Friedland deswegen keinen Befehl und Gewalt habe, daß auch Ihre Kaiserliche Majestät eher mit einem weißen Stäblein Land und Leute aufgeben, als in dergleichen einwilligen würde«.

Mehrere gerade in diesen Wochen in Wien verbreitete Flugschriften, besonders eine, die den Titel trägt »An expediat« (Ob es zweckmäßig ist, den Herzog abzuberufen), bieten aufschlußreiche Einblicke in die Stimmungssphäre. Wallenstein, wird hier dargelegt, ziehe aus purer Rachsucht wegen seiner Regensburger Absetzung den Krieg in die Länge; er sei »intelligentissimus und speculativus«; doch entsprächen seinen Ideen keine Taten, sie seien nur Chimären und Luftschlösser; nicht Österreich habe er gerettet, sondern die Länder der Feinde. Er bedeute eine Gefahr für das Haus Habsburg und vermutlich sei er auch ein Verräter.

Die Entwicklungen eilten ihrem Endstadium zu. Am 26. Dezember schrieb Graf Adam Trčka aus dem Pilsener Hauptquartier an den in Dresden weilenden Grafen Kinský einen Brief, in dem es heißt, daß der Herzog die Ankunft von Unterhändlern erwarte. »Denn er ist nicht nur entschlossen, mit beiden Kurfürsten (Sachsen und Brandenburg) sich zu verakkordieren, sondern auch mit Schweden und Frankreich. Französische Truppen werden wir wohl nicht vonnöten haben, aber französisches Geld ... Wir sind nunmehr resolvieret, die Maskara ganz abzulegen und mit Gottes Hilfe mit dem Werk gründlich zu beginnen. Es wäre am zuträglichsten und sichersten, wenn Herr von Arnim selbst hierher käme; wäre ihm dies bedenklich, so komme Herzog Franz Albrecht und der Herr (Kinský), so soll es mit Wenigen abgeschlossen werden. Falls dies negligiert wird, wird sich in Ewigkeit dergleichen Occasion nicht präsentieren. Es kann noch diesen Winter viel gutes effektuiert werden.«

Am 27. oder 28. Dezember erklärte Kaiser Ferdinand im Kreis einiger Vertrauter, wie der bayerische Bevollmächtigte Richel am 31. Dezember dem Kurfürsten zu berichten weiß, er habe sich entschlossen, Friedland das Generalat zu nehmen.

Spätestens in den letzten Dezembertagen ist also Wallenstein endgültig entschlossen, die Rebellion durchzuführen; der Kaiser, seinen Generalissimus abzusetzen.* Am 31. Dezember, an dem Tag, an dem Richel Maximilian schon die Meldung, daß die Absetzung des Herzogs beschlossen sei, übermitteln konnte, schickte er dem Kurfürsten noch einen zweiten Bericht: Abgesandte seien schon auf dem Weg zu Gallas und Aldringer; auch mit anderen Generalen, »die nit so fest von dem Herzog dependieren«, werde heimlich verhandelt. Wenn die »Vornehmbsten« gewonnen wären, würden die anderen folgen. Bezüglich der Person des Herzogs sei der Kaiser noch unschlüssig. Ihn in Freiheit zu belassen, sei bedenklich; ihn gefangenzusetzen, sei schwierig. Darum sei beschlossen worden, zunächst die Erklärungen der Generale abzuwarten. Alles werde ganz geheim verhandelt.

Diese Maßnahmen des Kaisers zeitigten einen vollen Erfolg: schon Anfang Januar 1634 entschlossen sich Gallas, Colloredo und Piccolomini bei einer Zusammenkunft in Glogau, eindeutig – wenn auch zunächst insgeheim – auf die Seite Ferdinands zu treten.

Zwischenspiel

Inzwischen hatte sich der in Maximilians Instruktion an Richel vom 6. Dezember erwähnte Rückmarsch Aldringers und Ferias vom Rhein nach Bayern vollzogen; die bayrischen und spanischen Kontingente, von der Armee Horns gefolgt, nahmen Winterquartiere in Ober- und Niederbayern; die Schweden lagerten in der Oberpfalz bis gegen Landshut. Der schwerkranke Herzog von Feria starb in diesen Wochen zu Starnberg. Graf Serbelloni wurde sein Nachfolger. Die undisziplinierte und verwahrloste Soldateska der drei Armeen brandschatzte und vergewaltigte das schon in den beiden letzten Jahren ausgesogene Land: die letzten Vorräte und Geldmittel wurden geplündert, die Bauern mißhandelt oder erschlagen, die Frauen vergewaltigt, das Vieh weggetrieben.

In Niederbayern rotteten sich schließlich im Januar 1634 die Bauern zusammen und erschlugen kaiserliche Soldaten. Es gelang Werth, der sich selbst zu den Bauern begab, diese durch das Versprechen strengster Disziplin zur Ruhe zu bewegen. Schwieriger gestalteten sich die Verhältnisse in Oberbayern, wo sich zur gleichen Zeit 15 000 Bauern gegen ihre Unterdrücker erhoben und erschlugen, wer ihnen von Offizieren und Soldaten in die Hand fiel.

Aus den Zusammenrottungen entwickelte sich ein allgemeiner Aufstand; die Angriffe gegen die Ausschreitungen der Soldateska wurden zu einer Anklage gegen den Kurfürsten, der an all dem schuld sei. »Also sollst Du wissen«, heißt es in einem von der Bauernschaft an den in Wasserburg kommandierenden General Timon von Lindelo gerichteten Manifest, »daß uns die äußerste Not dahin bringt, weilen wir drei Feind haben, von denen der Kurfürst der größt, den seine Hoffart und Geiz dahin bringen, daß er uns in diesen erbärmlichen Stand gebracht. Der andere ist die ganze Soldateska zu Roß und zu Fuß, welches lauter ehrlose Leut, ärger als die Straßenräuber; denn bevor sie wohl wissen, daß sie von unserm gottlosen Fürsten nit bezahlt werden, danach um des Raubes willen wider christliche Lieb, wider Ehr und Recht, wider die zehn Gebot allein um des Raubs willen sich unterhalten lassen, als wie andere Straßenräuber und fürsatzliche Bösewichter. Dieselben wollen wir verfolgen und zu Tode schlagen, wo wir diese bekommen. Und Du, wo wir Deiner nur ansichtig werden, und die losen Kerle, die Jager, die ersten sein sollet. Des Hauptfeinds, der aus euch schier der best, wollen wir uns auch nach Möglichkeit erwehren.«

Allenthalben erschlugen die Bauern einzelne Soldatentrupps. Märkte und kleine Städte wurden überfallen und geplündert; Burghausen und Traunstein wurden erstürmt, mit den oberösterreichischen Rebellen Unterhandlungen angeknüpft. Der Aufstand erstreckte sich bis in die Nähe von Braunau, wo Maximilian sein Hauptquartier hatte. Der Kurfürst sah die Berechtigung der Klagen der Bauern ein, konnte aber natürlich ihr Vorgehen nicht billigen und dulden. Er verzichtete auf militärische Maßnahmen, entsandte Kommissare an die Aufständischen, schließlich den Kapuziner Joachim Chrysostomus, der im winterlichen Lager der Bauernschaft ihnen beweglich zuredete: der Kurfürst sei bereit, ihren Klagen abzuhelfen, wenn sie zum Gehorsam zurückkehrten. Maximilians Kabinettssekretär Sedlmayr wurde zu den Bauern nach Wasserburg und Rosenheim abgeordnet und gab ihnen das Versprechen des Kurfürsten, sie würden von weiteren Lasten und Bedrückungen verschont, wenn sie die Quartiersteuer entrichteten und Proviant lieferten.

Daraufhin kehrten die meisten Bauern in ihre Dörfer zurück. Nur ein in Trostberg lagernder Haufen, der mit den oberösterreichischen Bauern Verbindungen angeknüpft hatte und auf die Hilfe Bernhards von Weimar rechnete, mußte durch Militär auseinandergesprengt werden. Der Führer, ein Müller Weinbuch, wurde enthauptet, die anderen Rädelsführer auf ein oder mehrere Jahre des Landes verwiesen.

Die Lage spitzt sich zu

Die böhmischen Emigranten, voran Thurn und Kinský, der durch Trčka dauernd auf dem laufenden gehalten wurde, waren naturgemäß über Wallensteins neue Pläne hoch erfreut. Der damals in Dresden weilende Kinský erbat und erhielt vom Kurfürsten von Sachsen einen Paß, um nach Pilsen zu reisen. Er halte, schreibt er am 29. Dezember an Thurn, das Werk für so gesichert, »daß daran nit zu zweifeln, und, wenn wir es nur selbst nit versäumen, das Spiel in unseren Händen haben«. Man könne, wenn man Herzog Bernhard verständige, der in der Nähe (in Regensburg) stehe, um so eher zu einem Vertragsabschluß gelangen.

In einem Brief an den französischen Gesandten Feuquières vom 1. Januar 1634 nahm Kinský (im Auftrag Wallensteins) auf die im August des vergangenen Jahres zwischen Wallenstein und Frankreich geführten Verhandlungen Bezug. Die »Hauptperson« sei nunmehr entschlossen, auf alle französischen Wünsche und Vorschläge einzugehen. Er bitte um die Ausstellung einer Vollmacht. »Das ganze Werk beruht auf Schnelligkeit und Beweglichkeit, und ich hoffe daher auf die ungesäumte Antwort Eurer Exzellenz.« Am 9. Januar traf Kinský in Begleitung einiger anderer böhmischer Emigranten sowie des Obersten Anton Schlief, der früher schon als Unterhändler mit Sachsen gedient hatte, in Pilsen ein.

Hier waren zur gleichen Zeit die Generale und Obersten zusammenberufen worden – nur Gallas, Aldringer und Colloredo, die auf weit abgelegenen Posten standen und sich ja auch bereits innerlich von Wallensteins Plänen distanziert hatten, fehlten. Feldmarschall Ilow informierte die Offiziere im Auftrag des unpäßlichen Herzogs über die militärische und politische Situation. An Wallenstein würden von Wien, aber auch von Spanien unerfüllbare Forderungen gestellt, eine Verschwörung bedrohe seinen guten Ruf. Wegen »vielfältig empfangener Disgusti, ihm zugezogener schmerzlicher Injurien und wider ihn angestellter gefährlicher Machinationen«, wegen Verweigerung der »notwendigen unentbehrlichen Unterhaltung der Armada« sei Wallenstein zum Rücktritt entschlossen. Damit würden natürlich auch die Forderungen der Obersten, die einzig der Herzog garantieren könne, gefährdet. Einer Deputation, die Wallenstein bat, auf seinen Rücktritt zu verzichten, sicherte der Herzog schließlich zu, er werde diesen Schritt ohne vorherige Benachrichtigung der Offiziere nicht tun.

Bei einem Bankett, das Ilow am folgenden Tag (12. Januar) veranstaltete, forderte der Feldmarschall die Anwesenden auf, sie möchten in Anerkennung von Wallensteins väterlicher Fürsorge für das Heer das Versprechen abgeben, zu ihm zu stehen, ihn nicht zu verlassen, und diesen Entschluß durch ihre Unterschrift bekräftigen. Der entscheidende Vorbehalt, den Ilow in seiner mündlichen Erklärung ausgesprochen hatte: »so lange auszuhalten, als der Herzog in Seiner Majestät Dienst verbleiben oder der Kaiser ihn zur Beförderung seiner Dienste gebrauchen werde«, fehlte aber in dem zur Unterschrift vorgelegten Text. Am folgenden Tag entbot Wallenstein die Generale und Obersten zu sich und erklärte, da es bei der Unterzeichnung des Reverses einige Schwierigkeiten gegeben habe, werde er abdanken. Die Sprecher erklärten, die Weigerungen einzelner seien nur auf ihre Trunkenheit beim Bankett zurückzuführen. Alle unterzeichneten ohne Vorbehalt. Aber schon am gleichen Tag erhielt Piccolomini von zehn Obersten die Zusage ihres treuen Verharrens beim Kaiser.

Das Bekanntwerden des *»Ersten Pilsener Schlusses«* löste in Wien eine folgenschwere Entscheidung aus. Ein am 24. Januar datiertes Patent des Kaisers, das freilich zunächst nur einigen Generalen bekanntgegeben wurde, teilte mit, daß Ferdinand »aus hochwichtigen und dringenden Ursachen mit Unserem gewesenen General Obersten Feldhauptmann eine Änderung vorzunehmen bewegt worden«. Sämtliche Offiziere wurden ihrer Gehorsamspflicht gegenüber Wallenstein entbunden und vorläufig an die Befehle General Gallas verwiesen. Die

Beteiligung am Pilsener Schluß wird allen verziehen, von dem Pardon werden aber Wallenstein, Ilow und Trčka ausgenommen, »so sich zu diesem Werk als Rädelsführer haben gebrauchen lassen«.

Nächst dem Pilsener Schluß sind einige andere Fakten für die Entscheidung des Kaisers bestimmend gewesen. Zunächst eine Ferdinand am 1. Januar vorgelegte Denkschrift des Fürsten Gundakar von Liechtenstein, des Bruders des seinerzeitigen böhmischen Statthalters. Es sei zu befürchten, heißt es hier, daß Wallensteins angeborene Unersättlichkeit und Ehrgeiz, ferner der Umstand, daß er dem Kaiser keinerlei Respekt zeige, die Gelegenheit dazu schaffen könnten, sich mit Frankreich und anderen Feinden über die Aufteilung der österreichischen Länder zu einigen. Eine gütliche Vereinbarung mit dem Herzog sei nicht möglich. Man müsse ihn daher, da Gefahr im Verzug sei, absetzen, »wie man kann und mag«, aber ohne Verlust seines Lebens. Man solle sich mit seinen Generalen verständigen und weiterhin mit ihm freundschaftlich verkehren, damit er nichts merke. »Ich will«, sagt der Verfasser, »weder seine Merita extenuieren noch seine Demerita exagerieren.« Man müsse das gesamte Material seiner Verdienste und Verfehlungen einigen Juristen vorlegen; denn ein rechtmäßiges Vorgehen sei unter allen Umständen einzuhalten. Wenn diese befänden, daß er schuldig, und wenn zugleich ersichtlich sei, daß man ihn, den Lebenden, mit Sicherheit nicht absetzen könne, müsse das Todesurteil an ihm vollstreckt werden.

Die letzte Entscheidung führte offenbar ein Bericht herbei, den Ottavio Piccolomini aus Pilsen dem Kaiser übermitteln ließ. Die Aufzeichnungen Piccolominis, die auf einer Unterhaltung mit Wallenstein beruhten, wurden Ferdinand am 22. oder 23. Januar vorgelegt. Wallenstein, wurde hier ausgeführt, habe sich in Kenntnis des Umstandes, daß seine Absetzung bevorstehe, entschlossen, sich mit den Heeren der Feinde zu vereinigen und den Krieg so lange fortzuführen, bis er sich der Person des Kaisers bemächtigt und das Haus Habsburg in allen seinen Ländern ausgerottet habe; in Italien solle die Herrschaft Spaniens beseitigt werden; Frankreich solle auf das Elsaß verzichten, aber Burgund und Luxemburg erhalten; Polen, falls es sich mit dem Generalissimus verbinde, einen Teil Schlesiens bekommen; den Generalen seien große Landschenkungen zugesagt worden.

Der damals 35jährige *Piccolomini,* der aus einer alten sienesischen Familie stammte, hatte sich am Weißen Berg, im mantuanischen Erbfolgekrieg und bei Lützen militärisch bewährt; 1632 war er zum Gene-

Ottavio Piccolomini (1599–1656) zeichnete sich vielfach als kaiserlicher Feldherr aus, genoß Wallensteins Vertrauen, war 1634 jedoch führend an seinem Sturz beteiligt. 1638 zum Grafen, 1639 zum Herzog ernannt, wurde er wegen seiner Verdienste bei der Durchführung des Westfälischen Friedens 1648 in den Fürstenstand erhoben. Stich nach einem Gemälde von Anselm van Hulle.

ralwachtmeister, 1633 zum General der Kavallerie, am 1. Februar 1634 von Wallenstein zum Feldmarschall befördert worden.

Obschon Trčka wiederholt Wallenstein vor dem Italiener gewarnt hatte, schenkte ihm der Generalissimus sein volles Vertrauen, da sein Astrologe versichert hatte, die mit seiner eigenen übereinstimmende Nativität Piccolominis leiste ihm Bürgschaft für dessen Treue bis zum Tod. (Gerade die übereinstimmende Nativität, bemerkt der skeptische Richelieu, hätte den Herzog davon abhalten sollen, sich dem gleichen Charakter so völlig anzuvertrauen.) So erscheint es nicht unwahrscheinlich, daß die nach Wien übermittelten Erklärungen tatsächlich auf Äußerungen zurückgehen, die der sonst so vorsichtige Friedland Piccolomini gegenüber getan hat.

Vor Erlaß des Patentes fand am 24. Januar im Haus des Fürsten Eggenberg eine Konferenz statt, an der neben dem Kaiser die einflußreichen Geheimräte und der Wiener Bischof Anton teilnahmen. Hier wurde beschlossen: Wallenstein und seine Hauptmitverschwörer seien festzunehmen und nach Wien zu bringen; wäre dies nicht möglich, sollten sie als überführte Schuldige getötet werden.

Dies war der Richtspruch über Wallenstein.

Auf Grund der Wiener Weisungen traf Piccolomini mit Gallas, Aldringer und anderen Heerführern weitgehende Sicherungsmaßnahmen, so daß schon in diesem Augenblick die militärischen Chancen einer Erhebung Wallensteins als fast aussichtslos gelten mußten. Auch Maximilian wurde über die Wiener Beschlüsse informiert.

Inzwischen hatte Wallenstein in Pilsen mit den hier am 9. Januar aus Dresden eingetroffenen Kinský und Schlief verhandelt. Schlief, der schon am 11. Januar wieder nach Dresden zu Besprechungen mit Sachsen entsandt wurde, hatte am Tag zuvor eine längere Unterhaltung mit Wallenstein. Falls der Kurfürst zum Frieden bereit sei, versicherte der Generalissimus, würde er so handeln, daß man durch die Tat erkennen werde, daß er ein Reichsfürst sei und des Reiches Wohlfahrt wolle. Sachsen sollten Magdeburg, Halberstadt, die Ober- und Niederlausitz zufallen.

Im Anschluß daran entwickelte Wallenstein noch einige offenbar flüchtig improvisierte Gedanken über einen allgemeinen Frieden: »Spanien ginge damit um, eine Monarchie und Dominat aufzurichten; das wolle er nicht zugeben, solange er lebe. Er selbst wolle die Spanier aus Italien, aus Artois und dem Hennegau vertreiben helfen. Man dürfe auch den König von Frankreich nicht über den Rhein kommen lassen, sonst stünde er den drei Kurfürsten auf dem Halse. Aber Frankreich könnte wohl sonsten eine Satisfaktion erlangen.« Schweden wolle die »Meerporten« – Wismar, Stralsund und Kolberg –, woran auch Brandenburg interessiert sei; trotzdem ließe sich hier eine Einigung erzielen. Die Kurfürsten und Bischöfe müßten die Geistlichen Güter zurückbekommen. Bernhard von Weimar könnte in Brandenburg oder im Elsaß etwas erhalten. Der Kurfürst von Bayern sollte »gänzlich vertilgt« werden. »Die Pfalz müsse vor allen Dingen restituiert werden ... Tirol und was dem anhängig, sollte allezeit bei dem Kaisertum verbleiben.«

Nächst Schlief war Herzog Franz Albrecht von Lauenburg-Sachsen, der Bruder Julius Heinrichs, der seit Jahren zum vertrauten Kreis Wallensteins gehörte, an den Verhandlungen beteiligt. Franz Albrecht hatte erst in kaiserlichem, dann in schwedischem Dienst gestanden, hatte bei Lützen an der Seite Gustav Adolfs gekämpft – die Schweden bezichtigten ihn, ohne Grund übrigens, der Ermordung ihres Königs –, trat dann in sächsischen Dienst und stand mit Arnim wie mit Thurn in guten Beziehungen, wurde auch von Wallenstein, dem er aufrichtige Sympathien entgegenbrachte, sehr geschätzt. Über die Situation in Pilsen berichtet Franz Albrecht am 18. Januar an Arnim: »Hoffe noch heute bei dem General zu sein. Die Sachen stehen so fix als zu wünschen. Es mangelt nur Eure Exzellenz, daß die ihm Anleitung geben, wie man dem Faß den Boden vollends ausstoßen muß ... Er ist jetzt so tief drin, als er kommen kann. Hoffe, wenn Eure Exzellenz kommen, so werde er Ihnen folgen in allem, was Sie ihm raten ... Mit Schweden und Frankreich hat er noch nichts tractiert, will sich an die Kurfürsten halten ...«

Die Nachricht, Wallenstein habe noch nicht mit Schweden und Frankreich verhandelt, entsprach nicht den Tatsachen, wurde vielmehr offenbar von Wallenstein zur Irreführung des sächsischen Kurfürsten verbreitet, dem der Herzog von solchen reichsfeindlichen Plänen nichts mitteilen wollte. Arnim aber blieb trotz solcher Mitteilungen den Anerbietungen Wallensteins gegenüber mißtrauisch und zögerte, der Einladung des Herzogs nach Pilsen zu folgen. »Vermeine auch«, schrieb er am 8. Januar an Johann Georg, »daß man dabei wohl kaum unbetrogen bleiben, wenn man sein Anbringen hört. Mir aber wird es wohl so gehen, wenn ich nicht Zeichen und Wunder sehe, so glaube ich nicht. Sehe ich die, so muß ich bekennen, daß das Werk von Gott kommt.«

Wenige Tage später, am 14. Januar, als er weitere Nachrichten aus Pilsen erhalten hatte, schrieb er an den sächsischen Feldzeugmeister Schwalbach mit noch größerer Skepsis: »Wie dringend der Herzog von Friedland sich abermals anbietet, ersehe ich aus Herrn Graf Kinskýs Schreiben. Ich bin allezeit der Meinung gewesen, daß dies eine überaus hohe und wichtige Sache, damit sehr vorsichtig umzugehen, und das um so viel mehr, da er immer, wenns zum Schluß kommen soll, seine Meinung geändert. Ist dies aus betrüglichem Vorsatz geschehen, so ist ihm ganz und gar nicht zu trauen; ist es eine Unbeständigkeit gewesen, so ist nicht auf ihn zu bauen; hat es seine schiefrige Affektion gehindert, so muß man sich deren wieder versehen.« Wenn man mit Wallenstein nochmals verhandeln wolle, müsse man militärisch stark sein und politisch mit Brandenburg und Dänemark einig; »wenn der Herzog zu Friedland die Macht sehe, würde ihn das lehren, fein aufrichtig zu handeln, beständig zu sein und den Schiefer einzuhalten.« Man müsse neue Werbungen anstellen, ohne das seien alle Traktate vergebens; auch in die Abhängigkeit von Schweden dürfe man nicht geraten.

Als Franz Albrecht aus Pilsen zurückkehrte, wurden in Dresden, in den letzten Januartagen, eingehende Beratungen darüber angestellt, wie man sich zu Wallensteins Vorschlägen stellen solle. Arnim wies auf die bisherige Erfahrung hin, die man mit der schwankenden Sinnesart des Herzogs gemacht habe. Er sei überhaupt nur für solche Verhandlungen, um ein Bündnis Wallensteins mit Frankreich zu verhindern. Um sicherzugehen, solle man verlangen, daß Wallenstein eine kaiserliche Vollmacht vorweise, »daß Ihre kaiserliche Majestät, was verhandelt, wollte für gewiß halten«. Auch betrachte Oxenstierna neue Besprechungen mit Wallenstein sicher mit Mißtrauen. Man müsse sich zuerst mit Brandenburg einigen, schon damit ein engeres Bündnis der Schweden mit dem Brandenburger verhindert würde.

Es ist nicht zu verkennen, daß Arnims Taktik auf Verzögerung der Verhandlungen mit Wallenstein zielte. Johann Georg entschied sich schließlich in diesem Sinn: Arnim sollte zunächst nach Berlin fahren, um sich mit Georg Wilhelm zu besprechen; Herzog Franz Albrecht und Oberst Schlief wurden am 28. Januar nach Pilsen entsandt, um die Verzögerung von Arnims Kommen zu erklären. Wallenstein nahm die Entschuldigungen Arnims zunächst mit unverkennbarer Enttäuschung, dann gelassen auf. Das Vertrauen, das er auf den sächsischen Feldmarschall setzte, war so groß, daß er dessen Versicherungen glaubte. Anders dachte Kinský über den »sakramentischen« Arnim.

»Wenn Kursachsen nicht will und Arnim Sprünge machen sollte«, sagte er zu Schlief, »so frage man nit darnach, man wird sich mit Schweden und Frankreich vereinigen«; und bezüglich Johann Georgs: »Will er's nit tun, lasse er's bleiben; wer schert sich umb den Kurfürsten!«

Kinský hatte schon Mitte Januar Fühlung mit Herzog Bernhard von Weimar, der immer noch in Regensburg stand, aufgenommen. Rašin wurde Anfang Februar zu Oxenstierna entsandt. Der Herzog sei gewißlich entschlossen, lautete seine Instruktion, die er von Adam Trčka erhielt, »von Ihrer kaiserlichen Majestät abzufallen und böhmischer König zu werden; und wie er den Böhmen wiederum alle Privilegia und Freiheiten confirmieren wollt, und daß die Böhmen, wenn er sterben sollte, darnach die Freiheit haben würden, sich selbst wiederum einen König zu wählen«.

Zur gleichen Zeit, in den ersten Februartagen, wurde ein Mittelsmann zu Feuquières entsandt, um den Abschluß des mit Frankreich in Aussicht genommenen Bündnisses zu beschleunigen: der Herzog sei nunmehr vollkommen entschlossen, seine Pläne durchzuführen, und beschwöre den Botschafter, ihm vollen Glauben zu schenken. Sein Verhalten in den abgelaufenen Monaten, besonders seine Ablehnung jeder Hilfe für Bayern, beweise seine Absichten. Sobald der Vertrag unterschrieben sei, wolle er sich zum böhmischen König ausrufen lassen und offen gegen den Kaiser auftreten.

Wallensteins Ende

Gallas, der am 12. Februar in Pilsen geweilt hatte und Wallenstein als durchaus zuverlässig galt, unterzeichnete am folgenden Tag, nachdem er das Hauptquartier unter einem glaubhaften Vorwand verlassen hatte, unter Berufung auf das noch nicht veröffentlichte kaiserliche Patent vom 24. Januar einen Befehl an alle Obersten, in dem ihnen unter Androhung der kaiserlichen Ungnade und Ehrverlustes verboten wurde, irgendwelchen Befehlen Wallensteins, Trčkas oder Ilows zu gehorchen; nur den von ihm, Aldringer oder Piccolomini ausgehenden Weisungen sei Folge zu leisten.

Den Plan, sich Wallensteins in Pilsen zu bemächtigen, gaben die Generale auf. Das Wo und Wie der Exekution, erklärte Fürst Eggenberg am 7. Februar gegenüber Richel, könne der Kaiser nicht vorschreiben,

»sondern dies müssen die verordneten Exekutores erst ex re nota schließen und sich darnach richten, ob es ohne Erweckung größerer Gefahren violenter, oder auf anderem Weg sicherer könnt exequiert werden. Ihre Majestät erwarten selbst den Succes mit höchstem Verlangen und konnten jetzt etliche Täg her vor lauter Sorgen schier keinen Schlaf mehr haben, sintemal sich die Exekution so lang verweile und doch niemands mehr als Ihro daran gelegen.«

Man versicherte sich der in Budweis, Tabor, Linz und Prag liegenden Truppen. Alle denkbaren militärischen Vorsichtsmaßregeln wurden ergriffen. Am 18. Februar wurde das kaiserliche Patent der Absetzung Wallensteins veröffentlicht: der »geweste Feldhauptmann« habe eine gefährliche Konspiration und Verbindung gegen den Kaiser und sein Haus angesponnen, um den Kaiser und sein Haus von seinen Erbkönigreichen, von Land und Leuten zu vertreiben und dessen Kron und Zepter sich selbst anzueignen. Nur Gallas, Aldringer, Marradas, Piccolomini, Colloredo und anderen treuen Generalen sei zu gehorchen. Am 18. Februar rückte Piccolomini mit 3000 Reitern gegen Pilsen vor; am 22. Februar setzte sich Gallas von Linz ebenfalls gegen das Hauptquartier Wallensteins in Bewegung. Die Anmarschierenden erfuhren freilich bald, daß »der nichtswürdige Verräter« nach Eger »entflohen« sei.

Im Pilsener Hauptquartier hatte man das heranziehende Gewitter erst in allerletzter Stunde beachtet und inzwischen eine fast fieberhafte Tätigkeit entfaltet. Mitte Februar hatten neunundzwanzig zusammengerufene Generale und Obersten nochmals eine Treueerklärung gegenüber Wallenstein unterzeichnet *(Zweiter Pilsner Schluß)*. Das Schriftstück, das Wallensteins Unterschrift an erster Stelle trägt, entbindet die Offiziere ausdrücklich ihres Eides, falls sich der Generalissimus das allermindeste gegen den Kaiser oder die Religion sollte zuschulden kommen lassen; im übrigen wollen die Unterzeichner »bei, nebenst und von Ihrer Fürstl. Gnaden« bis zum letzten Blutstropfen ausharren. Dies war, trotz des vorsichtigen Vorbehaltes, die eigentliche Meinung der Resolution. »Der Herzog von Friedland«, schrieb Oberst Schlief, »will sich ihrer noch mehr versichern und einen festen, unauflöslichen Bund mit ihnen schließen, der weder vom Kaiser noch von Spanien wird getrennt werden können.«

Neben Herzog Franz Albrecht und dem energischen, rastlos tätigen Dänen Christian von Ilow waren auch in diesen Tagen Kinský und Trčka die engsten Vertrauten des Herzogs – und sie haben in der Tat dieses Vertrauen nicht getäuscht. Aber beide waren keine Persönlichkeiten, sondern nur Verschwörer und Intriganten bescheidenen Formates: Kinský ein geschickter, aber sehr behutsamer diplomatischer Unterhändler; Trčka von energischerem Naturell, aber dem Herzog so sehr ergeben, daß er sich keinerlei selbständige Entschlüsse zutraute.

Ein Brief, den Herzog Franz Albrecht am 18. Februar an Arnim schickte, um ihn zu eiligem Kommen zu bewegen, gibt ein aufschlußreiches, bei allen Vorbehalten doch zu optimistisches Bild der Pilsener Situation, wie sie sich in diesem Augenblick den Verschwörern darstellte: »Der Aldringer ist zitiert worden, ist auf halbem Weg gekommen, hat aber nicht hergewollt. Man hat den Gallas zu ihm geschickt, der kommt noch nicht wieder, also daß man zweifelt, ob er fix sein möchte; der Deodati ist ohne Befehl von hier zu seinen Quartieren nach Österreich marschiert, also daß es sich ansehen läßt, als wenn sie nicht alle mit dem Herzog halten wollten. Auch trauet man dem Piccolomini nicht recht; die andern aber wollen beim Herzog leben und sterben, und ist der Herzog willens, sein Volk zum Teil bei Prag zu sammeln; denn er besorgt, sie möchten ihm einen Teil der Regimenter abspenstig machen. Sie können aber nichts tun, denn die meisten und besten halten es mit dem Herzog ... Auch hat er mich gebeten, Sie wollten doch etliche 1000 Pferde an der böhmischen Grenze bei Meißen sammeln lassen, im Fall es von nöten, daß sie ihm zu Hilfe kommen könnten. Dem Hatzfeld und Colloredo trauet er nicht recht; deswegen läßt er sie abberufen und gibt Schaffgotschen das Kommando in Schlesien. Auch hat er Schaffgotschen befohlen, zu sehen, welche es mit ihm halten wollen in der Marck und in Schlesien. Den andern soll er die Häls brechen. Bittet gleichfalls, wenn nötig wär, aldorten zu assistieren, denn er muß jetzo biegen oder brechen; denn ich merke wohl, er will denen auf den Hals gehen, so mit Aldringer halten wollen. Er verläßt sich jetzo auf uns; und die nicht mit dem Herzog halten, fürchten diesen wie den Teufel. Damit er auch des Herzogs Bernhard versichert ist, hat er mir befohlen, ich solle eine Reise zu ihm tun ... sollte ihm zu verstehen geben, daß die Pfaffen, Spanier und dergleichen Leute nicht zugeben wollen, daß er einen Frieden machen will mit Reputation der Kur- und Fürsten ... Ich habe ihm versprochen, daß Sie und ich bei ihm leben und sterben wollen, ist sehr content. Ich hoffe bald wieder hier zu sein und Ihrer Erlaucht aufzuwarten; es gehe, wie's wolle, es ist ein gemachtes Essen für uns. Aber bei Gott, wir dürfen den Herzog nicht lassen, es sind noch die meisten Offiziere hier, die sind alle fix . . . Ich will bei Herzog Bernhard auch schon erreichen, daß er an den Grenzen etwas aufmarschieren soll, wenns von Nöten sein wird . . . Mangelt jetzo an nichts als an deroselben Präsenz; bitte deswegen mehrmals um Gottes willen: eilen Sie, soviel menschenmöglich ist.«

Aber Arnim beeilte sich keineswegs, verzögerte vielmehr bewußt sein Kommen. Er hatte Wallensteins Wort, daß er sich jederzeit eine Zwickmühle offenhalten wolle, nicht vergessen. Erst am 4. Februar reiste er von Dresden nach Berlin ab, verhandelte dort bis zum 11. Februar, verweilte anschließend eine Reihe von Tagen in Dresden. Am 27. Februar endlich trat er in Rašins Begleitung die Reise nach Eger an und erfuhr in Zwickau ohne sonderliches Bedauern – daß schon alles vorüber sei: »Dem grundgütigen Gott habe ich meinesteils nicht genugsam dafür zu danken, daß ich meine Abreise so lange verweilet . . .«

Daß von Oxenstierna keine tatkräftige Hilfe zu erwarten war, geht aus Erklärungen des Kanzlers hervor, die er am 13. Februar gegenüber Rašin und Bubna, den Unterhändlern Wallensteins, abgab, die in sein Hauptquartier nach Magdeburg gekommen waren. Er erinnerte zunächst an das Scheitern der früheren Verhandlungen: »Wisset Ihr, womit Ihr vormals zu mir kommen und wie ich Euch mit meiner eigenen Hand eine certifikation geben, daß ich ihm dazu verhelfen will, daß er König in Böhmen werden solle. Er hat mir aber aus solch allem nichts gemacht, hat auch vordem den König (Gustav Adolf) ebenso betrogen und den Arnim desgleichen, und Ihr habt selbst gesagt: ›Er möge tun, was er wolle, und sich vermessen, wie er wolle, so wollt Ihr ihm weiterhin nit glauben.‹ Denn das seind gewichtige Sachen.« Gegenüber allen Einwendungen der Unterhändler blieb Oxenstierna unerbittlich: »Er wolle dem Fürsten von Friedland nicht mehr glauben, auch niemand zu ihm schicken, solange er vom Kaiser nit recht und öffentlich abfallen werde; wenn er aber das tun werde, so könne er versichert sein, daß er nit allein zu ihm schicken, sondern selbsten zu ihm kommen, und wegen all dessen, was er begehren würde, sich mit ihm vergleichen wolle.« Unverrichteter Dinge reiste Rašin nach Dresden und schloß sich hier Arnim an, der, wie erwähnt, am 27. Februar nach Eger aufbrach.

Aussichtsvoller schienen die Verhandlungen mit Frankreich zu verlaufen. Feuquières hatte Kinskýs Schreiben nach Paris geschickt und von dort am 20. Februar die Weisung erhalten, mit Wallenstein, falls dieser es aufrichtig meine, einen Vertrag unter ähnlichen Bedingungen,

Armand Jean du Plessis, Herzog von Richelieu (1585–1642), seit 1622 Kardinal, lenkte ab 1624 die französischen Staatsgeschäfte und leitete die Vormachtstellung Frankreichs ein. Obwohl er die Hugenotten bekämpfte, war er Gegner Habsburgs, griff jedoch erst 1635 auf schwedischer Seite militärisch in den Krieg ein. Gemälde von Philippe de Champaigne. (oben)

Magdeburg, den Schweden verbündet, wurde nach längerer Belagerung am 20. Mai 1631 von kaiserlichen Truppen erobert. Durch einen dabei entstandenen Brand wurde die Stadt fast völlig zerstört. Stich von M. Merian.

Siehe an o Mutter der Barmherzigkeit, der Welt Hoffnung, Beschützerin der Unschuldigen, aller
Betrübten Nothhelferin, deine verpflichteten Diener und Pflege-Kinder! Vierzig Geiseln fallen Dir zu Füßen
die aus Erbarmniß deß leidigen Unterganges so der Churfl. Hauptstadt München Gustavus Adolphus der Schweden=
König Ao. 1632 angedrohet, sich für das Vaterland aufgeopfert, die liebe Freiheit in die Schantz geschlagen in das Elend hin-
ausgezogen und drei ganze Jahre weniger 2 Monate, als arme Gefangene darin ganz mühseelig verlaßen. Haben zu Augsburg,
Donauwörth und Nördlingen gleich als im Nothstall eingesprengt, unzählbare Drangsaalen ausgestanden, der dreifachen Ruthen Gottes
als Pest Krieg und Hungersnoth stets unterworffen, sind darnach unter Deinen Mantel und Schutz hindurch komen. Du hast sie i
Gefängniß und eisernen Banden gestärkt, in Hunger gespeist, in äußerster Gefahr ihre Hoffnung, in Verschmachtung ihre Be-
ständigkeit aufgemuntert, in Verweilung menschlicher Hilfe ihnen Deine Hand gebotten und die Schoos Deiner Barmherzigkei
für die Freiung eingegeben. Schreiben es also Dir nach Gott einzig und allein zu, daß sie dem Tod entrunen und aus den gan
Hauffen nur 4 verlohren. Daß sie leben und athmen und des Vaterlandes wiederum ansichtig wurden, ist eine purre,
lauttere Gnad von Dir. Ach erhalte sie bei so unverhofften Wohlstande, laße sie vor aller Welt aufstehen und
bezeugen, daß in deinen Diensten und Gnaden Niemand verlohren werde!
Münchener Geiselschaft, Ehrenwerk und Uhrkund Anno 1635.
eistlichen =
horherr u Pfarrer b. U. L. F. Gg. Agricola,
er Indersd. Mich. Strobl u. Gg. Graf Cisterzienser
Mü
Standes: Wolf
des in Raths. Paul Barstorffer Joh.

wie sie im vergangenen Jahr vorgesehen waren, abzuschließen. Unverzüglich entsandte er einen Unterhändler mit Vollmachten nach Pilsen, der aber zu spät dort eintraf.

Einzig Bernhard von Weimar hätte helfen können, wenn er den Aufforderungen Wallensteins gefolgt und ohne Verzug von Regensburg nach Eger marschiert wäre. Aber er war ebenso mißtrauisch gegenüber den Versprechungen des Generalissimus wie Oxenstierna. Herzog Franz Albrecht gegenüber, der seit 21. Februar in Regensburg weilte, um den Weimarer zur Hilfe zu bewegen, äußerte er: »Dieser Herr glaubet nit an Gott, dahero ihm nit zu trauen. Wollte keinen Hund satteln lassen oder ihm anvertrauen.«

Auch der alte Graf Thurn beschwor in diesen Tagen »bittlich und hoch bewegentlich« den Weimarer um Hilfe für Wallenstein. Thurn, der mit fanatischem Enthusiasmus für die Freiheit Böhmens ein Leben lang gekämpft hatte, der mit den anderen Emigranten bis zuletzt in Wallenstein den kommenden Sieger und Gründer eines unabhängigen Königreiches Böhmen sah, mußten die Ereignisse mit höchster Sorge erfüllen. Aber Bernhard schrieb ihm gleichmütig zurück: »Gott hat wohl andere Mittel, dem Gemeinwesen zu helfen, als durch den Fürsten von Wallenstein.«

Am 21. Februar wurde in Pilsen die Nachricht der Absetzung und der Diffamierung Wallensteins bekannt. Die Stadt schien nicht mehr sicher; der geplante Zug nach Prag war aussichtslos, da die Hauptstadt schon in der Hand kaisertreuer Truppen war. So entschloß man sich zur Flucht nach Eger, wo, wie man glaubte, Hilfe von Bernhard von Weimar zu erwarten war. Von hier wollte der Herzog, wie Kinský berichtet, nach Sachsen weiterreisen. Am Morgen des 22. Februar verabschiedete sich Wallenstein vom Obersten Beck, dem Ortskommandanten von Pilsen. Er gab Beck die Hand und sagte nach längerem Schweigen: »Nun, ich hab den Frieden in meiner Hand gehabt«; und wiederum nach kurzer Pause: »Gott ist gerecht.«

Der kleine Zug – den Herzog begleiteten kaum 1000 Soldaten – marschierte am 22. Februar über Mies nach Eger. Wallenstein, der in einer Sänfte getragen wurde, habe, wie ein Augenzeuge berichtet, »wie eine tote Leich« ausgesehen; Trčka sei niedergeschlagen, Ilow und Kinský seien geschäftig wie immer gewesen. Am Nachmittag des 24. Februar kam man in Eger an.

Stadtkommandant von Eger war Oberst Gordon, unter ihm stand der Oberstwachtmeister Leslie; beide waren protestantische Schotten,

42 Geiseln der Bürgerschaft entführten die Schweden nach ihrem Einzug in München 1632, weil die Stadt die Brandschatzung von 300000 Reichstalern – der Preis für Verschonung der Stadt – nur zum Teil aufbringen konnte. Nach Rückkehr der Geiseln wurde das Votivbild in der Wallfahrtskirche Maria Ramersdorf gestiftet.

die bei der Treue zum Kaiser verharrten; ebenso wie Oberst Butler, der nach Prag hatte marschieren wollen und sich bei Mies dem Zug Wallensteins angeschlossen hatte. Bei einem von Gordon am 25. Februar abends in der Burg von Eger veranstalteten Bankett wurden Kinský, Ilow und die meisten Vertrauten des Herzogs von einer dazu kommandierten Abteilung niedergestochen.

Ein von Butler geführter Soldatenhaufen zog danach von der Burg über den Marktplatz zum Pachelbelschen Haus, wo Wallenstein Wohnung genommen hatte. Der Herzog war schon zur Ruhe gegangen, als im Vorraum lautes Geschrei hörbar wurde. Der irische Hauptmann Deveroux stürzte ihm mit gefällter Hellebarde entgegen und durchbohrte ihn mit dem Ruf: »Du schlimmer, meineidiger alter Schelm!« Bevor Wallenstein zusammenbrach, stammelte er: »Ah, Quartier (Schonung)!«

In Wien löste die Nachricht der Exekution naturgemäß Begeisterung aus. »Männiglich hohen und niederen Standes«, berichtet Richel am 8. März an Maximilian, »hat sich allhie über diese Zeitung erfreut, nit anders, als wenn man eine große victori erhalten; und auch die, denen umbs Herz sonst anders gewesen, haben dergleichen getan, als wenn sie sich mitfreueten. Viel seind in der kaiserlichen Anticamera selbst ultro zu mir gangen und congratulando sich gefreut, daß einmal derjenige hin sei, welcher Euer Kurfürstlichen Durchlaucht und dero Landen so viel Schaden und Leids zugefügt.«

Kurfürst Maximilian sah in der Exekution eine gerechte Strafe des Himmels. Er schrieb an den Kaiser: »Daß der Allmächtige den Meineid und die Bosheit des Friedländers und der ihm anhangenden Rebellen mit ihrem schließlichen Untergang so augenscheinlich gestraft, erfreu ich mich mit Eurer Kaiserlichen Majestät von getreuem Herzen und ist Gott dafür billig Ehr und Lob zu sagen.«

Die Hinterlassenschaft Wallensteins und seiner nächsten Anhänger – Wallensteins Vermögen betrug über neun Millionen Gulden, dasjenige Trčkas fast 900 000 Gulden – wurde unter die kaisertreuen Generale verteilt. Die Leiche des Feldherrn wurde in der Kartause Walditz – neben seiner ersten Gemahlin und seinem Sohn – bestattet und später (1782) von hier nach Münchengrätz überführt.

19

Der Westfälische Frieden

Umgruppierung der Gegner

Es ist eine unter ungezählten Stimmen, wenn auf dem Reichstag zu Regensburg im September 1640 die Vertreter der Städte »um der blutigen Verdienste Jesu Christi und um des Jüngsten Gerichtes willen« flehen, es möchte ein Frieden oder doch ein Waffenstillstand angebahnt werden, damit der Verwüstung, der Not und Verarmung ein Ende gesetzt werde. »Der Dienst und die Ehre Gottes«, klagten sie, »ist fast allenthalben nit allein aus den Kirchen, sondern auch aus den Augen und Herzen der Leut gekommen; dagegen haben allerwärts Schand und Laster, so bei den alten frommen Deutschen nicht bekannt gewesen, überhand genommen. Die Jugend ist in einem ruchlosen Wesen böser Education, und stehet die werte Posterität in nit geringer Gefahr. In dem Zeitlichen ist die herrliche und lobliche Harmonia des Oberhaupts und der Glieder, und diese unter sich selbsten im Reiche dermaßen zerrüttet und aus seiner Ordnung gebracht, daß von dem uralten Splendor, so zu männiglichs Verwunderung, Furcht und Schrecken dabei erschienen, sehr wenig außer dem bloßen Namen mehr übrig.«

Solche Klagen verhallten lange Jahre ungehört; erfolglos blieben alle Bemühungen um einen Frieden, die von verschiedenen Seiten, oft und dringlich gerade auch von Kurfürst Maximilian, angestellt wurden. Die Kriegsgeschehnisse verloren jede einheitliche Linie und splitterten sich in ungezählte zusammenhanglose und oft zufällige Aktionen auf. Von einem zielstrebigen Feldzugsplan war längst keine Rede mehr; es war schon ein günstiges Zusammentreffen, wenn eine Schlacht unter einheitlicher Führung stand und die verbündeten Generale nicht gegeneinander operierten. Wie wenig die Truppen einer nationalen oder weltanschaulichen Parole noch folgten, geht aus der immer mehr um sich greifenden Gepflogenheit hervor, nach der Einnahme einer Festung oder nach einer gewonnenen Schlacht ganze Regimenter – oft mit ihren Offizieren – in das Heer des Siegers einzureihen.

Im ganzen blieben die schwedisch-französische und die österreichisch-bayerisch-spanische Allianz erhalten, trotz einiger Schwankungen das Verhältnis des Kaisers zu Maximilian ungetrübt. Nach Wallensteins Tod wurde das kaiserliche Heer neu organisiert. Das offizielle Oberkommando erhielt des Kaisers Sohn Ferdinand; Gallas befehligte die Reichstruppen; Aldringer und nach seinem Tod Graf Fugger führte die bayerischen Kontingente.

Die österreichischen Erblande: Ober- und Niederösterreich, Steiermark und Tirol blieben vom Krieg nahezu verschont, dessen Lasten vorwiegend Süd- und Westdeutschland, Böhmen und Sachsen zu tragen hatten. In Schlesien standen die von Banér und Arnim geführten schwedisch-sächsisch-brandenburgischen Truppen, in Süddeutschland Bernhard von Weimar und Horn, in Westfalen und am Niederrhein deutsche und schwedische Kontingente einander gegenüber.

Regensburg, von den Kaiserlichen seit 1. Juni 1634 belagert, kapitulierte am 24. Juli. Von hier marschierte die Armee Ferdinands über Donauwörth nach Nördlingen, wo die von Bernhard und Horn geführte schwedische Armee am 6. September von den vereinigten kaiserlich-spanisch-bayrischen Truppen, die König Ferdinand, Gallas und Piccolomini kommandierten, vernichtend geschlagen wurde: 12 000 Schweden blieben auf dem Schlachtfelde, während die kaiserliche Armee nur 2000 Mann einbüßte.

Die Schlacht von Nördlingen ist, nicht um ihrer militärischen, sondern um ihrer politischen Auswirkungen willen, nach dem Weißen Berg und Breitenfeld die dritte und letzte Entscheidungsschlacht des Dreißigjährigen Krieges. Sie hatte einerseits den Abfall der meisten protestantischen Stände Deutschlands, vor allem Kursachsens und Kurbrandenburgs, von der schwedischen Koalition zur Folge; andererseits das aktive Eingreifen Frankreichs, dem das durch diese Entwicklungen gewonnene Übergewicht der österreichisch-spanischen Macht Habsburgs untragbar erschien. Nach der schweren Niederlage der Schweden bei Nördlingen, die in Paris tiefe Bestürzung hervorrief, hat Richelieu Frankreichs Eintritt in den Krieg befürwortet und durchgesetzt. »Wenn die Partei der französischen Bundesgenossen ganz und gar vernichtet wird«, erklärte er, »wird sicherlich die ganze Wucht der Macht des Hauses Habsburg auf Frankreich fallen. Es steht auch außer Frage, daß nach der soeben erlittenen Niederlage diese Partei nicht weiter existieren kann, wenn sie nicht durch sofortige und bedeutende Hilfe, durch große Hoffnungen und einen mächtigen Namen unterstützt wird.«

Die Unterstützung Richelieus rettete Bernhard von Weimar, der den Kaiserlichen kaum mehr hätte Widerstand leisten können. Im *Vertrag von St. Germain* (Oktober 1634) erhielt er von Frankreich »zur Wiederherstellung der deutschen Libertät« jährliche Subsidien in Höhe von 4 Millionen Livres und ein persönliches Jahresgehalt von 200 000 Livres, wofür er sich verpflichtete, ein Heer von 18 000 Mann aufzustellen. Die Landgrafschaft Elsaß wurde ihm und seinen Nachkommen als territorialer Besitz zugesichert.

Wechselvolle und blutige Kämpfe am Oberrhein, im Elsaß und im Schwarzwald erfüllten die kommenden Jahre. Bernhard siegte bei Rheinfelden und Wittenweier, er bezwang nach mehrmonatelanger Belagerung, freilich mehr durch Aushungerung als durch militärische Aktion, die beherrschende Festung Breisach. »Breisach war stark, doch stärker Gott und der Weimarer«, lautete die Umschrift einer damals geprägten Münze. Friedensangebote des Kaisers lehnte Bernhard ab. Was ihm als Glied eines hochfürstlichen Hauses und freien Reichsfürsten in diesen jetzigen gefährlichen Kriegszeiten, worin das Vaterland seiner uralten geistlichen und politischen Freiheiten gänzlich beraubt und in schimpfliche Knechtschaft geraten sei, zu tun gebühre, und ob er nicht Gott mehr gehorchen müsse als den Menschen, das überlasse er dem Urteil jedes standhaft gebliebenen evangelischen Patrioten, erklärte er den kaiserlichen Abgesandten. Er sei in seinem Gewissen versichert, daß er des HERRN Krieg führe; und daher wolle er ihn auch bis zur Aufrichtung eines allgemeinen christlichen Friedens fortführen. Nach der Einnahme Breisachs war Bernhard unbestrittener Landesherr im Breisgau und Elsaß. Er unterhielt eine fürstliche Hofhaltung.

Zu militärischen Besorgnissen war für Frankreich zunächst kein Anlaß, da die kaiserlichen Armeen, statt den Sieg von Nördlingen auszunutzen, sich trennten: Ferdinand zog nach Württemberg, Gallas an den Rhein, die Spanier nach Luxemburg und Trier, wo sie den mit Frankreich verbündeten Kurfürsten Christian Philipp von Sötern, der dann für zehn Jahre in Wien inhaftiert blieb, gefangennahmen; Karl von Lothringen besetzte Kehl und zog dann siegreich ins Elsaß und nach Lothringen; Piccolomini marschierte nach Unterfranken und anschließend in die Niederlande, Isolani nach Koburg und Fulda. Werth entfaltete mit seinen fliegenden Reiterkorps in der Rheinpfalz eine ungemein aktive Tätigkeit. »Also haben unsere bayerischen Soldaten«, schrieb er dem Kurfürsten, »das französische Blut einmal versucht; ich zweifle nit, sie werden hinfüro desto eifriger draufsetzen.«

Jacques Callot (1592–1635), ein Lothringer Künstler und Patriot, hielt die kriegerischen Auseinandersetzungen zwischen kaiserlichen und französischen Truppen in der radierten Bilderfolge »Leiden des Krieges« fest.

Als Oxenstierna im Dezember 1634 den Heilbronner Bund nach Worms berief, erhielt er von den meisten Mitgliedern einen ausweichenden Bescheid. Einziges Ergebnis der Tagung war die Erneuerung der schwedisch-französischen Allianz, der nun auch Holland beitrat.

Inzwischen kam nach längeren Verhandlungen am 30. Mai 1635 der *»Prager Frieden«* des Kaisers mit allen süddeutschen und den meisten norddeutschen protestantischen Ständen, voran mit Sachsen und Brandenburg, zum Abschluß; nur Weimar, Hessen-Kassel und Braunschweig verharrten beim schwedischen Bündnis. Liga und Heilbronner Bund wurden aufgelöst. Es sollte eine Reichsarmee geschaffen werden. Maximilian setzte freilich durch, daß diese aus den in sich geschlossenen, unter eigenen Generalen stehenden Kontingenten der Kurfürsten und des Kaisers zu bilden sei – Bayern verpflichtete sich zu 15 000 Mann, die zunächst dem Feldmarschall Graf Götz unterstellt wurden. Der Oberbefehl der gesamten Streitkräfte sollte einem vom Kaiser ernannten General zustehen.

Im Anschluß an den Prager Frieden verhandelte Johann Georg unter Zustimmung des Kaisers mit Oxenstierna und Banér über den Abschluß eines Friedens. Man bot den Schweden zweieinhalb Millionen Reichstaler Kriegsentschädigung, während sie darüber hinaus Pommern oder doch wenigstens einige Ostseehäfen forderten. Weder Brandenburg noch der Kaiser war geneigt, solche Bedingungen zu erfüllen; und so zerschlugen sich die Verhandlungen, deren Gelingen, wie sich bald zeigen sollte, für das Reich eine vergleichsweise günstige

Die Abbildungen zeigen links ein Feldlager, rechts die Plünderung eines Dorfes.

Lösung des politischen Konfliktes bedeutet hätte.

Als im Frühsommer 1635 Herzog Karl IV., der auch später, trotz mancher Zwischenfälle, am Bündnis mit dem Kaiser festhielt, zusammen mit Gallas und Werth siegreich in sein Herzogtum Lothringen einmarschierte, war kurz zuvor, am 24. März 1635, in der Hauptstadt Nancy *Jacques Callot* verschieden. Seit 1632 war ès immer wieder zu kriegerischen Auseinandersetzungen zwischen Frankreich und Lothringen gekommen, und die Besetzung des Landes durch Richelieus Truppen hat den eifrigen Patrioten Callot tief geschmerzt; sie bot ihm aber auch Gelegenheit, die Atmosphäre des Krieges, vor allem die Ausschreitungen der Soldateska, aus eigener Anschauung kennenzulernen. Die beiden radierten Folgen der »Leiden des Krieges« sind in ihrem unerbittlichen Realismus und in ihrer tendenzlosen Sachlichkeit die bedeutendsten bildlichen Dokumente jener Zeit und zählen darüber hinaus in der Eindringlichkeit der Naturbeobachtung, in ihrer klaren, unsentimentalen und dabei meisterlich gesammelten Prägung zu den großen künstlerischen und kulturgeschichtlichen europäischen Zeugnissen.

Der 1592 in Nancy geborene Künstler hatte seine Schulung in Italien, in Rom und Florenz, erfahren und war 1621 nach Lothringen zurückgekehrt, wo er in nahen Beziehungen zum Hof stand, aber auch vom Klerus zahlreiche Aufträge erhielt. Öftere Reisen führten ihn in die spanischen Niederlande, wo ihn die Infantin Isabella begünstigte, und nach Paris. Er lebte in gesicherten und bürgerlich umfriedeten

Verhältnissen und erfüllte als überzeugter Katholik eifrig seine religiösen Pflichten; noch in seinem Testament bedachte er nächst der Gattin vor allem Kirchen und Klöster. Callot ist der unübertroffene Chronist dieses Krieges, aber auch einer der bedeutendsten Graphiker der letzten Jahrhunderte.

Bayerische Innenpolitik

Im Mai 1635 kehrte Maximilian, der seit dem Schwedeneinfall im Feldlager zu Braunau geweilt hatte, nach München zurück. Er komme gern wieder in seine Hauptstadt, erklärte er einer Deputation des Magistrates und der Bürgerschaft. »Wie Wir Uns den Wohlstand Unserer Residenzstadt München allezeit mit väterlich treumeinender Sorgfalt angelegen sein lassen, also seind Uns die an die Zeit herum von Kriegs- und Sterbläuften erfolgten Ungelegenheiten desto mitleidentlicher zu vernehmen gewesen, und hätten wünschen mögen, daß die von Uns zur Abwendung des einen und andern verfügten Mittel solchergestalt, wie es von Uns väterlich und im besten gemeint gewesen, ersprossen wären. Weilen es aber Gott gefällig gewesen, Uns und Unsere Lande und sonderlich auch Unsere Residenzstadt München mit solcher verdienter Strafe heimzusuchen, so muß man es Seiner Allmacht mit Geduld und schuldigem Dank für erfolgte gnädige Anwendung empfehlen ...« Nach der Rückkehr des Kurfürsten wurde in München die Mariensäule errichtet.

Die Stadt hatte die schwersten Schäden der Schwedenzeit überstanden; allenthalben begannen Handel und Wandel sich wieder zu regen. Auf dem flachen Land freilich waren die schweren Verwüstungen, Raub, Brand und Plünderung noch empfindlich fühlbar; und so glaubte der Ausschuß der Landschaft, der alljährlich zur Bewilligung der Steuern in der gleichbleibenden Höhe von 480 000 Gulden berufen wurde, auf Ermäßigung dieser Steuern rechnen zu können.

Als die Regierungsvertreter, die von vornherein niedrigere Eingänge der Einnahmen voraussahen, eine Erhöhung der Verbrauchssteuern vorschlugen, erklärte der Ausschuß dies für zwecklos, denn in ganz Bayern genieße jeder nur Wasser und Brot. Einzig die Offiziere, die keine Steuern zahlten, tränken Wein. Bier werde nicht mehr gebraut, da die Wirtschaften geschlossen und die Vorräte der Brauer von den Soldaten »unter Streichen und Bastonaden« geraubt worden seien.

Während des kürzlichen Bauernaufstandes seien die meisten Beamten aus ihren Bezirken entflohen, so daß in vielen Ortschaften jetzt noch Willkür und Anarchie herrsche. Die einquartierten Spanier und Niederländer hätten durch ihre pestartige Sittenlosigkeit Seuchen ins Land geschleppt, wodurch zahlreiche Dörfer ausgestorben seien. Viele Bauern hätten Haus und Hof verlassen und sich mit ihren Familien in die Wälder geflüchtet, wo sie dem Hungertod erlägen. Elend und Erbitterung seien so allgemein und so groß, daß Prälaten und Adlige es nicht wagen könnten, eine erhöhte Steuer auszuschreiben; denn es sei zu befürchten, daß sie von den verzweifelten Bauern in ihren Klöstern und auf ihren Schlössern erschlagen würden. Mit Rücksicht auf diese Verhältnisse möchte der Kurfürst das gestellte Postulat zurückziehen.

Maximilian ließ dem Ständeausschuß kurz antworten, es sei jetzt keine Zeit, über das Maß der Besteuerung zu streiten. Die Besoldungen der Beamten und der Vertreter der Landschaft würden eingestellt, die der kurfürstlichen Beamten seien ohnedies schon gekürzt. Die Ausschußmitglieder protestierten gegen diese Verletzung ihrer Privilegien: Nie hätten sie vermutet, daß der Kurfürst, »ein sonst so gerechter Potentat«, auf die Treue und Opferwilligkeit, mit der die Stände während seiner ganzen Regierung ihm zur Seite gestanden, mit Verletzung aller ihrer Vorrechte antworten würde. »Es wird unser Schmerz, Wehmut und Herzeleid um so größer und so unüberwindlicher, als in dieser höchst gefährlichen Zeit Herr und Knecht eifrigst gegen den Feind zusammenhalten sollten. Wir bitten und flehen zu Eurer kurfürstlichen Durchlaucht, dem unschuldigen Lande, den geistlichen und weltlichen Ständen ihre so teuer erworbenen und erkauften Freiheiten nicht zu entreißen.«

»Mit Mißfallen«, hieß es in der schroff ablehnenden Antwort Maximilians, »hab ich vernommen, daß Meine landesfürstliche Sorg und Müh, die ich Euch und dem Vaterland zugewendet, von Euch statt mit schuldigem Dank anerkannt, gleichsam als die Ursach des jetzigen Landverderbs zu deuten unterstanden werde. Ich kunnt von Euch billig und recht mehr Respekt und Dankbarkeit erwarten; denn die ganze Welt mir dafür Anerkennung zollt. Doch trifft die Schuld des Undanks nur Jene, so die Feder gespitzt oder zu spitzen verordnet haben; ich glaub nit, daß alle Verordneten mit dieser Abfassung übereingestimmt haben. Ich hätt mich über diese Undankbaren nit gewundert, wenn ich durch die von Euch überreichte Replik auf meine Person Rücksicht genommen hätt; da ich aber Gut und Blut und selbst ganze Nächt, wo

Die Mariensäule in München, am 7. November 1638 geweiht, errichtete Kurfürst Maximilian zum Dank für die Erhaltung der Städte München und Landshut. Stich von M. Merian 1644.

München.

andre sich der süßen Ruh hingeben, für Euch und das mir von Gott anvertraute Bayerland aufgeopfert hab, so muß es Mein landesfürstliches Herz tiefest empfinden, daß ich von Euch solchen Undank erfahren muß.«

Maximilian erinnerte die Vertreter der Stände an die großen Schäden, die er selbst durch Einquartierungen in den kurfürstlichen Domänen erlitten habe, an die riesigen Ausgaben, die der Krieg alljährlich fordere. »Wie möcht Ihr Euch Euerer Opferwilligkeit rühmen, da von Euch absonderlich aus dem Adel wenige im Feld weder bei meiner Person noch anderweitig erschienen seind. Auf dem Schlachtfeld haben sich Euere Voreltern die Privilegien erworben, an denen Ihr Euch jetzo gütlich tut. Die geleisteten Gelder seind nicht aus Eurem Säckel gekommen, sondern waren von meinen armen Untertanen gereicht. Ihr wißt selbst sehr wohl, wie hartnäckig die meisten von Euch Adligen, insbesondere die reichsten, nur das geringe Pferdegeld entrichten wollten; einige ließen es sogar zur Exekution kommen.« Das Landvolk habe nicht wegen der Steuern revoltiert, denn nirgends seien die Bauern so niedrig besteuert wie in Bayern, sondern wegen der unabwendbaren Quartierlasten. Er werde aus landesherrlicher Gewalt die Steuern auf Viktualien und jede andere Ware erhöhen, falls die Verordneten keine andere Einnahmequelle vorschlagen könnten. Die ständischen Privilegien werde er niemals vernichten, ihre zeitweilige Aufhebung sei nur durch die Kriegsverhältnisse bedingt. Die Privilegien der Stände gingen nur dann verloren, wenn das Vaterland zugrunde gehe; wollten sie jene schützen, müßten sie dieses retten. Der Ausschuß fügte sich schließlich dem Willen des Kurfürsten.

Am 11. Januar 1635 war die Kurfürstin Elisabeth, Maximilians Gattin, auf Schloß Ranshofen unweit Braunau gestorben. Sie sei in ihren letzten Lebensjahren wegen ihrer Kinderlosigkeit und wegen der auf dem Land lastenden Kriegsnot oft schwermütig gewesen, wird berichtet.

Der damals 62jährige Kurfürst ging im Juli des gleichen Jahres eine zweite Ehe mit der 24jährigen Erzherzogin Maria Anna ein, der Tochter Ferdinands II., der eigenen Nichte also. Die Trauung, an die sich glänzende Festlichkeiten anschlossen, wurde in der Augustinerkirche zu Wien durch Kardinal Dietrichstein eingesegnet. Man rühmte Maria Anna geistige Regsamkeit und ein lebhaftes Naturell nach. Sie liebte die Musik und die Jagd und hielt sich gern auf Landschlössern auf. Ob der Wiener Hof diese Verbindung gefördert hat, weil man im Fall der

Kinderlosigkeit der Ehe Erbansprüche auf Bayern zu erheben gedachte, steht dahin. Am 31. Oktober 1636 gebar die Kurfürstin den Erbprinzen Ferdinand Maria.

Belange des Kaisers

Die Kriegslage entwickelte sich auch während des Jahres 1635 für den Kaiser günstig, obschon infolge der Zersplitterung der Armeen und der Uneinigkeit im Oberkommando keine durchgreifenden Erfolge erzielt wurden. Banér zog sich mit den Schweden aus Sachsen ins Lüneburgische zurück, rückte von hier allerdings wieder gegen Berlin und Magdeburg vor und konnte bei Wittstock die vereinigten sächsisch-kaiserlichen Truppen schlagen. Bernhard von Weimar mußte vor Gallas bis Metz zurückweichen; Johann von Werth streifte mit seinen Reiterkorps über Lothringen hinaus bis in die Umgebung von Paris; der bayerische Feldmarschall Götz vertrieb im August den Landgrafen von Hessen-Kassel aus seinem Land.

Auf dem Regensburger Kurfürstentag schlug Ferdinand II. die Wahl seines Sohnes zum Römischen König vor: Der bayerische Vizekanzler Richel, der vordem bayerischer Gesandter am Wiener Hof gewesen war, entwarf die Wahlkapitulation, und am 22. Dezember 1636 wurde Ferdinand einstimmig zum Römischen König gewählt, wenige Tage später im Regensburger Dom gekrönt. Als Ferdinand II. am 15. Februar 1637 starb, folgte ihm der Sohn, dessen Politik im großen ganzen die des Vaters fortsetzte; war des Vaters Wahlspruch: »Legitime certantibus coronam«, so der des Sohnes: »Fromm und gerecht.«

1608 in Graz geboren, seit 1621 König von Ungarn, seit 1627 König von Böhmen, war Ferdinand III. erstmals im Wallensteinkonflikt politisch hervorgetreten, indem er die Forderung Maximilians auf die Absetzung des Generalissimus mit Nachdruck unterstützte. Seit 1631 war er mit der spanischen Infantin Maria, der Schwester Philipps IV., die vorher zur Gattin Karls I. von England ausersehen gewesen war, verheiratet; die unter politischen Gesichtspunkten geschlossene Verbindung entwickelte sich zu einer herzlichen Lebensgemeinschaft. Ferdinands Gesichtszüge erinnern an die des Onkels, des Kurfürsten Maximilian, mit dem er trotz mancher politischer Kontroversen zeitlebens in herzlichem Einvernehmen stand. Er war hochgebildet und sehr musikliebend. Er komponierte, malte und dichtete. Man rühmte sein

Gedächtnis, seine Menschenkenntnis und sein gesundes Urteil, sein gütiges und leutseliges Wesen, sein Interesse an der Rechtspflege, seine Bemühungen um eine durchgreifende Finanz- und Verwaltungsreform. Er unterdrückte nach dem Krieg die letzten Spuren des Protestantismus in den österreichischen Erblanden, war der Kirche kindlich ergeben, wahrte ihr gegenüber aber auch die Rechte des Staates.

Von Strategie und Organisation des Kriegswesens verstand der neue Kaiser wenig und verließ sich hier wie in den übrigen Staatsgeschäften, denen er übrigens mit Fleiß und Pflichteifer oblag, allzusehr auf den Rat des Grafen Maximilian von Trautmannsdorff, der seit 1628 sein Obersthofmeister war. Das Ende des Großen Krieges hat er noch um neun Jahre überlebt.

Auch das Jahr 1637 verlief auf den verschiedenen Kriegsschauplätzen, in Hessen, Thüringen und am Rhein, für die kaiserlichen Waffen günstig. Da aber Deutschland, zumal Süddeutschland, seit Jahren fast ausschließlich für Freund und Feind Kriegsschauplatz war und die Armeen meist ungenügend verproviantiert waren, wurden die Klagen über Plünderung und Verwüstungen immer dringlicher. »Den unglücklichsten Leuten«, schrieb Maximilian an den Kaiser, »liegt mit der Einquartierung eine solche Last ob, daß sie dieselbe, auch wenn sie sonst nichts erlitten hätten, nicht mehr aushalten können. Dahero bitten diese noch vorhandenen wenigen, armen und bedrängten Untertanen um die Remedierung mit solchen kläglichen Umständen, daß es einen Stein erbarmen muß, mit Anhang, daß man sie in dem rauhen Winter mit ihren kleinen armen Kindern nur in ihren Hüttlein verbleiben und zur Erhaltung ihres Lebens Eicheln genießen lassen und nit durch diese große unaussprechliche Bedrängnis von Haus und Hof jagen oder verursachen wolle, daß sie elender als das Wild in Schnee und Wald liegen und samt ihren Kindlein vor Frost und Hunger erbärmlich und unmenschlich sterben und verderben müssen. –

Dahero hab ich meiner obliegenden Pflicht und Schuldigkeit nach nit umgehen können, Eurer Kaiserlichen Majestät diese elenden und weitaussehenden Sachen und Bedrängnussen mit eigenem Kurier nochmalen in Gehorsamb zu berichten und zu bitten, Sie geruhen mit Verordnung der gebetenen ergiebigen Quartiererweiterung fürdersambst ins Mittel zu kommen . . . Der mehrere Teil der Reiterei geht zu Fuß, die armen Soldaten seind durchgehend ganz arm, bloß, nakkend, ausgemattet, verhungert und dergestalt zugerichtet, daß wir mit ihnen billig Conmiseration zu haben und ihnen ergiebige Refrechements höchst von Nöten ist, wenn man anders von ihnen auf künftigen Frühling weiteres einen Dienst getrösten will.«

Maximilian nutzte den Winter zu einer gründlichen Reorganisation der bayerischen Kontingente der Reichsarmee, die wieder auf einen Stand von 15 000 Mann gebracht, mit Pferden, Lebensmitteln und Monturen ausgestattet wurde. Da Altbayern in den letzten Jahren von den unmittelbaren Kriegsgeschehnissen verschont geblieben war, hatten sich Wirtschaft und Steuerkraft des Landes wieder gehoben. Der fränkische und schwäbische Kreis freilich konnten als unmittelbare Kriegsgebiete zu den Kriegslasten wenig beitragen.

Trotz all dieser Bemühungen hatte die bayerische Armee im Jahre 1638 empfindliche Rückschläge zu verzeichnen. Werth wurde bei Rheinfelden von dem Weimarer geschlagen und geriet in Gefangenschaft. Mehrere Jahre wurde er in Paris in (übrigens ehrenvoller) Haft gehalten. Auch der bayerische Feldmarschall Götz wurde im August bei Wittenweier von Bernhard von Weimar besiegt. Er versuchte vergeblich, das wichtige Breisach zu entsetzen, das Bernhard am 19. Dezember einnahm.

Wiederum machte Maximilian dem Kaiser gegenüber den schlechten Zustand der Armee, die Mängel an Verpflegung und Ausrüstung für solche Niederlagen verantwortlich: »Es muß täglich, ja stündlich eine nicht geringe Anzahl tapferer alter Soldaten trost- und liebloser Weis dahinsterben und verderben. Was nun ein solches den noch vorhandenen gesunden Offizieren und Soldaten für einen schlechten Willen, Mut und Trost gibt, indem sie für alle ihre so viel Jahr und Zeit geleisteten tapferen und unverdrossenen Dienste nichts anderes als dergleichen Verderben an Seel und Leib stündlich zu erwarten haben, ist leicht zu ermessen. Ich will vor Gott und der Welt entschuldigt sein, da ich mit merklicher Entblößigung über meine Schuldigkeit und Vermögen getan und dasselbe dergestalt zu continuieren mir unmöglich fallt.«

Im Jahre 1639 konnten die kaiserlichen und bayerischen Waffen wieder einige Erfolge verzeichnen. Banér zog zwar mit Feuer und Schwert durch Sachsen, Böhmen, Schlesien und Mähren, vermochte aber Prag nicht zu nehmen. Er mußte sich vor Erzherzog Leopold Wilhelm, der an Stelle Gallas' zum kaiserlichen Oberfeldherrn ernannt worden war, nach Thüringen und bis zur Weser zurückziehen. Im Juni schlug Ottavio Piccolomini die Franzosen bei Thionville. Auch konnte Mercy eine französische Armee am Rhein zurückdrängen.

Der bedeutendste Gewinn für die kaiserliche Sache war aber der Tod

Bernhards von Weimar, der am 18. Juli 1639 in Neuenburg am Rhein an einem Gallenleiden starb. Sein Land, Elsaß und Breisgau, wie seine Armee übermachte er Frankreich.

Erst nach seinem Tod traten auch französische Generale, unter ihnen besonders Prinz von Condé und Turenne, bedeutsam hervor. Es ist übrigens höchst charakteristisch für Richelieus mißtrauische Denkart, daß er fast immer das Oberkommando gleichzeitig an zwei Befehlshaber übertrug.

Kriegsnot und Friedenshoffnung

Während des Regensburger Reichstags, der im September 1640 zusammentrat und erst im Oktober 1641 seine Beratungen mit bescheidenem Ergebnis abschloß, vollbrachte Banér seine letzte Waffentat: er rückte mit 15 000 Mann in die Oberpfalz, stand Ende Januar 1641 vor Regensburg und bedrohte den Reichstag, der tapfer in der Stadt aushielt. Banér mußte sich vor einer unter Mercy heranrückenden bayerischen Armee zurückziehen und starb wenig später in Halberstadt. Leonhard Torstensson, nächst Gustav Adolf der fähigste schwedische Heerführer in diesem Krieg, wurde sein Nachfolger.

In Regensburg wurde, wie öfters in diesen Jahren, die Friedensfrage eingehend erörtert. Dem Kaiser wurde eine allgemeine politische Amnestie empfohlen. Richel trat im Auftrag Maximilians für Verhandlungen mit Schweden und Frankreich ein; die Spanier sollten Deutschland räumen, meinte er: »Man sollt auf die Spanier schmeißen, wenn sie das Trierische nit würden räumen. Das Reich kunnt mit den Holländern leicht verwirrt werden, wannen sie in dem deutschen Gebiet des Reichs Quartier nehmen.« Der König von Dänemark solle, wurde beschlossen, als Herzog von Schleswig-Holstein die Friedensverhandlungen in Münster und Osnabrück einleiten; auch setzten die Fürsten und Städte durch, daß sie in der Reichsdeputation ihre Vertretung erhielten: die Kurfürsten sollten sechs, die Fürsten sechs, die Städte zwei Vertreter entsenden.

Als der Reichstag noch versammelt war, wurde die kaiserlich-bayerische Armee am 29. Juni von den vereinigten Schweden und Franzosen bei Wolfenbüttel geschlagen. Als politische Auswirkung ergab sich, daß der brandenburgische Kurfürst *Friedrich Wilhelm,* der »Große Kurfürst«, der am 1. Dezember 1640 seinem Vater Georg Wil-

274 Die Ermordung Wallensteins im Pachelbelschen Haus zu Eger und die seiner Offiziere während eines Festbanketts auf der Burg am 25. Februar 1634. Flugblatt *(oben).* Der kaisertreue Stadtkommandant Oberst Gordon läßt durch einen von Oberst Butler geführten Soldatentrupp die Wallensteinschen Offiziere niederstechen (Gemälde, Eger) *(unten).*

Albie werden die vbrigen umbgebracht.
1.
Neuman
Ob. Illo
Fri. hofmeister.
Graff Terzki
Ob. Gordum
2
General Fridlandt
ALBERTVS DVX FRIDLAND
Fridlands corper wirdt die stige nunder geschlept
3
Ob. Leß Butler
Fridlanders triumphwagen ist ein mist kurch.
4

G
A
B
D

Nach dem Tod seiner Gattin Elisabeth heiratete Maximilian 1635 seine Nichte Anna von Österreich (1610–1665), die ihm den langersehnten Erben schenkte. Gemälde von George Desmarée.

Der Krieg ist zu Ende, Friedensverhandlungen sind abgeschlossen und werden am 25. September 1649 bei einem Friedens- und Freudenmahl im Nürnberger Rathaus gefeiert. Der Maler Sandrart hält die Szene fest. Kupferstich von Wolfgang Kilian.

helm gefolgt war, sich vom Kaiser mehr und mehr abwandte: im Juli 1642 schloß er einen Waffenstillstands- und Neutralitätsvertrag mit Schweden ab, der Torstensson freies Durchzugsrecht durch sein Land einräumte.

Gleichzeitig konnten die Franzosen zu Wasser und zu Land gegenüber den Spaniern bedeutende Erfolge verzeichnen; die Folge war, daß Portugal sich von Spanien loslöste und daß gleichzeitig – und ebenfalls von Richelieu unterstützt – sich eine katalonische Freiheitsbewegung gegen Madrid durchzusetzen vermochte. Olivarez, der allmächtige Minister Philipps IV., wurde gestürzt.

Während des Jahres 1642 verschlechterte sich die Situation der Kaiserlichen weiterhin. Die Franzosen siegten bei Hulst unweit Krefeld, die Schweden unter Torstensson beim schlesischen Schweidnitz und im November neuerdings bei Breitenfeld, das so zum zweitenmal zur Stätte ihres Kriegsglücks wurde. Anschließend wurde auch Leipzig besetzt.

Diese Ereignisse veranlaßten den Kaiser zu einem Friedensschritt in Paris, der freilich ergebnislos blieb. Richelieu und sein Nachfolger *Mazarin*, der nach dem Tod des großen Kardinals am 4. Dezember 1642 dessen Politik mit überlegener staatsmännischer Kunst in den gleichen Bahnen fortführte, ließen sich durch die politischen Argumente Ferdinands, die Fortführung des Krieges müsse zum Untergang des Katholizismus in Deutschland führen, keineswegs beirren.

Anfang 1643 wurde Franz von Mercy zum Oberbefehlshaber des bayerischen Heeres ernannt und dieses gleichzeitig als selbständige Armee konstituiert. Mercy, der damals 53 Jahre zählte, hatte in jungen Jahren im kaiserlichen Heer und dann unter dem Herzog von Lothringen gekämpft. 1638 war er in bayerischen Kriegsdienst getreten. Eine ungewöhnliche organisatorische und strategische Begabung rückt ihn in die vorderste Reihe der Feldherren dieses Krieges. Neben Werth, der 1642 aus der französischen Kriegsgefangenschaft ausgelöst worden und freilich stets mehr ein tapferer Draufgänger als ein Feldherr gewesen ist, tat sich nunmehr auch der Dragonerobers Spork unter Mercys Oberbefehl durch kühne Einzelaktionen hervor.

Mercy schlug im November die Franzosen vernichtend bei Tuttlingen und nahm anschließend Rottweil. Damit war auch Torstenssons Offensive gescheitert, der in Franken einmarschiert war und nunmehr, nachdem er einen Plünderungszug durch Sachsen und Schleswig-Holstein unternommen hatte, sich auf die Elbe zurückzog. Die Erfolge der kaiserlichen Waffen bewirkten eine Allianz Ferdinands mit Christian IV. von Dänemark und dem polnischen König.

Trotz dieser Erfolge opponierten auf dem Frankfurter Deputationskongreß im Januar 1644 die evangelischen und einige katholische Stände heftig gegen den Kaiser; als auch Fürstbischof Johann Philipp von Würzburg vorschlug, weitere Kriegssteuern zu verweigern, wandte sich Maximilian mit heftigem Protest gegen ihn: »Aus den Berichten Unserer Deputierten zu Frankfurt kunnten Wir Uns nit genugsam verwundern und ermessen, daß sogar auch die katholischen Geistlichen Ständ Seiner Majestät die höchst benötigten Reichshilfen zur Conservierung der Reichstruppen entziehen und hierdurch den Protestierenden zu Effektuierung ihrer weitausschauenden gefährlichen Intentionen Vorschub geben sollten, was für ein unermeßliches großes Unheil dem ganzen Heiligen Römischen Reich, insonderheit aber dem gemeinen katholischen Wesen in genere, dem geistlichen Stand und den Stiftern in specie daraus entstehen würde. Seine Kaiserliche Majestät und das gesamte Heilige Römische Reich mit allen denen getreuen, sonderlich den katholischen Kurfürsten und Ständen werden auswärtigen feindlichen Kronen, die Erz- und Stifte aber den Protestierenden im Reich gleichsamb zu einem öffentlichen Raub preissein und sich fremdem immerwährendem Dominat unterwerfen müssen, welches weder Euer Liebden noch irgendein getreuer Patriot nimmermehr gern sehen noch sich in den Historien nachschreiben lassen, sondern zu Verhütung solcher hoch bedauerlicher Desolation des Heiligen Reiches hoffentlich eher alles, auch das wenigste, was Sie an mensch- und möglichen Kräften noch übrig haben, daransetzen und das lieb Vaterland aus seiner Not und Bedrängnis erretten helfen werden.«

Der Fürstbischof erklärte, für sich und den fränkischen Kreis diesem Appell zu folgen, und entschuldigte seine ursprüngliche Ablehnung damit, daß durch die fortdauernden Rüstungen der Frieden hintangehalten werde. An dem Kaiser liege es nicht, wenn es nicht zum Frieden komme, erwiderte Maximilian, »da doch männiglich und auch Euer Liebden überflüssig bekannt ist, wie Seiner Majestät aufrichtige, höchst rühmliche Actiones mehr als genugsamb bezeugen, mit was großem Eifer, Müh und Sorgfalt, auch kostspieligen Gesandtschaften die ganze Zeit Ihrer Regierung die Generalfriedenstractaten an allen Orten gesucht und betrieben.«

Im Frühjahr 1644 ließen Mazarin und Oxenstierna Einladungen an die Reichsstände ergehen, sich an den Friedensverhandlungen zu be-

Nach 25 Jahren hatte der Krieg eine Eigendynamik entwickelt, Kriegsherren und Landesfürsten waren jedoch des Kämpfens müde geworden. Auch Maximilian bemühte sich um Frieden. In dieser Zeit, um 1643, hat Joachim von Sandrart den Kurfürsten porträtiert. Stich nach dem Gemälde von M. Natalis.

teiligen, die in Münster und Osnabrück langsam in Gang kamen. Etwa gleichzeitig entsandte Maximilian den Jesuitenpater Vervaux zu Mazarin, um diesen für die kommenden Verhandlungen günstig zu stimmen. Im Sommer und Herbst durchzog Torstensson wiederum Sachsen und brandschatzte es aufs furchtbarste. Als er vor Dresden stand und Johann Georg von keiner Seite mehr Hilfe erwarten konnte, schloß der Kurfürst am 6. September mit den Schweden einen Waffenstillstand. Ganz Norddeutschland bis an die Grenzen Böhmens und Schlesiens war damit wiederum in schwedischer Hand.

Im Dezember 1644 wandte sich Maximilian mit dringenden Mahnungen an Ferdinand: er vermöge die bayerische Armee nicht mehr länger zu unterhalten; die Steuerkraft seiner Untertanen könne nicht noch schwerer belastet werden; weder von Wien noch von Madrid sei Hilfe zu erwarten. Er müsse einen Separatfrieden erwägen, wenn Österreich nicht einen Teil der Kriegskosten übernehme. »Mit großer Gefahr und Schaden hab ich bisher erfahren, daß man, unangesehen ich den mächtigsten Feind, die Franzosen, allein ob dem Hals hab, wenig zu mir gehalten, sondern mich allein stecken und sorgen lassen, wie ich meine anvertraute Reichsarmada conservieren und mit aller Notdurft ausstaffieren dürfte. Aus meiner abgeordneten Räte Relation und von Eurer Majestät zurückgebrachten Resolutionen sieh ich nit, wie diese Reichsarmada conserviert werden künnte, sintemal mir unmöglich ist, die Armada noch weiter ohne Eurer Kaiserlichen Majestät mehrere und ergiebige Hilfe, ob ich schon mein Äußerstes gern dabei tun wollt, zu dero und des Reiches Diensten zu unterhalten . . . Ich will wenigstens bei Land und Leuten bleiben, welche dermalen wiederum, wie vor diesem geschehen, zu verlassen mir Niemand mit Vernunft wird anraten künnen, um willen meines hohen Alters, meiner geliebtesten Frau Gemahlin und meines jungen Sohnes und der Treu meiner Untertanen, die bis dato in Hoffnung ihrer Salvation alles, was sie gehabt, hergeschossen.« Der Kaiser versprach, zu tun, was möglich sei.

Dabei konnte die Armee Maximilians gerade in diesen Monaten bedeutende Erfolge verzeichnen. Mercy hatte Überlingen und Freiburg genommen; er schlug Turenne und Condé bei Freiburg in einer blutigen und für beide Gegner verlustreichen Schlacht.

Er konnte freilich nicht verhindern, daß die Franzosen Philippsburg nahmen, die Pfalz besetzten und bis Mainz, Bingen und Kreuznach vorrückten; zumal er genötigt war, Kontingente nach Böhmen und Sachsen zu schicken, in Länder, die wiederum von den Schweden zum

Kriegsschauplatz ausersehen worden waren. Diese österreichisch-bayerische Armee wurde bei Jankau unweit Tabor am 6. und 7. März 1645 vernichtend geschlagen: Ungarn, Österreich und Oberpfalz standen den Schweden offen; nur Mercys bayerische Truppen im Westen standen jetzt dem Feind noch intakt gegenüber.

Wiederum war es Mercy, der durch den glänzenden Sieg von Mergentheim am 5. Mai 1645 Bayern und Reich rettete und eine Vereinigung von Schweden und Franzosen verhinderte.

Aber drei Monate später, am 3. August, siegten Turenne, Condé und Grammont bei Alerheim unweit Nördlingen über die bayerische Armee; die Verantwortung trug, wie bei Jankau, Johann von Werth, der mit seiner Reiterei den rechten Flügel des Feindes geschlagen hatte und sich zu einer Verfolgung der Franzosen verleiten ließ; die Dragoner, die dabei das Gepäck des Feindes erbeuteten, ließen sich nicht mehr zum Eingreifen in die Schlacht bewegen. Weit verhängnisvoller als die Niederlage war der Umstand, daß Mercy bei Alerheim fiel.

Maximilian war über den Tod seines Feldherrn tief erschüttert. Er sorgte großzügig für die Witwe und die Kinder Mercys, den er im Chor der Ingolstädter Moritzkirche beisetzen ließ. Condé aber setzte seinem Feind in Alerheim einen Denkstein mit der Inschrift: »Wanderer stehe still: du betritts die Stätte eines Helden!«

Mitten in diesen schweren Kriegsläuften hat am Hof des sächsischen Kurfürsten *Heinrich Schütz* (1585–1672) gewirkt, auf dessen Grabplatte in der Dresdener Frauenkirche man die Worte eingrub: »Saeculi sui musicus excellentissimus«; den schon die Zeitgenossen »Vater der deutschen Musik« und »den allerbesten deutschen Komponisten« nannten. Die Nöte des Krieges haben Schütz' Tätigkeit aufs schwerste beeinträchtigt. Von den 36 Mitgliedern der Hofkapelle waren 1639 noch 10 vorhanden; in immer neuen Eingaben wandte er sich im Interesse der Kapelle, die er zeitweise aus eigenen Mitteln unterhielt, an den Kurfürsten, der freilich trotz guten Willens oft weder Geld noch die Stimmung aufbringen mochte, den Wünschen seines Kapellmeisters zu entsprechen. Nicht ohne Bewegung liest man die Klage des vereinsamten alten Meisters, der versichert, er bereue es, die Leitung der kurfürstlichen Kapelle übernommen und seine Lebenskraft auf die in Deutschland so gering geschätzte, ja beinahe verachtete Tonkunst verschwendet zu haben.

Heinrich Schütz, dessen Vorfahren aus dem Fränkischen nach Sachsen eingewandert waren, ist der Grundstein der gesamten neueren deutschen Musik geworden: der Meister, der die mittelalterliche Tradition mit den sich anbahnenden neuen Entwicklungen verband. Ursprünglich war er von den Eltern zum Studium der Rechte bestimmt worden; aber der kunstsinnige Landgraf Moritz von Hessen veranlaßte seine Ausbildung zum Musiker. Drei Jahre (seit 1609) weilte er bei dem berühmten Giovanni Gabrieli in Venedig; nach der Rückkehr nach Deutschland wirkte er als Kapellmeister zunächst in Kassel, dann ab 1617 in Dresden. Einen zweiten einjährigen Aufenthalt in Venedig verbrachte Schütz 1628 »zur Fortstellung seiner Profession«. Die Musik war ihm »eine Trösterin in seiner Traurigkeit«, ein Labsal in den Enttäuschungen eines »von Jugend auf bis hero geführten höchst mühseligen Lebenslaufes«. Viele der Werke Schütz' sind den Zerstörungen der Zeit zum Opfer gefallen. Erhalten blieb uns eine große Reihe religiöser Vokalkompositionen, Madrigale, Psalmenvertonungen, biblische Historien und Passionen, geistliche Gesänge und Konzerte, eine deutsche Messe und ein Requiem. In all diesen Werken erweist sich Schütz als die größte musikalische Potenz des vorbachischen Deutschland; als ein Meister des musikalischen Frühbarock, der die durchsichtige Architektur der Polyphonie mit kraftvoller Rhythmik und einem farbig gestuften harmonischen Kolorit zu verbinden weiß.

Nachdem infolge der Kriegsereignisse Brandenburg und Sachsen Waffenstillstand geschlossen hatten, Braunschweig und der niedersächsische Kreis auf schwedische Seite getreten waren, Hessen-Kassel mit französischer Hilfe die Landgrafschaft Darmstadt und einen Teil des westfälischen Kreises besetzt hatte, Würzburg und Bamberg eingenommen, der schwäbische und fränkische Kreis vollständig ausgesogen waren, aber auch der Kaiser über keine Hilfsmittel mehr verfügte, war auch für Bayern zu Beginn des Jahres 1646 eine hoffnungslose Lage eingetreten. Maximilian empfahl dem Kaiser »aus treuer Wohlmeinung und seinem wie dem ganzen Römischen Reich zum Guten«, unter Verzicht auf das Elsaß Frieden mit Frankreich zu machen. Ferdinand gab eine ausweichende Antwort und verwies den Kurfürsten auf die westfälischen Verhandlungen, die zwar im April 1644 feierlich eröffnet worden waren, aber erst im Sommer 1645 einsetzten und langsam und unter zahllosen Schwierigkeiten vorangingen.

Inzwischen rückte eine 30 000 Mann starke französisch-schwedische Armee unter Turenne und Wrangel – dieser hatte den gichtkranken Torstensson im schwedischen Oberkommando abgelöst – an den Main und von hier an die Donau vor mit dem Ziel, erst Bayern und dann Österreich zu erobern. Das bayerisch-österreichische Heer, das Feldmarschall Huye-Geleen, der Nachfolger Mercys, kommandierte, war zu schwach, überdies mit Material und Lebensmitteln zu unzulänglich versehen, um wirksamen Widerstand leisten zu können. Die Franzosen und Schweden überfluteten ganz Bayern; nur einige feste Plätze konnten sich halten.

So kam es nach längeren Verhandlungen am 14. März 1647 zum Abschluß des *Ulmer Waffenstillstandes* zwischen Maximilian und den französisch-schwedischen Alliierten: die Waffen sollten für sechs Monate oder bis zum Abschluß eines allgemeinen Friedens ruhen; die Räumung Bayerns wurde zugesagt, während Maximilian den Schweden Memmingen und Überlingen, den Franzosen Lauingen und Heilbronn, dem Herzog von Württemberg die Festungen seines Territoriums zu überlassen versprach.

Kurköln und Kurmainz sahen sich ebenfalls zum Abschluß von Waffenstillstandsverträgen gezwungen; Kurtrier stand ohnedies seit langem im Bund mit Frankreich.

Letzte Kriegs- und Schachzüge

Daß der Kaiser, der damit fast gänzlich isoliert war, versuchte, sich des bayerischen Heeres, das sowohl auf ihn wie auf den Kurfürsten verpflichtet war, zu versichern, ist zu verstehen. Werth, der sich seit der Ernennung Mercys zum Oberbefehlshaber zurückgesetzt fühlte und von Wien für den Plan gewonnen worden war, gab Ende Juni den Befehl zur Vereinigung der bayerischen Regimenter mit der in Böhmen stehenden kaiserlichen Armee. Gegenbefehle Maximilians, der in letzter Stunde über den Verrat Werths informiert worden war, durchkreuzten die Pläne. Sämtliche Regimenter erklärten sich für den Kurfürsten. Werth und mit ihm Spork entflohen ins österreichische Lager bei Wodnian und wurden von Maximilian geächtet. Graf Gronsfeld wurde zum Feldmarschall der bayerischen Armee ernannt.

Naturgemäß kam es anläßlich dieser Vorgänge zu heftigen Auseinandersetzungen zwischen Wien und München. Von Ferdinand wie von Maximilian wurde der alleinige Kommandoanspruch über die bayerische Armee erhoben. Gegenüber dem Vorwurf des Kaisers, Maximilian habe ohne sein Vorwissen den Ulmer Vertrag abgeschlossen, verteidigte sich der bayerische Kurfürst mit dem Argument, er sei zu

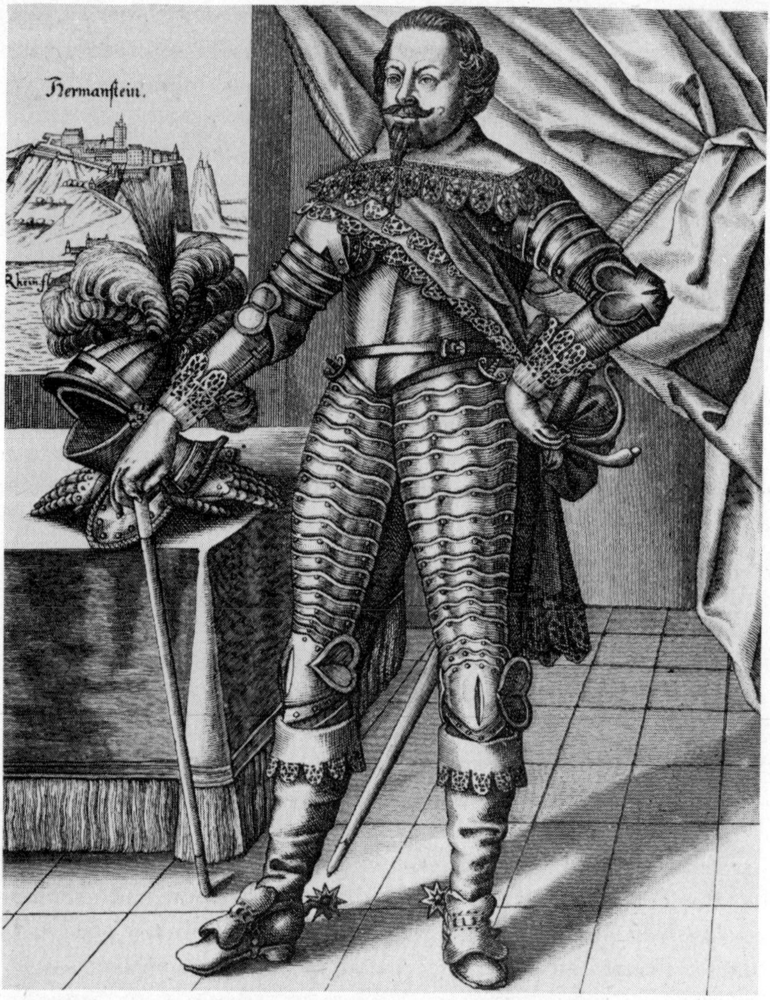

Johann Graf von Werth (um 1600–1652), Feldherr in bayerischen Diensten, Sieger bei Nördlingen, später mehrere Jahre in französischer Gefangenschaft, widersetzte sich 1647 nach dem Ulmer Waffenstillstand seinem Landesherrn und wurde zeitweilig geächtet. Stich von P. Fürst.

diesem Abschluß genötigt worden, weil er von Österreich im Stich gelassen worden sei und man sich in Wien geweigert habe, einen allgemeinen Waffenstillstand abzuschließen.

Wrangel hatte inzwischen einen Vorstoß nach Vorarlberg und von hier bis an den Bodensee unternommen; Konstanz wurde erstürmt, Lindau leistete erfolgreichen Widerstand. Wrangel traf schon die Vorbereitungen für einen Feldzug durch Tirol an den Po, als ihm von Osnabrück der Befehl zukam, sich mit den Franzosen zu vereinigen und für einen Marsch nach Franken und Böhmen bereitzuhalten.

Als die Schweden durch Einmarsch in das Kölner Erzbistum die Bestimmungen des Ulmer Vertrages verletzten und von Münster aus die katholischen Fürsten einen dringenden Appell an das frühere Oberhaupt der Liga richteten – »der Allerhöchste wird diese Réunion und alle darauffolgenden Operationes dergestalt segnen, daß Eure Kurfürstliche Durchlaucht und dero hochlöbliches Kurhaus dadurch kräftiglich stabilieren, auch bei Gott und der werten Posterität, absonderlich den Katholischen, einen immerwährenden, unauslöschlichen Namen erwerben werden« –, entschloß sich Maximilian wiederum zur Unterstützung des Kaisers. Im *Vertrag von Passau* vom 2. September 1647 verpflichtete er sich, die bayerische Armee mit der kaiserlichen zu vereinigen, bedang sich freilich die Fortdauer der Neutralität mit Frankreich aus. Mazarin ging aber auf diese Klausel nicht ein, kündigte vielmehr von sich aus den Ulmer Vertrag.

Wrangel mußte sich vor den vereinigten kaiserlich-bayerischen Truppen bis an die Werra zurückziehen. Da es aber zwischen Gronsfeld und den kaiserlichen Generalen Melander und Holzapfel zu dauernden Meinungsverschiedenheiten über taktische und strategische Fragen kam und da die bayerischen und österreichischen Truppen wie in den vorangegangenen Jahren schlecht ausgerüstet waren, konnte die günstige Situation nicht ausgenützt werden. Erst recht verschlimmerte sich die militärische Lage, als Turenne im Frühjahr 1648 mit einer neuen französischen Armee in Franken einmarschierte und sich mit dem durch die Oberpfalz vorrückenden Wrangel in Ansbach vereinigte. Die bayerischen und kaiserlichen Truppen mußten sich vor der Übermacht des Feindes bis Schärding und Braunau zurückziehen. Maximilian, der nach Salzburg geflüchtet war, leitete von hier mit unerschütterter Ruhe die militärischen und politischen Maßnahmen. Fast das gesamte ober- und niederbayerische Land wurde von Schweden und Franzosen erobert und verwüstet. Piccolomini, den der Kaiser aus

Belgien zurückberufen hatte, war bemüht, zunächst die Inn-Linie, dann die Isar zu halten. Turenne und Wrangel blockierten München. Da die kaiserliche Armee den geplanten weiteren Vormarsch nach Österreich sperrte, drangen die französisch-schwedischen Truppen in die Oberpfalz ein, um von hier in Böhmen einzufallen. Als der ihnen folgende Piccolomini Anfang November in Cham sein Heer zum Widerstand sammelte, traf hier ein Eilbote mit der Nachricht ein, daß am 24. Oktober der Frieden in Münster unterzeichnet worden sei.

Die Auseinandersetzungen der verschiedenen Mächte- und Interessentengruppen über die Gestaltung des Friedensvertrages, die seit Sommer 1645 in Münster und Osnabrück ausgetragen wurden, die mannigfachen Veränderungen, die das Friedensinstrument im Lauf dieser mehr als dreijährigen Verhandlungen – nicht zuletzt auch unter dem Druck der sich für Kaiser und Reich verschlechternden Kriegslage – erfuhr, können hier im einzelnen nicht geschildert werden. Es muß genügen, die wichtigsten Ergebnisse summarisch zu verzeichnen.

Frankreich erhielt Metz, Toul und Verdun, das Elsaß, den Sundgau, Breisach und Philippsburg.

Der *Schweiz* wurde die seit langem de facto bestehende Unabhängigkeit vom Reich bestätigt; dem Herzog von *Lothringen* sollte keine Hilfe gegen Frankreich geleistet, doch sollte es dem Kaiser freigestellt werden, für ihn den Frieden zu vermitteln.

Schweden erhielt als Reichslehen Vorpommern mit Rügen; von Hinterpommern die Insel Wollin und einige Städte, darunter Stettin; weiterhin Wismar, die Stifte Bremen und Verden.

Kurbrandenburg wurde für den Verzicht auf Pommern mit den Stiften Halberstadt, Minden und Kamin sowie mit der Anwartschaft auf das Stift Magdeburg entschädigt.

Maximilian von *Bayern* erhielt die pfälzische Kur und die Oberpfalz erblich übertragen. Dem Pfalzgrafen Karl Ludwig, dem Sohn Friedrichs V., wurde die *Rheinpfalz* zurückgegeben und eine achte Kur für ihn errichtet.

Von einer Beitragsleistung zu der Kriegsentschädigung in Höhe von 5 Millionen Reichstalern wurden der österreichische, bayerische und burgundische Kreis befreit.

Es wurde eine allgemeine politische Amnestie erlassen: jeder solle die Güter zurückerhalten, die er vor Ausbruch des Krieges besessen hatte; dies galt mit Einschränkungen bezüglich des Pfalzgrafen und mit zahlreichen Ausnahmebestimmungen zugunsten Österreichs; die kaiserlichen Erbuntertanen sollten in die Heimat nur zurückkehren dürfen, wenn sie sich den Landesgesetzen unterwerfen, d. h. den katholischen Glauben annehmen würden; die Güter waren nur jenen zurückzuerstatten, die sie wegen ihres Anschlusses an Schweden oder Frankreich, also seit 1630, verloren hatten.

Schweden hatte also die viel umstrittene »Autonomie«, die Religionsfreiheit in den Erblanden des Kaisers, nicht durchsetzen können. Es war freilich bei seiner Forderung nicht von religiösen, sondern vorwiegend von politischen Argumenten geleitet worden. »Es müßte«, hatte der schwedische Delegierte Salvius unzweideutig erklärt, »die Autonomie in den Erblanden erhalten werden, die allmählich die Wurzel zernagt, bis der Baum übern Haufen fiele.«

Der Religionsstreit wurde in dem Sinn geschlichtet, daß der Passauer Vertrag und der Augsburger Religionsfrieden bestätigt wurden, der 1. Januar 1624 als Stichtag für die gegenseitigen Reklamationen von Katholiken und Protestanten galt: Katholiken und Protestanten wurde also der Besitzstand vom 1. Januar 1624 gewährleistet; falls seither eine Veränderung eingetreten war, war, vorbehaltlich bestimmter Ausnahmen, zu restituieren. Den Reichsständen wurde das ius reformandi zugestanden, Andersgläubigen das Recht der Auswanderung. Die Calvinisten wurden den Anhängern der Augsburger Konfession rechtlich gleichgestellt.

Die Freiheiten und Privilegien der Reichsstände wurden bestätigt. Sie sollten in Reichsangelegenheiten mitbestimmen können und das Recht zu Bündnissen unter sich und mit auswärtigen Staaten haben, sofern diese nicht gegen Kaiser und Reich gerichtet seien.

Die Feindseligkeiten waren sofort einzustellen. Alle Gefangenen sollten freigelassen, die besetzten Festungen geräumt, die Zahlungen an Schweden in bestimmten Raten geleistet werden. Der Friedensvertrag wurde als immerwährendes Reichsgesetz erklärt und in die kaiserliche Wahlkapitulation aufgenommen.

Ausbruch des Friedens

Ein aus Anlaß des Friedensschlusses über ganz Deutschland verbreitetes Flugblatt des »Nürnberger Bildermannes« Paul Fürst zeigt den Reichsadler mit dem Brustbild Ferdinands III. und die Inschrift:

»Das römisch-deutsche Reich hat sich höchst zu erfreuen,
daß es zur Friedenszeit sich wieder kann erneuen,
gleichwie der Adler sich verjüngt im Altersstand
und neue Kraft empfängt vom guldnen Sonnenbrand.

Der dritte Ferdinand hat nun den Fried erstritten,
des großen Karls Ruhm großmutig überschritten;
der grünen Palme Preis verwelket mit dem Krieg
und der Oliven Zweig erhält den Friedens-Sieg.«

Auch *Paul Gerhardt* (1607–1676), der Klassiker des evangelischen Kirchenliedes, hat in einem seiner beseelten, gefühlsinnigen Gedichte des Friedensabschlusses gedacht:

»Gott Lob nun ist erschollen
das edle Fried- und Freudenwort,
daß nunmehr ruhen sollen
die Spieß und Schwerter und ihr Mord.

Wohlauf und nimm nun wieder
dein Saitenspiel hervor,
o Deutschland, singe Lieder
im hohen vollen Chor!

Erhebe dein Gemüte
zu deinem Gott und sprich:
Herr, Deine Gnad und Güte
bleibt dennoch sicherlich.

Das drückt uns niemand besser
in unsre Seel und Herz hinein,
als ihr, zerstörte Schlösser
und Städt voll Schutt und Stein,

ihr vormals schönen Felder
mit frischer Saat bestreut,
jetzt aber lauter Wälder
und dürre wüste Heid,

ihr Gräber voller Leichen
und blutigem Heldenschweiß
der Helden, derengleichen
auf Erden man nicht weiß.«

Und *Andreas Gryphius,* der sprachgewaltigste Lyriker des deutschen Frühbarock, hat am Ende des Jahres 1648 ein sehr persönliches Bekenntnis zu dem weltgeschichtlichen Ereignis abgelegt:

»Zeuch hin, betrübtes Jahr, zeuch hin mit meinen Schmerzen,
zeuch hin mit meiner Angst und überhäuftem Weh,
zeuch so viel Leichen nach – bedrängte Zeit vergeh
und führe mit dir weg die Last von diesem Herzen!«

Wohl war der Frieden geschlossen, aber die Durchführung ließ noch auf sich warten. Am 1. Januar 1649 kam zwischen dem kaiserlichen Bevollmächtigten, dem Fürsten Piccolomini, und dem schwedischen Generalissimus Karl Gustav, dem späteren Nachfolger der Königin Christine, in Prag ein Abkommen zustande, wonach der Kaiser sich verpflichtete, so lange die Kosten der schwedischen Besatzungen in Böhmen, Mähren und Schlesien zu zahlen, bis die im Friedensvertrag festgelegten Restitutionen in Deutschland vollzogen, die Ratifikationen der Friedensurkunde ausgetauscht und die erste Rate der schwedischen Kriegsentschädigung bezahlt sein würden.

Octavio Piccolomini wurde um seiner Verdienste bei der Durchführung des Westfälischen Friedens willen in den Fürstenstand erhoben. Trotz Niederlagen, die er in Kämpfen mit Banér und Torstensson verzeichnen mußte, war er im Januar 1648 zum Generalleutnant und Oberstkommandierenden der Armee befördert worden. Er wird von Zeitgenossen als ehrgeiziger Soldat und geschmeidiger Diplomat geschildert. 1638 wurde er vom Kaiser zum Grafen ernannt, 1639 erhielt er von den Spaniern das im Neapolitanischen gelegene Herzogtum Amalfi. Er starb 1656.

Die endgültigen Ausführungsbestimmungen des Friedens wurden bei einem nach Nürnberg einberufenen Kongreß der deutschen Stände und ausländischen Delegierten vereinbart und dieser »Interims-Exekutionsrezeß« am 1. September 1649 unterzeichnet.

Fürst Piccolomini lud zur Feier des Vertragsabschlusses die Delegierten zu einem festlichen Bankett im Nürnberger Rathaus ein. Die Halle war prächtig erleuchtet, vier Musikkapellen spielten. Die Speisen wurden den 150 Gästen in der Folge von vier Gängen aufgetragen, dann Früchte und Konfekt auf silbernen Schüsseln serviert. Bei dem Ehrentrunk auf die Gesundheit des Kaisers und der Königin Christine von Schweden wurde ein Salut aus fünfzehn Geschützen gelöst.

Am Schluß des Mahls führten die anwesenden Generale ein Kriegsspiel auf: Fürst Piccolomini und Karl Gustav wurden zu Hauptleuten, Wrangel zum Korporal ernannt, während die übrigen Generale und hohen Offiziere als einfache Musketiere Dienst taten. Man ließ Gewehre und Degen in den Saal bringen, marschierte um die Tafel, dann auf die Nürnberger Burg, wo die Geschütze ihre Salven abgaben. Auf dem Rückmarsch wurden die Generale von Oberst Kraft unter scherzhaften Zeremonien abgedankt und aus dem Dienst entlassen.

So endete die furchtbare Tragödie des Dreißigjährigen Krieges mit einem schauerlich-grotesken Satyrspiel, wie es die Phantasie eines Shakespeare nicht eindrucksvoller hätte ersinnen können.

20

Nach dem großen Krieg

Mochten die einzelnen deutschen Staaten seit 1648 eine nahezu unbeschränkte Souveränität besitzen, das einigende Band und Symbol blieb doch das Kaisertum. Es ist vielleicht zutreffend, wenn man sagt, daß straffere zentralistische Tendenzen, die aber dem vielhundertjährigen stammhaften Gefüge des deutschen Volkes hätten aufgezwungen werden müssen, eine stärkere machtpolitische und imperialistische Expansion des deutschen Staates während des kommenden Jahrhunderts ermöglicht hätten. Sicher ist aber, daß die beispiellose kulturelle Blüte des deutschen Hoch- und Spätbarock, wie sie sich vor allem in den Werken der Architektur, Bildnerei und Musik entfaltete, ohne die dezentralisierte Kunstpflege der deutschen Einzelstaaten, der Residenzen von Wien, München und Dresden und vieler kleiner Fürstenhöfe, undenkbar ist. Daß das ständische Element in den folgenden Jahrzehnten in Deutschland mehr und mehr zugunsten der absoluten Fürstengewalt zurücktrat, hat weder mit dem Großen Krieg noch mit dem Westfälischen Frieden etwas zu tun, ist vielmehr eine aus allgemeinen soziologischen und staatspolitischen Entwicklungen zu erklärende Erscheinung, die sich fast überall in Europa auswirkte.

Die wirtschaftlichen Folgen des 30jährigen Krieges sind freilich schwerwiegend gewesen. Das flache Land mit Viehbestand und Ansiedlungen wurde, zumal in Süd-, Mittel- und Westdeutschland, in Sachsen und Böhmen, aufs furchtbarste gebrandschatzt und verwüstet. Aber auch zahlreiche Städte wurden Opfer des Kriegsgeschehens, und in denen, die verschont blieben, war der Wohlstand durch Kontributionen und andere Lasten außerordentlich vermindert.

Einige Zahlen mögen in Stichproben diese Bilanz vergegenwärtigen: eine Volkszählung ergab für Böhmen, das 1618 etwa zwei Millionen Menschen beherbergt hatte, nach dem Krieg noch 700 000 Einwohner; in den Städten war die Hälfte der Häuser unbewohnt, auf dem Land die Hälfte des Bodens unbebaut. Die mitteldeutsche Grafschaft Henneburg hatte im Krieg 75% des Kapitalvermögens und 66% der Wohnhäuser eingebüßt. Die Einwohnerzahl des Herzogtums Württemberg war von 313 000 auf 48 000 Seelen, die der Pfalz von 500 000 auf 48 000 gesunken.

Wohl waren Dörfer und Höfe zerstört, aber der Ackerboden wartete auf Bestellung; und sobald wieder Arbeitskräfte vorhanden waren, begann sich die Landwirtschaft kräftig zu erholen. Ähnliches gilt vom Handwerk der Städte; und Zölle, Innen- wie Außenhandel wiesen bald wieder beträchtliche Umsätze auf. Die geforderte Kriegsschuld von 5 Millionen Reichstaler konnte schnell und ohne besondere Schwierigkeiten beglichen werden. Bezeichnenderweise ergingen allenthalben Befehle gegen Auswüchse des Luxus: man hat berechnet, daß in der Nachkriegszeit allein aus Frankreich für jährlich 4 Millionen Taler Luxuswaren eingeführt wurden.

Ein Symptom des schnell wachsenden Wohlstandes ist die rasch zunehmende Bedeutung der Mode bei der höfischen Gesellschaft wie im Bürgertum – an die Stelle der spanischen Einflüsse traten nun mehr und mehr die französischen. Der niederdeutsche Satiriker Rachel klagt schon 1644:

»Was ist ein Jungfer-Ding? Ein Tier durchaus gefüttert
mit Falschheit, Wahn und Witz, mit Stolzheit ganz begütert;

das Köpfchen ist so schön umwunden und verhefft
in Gold und Silberwerk sehr artig eingeschlefft . . .

Das Haar muß zimperlich zu beiden Seiten hangen,
damit man nicht zu sehr sieht ihre Silberwangen;

ein andre das Gesicht mit Floren hat bedeckt
und ihrer Schönheit Pracht darunter hat versteckt.

Ein andre trägt die Mütz der Männer aufgesetzt,
ein andre vielmals auch an Hauben sich ergetzt.

Die Blumen sind zu schlecht, so kommen aus der Erden;
sie müssen allererst mit Gold gezieret werden.

Die Jungfer denkt gewiß sich selber umzubringen,
mein ich oftmals, wenn ich die Ketten-Schar

am Halse um und um verschlossen werd gewahr:
der weiße Hals muß sein mit gülden Schnür bestricket.

Vom Halse bis zum Herz, da muß ein Säckgen hangen,
daraus Geruch, Geschmack und Stärkung kommt gegangen.

Die Flöhe-Falle nun ist auch in vollem Brauch,
die muß dem weißen Hals abhangen bis zum Bauch.

Da müssen liegen bloß die schönen Äpfel Paar,
die Ärmel müssen weit wie aufgeblasen stehn.

Jetzt trägt das Frauenvolk auch große Stutzer-Krausen,
die Finger sind so voll mit Ringen angetan.

Es kömmt jetzt alles hoch, jetzt ist es an den Tagen,
daß unser Jungfern-Volk will noch mehr Schürzen tragen.«

Die wissenschaftlichen Studien an den Hochschulen gingen, soweit diese nicht von den Kriegsereignissen unmittelbar betroffen waren, unverändert weiter und haben in der zweiten Hälfte des 17. Jahrhunderts eine bedeutende Höhe erreicht.

Das evangelische Kirchenlied und die evangelische Kirchenmusik haben in den kommenden Jahrzehnten ebenso wie die kirchliche Barockarchitektur Bayerns und Österreichs großartige Denkmäler geschaffen, die von mystischer Inbrunst des Glaubens wie von strömender Vitalität der Form erfüllt sind.

Jakob Böhme (1575–1624), der in dem gleichen Jahr und im benachbarten Lande starb, in dem Angelus Silesius geboren wurde, ist der geistige Vater des Jüngeren. In der mystischen Schau des Görlitzer Schuhmachers erscheint Gott nicht als ruhendes ewiges Sein, sondern als Wille und waltendes Leben – Gott wird Welt und Mensch, um sich selbst zu finden; die dualistische Spaltung des Menschen in Gut und Böse wirkt ungeschieden im göttlichen Urgrund und in dessen schöpferischer Urmacht.

Böhme stammte aus einem kleinbäuerlichen Elternhaus, war einige Jahre auf Wanderschaft und lebte dann in Görlitz als Schuhmachermeister in stiller und harmonischer Ehe, der vier Söhne und zwei Töchter entstammten. Als seine ersten Aufzeichnungen bekannt wurden, brandmarkte ihn die evangelische Orthodoxie von Görlitz als Ketzer. Er mußte Vermahnungen, Kolloquien und die Ausweisung aus der Heimatstadt über sich ergehen lassen und konnte erst kurz vor seinem Tod, nachdem ihn in Dresden die Theologen des Kurfürsten »in Gnaden abgefertigt«, nach Görlitz zurückkehren. Der Krieg hatte, als er am 17. November 1624 mit den Worten »Nun fahr ich hin ins Paradies!« starb, die Oberlausitz vergleichsweise wenig berührt.

Johannes Scheffler, der sich selbst *Angelus Silesius* nannte, hat, 1624 in Breslau geboren, früh vom Leid des Krieges erfahren, das sächsische, schwedische und kaiserliche Truppen durch Schlesien trugen. In Preßburg, Leiden und Padua hat er Medizin studiert, sich auch mit alchemistischen und philosophischen Ideengängen beschäftigt. Erst 1649, nach Abschluß des Krieges, kehrte er in die Heimat zurück und wurde Leibarzt des Ölser Herzogs. Wie Böhme wurde auch Scheffler um seiner philosophischen Schriften willen von der protestantischen Orthodoxie angefeindet. Er trat 1653 in Breslau zum Katholizismus über, wurde 1661 Priester und war seither ein eifriger Vorkämpfer der gegenreformatorischen Bewegung, in deren Geist er zahlreiche polemische Schriften verfaßte. 1677 ist er im Breslauer Kloster St. Matthias verschieden. Von den vielen Schriften Schefflers ist der erstmals 1656 erschienene »Cherubinische Wandersmann« bis zum heutigen Tage lebendig geblieben. Die Sinnsprüche sind Bekenntnisse eines mystischen Gottsuchers, dessen Herz – nach Augustins Wort – unruhig ist, bis es in Gott ruhet ewiglich.

Friedrich von Spee (1591–1635), der Jesuit, der aus einem niederrheinischen Adelsgeschlecht stammte, der in Paderborn, Würzburg, Köln und Trier als Lehrer und Prediger wirkte und hier bei der Krankenpflege in einem Pestspital starb, hat es gewagt, in der Cautio criminalis (1631) gegen Hexenwahn und Hexenprozeß aufzutreten. Seine Gedichtsammlungen »Trutznachtigall« und »Güldenes Tugendbuch« enthalten zahlreiche Beispiele schlicht inniger, naturverbundener Lyrik; so das »Frühlingslied«:

»Der trübe Winter ist vorbei,
die Kranich wiederkehren,
nun reget sich der Vogel Schrei,
die Nester sich vermehren;
Laub allgemach
nun schleicht am Tag,
die Blümlein sich nun melden.
Wie Schlänglein krumm
gehn lächelnd um
die Bächlein kühl in Wäldern ...«

Neben Spee wird man den stillen, gemüthaften Liederdichter *Paul Gerhardt* (1607–1676) stellen dürfen, den frommen Pastor der lutherischen Nikolaikirche, der von Friedrich Wilhelm 1666 aus Berlin ausgewiesen wurde, weil er sich gegen die calvinistischen Neigungen des

Kurfürsten wandte. Neben zahlreichen, gefühlsstarken geistlichen Liedern (Befiehl du deine Wege; O Haupt voll Blut und Wunden; Nun ruhen alle Wälder) danken wir ihm manches Beispiel echter und empfundener Naturlyrik, so das »Sommerlied«: »Geh aus, mein Herz, und suche Freud . . .«

Neben die Denker und Lyriker tritt der Epiker *Jakob Christoffel von Grimmelshausen,* dessen »Simplicius Simplicissimus« nicht nur in eindringlichen realistischen Bildern die abenteuerliche Chronik des Großen Krieges aufzeichnet, sondern zugleich seine Sinndeutung weist: die Welt, wie auch Jakob Böhme sie sah, als Hierarchie der Gegensätze, im Kontrapunkt von Zeit und Ewigkeit, Gut und Böse, Natur und Gott. Grimmelshausen, um 1622 im hessischen Gelnhausen geboren, hat als Troßbub, Pferdejunge und Schreiber seit 1634 zumeist in kaiserlichem und bayerischem Dienst die Welt des Krieges, das Landsknechtsleben der verwilderten Soldateska, kennengelernt und mit offenen Augen beobachtet. So sind die bildhaft anschaulichen Szenen, die er mit knappen Strichen entwirft, Bekenntnis und Zeitdokument denkwürdigen Ausmaßes.

Aber das Werk entstand erst zwanzig Jahre nach dem Friedensschluß, als Grimmelshausen ein bürgerlich stilles Dasein, erst als Verwalter und Gastwirt in Gaisbach an der Rench, dann als bischöflich straßburgischer Schultheiß in Renchen, gefunden und längst begonnen hatte, den Blick vom Getriebe der Welt weg ins eigene Ich zu versenken. »Dein Leben ist kein Leben gewesen«, lautet die letzte Erkenntnis des Dichters, »sondern ein Tod; deine Tage ein schwerer Schatten; deine Jahre ein schwerer Traum, deine Wollüste schwere Sünden, deine Jugend eine Phantasie und deine Wohlfahrt ein Alchemistenschatz, der zum Schornstein hinausfährt und dich verläßt, ehe du dich dessen umsiehst . . . O meine arme Seele, was hast du von dieser ganzen Reise zu Wege gebracht? Dies hast du gewonnen: ich bin arm an Gut, mein Herz ist beschwert mit Sorgen, zu allem Guten bin ich faul, träg und verderbt, und was das allerelendeste, so ist mein Gewissen verängstet und beschwert, du selbsten aber bist mit vielen Sünden überhäuft und abscheulich besudelt. Der Leib ist müde, der Verstand verwirrt, die Unschuld ist hin, meine beste Jugend verschlissen, die edle Zeit verloren. Nichts ist, was mich erfreuet, und über dies alles bin ich mir selber feind.«

Grimmelshausen, der der größte Epiker des deutschen Barock gewesen ist, hat auch einige Strophen gedichtet, die zur schönsten deutschen Lyrik gehören; so die Verse zum Lob der Nachtigall, die er in seinem Roman dem alten Waldeinsiedel in den Mund legt:

»Komm, Trost der Nacht, o Nachtigall,
laß deine Stimm mit Freudenschall
aufs lieblichste erklingen.

Komm, komm und lob den Schöpfer dein,
weil andre Vöglein schlafen sein
und nicht mehr mögen singen.

Laß dein Stimmlein
laut erschallen,
denn vor allem
kannst du loben
Gott im Himmel hoch dort oben.«

Vielleicht spiegelt sich im Werk des Schlesiers *Andreas Gryphius* (1616–69) am erschütterndsten die seelische Tragödie, die das Geschehen des Großen Krieges in der deutschen Menschheit ausgelöst hat; vielleicht ist er unter allen Dichtern seiner Zeit am unmittelbarsten von der Wirklichkeit dieser Schrecken ergriffen worden und hat mehr als jeder andere vermocht, einem tiefen Pessimismus und einer düsteren Lebensangst, die solcher Auseinandersetzung entsprangen, in schwerblütig wuchtigen Rhythmen Ausdruck zu verleihen. Mit Grimmelshausen teilt er die gläubige Zuversicht, daß einzig die Fleischwerdung Christi das Licht birgt, das das Dunkel der irdischen Tage zu durchdringen vermag.

Weite Reisen führten Gryphius nach Italien, Frankreich und Holland. Er war im Besitz einer gesamteuropäischen Bildung, die von der Antike bis zu den Meistern seiner Zeit reichte. Seneca war ihm ebenso vertraut wie Shakespeare, das Jesuitendrama, Vondel und Corneille. Seit 1650 bis zu seinem Tod hat er als Syndikus der Stände des Fürstentums Glogau, seiner Heimat, gewirkt. Unvergänglicher als seine Bühnenspiele sind die Oden, Kirchenlieder, Sonette und Epigramme Gryphius', die mit einer bis dahin unerhörten Sprachgewalt und ekstatischen Bildkraft die seelische Not der Zeit künden, die Vergänglichkeit des Menschen und der irdischen Dinge in mahnenden Visionen beschwören; die doch um die Ewigkeit wissen, die sich im vorübergehenden Augenblick spiegeln kann:

»Mein sind die Jahre nicht, die mir die Zeit genommen,
mein sind die Jahre nicht, die einmal werden kommen.
Der Augenblick ist mein, und nehm ich den in acht,
so ist Der mein, der Jahr' und Ewigkeit gemacht.«

Manches Dichters wäre noch zu gedenken, in dessen Versen die furchtbare Zeit des jahrzehntelangen Völkermordens anklagend oder mahnend nachklingt: der innig frommen Liederdichter Paul Fleming, Simon Dach, Johann Rist und Johann Franck, des scharfen Satirikers Johann Michael Moscherosch, der die Unsitten der Zeit geißelte und die Schrecken des Krieges in düsteren Bildern malte; des christlichen Streiters Jakob Balde, des prunkvoll pathetischen Christian Hoffmann von Hoffmannswaldau, des zart beschwingten Philipp von Zesen. Es müßte eine lange Ehrentafel werden, die erweist, daß in der Epoche des Krieges die Kette der Dichtung nicht abbrach, daß bald nach dem Krieg ein reiches geistiges Leben sich allenthalben entfaltete.

All das beschränkte sich nicht auf eine kleine Bildungsschicht. Die Kirchenlieder wurden von Ungezählten gesungen, die Bühnendichtungen von dem Jesuitendrama bis zu den Komödien des Gryphius fanden breiteste Anteilnahme. Aber auch das Volk selbst dichtete, indem es das Zeitgeschehen mit einprägsamen Versen begleitete. Eines der schönsten Volkslieder der Zeit ist jenes »Erntelied«, das erstmals 1639 in dem im Krieg vielgeprüften Regensburg erklang und dessen wehmütig dunkle Melodie seither nie vergessen worden ist:

»Es ist ein Schnitter, der heißt der Tod,
hat Gewalt vom großen Gott.
Heut wetzt er das Messer,
es schneidt schon viel besser,
bald wird er drein schneiden,
wir müssen es leiden.
Hüt dich, schöns Blümelein!

Was heut noch grün und frisch dasteht,
wird morgen weggemäht:
die edel Narzissel,
die englische Schlüssel,
der schön Hyazinth,
die türkische Bind.
Hüt dich, schöns Blümelein!

Viel hundert tausend ungezählt,
darunter die Sichel hinfällt:
rot Rosen, weiß Lilien,
beid wird er austilgen,
ihr Kaiserkronen,
man wird euch nicht schonen.
Hüt dich, schöns Blümelein!

So viel Maßlieb und Rosmarin
welkt unter der Sichel hin,
Vergißmeinnit,
du mußt auch mit,
und du, Tausendschön,
man laßt dich nit stehn.
Hüt dich, schöns Blümelein!

Es macht so gar kein Unterschied,
geht alles in einem Schnitt,
der stolze Rittersporn
und Blumen im Korn –
da liegens beisammen,
man weiß kaum den Namen –
hüt dich, schöns Blümelein!

Trutz, Tod! komm her, ich förcht dich nit,
Trutz! komm und tu ein Schnitt!
Wenn er mich verletzet,
so werd ich versetzet,
ich will es erwarten,
in himmlischen Garten.
Freu dich, schöns Blümelein!«

21

Das Vermächtnis Maximilians

Innere und äußere Stabilisierung

Mochten sich beim Kaiser Gewinn und Verlust durch den Friedensvertrag einigermaßen ausgleichen – die Einbußen des Trägers der Reichsgewalt wurden durch die Stärkung der landesherrlichen Machtbefugnisse innerhalb der österreichischen Erblande wettgemacht –, so konnte Kurfürst Maximilian, wenn man von den schweren Verlusten des Landes an Gut und Blut absieht, wohl als einziger deutscher Reichsfürst als Ergebnis des Krieges einen bedeutenden territorialen und machtpolitischen Zuwachs verzeichnen: er hatte die Kur und die Oberpfalz gewonnen; er hatte im Friedensvertrag durchgesetzt, daß die erst nach dem 1. Januar 1624 endgültig gewonnene Oberpfalz dem katholischen Glauben erhalten blieb.

Solche Erfolge waren ein Ergebnis der trotz der Rückschläge der letzten Jahre noch ungebrochenen politischen, militärischen und wirtschaftlichen Machtstellung des Landes; freilich auch der überlegenen Diplomatie, die Maximilians Delegierte während der Friedensverhandlungen in Münster einzusetzen wußten, indem sie äußerst geschickt die französischen Interessen gegen die schwedischen ausspielten. Nicht umsonst hat Mazarin gesagt, Maximilian sei über die Maßen verschlagen; und lange Jahre zuvor hatte Gustav Adolf einmal geäußert, der Kurfürst sei glatt wie ein Aal.

Es hieße aber die innerste Wesensart Maximilians verkennen, wollte man annehmen, er habe den territorialen und machtpolitischen Gewinn als die wichtigsten Aktiva gewertet. Als bedeutendstes positives Ergebnis des gewaltigen Ringens erschien ihm die Tatsache, daß in Österreich sowie im südlichen und westlichen Deutschland die Position der katholischen Kirche endgültig gesichert war, daß sie neu gestärkt aus dem Krieg hervorging. In der Tat hat der territoriale Ausdehnungsbereich der Konfessionen in den deutschen wie in den österreichischen Ländern seit dem Westfälischen Frieden keine wesentliche Änderung mehr erfahren.

Das Kurfürstentum Bayern ist während der Regierungszeit Maximilians zu einer Macht emporgestiegen, die in dem Jahrhundert zwischen 1650 und 1750 ein maßgebender Faktor der europäischen Welt wurde. Daß die Nachkommen das große Erbe keineswegs in vollem Umfange zu bewahren vermochten, hat der Mann, der diese Machtstellung gründete und gegen übermächtige Gegner behauptete, nicht zu verantworten.

Im Sommer 1649 hat Mazarin Maximilian eine zwanzigjährige Allianz angeboten, die von dem Kurfürsten, der im übrigen unverändert freundliche Beziehungen zu Frankreich unterhielt, nicht angenommen wurde: auch zu einem Zeitpunkt, da die außen- und innenpolitischen Voraussetzungen einer Separation gegeben waren, hat sich Bayern nicht vom »kostbaren Corpus des Römischen Reiches«, wie Maximilian es nannte, getrennt; vielmehr hat der Kurfürst die enge Verbindung mit Kaiser und Reich seinem Nachfolger eindringlich nahegelegt.

Die Probleme, vor die sich Maximilian nach dem Abschluß des Westfälischen Friedens gestellt sah, waren kaum geringer als diejenigen der Kriegszeit. Das Land war verwüstet, die meisten bäuerlichen Siedlungen verbrannt, viele Städte zerstört: insgesamt waren über 900 Städte und Dörfer im Krieg gänzlich oder größtenteils vernichtet worden. Viele Gegenden litten unter Hungersnot, die durch eine 1649 aufgetretene Mißernte noch verschärft wurde. Rudel von Wölfen durchzogen das Land; 1649 und 1650 wütete die Pest. »Die vornehmbsten Bauern«, schreibt ein Augenzeuge, »haben kein Kleiebrot mehr zu essen; man verspeist Hunde und Katzen. Im Freisingschen sind die Bauernhöfe meist verlassen.« Die Einwohnerzahl Münchens war von 24000 auf 9000, diejenige Landshuts an der Isar von 12000 auf 2500 gesunken. In anderen Städten war die Bevölkerung noch stärker zusammengeschmolzen.

Der gewaltige Steuerdruck hatte den Wohlstand des Landes zerrüttet: von den 54,6 Millionen Gulden, die die Unterhaltung des ligistischen Heeres und später des bayerischen Kontingentes in der kaiserlichen Armada während des Krieges erfordert hatte, hatte Bayern allein 38 Millionen aufgebracht.

Die erste Maßnahme war die Abdankung des Heeres: 21 000 Mann wurden mit einer dreimonatigen Soldzahlung entlassen. Maximilian ließ Getreide und Saatgut aus Ungarn kommen, ermäßigte die Steuern, schuf Erleichterungen für die Schuldner. Dem Ausschuß der Landschaft, der 1650 und 1651 zusammentrat, legte der Kurfürst ein wohldurchdachtes wirtschaftliches Sanierungsprogramm vor: von den fünfeinhalb Millionen Schulden (für Abmusterung des Heeres und Kosten im Rahmen des Friedensvertrages) mußte der Landtag zwei Drittel übernehmen; der landständige Grundbesitz des Adels wurde mit einer Grundsteuer belastet. Der Adel, so erklärte Maximilian, besäße Privilegien, wollte aber darüber hinaus die Steuerlast dem kleinen Manne aufbürden, der infolge dieser Privilegien unter ständigem Druck lebe.

In drei Jahren war die Schuld gedeckt, und der Kurfürst konnte seinem Sohn eineinhalb Millionen Gulden Vermögen hinterlassen.

Auf die Erziehung und staatsmännische Schulung des Sohnes Ferdinand Maria wandte Maximilian viel Mühe und Sorge. Dem Sechzehnjährigen ließ er von den Ständen des Landes huldigen. Von allen Fürsten, erklärte er bei dem feierlichen Akt, die während der langwierigen schrecklichen Kriegszeit regiert hätten, lebe nur er allein noch. Aber er fühle, daß die Tage seines Lebens gezählt seien. Ferdinand werde statt seiner die Regierung zur Ehre und Erhaltung des katholischen Glaubens und zur Wohlfahrt des bayerischen Landes führen; so, wie es ihm gelehrt worden sei. Er empfehle ihn dem Gehorsam und der Treue der Stände in der Hoffnung, er werde die Wunden des Krieges heilen.

Gleichzeitig teilte er den Ständen mit, daß er die Vermählung Ferdinands mit Adelheid, der Tochter des Herzogs Victor Amadeus von Savoyen, beschlossen habe. Piemont stand damals in starker Abhängigkeit von Frankreich; und so war bei dem Eheprojekt auch der Gedanke an die Fortdauer guter Beziehungen zu dem westlichen Nachbar maßgebend.

Der Neunundsiebzigjährige reiste im September 1651 mit der Gattin und dem Sohn nach Ingolstadt, der Stätte glücklicher Studienjahre, der Festung, die allen Stürmen des Großen Krieges getrotzt hatte. Ungezählte Erinnerungen mögen in Maximilian erwacht sein, als er die Studienanstalten, die Kirchen und die Befestigungswerke der Stadt besichtigte. Der Jubel des Volkes umdrängte ihn, Glockengeläut und Geschützsalut begrüßten ihn. Aber von den Gefährten der Jugend und des Mannesalters lebte keiner mehr.

Von einer Wallfahrt, die der Kurfürst nach dem nahen Bettbrunn unternahm, kehrte er mit einer schweren Erkältung zurück. Neben seinem Krankenlager im Ingolstädter Schloß wurde ein Altar errichtet;

und mit einem Gebet auf den Lippen starb Maximilian, gefaßt und ohne Todeskampf, am 27. September 1651, morgens gegen 1/2 4 Uhr.

Die Leiche des Kurfürsten wurde am 3. Oktober abends 8 Uhr in aller Stille in der Gruft der Münchener Michaelskirche beigesetzt, neben dem Vater und der ersten Gattin. Ohne jeden Prunk, lautete seine Anordnung, solle das Begräbnis vor sich gehen, kein Wort des Lobes an seinem Grab gesprochen werden. Die Kosten in Höhe von 50 000 Gulden, die ein feierliches Begräbnis fordere, sollten den Armen des Landes zugewendet werden: »Mein Madensack soll man nicht lang auf Erden lassen, noch viel Grandezza und Zeremonie, sondern die Spesa auf die Armen wenden und keinen Pomp machen.« Zehntausend Messen sollten zu seinem Seelenheil gelesen werden.

Das Herz des Kurfürsten wurde in die Marienkapelle zu Altötting verbracht: an die Stätte, an der Maximilian so oft geweilt hatte, um für das Heil der eigenen Seele und für die Wohlfahrt Bayerns zu beten. Er hatte das Wort erfüllt, das er seinem Sohn als Mahnung hinterließ: »Der Fürst muß einer Kerze gleichen, die sich selbst verzehrt, indem sie Anderen leuchtet.«

Lebens- und Regierungsgrundsätze

Ein Jahr vor seinem Tod hatte Maximilian mit eigener Hand für den Sohn die »Treuherzigen väterlichen Lehrstücke« aufgezeichnet. Sie ergänzen und vertiefen die »Väterlichen Ermahnungen«, die 1639 vermutlich von dem Jesuitenpater Vervaux im Auftrag und entsprechend den Anweisungen Maximilians in lateinischer Sprache niedergeschrieben wurden. Beide Denkmäler* können als staatspolitisches Vermächtnis des Kurfürsten gelten. Sie entspringen aus der Idee des christlichen Fürsten, den Maximilian tiefer und wahrer als irgendein anderer Regent seines Jahrhunderts verkörperte.

Bieten die »Väterlichen Ermahnungen« mehr eine theoretische Anleitung zur Regierung, einen Fürstenspiegel, so enthalten die »Treuherzigen väterlichen Lehrstücke« mehr praktische Hinweise und Anregungen. Noch mehr als jene spiegeln sie die Ergebnisse einer in jahrzehntelanger Regierung gesammelten staatsmännischen Weisheit; aber auch die Wesensart des Mannes, der aufrecht und unbeirrt durch sein Jahrhundert geschritten ist. Das Vermächtnis spricht eine eindeutige und unmißverständliche Sprache und kann auf wenige schlichte

Einsichten zurückgeführt werden. Auf Religion und Glauben gründet Maximilian das gesamte Staatsleben; denn »die Frömmigkeit erhält die Königreiche«. Er lehnt jede Neuordnung in religiösen Dingen ab. Aber nicht nur der Untertan soll ein religiös-sittliches Leben führen: der Fürst soll ihm darin mit gutem Beispiel vorangehen.

Aus dieser ethischen Voraussetzung ergeben sich alle wesentlichen Richtlinien der Staatsführung, deren großes Gesetz das Wohl der Untertanen und des Gemeinwesens ist: »Die beständigste und sicherste Regierung ist die, unter der die Untertanen vergnügt leben . . . Der Fürst ist um der Untertanen willen von Gott bestellt, und nicht sie um des Fürsten willen.« Der Herrscher soll freigebig und mild, gerecht und maßvoll sein: ein Vater seiner Untertanen, besonders der Armen und Bedrückten. Er soll am gegebenen Wort festhalten, nicht auf Schmeichler, sondern auf jene hören, die ihm die Wahrheit sagen. Er bedarf einer großen Menschenkenntnis und erfahrener treuer Räte. Er soll Handel und Wandel fördern, übermäßigen Steuerdruck und Schulden vermeiden und stets die Wohlfahrt seines Volkes sich angelegen sein lassen; denn nächst einer ausreichenden Kriegsmacht, geordneten Finanzen, wohl ausgebauten Festungen ist vor allem »Zufriedenheit und guter Wille der Untertanen die Grundsäule des Staates«.

Einen Krieg soll man nur im äußersten Notfall beginnen und nur mit dem Ziel des Friedens führen. »Wer vom Krieg redet, redet nur Übles; die können es bezeugen, die es erfahren, die die Grausamkeiten des Krieges mit eigenen Augen mit angesehen haben.« Die Rechtspflege, »die liebe Justitia, ohne die kein Reich und kein Land lange bestehen kann«, muß dem Fürsten vor allem am Herzen liegen. Die Rechte und Privilegien der Landschaft soll man wahren, aber eine Erweiterung nicht dulden; das Wohl des Staates ruht auf dem Gleichgewicht der ständischen Rechte und der »landesfürstlichen Superiorität und Hoheit«. Die Treue gegenüber dem Kaiser als höchstem Oberhaupt und Lehensherrn besteht als unerschütterliches Gesetz; dem Hause Österreich muß tiefstes Vertrauen entgegengebracht werden. Mit jenen Fürsten inner- und außerhalb des Reiches, die es »mit uns gut meinen, muß man allezeit in Verbindung, Freundschaft und stehen«.

Mit dem religiösen Ethos als Grundlage des Lebens von Volk und Staat erfüllte Maximilian ein Lebensgesetz der barocken Welt, die dem Machtwillen des einzelnen breiten Raum gönnte und trotzdem seine Einfügung in die Ordnungen der Staatsräson forderte; die aus Notwendigkeit und Freiheit, Bindung und Unendlichkeitsstreben eine neue Synthese schuf; die das Individuum im Rahmen der gesetzten Ordnungen, das Gesetz im Geist der Verantwortung und einer tiefen Menschlichkeit aufgefaßt wissen wollte. Sicherlich bedeuteten für Maximilian der irdische Staat und das irdische Leben nur eine Vorbereitung zum Jenseits; aber diese Einsicht entband ihn nicht von der Verpflichtung, das Reich Gottes, die civitas Dei, soweit irgend möglich, schon im Diesseits zu verwirklichen: Gerechtigkeit, Schutz der Schwachen, Menschlichkeit in allen Lebensäußerungen sind für ihn nicht nur Worte, sondern ein unablässiges Anliegen gewesen.

Gewiß sind manche Richtlinien seines Vermächtnisses zeitbedingt. Beispielhaft bleibt die einzig dem Gemeinwohl dienende Gesinnung; beispielhaft auch ein gegenüber allen Schicksalsschlägen unerschüttert beharrender Gleichmut, eine gegenüber den Wirrnissen einer chaotischen Zeit unbeirrte Festigkeit der Zielsetzung und des Willens.

Man kann nicht sagen, daß die Söhne und Enkel das Erbe Maximilians verschleudert hätten: Ferdinand Maria, der Sohn, heilte in 30jähriger, nicht sehr tatkräftiger, aber ruhig steter Regierung die Wunden, die der Krieg dem Lande geschlagen hatte; Max Emanuel, der Enkel, erneuerte in den Türkenkriegen noch einmal die europäische Machtstellung des Kurfürstentums; Karl Albrecht gewann, 400 Jahre nach Ludwig dem Bayern, die Kaiserkrone des Römischen Reiches für das Haus Wittelsbach.

Von der politischen Aufgabe abgesehen, haben diese Fürsten das Ihre dazu getan, das Zeitalter des bayerischen Hochbarock und Rokoko heraufzuführen, das sich in unvergänglichen Schöpfungen der Architektur, Malerei und Musik manifestierte.

Volkstum, Kultur und Lebensgefühl haben als gewachsener Organismus in diesem Land die Jahrhunderte überdauert. Ein einheitlich strömender Rhythmus bindet St. Emmeran von Regensburg und den Augsburger Dom mit der bürgerlichen Gotik der Münchner Frauenkirche und der Landshuter Martinskirche, mit den Wundern barocker Glorie in Vierzehnheiligen und Rott, Ottobeuren und der Wies; und von hier wiederum fällt ein Abglanz auf die Zwiebelkuppeln und bescheidenen Gewölbe der kleinen Dorfkirchen, die allenthalben im Lande stehen. Musik, Dichtung und Volkskunst fügen sich diesem Geschmeide ein. Der edle Klassizismus des ludovicianischen München und die stille Stimmungslandschaft der bayerischen Realisten sind diesem Volk und Land ebenso verbunden wie Votivtafeln und bäurische Tanzmusik.

Zeiten der Krisen kommen und gehen. Auch wenn sie lange dauern und schwer lasten, darf man nie vergessen, daß das Herz eines Volkes, das vierzehnhundert Jahre in ungeminderter Vitalität überdauert hat, stark und lebendig genug schlägt, um sich gegenüber den Erschütterungen eines widrigen Schicksals zu behaupten. Der Sinn allen geschichtlichen Lebens erfüllt sich nicht in zweifelnder Skepsis, sondern in der Bereitschaft eines lebendigen und tätigen Glaubens.

Anhang

Auszüge aus den »Väterlichen Ermahnungen«

»Was ich zur Einrichtung einer glücklichen Regierung als besonders nützlich befunden, lieber Sohn Ferdinand, auch was mir zu Deiner Ehre und Deinem Ruhm gedeihlich erschien, wenn Du seinerzeit auf den Thron gelangst, soll Dir in sparsamen Worten als Ermahnung gesagt werden«, heißt es in den einleitenden Bemerkungen.

»Da Du mich nach meinem Tod als väterlicher Ermahner nicht mehr um Dich hast, überlasse ich Dir also diese kürzlich verfaßte Unterweisungsregel als Dein herzliebster Vater, welche dann meine Stelle vertreten soll.«

»Ich lebe also in der festen Hoffnung, Du werdest sie öfters lesen, in Deinem Gemüt betrachten, in Sitten und Gebrauch werktätig machen, je mehr die göttliche Glorie, Dein und Deines Dir von Gott anvertrauten Volkes Heil und die allgemeine Glückseligkeit Dir angelegen sein wird.«

Es folgen nun eine Reihe von Merksätzen, die sich auf das Verhältnis zu Gott und zur Religion sowie auf die Pflichten des Herrschers beziehen:

»Alles ist in Gott, alles von Gott und alles durch Gott; der einzige Herr und Herrscher über alles ist Gott, aus dessen Hand alle Gewalt, Macht, Glorie, Sieg und Überwindung kommt. Alles, was im Himmel und auf Erden, ist sein: Er ist über alle Fürsten und Gewalthaber gesetzt. Er, so oft es ihm beliebt, erniedrigt die Großen und erhöht die Kleinen; er hält das Gleichgewicht, sowohl für den Armen wie für den Reichen, den Niederen wie den Hohen.«

»Niemand ist ohne Gott Anderen wohl und löblich vorgestanden; wenige gibt es, die glückselig ihre Untertanen regiert, ehe und bevor sie sich Gott unterworfen haben.«

»Deshalb, wenn Du mir folgst, glaube nicht, daß Gott, der alles beobachtet, einem Deiner Werke fern sei; mache Dir auch keine Hoffnung, daß Du schon aus seiner Gewalt seiest, wenn Du Dich Gottes Joch entziehest und den Gelüsten Deiner Natur willig nachgibst.«

»Für eine allgemeine Regel ist zu halten, daß nach eines Fürsten Frömmigkeit gegen Gott sein und seiner Untertanen Glück und Unglück großenteils sich bemißt.«

»Die Frömmigkeit besteht in dem reinen Sinn und Verstand von göttlichen Dingen, in der Furcht, Liebe und dem Diener Gottes: die Frömmigkeit erhält die Königreiche.«

»Recht und wohl wirst Du handeln, wenn Du Dich in keiner Weise von der römisch-katholischen Kirche und von unserem alten Glauben abwendest; wenn Du von Gott, was Anfang und Grundveste aller Gottseligkeit ist, die allerhöchste und vollkommenste Meinung fassest, wenn Du mit dem Apostolischen Stuhl und Christi Statthalter auf Erden allezeit ganz und gar verbunden lebst.«

»Gott mußt Du auf jede Weise fürchten, wenn Du Dir das erschreckliche

Gericht Gottes über die Menschen ernsthaft und sorgsam zu Gemüte führst, ein hartes Gericht über Jene, die Anderen vorstehen, weil ein solcher Regent sowohl für sich wie für die Seinigen strenge Verantwortung wird ablegen müssen: denn von dem, dem viel anvertraut ist, wird viel gefordert.«

»Der wahre Glaube ist in dem aufrichtigen und reinen Dienst Gottes begründet, der der beste ist, wenn Du ihn mit reinem Gemüt, mit Worten, mit inneren und äußeren Werken recht christlich in Ehren hältst; der rechte Glaube aller Christen aber besteht darin, ohne Laster und Fehler zu leben.«

»Jene aber, die in göttlichen Dingen Neuerungen suchen, sollst Du fliehen und soviel als möglich verfolgen; vornehmlich wegen Gott, aber auch weil dergleichen Neuerungen zu vielen Veränderungen, schädlichen Bündnis und Aufruhr, ja zu allen Übeln Gelegenheit geben. Die alten Gebräuche unserer Voreltern heilig zu bewahren, ist Gott ungemein angenehm und dem Gemeinwesen über die Maßen heilsam.«

»Alle Tage Deines Lebens sollst Du mit andächtigem Gebet beginnen und enden. Alle Geschäfte und Verrichtungen greife an, indem Du in eifrigem Gebet Dich mit Gott beratschlagst.«

»Alle Heiligen Gottes, voran aber die Königin aller Heiligen, die jungfräuliche Mutter Gottes, die ewige Patronin unseres Kurhauses, liebe und ehre nicht anders, als wie ein untertänigst ergebener Sohn zu tuen schuldig ist. Auf diese Weise bist Du versichert, daß Sie als eine sorgliche Mutter Dich lieben und bei dem allerhöchsten Gott Dich in Glück und Unglück möglichst beschützen wird.«

»Nächst den Heiligen Gottes sollst Du Deine Mutter auf jede mögliche Weise ehren und lieben, indem solche Ehre und Liebe gleichsam Gott selbst erwiesen wird. Deine leiblichen Brüder und Schwestern aber, wenn Gott solche schenken sollte, liebe, ehre und unterstütze sie, soviel sich tuen läßt, mit Schenkungen und Einkünften; nicht deshalb, weil Du und sie ein Blut, sondern weil sie ein Dir von Gott anvertrautes Pfand sind.«

»Gegenüber verwandten Fürsten laß, doch mit Maß und Ziel und nach dem Grad der Verwandtschaft, Gutwilligkeit und Freundschaft verspüren.«

»Ehre gleichfalls die gottgeweihten Personen und sei ihnen wohl gewogen und zugetan. Hüte Dich vor allem, Gut und Gerechtsame der Gotteshäuser und Geistlichen anzutasten, ziehe vielmehr Deine Hände von solchem Tun weit zurück und sei gewiß, daß dergleichen ungerechte Hände niemals von Gott ungestraft bleiben.«

»Um diesen Teil zu beschließen: nimm Dir unablässig vor, mehr fromm und gerecht zu sein, als dafür angesehen zu werden. Niemals sollst Du deswegen etwas Gutes tun oder wirken, um dafür belobt zu werden; sondern es soll Dir genug sein, wenn Du Gott selbst als Zeugnis und Belohner Deiner guten Werke hast.«

»Dir selbst gegenüber bist Du schuldig, lieber Sohn Ferdinand, das rechte

Maß Deines Gemüts zu gebrauchen und Dich der wahren Tugend zu befleißen, auch für Deinen Leib Sorge zu tragen.«

»Dem Leib muß man nicht alles gestatten, damit er nicht durch Müßiggang, unordentliche Lustbarkeiten und andere verderbliche Zufälle zugrunde gerichtet wird.«

»Die Trunkenheit, den Inbegriff aller Laster, fliehe vor allem; denn sie verblendet das Edelste im Menschen; und weil nicht wenig Narrheit dabei, verdunkelt sie die göttlichen Lichter des Himmels und der geistlichen Dinge sowie das Wohlergehen des Gemeinwesens, sodaß durch dergleichen unordentliche Lust alle Ehre und Hoheit zerfällt.«

»Der Kleideraufwand und aller übrige Prunk Deines Hofes soll nicht verschwenderisch, sondern den Einkünften Deines Landes angemessen sein; denn es ist sehr bedenklich, wenn ein Fürst den Schweiß seiner armen Untertanen durch übermäßige Prunkentfaltung unverantwortlich verzehrt.«

»Ein Fürst soll nichts unternehmen, was nicht recht und erlaubt ist. Ihm obliegt es, stets vor Augen zu haben nicht nur, was ihm zur Verwaltung anvertraut ist, sondern auch, was er zu verwalten fähig ist.«

»Damit aber all dies unter Deiner Regierung um so aufrechter geschehe, soll die Gerechtigkeit bei denen, die Recht zu sprechen haben, nicht käuflich, nicht durch Schenkungen, Gunst und Ehrgeiz zu gewinnen sein.«

»Mißbrauch in solchen Dingen wirst Du leicht abstellen können, wenn Du den Räten und Richtern das ihnen gebührende Einkommen richtig und zur rechten Zeit zuweisen läßt, auf daß sie keine Ursache haben, dem Mangel durch unzulässige Mittel abzuhelfen; andernfalls wird die Schuld auf Dich als den Fürsten fallen, und aller Schaden, der auf Nachlässigkeit oder Ungerechtigkeit folgt, Dich und das ganze Land schwer belasten. Die Gerichtssachen lasse bei den Behörden nicht auf die lange Bank ziehen, was entweder auf Saumseligkeit oder auf einen Mangel an Richtern, die mit Rechtssachen überhäuft sind, zurückzuführen ist; oder aber darauf, daß diese durch ihr Verschleppen absichtlich Geld von den Parteien erpressen wollen.«

»Wenn Du die Regierung mit Milde und Güte führst, wird Dir alles fröhlich und angenehm vorkommen; die beständigste und sicherste Regierung ist die, unter der die Untertanen vergnügt leben. Dies aber geschieht nicht so sehr dann, wenn sie den Fürsten fürchten, als wenn sie sich um ihn sorgen und in ihm einen Mann sehen, der die Bedrängten verschont, die Strafen mit Milde mischt und sie nicht mit allzugroßer Hoheit als Leibeigene, sondern wie ein Vater mit gütigen Augen ansieht.«

»Die Untertanen soll man mehr mit Güte gewinnen als mit Strenge verderben. Einem Fürsten sollen übermäßige Strafen so widerwärtig sein wie einem Arzt die Leichen.«

»Hüte Dich davor, Jemanden mit unversöhnlichem Zorn zu verfolgen, auf daß Gott nicht mit ewigem Zorn Dir begegne!«

»Das Wohl der Untertanen und des Gemeinwesens soll Dein großes Gesetz sein und ihm sollst Du Deinen eigenen Nutzen hintanstellen.«

»Gott hat den Fürsten den Schutz und nicht die Gewaltherrschaft über seine Untertanen gegeben als einem Vater und Hirten über sie; denn der Fürst ist von Gott um der Untertanen willen bestellt und nicht sie um der Fürsten willen: erst dann ist seine hohe Würde wohl begründet, wenn das Volk sich bewußt ist, daß der Fürst zwar oben steht, aber auch für das Volk da ist. Das aber erreicht der Fürst nicht, wenn er nicht selbst gut und verständig ist, wenn er sich nicht bemüht, besser zu sein als die, die er regiert.«

»Nach Deinem Vorbild als einem Maßstab werden Deine Untertanen ihre Sitten und zwar meistens im üblen Sinn einrichten; siehe zu, daß Du Guten vorstehst und unter ihnen der Beste bist!«

»Alles, was Du sagst und schreibst, sollst Du heilig halten, weil es zur Beherrschung des Gemeinwesens und zur Erhaltung hohen Ansehens kein wirksameres und mächtigeres Mittel gibt; wenn Du dies außer Acht lässest, geht das stärkste Band der menschlichen Gesellschaft in Trümmer; Verträge, Handel und Wandel, alle Wertschätzung zerfällt.«

»Je größer der Fürst, desto eingezogener und sanftmütiger soll er sein; er soll eingedenk sein, daß er als Mensch durch Gottes Gnade Menschen befiehlt; denn Gott kann seine Gaben nach freiem Belieben wieder zurücknehmen ... ein Fürst soll einsehen, daß alles in dieser Welt sterblich und ungewiß ist; je höher er steigt, desto größer die Gefahr; ebenso wie die höchsten Bäume stürzen können. Es erfordert lange Zeit, bis Fürstenhäuser in Höhe und Breite gewachsen sind; aber in einem Augenblick können sie gestürzt werden; wie denn die Geschichte lehrt, daß oftmals die Mächtigsten durch Schwächere gefährdet, ja selbst vernichtet worden sind.«

»Ein Fürst soll freigebig sein und sehr erkenntlich gegen die Verdienten, auf daß die Tugend den ihr gebührenden Lohn empfange; zuzeiten auch gegen Jene, die es nicht so sehr verdient haben, damit sie sich bessern oder wenigstens keinen Schaden anrichten. Doch sollen solche Schenkungen nicht überflüssig, unbedachtsam und verschwenderisch sein.«

»Freigebigkeit ohne Maß ist eine Mutter der Armut ... Deswegen sollst Du einen Unterschied machen zwischen der Freigebigkeit als einer Tugend und der Verschwendung als einem Laster.«

»Wenn Du je ein Übermaß im Verschwenden bezeigen willst, geschehe es für die Armen ... Sei eingedenk, daß Gott sich gegenüber Dir so verhalten wird, wie Du gegenüber den Armen und Bedrängten.«

»Die gerechteste Weise, reich zu werden, ist Sparsamkeit und eine wohl eingerichtete Wirtschaft; vor allem aber, der Untertanen Wohl und Nutzen zu fördern, das Handelswesen zu betreiben, Fleiß, Mühe und Arbeit wert zu halten; die sicherste Goldgrube ist, vermögende Untertanen zu haben, was nicht nur ihnen, sondern vor allem Dir sehr nützlich sein wird. Des Fürsten Reichtum kann nicht lang bestehen, wenn die Armut bei den Untertanen überhand nimmt.«

»Enthalte Dich, soviel Du kannst, des Schuldenmachens; und wenn je höchste Not es erfordert, sei darauf bedacht, daß Du solche Schulden wiederum beizeiten zurückzahlst oder wenigstens in Erstattung der Zinsen nicht saumselig oder treulos erscheinst.«

»Die Weisheit ist die eigentliche Tugend der Regenten. Der ist der allerklügste, der ihm Rat geben kann, was in einer Sache zu tuen ist; derjenige der nächst brauchbare, der einen guten und nützlichen Vorschlag durchzuführen vermag; wer weder selbst zu raten noch des Rates eines andern sich zu bedienen weiß, mit dem ist nichts anzufangen.«

»Es ist für einen Fürsten sehr nützlich und notwendig, sich um gute Freunde, so viele er sich erwerben kann, sowohl in seiner Umgebung als auch im weiteren Umkreis zu bemühen, die seine Regierung zu unterstützen vermögen.«

»Die Räte sollen weisen Verstand und bewährte Erfahrung besitzen, höflich und ernsthaft sein, gerecht und nicht geizig, . . . und sollen ihren eigenen Nutzen in keiner Weise suchen.«

»Beklagenswert und vielem Betrug unterworfen ist jeder Fürst, vor dem die Wahrheit nicht geredet werden darf, der nur angenehme und fröhliche Dinge hören will; damit ist ihm wenig geholfen, denn er wird auf diese Weise auch das Notwendigste nicht in Erfahrung bringen, wenn er nicht auch mißliche, widerwärtige und schwierige Dinge anhören will.«

»Wenn eine Sache erledigt werden muß, soll man ohne Verzug beratschlagen; unnötige Verzögerung ist eine Mutter des Schadens; langes Besinnen gibt dem andern den Vorteil in die Hand; zu lang hinausgezogener Rat kommt meist zu spät.«

»Hüte Dich davor, Dich mit Deinen Hofbediensteten zu vertraulich zu machen und ihren Einbläsereien zu folgen. Denn dieses Gesindel pflegt um des eigenen Gewinnes und Nutzens willen alles, es sei nun recht oder unrecht, löblich oder verderblich, zu loben und zu raten, Dir nur Schlimmes und Böses einzublasen; es bringt dabei Unwahrheiten vor, alles ist mit Nachrede, Neid, Haß und Schmeichelei vermischt.«

»Allen Anklägern, was sie auch vor- und anbringen, gebe Gehör, aber schenke nicht allen Glauben.«

»Die größte Kunst des Regenten ist, Natur und Beschaffenheit der eigenen Untertanen wohl zu erkennen; ebenso muß er genau über Sitten und Verhalten der Nachbarn unterrichtet sein, zu denen er Beziehungen unterhält.«

»Vier Grundsäulen müssen in einer wohlgeordneten Regierung vorhanden sein: zum ersten eine ausreichende Kriegsmacht; dann greifbares Geld in genügender Menge; zum dritten starke Schlösser und Festungen, mit denen man nicht nur die Feinde abwehren, sondern auch aufrührerische Bürger und Untertanen im Zaum halten kann; vor allem um die neu gewonnenen, denen nicht sehr zu trauen ist, bis sie ihren alten Herrn vergessen, in Gehorsam halten zu können; viertens besteht die wichtigste Stütze in der Zufriedenheit und dem guten Willen der Untertanen.«

»Diesen guten Willen erhalte Dir mit Wohltaten und Milde. Auf diese Weise werden alle Staatssorgen den Beziehungen eines Vaters zu seinen Kindern gleichen; doch ohne Verletzung und Minderung Deiner Würde, die ein milder, friedlicher und fester Einsatz Deiner Großmut in sich schließt. Denn wenn Du Dich ihrer im rechten Maß bedienst, wirst Du das Gemüt Deiner Untertanen Dir tief verbunden fühlen, alles wird bei Dir und im Lande gut stehen.«

»Keine Fürstenmacht ist so groß, daß sie nicht gestürzt werden könnte; denn wer einen haßt, wünscht nichts mehr als seinen Untergang; und der Gehaßte ist so vielen Gefahren ausgesetzt, als er selbst hervorgerufen hat.«

»Strafen, Steuern und Auflagen sollen mit Verstand, klug, vorsichtig und nur zum Nutzen des Gemeinwesens, auch gegen den größten Übeltäter mit gewissem Maß auferlegt werden ... Die von alters hergebrachten Einkünfte und Auflagen kannst Du bestehen lassen, doch meide auch hierbei alle Schärfe. Gib besonders auf Betrug und Eigennutz Deiner Geheimräte wohl acht, daß sie nicht mit den Mitteln der Untertanen ihre Beutel spicken, sich einen wohlgefüllten Geldsack, Dich arm und sich reich machen.«

»Vom Krieg will ich nicht viel reden; denn lieber ist mir, Du weißt wenig davon, als daß Du selbst einen führst ... Wer vom Krieg redet, redet nur Übles: die können es bezeugen, die es erfahren, die die Grausamkeiten des Krieges mit eigenen Augen mitangesehen haben; nicht die, die solches nur angeordnet und nicht gesehen haben.«

»Wenn aber, was Gott gnädig verhüten möge, die Notwendigkeit es erfordert, wegen der Bosheit Anderer Krieg zu führen, so beginne damit nicht, ehe und bevor Du alles wohl überlegt hast; fliehe den Krieg, dessen Ursprung Haß, Hochmut und andere unbesonnene Gemütsregungen sind. Die Waffen ergreife mit Gottes Hilfe vor allem zur Erhaltung der Religion, zum Schutze der Treue, die Du dem Kaiser als Deinem höchsten Oberhaupt und Lehensherrn schuldig bist, zur Erfüllung der Deinen Bundesgenossen gegenüber übernommenen Pflichten, zum Wohle Deines Vaterlandes, zur Abwendung zugefügter Schmach, zum Schirm Deiner Untertanen und letzthin um des Rechtes willen, wenn es auf keinem anderen Weg als dem der Waffen errungen werden kann.«

»Krieg soll man mit dem Ziel des Friedens führen; und sobald einige Hoffnung auf Frieden ist, nimm ihn an, als hättest Du durch den Krieg nichts anderes als den Frieden gesucht.«

»Nicht leichtsinnig und unbesonnen ergreife die Waffen; erwäge alles auf das genaueste nach der Länge und nach der Breite; bedenke alles mit Fleiß; schau weit voraus; betrachte Deine Kräfte, die Geldmittel und die Hilfe anderer, den zur Verfügung stehenden Sold, den notwendigen Proviant, rechtschaffene Offiziere, gute Soldaten, die dazugehörigen Waffen. All das führe Dir wohl zu

Gemüt und berechne es nicht für kurze, sondern für lange Zeit. Denn der Krieg ist in einem einzigen Augenblick begonnen, aber sehr schwer und langsam zu Ende gebracht.«

»Mit diesen wenigen Worten, liebster Sohn Ferdinand, habe ich Dich väterlich ermahnen wollen. Ich bin der Hoffnung, Du werdest mit Fleiß und Klugheit und mit dem Rat verständiger Männer mehr vollbringen, als meine Worte fordern.«

Auszüge aus den »Treuherzigen Ermahnungen«

»Der gute Fürst«, heißt es hier, »soll ernstlich Beruf und Ziel, um deswillen er von dem allmächtigen Gott zu diesem hohen Stand und Amt erwählt und erhoben wurde, sich stetig vergegenwärtigen in dem Sinn, daß er zunächst die Ehre Gottes, die heilige katholische Religion und das Heil der Seelen der ihm von Gott anvertrauten Untertanen, für die er am Jüngsten Tag Rechenschaft abzulegen hat, nach all seinem Verstand und Vermögen fördere; dann Wohlstand und Sicherheit von Land und Leuten als oberstes Gesetz ansehe und die liebe Justitia, ohne die kein Reich oder Land lange bestehen kann, im rechten geraden Weg fördere; dadurch wird er bei Gott Gnade und Verdienst, bei den Menschen aber Ruhm, Liebe und Zuneigung erwerben; besonders aber den löblichen Beinamen, daß er pater patriae genannt wird und in der Tat ist, und damit in seiner Regierung Segen, Glück und Wohlfahrt ernten.«

»Zum andern soll er Land und Leuten mit löblichem Exempel in Andacht und Gottesfurcht, gebührendem fürstlichem Wandel und Tugenden, mit unverdrossener Arbeit, Sparsamkeit und Mäßigkeit vorangehen und leuchten, jedes Ärgernis vermeiden und gleichsam ein Spiegel sein, in dem sich seine Untergebenen nicht nur sehen, sondern auch einen starken Antrieb zur Nachfolge erfahren; zumal die Exempel solcher hohen Fürsten im guten wie im bösen viel mehr Wirkung und Nachdruck besitzen als die praecepta, Satzungen, Befehle und Ermahnungen: longa enim via est per praecepta, brevis autem et efficax per exempla.«

»Drittens soll er sich oft und gut zu Herzen nehmen, daß, wenn er auch aus göttlicher Güte zu hohem Stand und Würde berufen und erhoben wurde, solches doch nicht um zeitlicher Wollust, Freude und Wohllebens willen geschehe, sondern daß an diesem hohen Beruf und Amt eine ebenso große und schwere Bürde an Arbeit, Sorge, Mühe und Verantwortung hängt; deswegen er sich der Emsigkeit, Arbeit und Sorgfalt – abgesehen von gebührenden Ergötzlichkeiten, die aber mit Maß und zu ihrer Zeit zu gebrauchen – befleißen und gewöhnen soll, sich die Regierungsangelegenheiten, seiner Land und Leute Wohlfahrt nicht weniger als sein eigenes Wohl nach Tunlichkeit eifrig angelegen sein lassen, ob und wie seine Räte, Offiziere, Diener ihre Stellen und Ämter versehen, ob keine öffentlichen Laster und Ärgernisse zu Tag treten, ob die Mandate, Gebote und Verbote recht innegehalten werden, fleißig nachfragen, selbst auch soviel als möglich nachsehen; die Räte, wie Wir und seine Voreltern getan, öfters besuchen und sie so in guter Bemühung und Arbeit erhalten: oculus domini saginat equum. Denn sein Stand beschränkt sich nicht allein darauf, ut praesit (voransteht), sondern fordert auch, ut prosit (nützt); und insofern werden eifrige, arbeitsame Potentaten und Fürsten den brennenden Kerzen mit Grund verglichen, die sagen könnten: aliis lucendo consumor (ich verzehre mich, indem ich für andere leuchte).«

»Zum vierten ist vornehmste Aufgabe eines Fürsten, gleichsam seine pupilla oculi oder civilis anima, Autorität, Reputation und Respekt, durch die allein die Häupter und Fürsten von den Untertanen und geringen Standespersonen sich unterscheiden und erkenntlich sind; deshalb diese um so viel mehr in acht zu nehmen und nicht zu schwächen ist, weil sie leichter zu erhalten als wiederzugewinnen ist; doch soll es auch moderato, prudenter und maßvoll geschehen, daß die Reputation mit gebührender Freundlichkeit, Sanftmut und Demut so temperiert und vermischt werde, daß Reputation und Autorität kein Odium und zu große Vertraulichkeit kein contemptum verursache.«

»Denn gleichwie die rechte gebührende Reputation und Autorität einen Potentaten und Fürsten empfiehlt und groß macht, ebenso macht der contemptus und Disreputation oder auch der Hochmut und übertriebene Autorität ihn verächtlich und verhaßt oder richtet ihn gar zugrunde.«

»Die rechte fürstliche und standesgemäße Reputation und Autorität aber wird vor allem durch kluge und weise Ratschläge, tiefen und scharfen Verstand, Großmut, Fleiß und Emsigkeit, Macht und gute Mittel erlangt und erhalten: Eigenschaften, durch die Unsere lieben Voreltern durch Gottes Gnade zu Reputation und Wohlstand gekommen sind. Hierdurch wird auch Unser lieber Sohn bei seinen Untertanen Liebe und Furcht, bei den Freunden Lob und Zuneigung, bei den Widersachern Apprehension erwecken.«

»Neben anderen angedeuteten Stücken aber sind vornehmlich die Vires und Mittel als nervus rerum agendarum, augendarum et conservandarum wohl in acht zu nehmen und allezeit zu bedenken; wie der weise Tacitus sagt: nihil tam instabile ac fluxum quam fama potentiae, non sua vi nixae. Wie denn die Historien und Erfahrungen hinlänglich zu erkennen geben, daß ohne Macht und Wohlstand viele Fürsten nicht nur sich und ihre Reputation, sondern Land und Leute in Gefahr und Verlust gebracht haben.«

»Gleichwie nun fürs fünfte einem Regenten und Landesfürsten als dem Haupt obliegt, sein von Gott anbefohlenes Land und Leute christväterlich und löblich der geraden Schnur der Gerechtigkeit nach zu regieren, ebenso erfordert auch die Notwendigkeit, wohl in acht zu nehmen und darauf zu halten, daß ihm von seinen Gliedern und Untertanen dasjenige geleistet und erwiesen werde, wozu sie von Rechts wegen und Billigkeit verpflichtet sind.«

»Diese sind nun unter dem corpore einer allgemeinen Landschaft vereinigt und obschon sie von Unseren löblichen Voreltern, Kaisern, Königen und Landesfürsten aus gewissen Ursachen mit besonderen Gnaden, Privilegien und Freiheiten begabt wurden, die man ihnen, soweit sie begründet sind, jederzeit konfirmiert und erneuert hat und auch zu halten schuldig ist: so hat doch die Erfahrung gezeigt, ist auch fast allen Menschen angeboren und sind besonders Unsere Landschaft und Stände dafür beflissen, ihnen Libertät und Freiheiten je länger um so mehr zu erweitern, auch neue Privilegien zu suchen, auf ihren eigenen Nutzen zu sehen und sich mehr, als ihnen gebührt, anzueignen, was ohne merklichen Abbruch, Nachteil und Schaden eines Landesfürsten nicht geschehen kann. Daher Wir gleich zu Anfang und während Unserer Regierung darauf acht hatten und handelten, daß Wir nicht Ursach hatten oder, wie das bei einigen früheren Landesfürsten geschah, gezwungen wurden, der Landschaft zu Willen zu sein und ihren unziemlichen Anmaßungen und Prätensionen nachzugeben; vielmehr haben Wir sie in die Schranken der Billigkeit, gebührenden Respekts und Gehorsams gebracht und darin erhalten, was als besonderes secretum gubernationis eines Landesfürsten vor allem zu beachten und fleißig im Auge zu behalten ist.«

»Und da Wir die wichtigsten Elemente der landesherrlichen Gewalt wie auch der Schuldigkeit der Landschaft, und was dabei nach Gestalt der Zeit, Notdurft und Gelegenheit zu observieren, in einer besonderen Instruktion für Unsere herzliebste Gemahlin und den Kurerben haben verzeichnen lassen, wie aus beiliegendem Auszug zu ersehen, soll Unser Kurerbe und künftiger Landesfürst solches öfters lesen und fleißig beobachten, besonders aber sich nicht bereden oder bewegen lassen, den Landständen weitere Privilegien und Freiheiten – die ohnedies ansehnlich und größer sind als in einem anderen Fürstentum oder Land – zu seinem und Unseres hochlöblichen Hauses Schaden zu bewilligen, sondern seine landesfürstliche Superiorität, Hoheit, Recht und Interesse zu erhalten und gut zu administrieren, hingegen auch der Landschaft und Landstände Privilegien und was ihnen von Rechts wegen gebührt, ohne rechtmäßigen Grund nicht zu entziehen.«

»Und obwohl zum sechsten er von dem Allmächtigen mit genügend Verstand und anderen fürstlichen Talenten begabt ist, ist doch Land und Leute zu regieren eine so schwere Bürde und große Kunst, daß kein Regent, wie verständig, gewitzt und klug er auch sein mag, sich selbst allein es zutrauen, sondern stets Anderer verständigen Rat und Hilfe suchen und den sicheren Weg gehen soll, weil das Fehlen und Irren eine menschliche Schwäche ist, der Könige und Fürsten wie andere Menschen unterworfen sind. Deswegen soll Unser Sohn zunächst seiner herzliebsten Frau Mutter treuen Rat in vorkommenden schweren Fällen einholen, ihre mütterliche Erinnerung gehorsam beachten, sie von Herzen lieben und ehren, auch ohne ihren und der verständigen Räte Rat, vor allem der alten (die Wir bereits viele Jahre in Regierungs- und anderen Sachen verwendet, die eine lange Experienz und gute Information besitzen, bei denen Wir Uns sehr wohl befunden haben) Rat und Gutachten in wichtigen Dingen nichts beschließen und vornehmen, noch weniger sie ohne erhebliche Ursache abdanken, sondern vielmehr, wie Wir und Unser in Gott ruhender Herr Vater selig getan, sie gebührend respektieren und sich nicht etwa Junger, Fremder und Unerfahrener bedienen; denn es heißt und ist wahr: quod fidelitas domini.«

»Und da zum siebten alle Fürsten und Regenten die schwere Bürde der Regierung, wie gesagt, allein nicht tragen können, sondern notwendig die Hilfe der Offiziere und Diener brauchen, ihnen vertrauen und also, wie man sagt, durch fremde Augen sehen und durch fremde Ohren hören müssen, so obliegt jedem Potentaten und Fürsten seines Berufs und Gewissens, auch seiner selbst und seiner Lande und Untertanen Wohlfahrt wegen, ist von ihm auch vor Gott zu verantworten, daß er nicht bei der Wahl seiner Räte, Offiziere und Diener, die in Stadt- und Ratsdingen, wie auch in der Justiz und in den Rechnungsämtern gebraucht werden, alle mögliche Sorgfalt und Vorsicht anwende, auch ihr Verhalten, Amtieren, Tun und Lassen beaufsichtige, die Treuen und Fleißigen ihrem Verdienst nach belohne, die Ungetreuen und Faulen aber tadle, strafe oder entlasse ...«

»Fürs achte ist bei den meisten Fürsten und Regenten jeder Zeit der schädliche und disreputierliche Mißbrauch verspürt und getadelt worden, daß sie einem Schmeichler von schlechter Art und Verstand, von mehr Lastern als Tugenden, alles vertrauen und seinem Rat zuviel überlassen, was einem solchen Fürsten nicht nur an seiner Reputation großen Nachteil und an seiner guten Regierung viel Schaden, sondern auch bei Jedermann widrige Affektionen und Haß verursacht.«

»Deshalb soll sich Unser lieber Sohn von dergleichen unnützen und schädlichen Schmeichlern fernhalten, die nichts anderes als pestis Principum et Aularum sind, und viel mehr nach verständigen, tapferen, treuen und tugendsamen Ministern trachten, von denen er Reputation, Ruhm und Nutzen haben kann. Doch soll er einem allein nit alles vertrauen, sondern nach Lage der Dinge auch den Rat Anderer nützen: mehr sehen zwei Augen als eines.«

»Ferner und zum neunten ist einem Fürsten und Regenten nützlich und notwendig, und dazu ermahnen Wir auch Unseren Sohn, daß er einem Jeden, er sei hohen oder niederen Standes, geistlich oder weltlich, reich oder arm, Zutritt und Gehör gebe; daß er, in der Art, wie es Brauch ist, Klagen und Begehren mit gebührender Geduld und Sanftmut anhöre; aber nicht gleich ex tempore, ohne vorangegangene Überlegung, Information und Berichtseinholung sich entscheide und erkläre, etwas abschlage oder verspreche, sondern den Bittsteller auf Resolution, Antwort und Bescheid verweise und vertröste ...«

»Noch weniger aber soll man den Zwischenträgern und Angebern, deren Angeberei oftmals, wie die Erfahrung zeigt, mehr aus Haß, Feindschaft, Neid, Rachgier und dergleichen unziemlichen Passionen als aus Treue und Liebe zur Gerechtigkeit herfließet, gleich Glauben schenken, Beifall spenden oder ein Urteil fällen; sondern damit zurückhalten und gemäß der rechten natürlichen Ordnung auch den andern Teil hören und dann nach Gebühr und Billigkeit handeln ...«

»Weiterhin und fürs zehnte ist es eine besondere und sehr notwendige Tugend, daß jeder Potentat und Fürst sich der Geheimhaltung und des Schweigens befleißige, keine unnützen und überflüssigen, noch weniger grobe, leichtfertige oder verabscheuungswürdige Worte gebrauche; und wenn er redet, langsam, verständig und bedachtsam es tue.«

»Was ihm aber von seinen treuen Räten und Offizieren etwa unter Amtspflicht und aus treuer Verpflichtung im geheimen angezeigt und dargelegt wird, soll er bei sich behalten; und wenn deswegen etwas anzuordnen ist, soll es so geschehen, daß ein solcher treuer Rat, Beamter oder Diener dadurch nicht in Ungelegenheit und wegen seiner Treue nicht zu Schaden kommt und so veranlaßt wird, daß er zu des Fürsten Schaden ein andermal schweigt. Denn wie will und kann ein Regent Schweigsamkeit von seinen Dienern fordern, wenn er selbst sich nicht daran hält und seinen Dienern kein gutes Beispiel gibt?«

»Nicht weniger und zum elften steht einem Fürsten zu und wohl an, daß er sich nicht aller möglichen neuen, fremden und ungewöhnlich modischen Kleidung bedient, sondern einer würdigen, gebräuchlichen und beständigen Tracht, diese nicht ohne weiteres verändere . . .«

»Gleiches gilt für fremde, ausländische, besonders aber welsche Offiziere und Diener, die selten aus Lieb und Affektion, meist aber wegen ihres privaten Nutzens und um sich zu bereichern, den Dienst erstreben, mit ihren Prätensionen gar lästig und beschwerlich sind, und wenn sie ihre Absichten erreicht, wieder abziehen und sogar die Geheimnisse verraten. Deshalb soll sich Unser Sohn dergleichen ausländischer Diener soviel als möglich enthalten und die daraus entstehenden Ungelegenheiten und Beschwerden vermeiden.«

»Zum zwölften: nachdem wie bemerkt und fast jedermann bekannt ist, daß die königlichen und andern hohen Orden, die vordem nur dem Kaiser, König und anderen hohen wohl verdienten Personen zur Ehre und Zierde verliehen und in großer Reputation gehalten worden sind, nach und nach fast ohne Unterscheidung Personen geringen Standes gegeben werden, so ermahnen Wir Unseren Sohn väter- und gnädiglich, daß er dieser und anderer Ursachen wegen dergleichen Orden nicht erstreben und annehmen soll.«

»Zum dreizehnten ist es allezeit für einen starken Schutz gehalten worden, gute und mächtige Freunde zu haben, auf die man sich in der Not verlassen kann. Deswegen soll Unser lieber Sohn sich befleißen, mit jenen Potentaten und Fürsten in und außerhalb des Reichs, die es mit ihm und Unserem löblichen Haus gut meinen und nicht vielmehr ihren Vorteil und Nutzen zu Unseres Hauses Schaden suchen, allezeit in guter Verbindung, Freundschaft und Vertraulichkeit zu stehen, daneben aber sein Daseinsrecht gegenüber denjenigen zu schützen, die es mit Unserem Haus nicht gut meinen.«

»Fürs vierzehnte: Wir haben allerhand Informationen, Erinnerungen und Berichte über eine Reihe wichtiger Dinge, die Wir während Unserer Regierung beachtet und durch langwierige Erfahrung gelernt haben, die einem Landesfürsten für sein Regiment nützlich und nötig sind, aufzeichnen und in diese Truhe legen lassen, die Unser lieber Sohn und künftiger Landesfürst fleißig beachten, sich darin informieren und danach richten kann und soll. Wenn es aber die Gelegenheit ergeben und die Notwendigkeit erfordern sollte, wegen des Hauses Österreich vorstellig zu werden, so ist das nicht gegen die Herren selbst als Unseres Hauses nächste Blutsverwandte, auf die wir das letzte Vertrauen setzen, gemeint, sondern gegen die widrigen, übel gestimmten Minister und Räte, die zwischen beiden Häusern Mißverständnisse und Zwietracht zu stiften und ihre Herren falsch zu bereden und beeinflussen beflissen sind.«

»Endlich beschließen Wir diese Unsere treuherzigen väterlichen Aufzeichnungen und Ermahnungen mit den Worten, die der König und Prophet David seinem Sohn Salomon hinterlassen, mit denen er sein Leben beschlossen hat: ›Ich gehe den Weg in alle Welt hinein. Sei stark und sei ein Mann und bewahre Dir den Schutz des Herrn, Deines Gottes, auf daß Du auf Seinen Wegen wandelst, auf daß Du Seine Gebote und Vorschriften, Seine Urteile und Zeugnisse hütest, und begreifen mögest, was Du tust und wohin Du Dich zu wenden hast.‹

Anno 1650.

manu propria.
Maximilian.«

Anmerkungen

S. 35
* Handschriftenabteilung: Clm 553–57, 680, 1812
** Geheimes Hausarchiv: Akt 1712 F II 32; HSTA: Fb 31, 16–51 u. 80–101; Bayer. Staatsbibliothek-Handschriftenabteilung: Cgm 1962, 1963, 2614

S. 36
* Original verschollen. Gedruckt bei Wolf Peter Philipp, Geschichte Maximilians I. und seiner Zeit, I, München 1807, S. 77–86

S. 70
* Hainhofer Philipp, Reisetagebücher 1611–1636. Herausgegeben von Christian Häutle. In: Zeitschrift des Historischen Vereins für Schwaben und Neuburg, 8. Jahrgang. Augsburg 1881

S. 77
* vom 28. März 1607. Original in der Handschriftenabteilung der Bayer. Staatsbibliothek, CbM Cat 1–3. Gedruckt bei Carl August Muffat, Die Königl. Hof- und Staatsbibliothek in München, in Bayer. Blätter f. Geschichte, Statistik, Literatur und Kunst, Nr. 26 vom 30. Mai 1832, S. 204f.

S. 236
* Offizieller Bericht aus der Kaiserlichen Hofkanzlei über Wallensteins Verrat im Haus-, Hof- und Staatsarchiv Wien

S. 300
* Vollständig abgedruckt bei Karl Kehrbach, Geschichte der Erziehung der Bayerischen Wittelsbacher, in: Monumenta Germaniae Paedagogica, Bd. XIV, Berlin 1892, S. 102f. und S. 142f.

Nachwort zur Bearbeitung

Als man daran dachte, »den Pfister«, Kurt Pfisters längst vergriffene Monographie über den großen Kurfürsten der Bayern, Maximilian I., neu herauszubringen, schwebte dem Verleger eine regelrechte Bearbeitung vor. Die Forschung zur Person und Politik dieses Wittelsbachers, zur Geistesgeschichte des siebzehnten Jahrhunderts, vor allem zum Dreißigjährigen Krieg, zu seinen Feldherren und Drahtziehern, hat seit dem Erscheinungsjahr 1948 neue Aspekte eröffnet, Zusammenhänge aufgedeckt, Teilbereiche durchleuchtet.

Jedoch: diese Forschungsergebnisse in das Pfister'sche Werk *ein*zuarbeiten, wäre sicher mißraten. Diktion und Betrachtungsweise des Autors sind von so ausgeprägter Eigenart, daß jede fremde Einflechtung einen störenden Stilbruch verursacht hätte. Lesbarkeit und Informationswert, die es ja zu erhöhen galt, wären dabei zwangsläufig vermindert worden. Anderenfalls wäre eine neue Monographie entstanden, für die das alte Buch von Pfister nur noch als Literaturquelle gedient hätte.

So kamen Verlag und Bearbeiter überein, »dem Pfister«, den Carl Burckhardt in einem persönlichen Brief »einen historischen Autor von seltenen Gaben« nannte, seine Eigenart zu belassen, dafür den Umfang des Buches zu verringern, um es übersichtlicher zu gestalten und den Inhalt transparenter zu machen. Es kam also einmal darauf an, die Fülle von Auszügen und Zitaten zu reduzieren, die zwar für sich große Aussagekraft hatten, aber von der eigentlichen Geschichte Maximilians und seines Jahrhunderts, von der Berichterstattung über die Fakten und Ereignisse in dieser außergewöhnlichen Regierungszeit immer wieder verwirrend ablenkten. Zum anderen mußte die Fülle der Kenntnisse von Fakten und Ereignissen zum Teil anders angeordnet, gestrafft und in chronologischen Einklang gebracht werden. Schließlich wird die übersichtlichere Aufgliederung allzu umfangreicher Kapitel und das Einfügen von Zwischenüberschriften Lektüre und Auswertung erleichtern.

Das Quellenverzeichnis wurde im Hinblick auf jüngere Forschung und Literatur neu zusammengestellt. Der Bildteil wurde ebenfalls neu erarbeitet. Zeittafeln geben einen Überblick über die wichtigsten Ereignisse und Lebensdaten der dargestellten Epoche.

Verlag und Bearbeiter waren bemüht, gleichermaßen den Autor zu respektieren und den Anspruch einer kritischen Leserschaft zu erfüllen.

Seefeld, im April 1980 *Dr. Gertrud Stetter*

Lebensdaten

Albrecht V., Herzog von Bayern (seit 1550)	1528–1579
Angelus Silesius = Johann August Scheffler, Dichter	1624–1677
Callot Jacques, Maler	1592–1632
Christian IV., König von Dänemark (seit 1625)	1588–1648
Comenius Amos, Pädagoge	1592–1670
Descartes René, Philosoph	1596–1650
Ferdinand I., Kaiser	1503–1556
Ferdinand II., Kaiser u. König von Ungarn u. Böhmen	1578–1637
Ferdinand III., Kaiser	1608–1657
Friedrich Wilhelm, Kurfürst von Brandenburg (seit 1640)	1620–1688
Grimmelshausen Hans Jakob Christoffel von	1566–1625
Gryphius Andreas, Dichter	1616–1664
Gustav Adolf II., König von Schweden (seit 1621)	1594–1632
Heinrich IV., König von Frankreich (seit 1589)	1553–1610
Jakob I., König von England (seit 1603)	1566–1625
Karl I., König von England (seit 1625)	1600–1649
Karl V., Kaiser und König von Spanien	1500–1558
Kepler Johannes, Astronom und Astrologe, Mathematiker	1571–1630
Ludwig XIII., König von Frankreich (seit 1610)	1601–1643
Ludwig XIV., König von Frankreich (seit 1643)	1638–1715
Maximilian I., Kaiser	1459–1519
Maximilian II., Kaiser	1527–1576
Maximilian I., Kurfürst von Bayern	1573–1651
Mazarin Jules, Kardinal	1602–1661
Philipp II., König von Spanien	1527–1598
Philipp III., König von Spanien	1578–1621
Philipp IV., König von Spanien	1605–1665
Richelieu, Kardinal	1585–1642
Rubens Peter Paul	1577–1640
Rudolf II., Kaiser	1552–1576
Schütz Heinrich, Komponist	1585–1632
Sigismund III. a. d. Haus Wasa, König von Polen, König von Schweden (1592–1604)	1587–1632

Tilly Johann, Feldherr	1559–1632
Wilhelm I. von Oranien, Statthalter der Niederlande	1553–1584
Wilhelm II. von Oranien, Statthalter der Niederlande (seit 1647)	1626–1650
Wilhelm IV., Herzog von Bayern (seit 1508)	1493–1550
Wilhelm V., Herzog von Bayern (seit 1579)	1548–1626

DIE DYNASTIE DER HABSBURGER
(Ausschnitt 16./17. Jahrhundert)

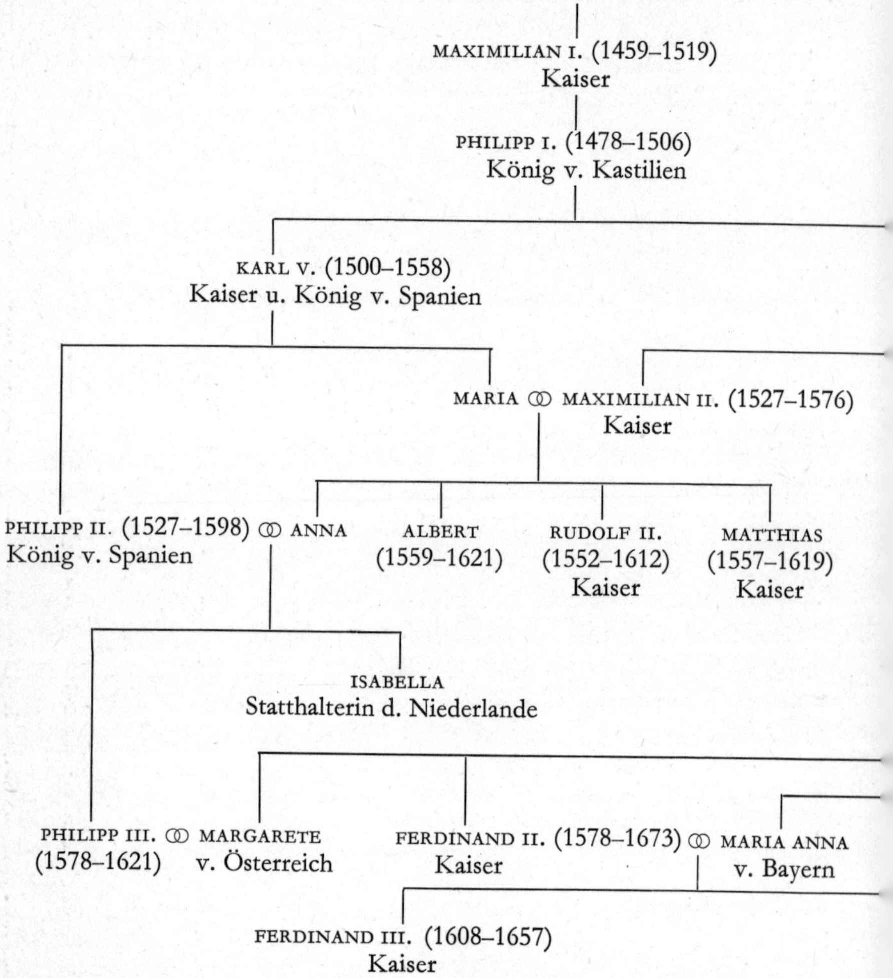

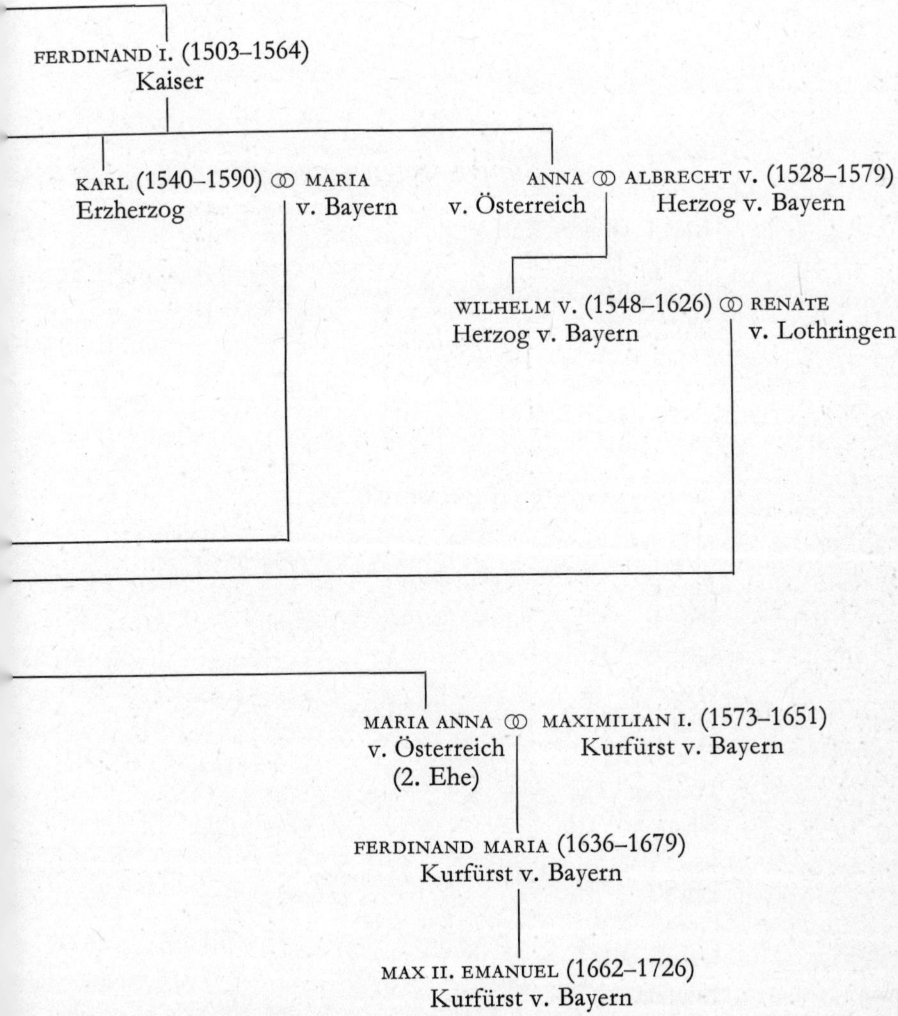

FERDINAND I. (1503–1564)
Kaiser
KARL (1540–1590) ⚭ MARIA
Erzherzog
v. Bayern
ANNA ⚭ ALBRECHT V. (1528–1579)
v. Österreich
Herzog v. Bayern
WILHELM V. (1548–1626) ⚭ RENATE
Herzog v. Bayern
v. Lothringen
MARIA ANNA ⚭ MAXIMILIAN I. (1573–1651)
v. Österreich
(2. Ehe)
Kurfürst v. Bayern
FERDINAND MARIA (1636–1679)
Kurfürst v. Bayern
MAX II. EMANUEL (1662–1726)
Kurfürst v. Bayern

Habsburgische Kaiser (Regierungszeit)

Maximilian I.	1493–1519
Karl V.	1519–1556
Ferdinand I.	1556–1564
Maximilian II.	1564–1576
Rudolf II.	1576–1612
Matthias	1612–1619
Ferdinand II.	1619–1637
Ferdinand III.	1637–1657

Spanische Könige (Regierungszeit)

Karl I. (Kaiser Karl V.)	1516–1555
Philipp II.	1556–1598
Philipp III.	1598–1621
Philipp IV.	1621–1665

Päpste (Regierungszeit)

Paul IV.	1555–1559
Pius IV.	1559–1565
Pius V.	1566–1572
Gregor XIII.	1572–1585
Sixtus V.	1585–1590
Urban VII.	1590
Gregor XIV.	1590–1591
Innozenz IX.	1591
Klemens VIII.	1592–1605
Leo XI.	1605
Paul V.	1605–1621
Gregor XV.	1621–1623
Urban VIII.	1623–1644
Innozenz X.	1644–1655

Zeittafel

1579 Nordniederlande schließen sich unter Wilhelm von Oranien in der Utrechter Union gegen Spanien zusammen

1580 Konkordienbuch (= Sammlung lutherischer Bekenntnisse): Zusammenfassung der lutherischen Glaubenssätze im Gegensatz zum Calvinismus

1581 Die Niederlande sagen sich unter Wilhelm von Oranien von Spanien los

1584 Der niederländische Statthalter Wilhelm von Oranien wird von Katholiken ermordet

1588 Die Niederlande erklären sich zur Republik

1593 Heinrich IV. von Navarra, seit 1569 Führer der Hugenotten, tritt zum Katholizismus über zur Sicherung der französischen Krone (»Paris ist eine Messe wert«!)

1597 Maximilian I. wird Herzog von Bayern

1598 Religionsfreiheit für die französischen Protestanten durch Heinrich IV.

1604 Sigismund III. verliert wegen Katholisierungsversuchen die schwedische Krone an seinen protestantischen Onkel Karl IX.

1607 Sigismund von Polen unterwirft den protestantischen Adel. Donauwörth vom Kaiser geächtet

1608 Gründung der Union als Schutzbündnis der protestantischen Stände

1609 Majestätsbrief Kaiser Rudolfs II. (König von Böhmen und Ungarn) sichert den böhmischen Protestanten Religionsfreiheit

Gründung der Liga gegen die protestantische Union.

Jülich-Klevescher Erbfolgestreit bis 1614.

Waffenstillstand zwischen den Niederlanden und Spanien bis 1621

1613 Johann Sigismund, Kurfürst von Brandenburg, wird Calvinist zur Erlangung der Jülich-Kleveschen Erbschaft

1614 Vertrag von Xanten: Kleve, Mark und Ravensberg an Brandenburg; Jülich und Berg an Pfalz-Neuburg

1618 Beginn des Dreißigjährigen Krieges mit dem Aufstand der böhmischen Protestanten.

Böhmisch-pfälzischer Krieg bis 1623

1619 Königswahl Kurfürst Friedrichs V. in Böhmen

1620	Schlacht am Weißen Berg
1621	Neue Hugenottenkriege bis 1629; Hugenotten unterliegen Schwedisch-polnischer Krieg bis 1629. Tilly besetzt die Pfalz mit Heidelberg
1621	Erfolgreicher Kampf der Niederlande gegen Spanien
1624	Richelieu wird leitender Minister Ludwigs XIII.
1625	König Christian von Dänemark wird Heerführer der Union. Frankenburger Würfelspiel
1626	Schlacht an der Dessauer Elbbrücke. Schlacht bei Lutter am Barrenberg. Oberösterreichischer Bauernaufstand
1627	Tilly und Wallenstein erobern Holstein. Wallensteins Flottenpläne scheitern an der vergeblichen Belagerung Stralsunds
1628	Wallenstein wird Herzog von Mecklenburg
1629	Friede von Lübeck: Dänemark scheidet aus dem Krieg aus. Restitutionsedikt Ferdinands II.
1630	Entlassung Wallensteins. Gustav Adolf landet in Pommern
1631	Tilly erobert Magdeburg. Gustav Adolf stößt bis Mainz vor
1632	Tilly fällt in der Schlacht bei Rain am Lech. Wallensteins Rückberufung. Gustav Adolf erobert München. Gustav Adolf fällt in der Schlacht bei Lützen
1633	Vertrag von Heilbronn. Eroberung Regensburgs durch Bernhard von Weimar
1634	Ermordung Wallensteins. Schlacht bei Nördlingen
1635	Prager Frieden. Aufhebung des Restitutionsedikts
1636	Schlacht bei Wittstock
1638	Eroberung Breisachs. Schweden in Prag
1642	Schlacht bei Breitenfeld. Mazarin wird Nachfolger Richelieu's
1646	Franzosen und Schweden in Bayern
1648	Westfälischer Friede
1650	Friedensfeier in Nürnberg

Literatur

Albrecht Dieter, Die auswärtige Politik Maximilians von Bayern 1618–1635, in: Schriftenreihe der Historischen Kommission bei der Bayerischen Akademie der Wissenschaften, 6, Göttingen 1962
Aretin Karl M. von, Geschichte des bayerischen Herzogs und Kurfürsten Maximilian des Ersten, Passau 1842
Berges Wilhelm, Die Fürstenspiegel des hohen und späten Mittelalters, Stuttgart 1938 (1952)
Bezzel Irmgard, Kurfürst Maximilian I. von Bayern als Reichsfürst in den Jahren 1623 bis 1627, München 1957, Diss.
Birley Robert, Maximilian von Bayern, Adam Contzen und die Gegenreformation in Deutschland 1624–1635, in: Schriftenreihe der Historischen Kommission bei der Bayerischen Akademie der Wissenschaften, 13, Göttingen 1975
Briefe und Akten zur Geschichte des Dreißigjährigen Krieges, I. Abt. Bd. I (1618/20), bearbeitet von G. Frantz, München 1966; II. Abt. Bd. IV (1628/29), bearbeitet von W. Goetz, München 1948; II. Abt. Bd. V (1629/30), bearbeitet von D. Albrecht, München 1964
Burckhardt Carl J., Richelieu. I. Der Aufstieg zur Macht, München 1935; II. Behauptung der Macht und kalter Krieg, 2. Aufl. München 1966
Caspar Max, Johannes Kaplers wissenschaftliche und philosophische Stellung, in: Corona, V, 1935
Cerny Albin, Bilder aus der Zeit der Bauernunruhen in Österreich, Linz 1876
Clemen Otto, Volksfrömmigkeit im 30-jährigen Krieg, 1939
Dausch Maria Hermine, Zur Organisation des Münchener Hofstaats in der Zeit von Herzog Albrecht V. bis zu Kurfürst Maximilian, Diss. München 1944
Die Politik Maximilians I. von Bayern und seiner Verbündeten 1618 bis 1651, in: Briefe und Akten zur Geschichte des 30-jährigen Krieges. Neue Folge, 2,1.2
Ditfurth Franz Wilhelm, Die historisch-politischen Volkslieder des 30-jährigen Krieges, Heidelberg 1882
Dollinger Heinz, Studien zur Finanzreform Maximilians I. von Bayern in den Jahren 1598–1618. Ein Beitrag zur Geschichte des Frühabsolutismus, in: Schriftenreihe der Historischen Kommission bei der Bayerischen Akademie der Wissenschaften, 8, Göttingen 1968
Dotterweich Helmut, Der junge Maximilian. Jugend und Erziehung des bayerischen Herzogs und späteren Kurfürsten Maximilian I. von 1573–1593, München 1962
Droysen G., Gustaf Adolf, 2 Bde., Leipzig 1869
Duhr Bernhard, Geschichte der Jesuiten in den Ländern deutscher Zunge, 3 Bde., Freiburg 1907
Ernstberger Anton, Wallenstein als Volkswirt im Herzogtum Friedland, Reichenberg 1929
Hans de Witte. Finanzmann Wallensteins, Wiesbaden 1957
Franz Georg, Der Dreißigjährige Krieg und das deutsche Volk, 3. Aufl., Stuttgart 1961
Gindely Anton, Geschichte des 30-jährigen Krieges, in drei Abteilungen, Leipzig 1882
Hrsg., Die Berichte über die Schlacht auf dem Weißen Berge bei Prag, in: Archiv für österreichische Geschichte, 56, Wien 1878
Waldstein während seines ersten Generalats, 1886
Grundmann Günther, Wallenstein als Bauherr, in: Ostdeutsche Wissenschaft. Jahrbuch des Ostdeutschen Kulturrats, II, 1955
Haan Heiner, Der Regensburger Kurfürstentag von 1636/37, Münster 1967
Hochheimer Albert, Verraten und verkauft. Die Geschichte europäischer Söldner, Stuttgart 1967
Högl Mathias, Des Kurfürsten Maximilian Soldaten in der Oberpfalz und an der böhmischen Grenze von 1621–1626, Regensburg 1906
Hubensteiner Benno, Maximilian I. Staat, Leben und Kultur um die Zeit des dreißigjährigen Krieges, München 1956
Jessen Hans, Der Dreißigjährige Krieg in Augenzeugenberichten, 2. Aufl., Düsseldorf 1963
Kopp, Friedrich, Der Westfälische Friede, München 1940
Krebs Julius, Die Schlacht am Weißen Berg, Breslau 1879
Krüner Friedrich, Bethlen Gabor, Fürst von Siebenbürgen, in: Historische Zeitschrift, 58, München 1887
Lahrkamp Helmut, Jan van Werth, Köln 1962
Lammert Gottfried, Geschichte der Seuchen, Hungers- und Kriegsnot, Wiesbaden 1890

Lutz F. H., Schubert H., Weber H., Frankreich und das Reich im 16. und 17. Jahrhundert, Göttingen 1968
Mann Golo, Wallenstein, Frankfurt 1971
Mecenzeffy Grete, Habsburger im 17. Jahrhundert. Die Beziehungen der Höfe von Wien und Madrid während des Dreißigjährigen Krieges, in: Archiv für österreichische Geschichte, 121, 1957
Monumenta Germaniae paedagogica, 14
Müller Johannes, Das Jesuitendrama in den Ländern deutscher Zunge, 2 Bde., Augsburg 1930
Oman Carola, Elizabeth of Bohemia, London 1938
Pekar J., Wallenstein 1630–1634. Die Tragödie einer Verschwörung, 2 Bde., Berlin 1937
Repgen Konrad, Die römische Kurie und der Westfälische Friede, 2 Bde., Tübingen 1962/65
Roberts Michael, Gustavus Adolphus. A History of Sweden 1611–1632, 2 Bde., 2. Aufl., London 1962/64
Röse Bernhard, Herzog Bernhard der Große von Sachsen-Weimar, Weimar 1828
Rothes Walther, Die Kunstpflege der Wittelsbacher, Pfaffenhofen 1922
Schubert Friedrich Hermann, Die Niederlande zur Zeit des Dreißigjährigen Krieges im Urteil des Diplomatischen Korps im Haag, in: Historisches Jahrbuch, 74, 1955
Ludwig Camerarius, 1573–1651, Kallmünz 1955
Die pfälzische Exilregierung im Dreißigjährigen Krieg, in: Zeitschrift für die Geschichte des Oberrheins, 102, 1954
Schweinesbein K., Die bayerisch-französischen Beziehungen 1639–1644, Diss. München 1964
Seppelt Franz Xaver, Schwaiger G., Geschichte der Päpste, V, München 1959
Stieve Felix, Der österreichische Bauernaufstand des Jahres 1626, München 1891
Sturmberger Hans, Die Anfänge des Bruderzwistes in Habsburg, in: Mitteilungen des Oberösterreichischen Landesarchivs, 5, 1957
Aufstand in Böhmen. Der Beginn des Dreißigjährigen Krieges, München 1959
Suvanto Pecar, Wallenstein und seine Anhänger am Wiener Hof zur Zeit des zweiten Generalats 1631–1634, Helsinki 1963
Vetterodt zu Scharffenberg Ludwig Graf, Ernst Graf zu Mansfeld, 1580–1626, Gotha 1867
Villermont Graf von, Tilly und der Dreißigjährige Krieg, Schaffhausen 1860
Wagner Georg, Wallenstein. Der böhmische Condottiere, Wien 1958
Wedgwood Cicely Veronica, Der Dreißigjährige Krieg, Deutsche Ausgabe München 1967
Wolf Georg Jakob, Das Kurfürstliche München, München 1930
Wolf Peter Philipp, Geschichte Maximilians I. und seiner Zeit – Pragmatisch aus den Hauptquellen bearbeitet, 4 Bde., München 1804ff
Zeeden Ernst Walter, Das Zeitalter der Glaubenskämpfe, in: B. Gebhardt, Handbuch der deutschen Geschichte, 8. Aufl., II, 1956

Bildnachweis:

Archiv für Kunst und Geschichte, Berlin: S. 130/31, 146, 146/47, 147, 195, 258, 275.
Dr. Wilfried Bahnmüller, 8191 Gelting: S. 259.
Bayer. Nationalmuseum München: Frontispiz, 42, 43.
Bayer. Staatsgemäldesammlungen München: S. 83.
Bayer. Verwaltung der staatl. Schlösser, Gärten und Seen München: S. 42, 66, 67, 82, 130, 275.
Bildarchiv der Österreichischen Nationalbibliothek Wien: S. 104, 115, 125, 131, 185, 199, 212, 218, 264/65, 274, 277.
Bildarchiv Preußischer Kulturbesitz, Berlin: S. 145, 148/49, 171, 214, 251, 258, 282.
Kurpfälzisches Museum der Stadt Heidelberg: S. 129
und private Sammlungen.

Register

Inhalt

Die 800jährige Geschichte eines großen europäischen Herrscherhauses

Rudolf Reiser

Die Wittelsbacher in Bayern

280 Seiten mit 41 Abbildungen, meist auf Tafeln, und Stammtafeln. Ln. DM 32,–

Seit 100 Jahren die erste Gesamtdarstellung der Geschichte der Wittelsbacher, gestützt auf neueste Quellen und Forschungsergebnisse.

„Reiser, Historiker und Journalist, ist zweierlei gelungen: er geht vorurteilslos, also nüchtern an seinen gewaltigen Stoff heran, und er stellt ihn, ohne sich je von der Fülle seines Wissens aus dem Konzept bringen zu lassen, wohlgegliedert in knappen, präzisen Kapiteln dar, die Positives mit Negativem verbinden. Für den vorbehaltlosen Leser rückt Reisers keineswegs tendenziöse Entmythologisierung vieles erst ins rechte Licht, das bekanntlich auch Schatten wirft."

Münchner Stadtanzeiger

Kurt Wilhelm (Hrsg.)

Luise von Kobell und die Könige von Bayern

384 Seiten, mit 183 Bildern, z. T. in Farbe. Ln. DM 42,–

Ein Stück europäischer Geschichte, gesehen durch Augen und Temperament einer klugen Frau. Luise von Kobell war die Tochter des bekannten Mundartdichters Franz von Kobell. Durch die nahe Beziehung ihrer Familie zum Königshaus hatte sie Einblick in das politische Leben der bayerischen Haupt- und Residenzstadt im 19. Jahrhundert von König Max I. Joseph bis Ludwig II.

Preisänderungen vorbehalten

Ehrenwirth Verlag